Bauer
Beruf – Berufung

Erich Bauer

Beruf – Berufung

Ein astrologisches Arbeitsbuch

KAILASH
Eine Buchreihe herausgegeben von Hajo Banzhaf

Die Deutsche Bibliothek – CIP-Einheitsaufnahme
Bauer, Erich:
Beruf-Berufung : ein astrologisches Arbeitsbuch /
Erich Bauer.
– München : Hugendubel, 1996
(Kailash)
ISBN 3-88034-872-3

© Heinrich Hugendubel Verlag, München 1996
Alle Rechte vorbehalten

Umschlaggestaltung: Zembsch' Werkstatt, München
unter Verwendung des Fotos »Wolkenhimmel über
einer Endlosstraße mit Rasterfläche«
(BAVARIA Bildagentur, Gauting)
Produktion: Tillmann Roeder, München
Satz: Jung Satzcentrum, Lahnau
Druck und Bindung: Huber, Dießen
Printed in Germany

ISBN 3-88034-872-3

Inhalt

Vorwort	9
Grundlagen astrologischer Berufsberatung	11
Der Berufsberater – ein neues Berufsbild	13
Der allgemeine Tierkreis	15
Die Elemente	16
Polung	16
Qualitäten	16
Zugehörigkeit	17
Die Sonne	17
Der Aszendent	18
Sonne und Aszendent im Beruf	20
Das Medium Coeli	20
Berufliche Fehlentwicklungen	22
Der ideale Beruf	23
Zusammenfassung	23
Die Häuser	24
Die zwölf Häuser und ihre Bedeutung	27
Die Zeichenherrscher	28
Sonne, Aszendent, Medium Coeli im Widder	30
Allgemeine Einführung	30
Schatten	31
Was Widderkräfte fördert	31
Arbeits- und Berufsprofil	32
Sonne Widder – was ich kann	32
Sonne Widder Haus 1 bis 12	33
Aszendent Widder – was ich will	39
Aszendentenherrscher Mars	39
Medium Coeli Widder – was ich muß	40
Herrscher des Medium Coeli im Zeichen	40
Herrscher des Medium Coeli im Haus	40
Herrscherqualitäten des AC / MC in den Zeichen	41
Herrscherqualitäten des AC / MC in den Quadranten	47
Sonne, Aszendent, Medium Coeli im Stier	50
Allgemeine Einführung	50

Schatten	51
Was Stierkräfte fördert	52
Arbeits- und Berufsprofil	52
Sonne Stier – was ich kann	52
Sonne Stier Haus 1 bis 12	53
Aszendent Stier – was ich will	60
Medium Coeli Stier – was ich muß	61
Herrscher des Medium Coeli im Zeichen	61
Herrscher des Medium Coeli im Haus	61
Herrscherqualitäten des AC / MC in den Zeichen	62
Herrscherqualitäten des AC / MC in den Quadranten	68
Sonne, Aszendent, Medium Coeli in den Zwillingen	71
Allgemeine Einführung	71
Schatten	73
Was Zwillingskräfte fördert	73
Arbeits- und Berufsprofil	73
Sonne Zwillinge – was ich kann	74
Sonne Zwillinge Haus 1 bis 12	75
Aszendent Zwillinge – was ich will	81
Aszendentenherrscher Merkur	81
Medium Coeli Zwillinge – was ich muß	82
Herrscher des Medium Coeli im Zeichen	82
Herrscher des Medium Coeli im Haus	82
Herrscherqualitäten des AC / MC in den Zeichen	83
Herrscherqualitäten des AC / MC in den Quadranten	89
Sonne, Aszendent, Medium Coeli im Krebs	92
Schatten	93
Was Krebskräfte fördert	94
Arbeits- und Berufsprofil	94
Sonne Krebs – was ich kann	94
Sonne Krebs Haus 1 bis 12	95
Aszendent Krebs – was ich will	101
Medium Coeli Krebs – was ich muß	101
Herrscher des Medium Coeli	101

Herrscherqualitäten des AC / MC
in den Quadranten   102

Sonne, Aszendent, Medium Coeli im Löwen   105

Allgemeine Einführung   105
Schatten   107
Was Löwekräfte fördert   107
Arbeits- und Berufsprofil   108
Sonne Löwe – was ich kann   108
Sonne Löwe Haus 1 bis 12   109
Aszendent Löwe – was ich will   115
Aszendentenherrscher Sonne   115
Medium Coeli Löwe – was ich muß   116
Herrscher des Medium Coeli
im Zeichen   116
Herrscher des Medium Coeli im Haus   117
Herrscherqualitäten des AC / MC in
den Quadranten   117

Sonne, Aszendent, Medium Coeli in der Jungfrau   120

Allgemeine Einführung   120
Schatten   122
Was Jungfraukräfte fördert   122
Arbeits- und Berufsprofil   123
Sonne Jungfrau – was ich kann   123
Sonne Jungfrau Haus 1 bis 12   124
Aszendent Jungfrau – was ich will   130
Aszendentenherrscher Merkur   130
Medium Coeli Jungfrau – was ich muß   130
Herrscher des Medium Coeli
im Zeichen   131
Herrscher des Medium Coeli im Haus   131
Herrscherqualitäten des AC / MC
in den Zeichen   132
Herrscherqualitäten des AC / MC
in den Quadranten   138

Sonne, Aszendent, Medium Coeli in der Waage   141

Allgemeine Einführung   141
Schatten   143
Was Waagekräfte fördert   143
Arbeits- und Berufsprofil   144

Sonne Waage – was ich kann   144
Sonne Waage Haus 1 bis 12   145
Aszendent Waage – was ich will   151
Aszendentenherrscher Venus   151
Medium Coeli Waage – was ich muß   152
Herrscher des Medium Coeli
im Zeichen   152
Herrscher des Medium Coeli im Haus   152
Herrscherqualitäten des AC / MC in
den Zeichen   153
Herrscherqualitäten des AC / MC in
den Quadranten   159

Sonne, Aszendent, Medium Coeli im Skorpion   162

Allgemeine Einführung   162
Schatten   164
Was Skorpionkräfte fördert   165
Arbeits- und Berufsprofil   165
Sonne Skorpion – was ich kann   165
Sonne Skorpion Haus 1 bis 12   166
Aszendent Skorpion – was ich will   172
Aszendentenherrscher Pluto   172
Medium Coeli Skorpion – was ich muß   173
Herrscher des Medium Coeli im
Zeichen und Haus   173
Herrscherqualitäten des AC / MC in
den Zeichen   173
Herrscherqualitäten des AC / MC in
den Quadranten   177

Sonne, Aszendent, Medium Coeli im Schützen   180

Allgemeine Einführung   180
Schatten   181
Was Schützekräfte fördert   182
Arbeits- und Berufsprofil   182
Sonne Schütze – was ich kann   182
Sonne Schütze Haus 1 bis 12   183
Aszendent Schütze – was ich will   189
Aszendentenherrscher Jupiter   189
Medium Coeli Schütze – was ich muß   190
Herrscher des Medium Coeli
im Zeichen   190
Herrscher des Medium Coeli im Haus   190

Herrscherqualitäten des AC / MC in
den Zeichen 191
Herrscherqualitäten des AC / MC in
den Quadranten 197

Sonne, Aszendent, Medium Coeli im Steinbock 200

Allgemeine Einführung 200
Schatten 202
Was Steinbockkräfte fördert 202
Arbeits- und Berufsprofil 203
Sonne Steinbock – was ich kann 203
Sonne Steinbock Haus 1 bis 12 204
Aszendent Steinbock – was ich will 210
Aszendentenherrscher Saturn 210
Medium Coeli Steinbock
– was ich muß 211
Herrscher des Medium Coeli im
Zeichen 211
Herrscher des Medium Coeli im Haus 211
Herrscherqualitäten des AC / MC
in den Zeichen 212
Herrscherqualitäten des AC / MC in
den Quadranten 218

Sonne, Aszendent, Medium Coeli im Wassermann 221

Allgemeine Einführung 221
Schatten 223
Was Wassermannkräfte fördert 223
Arbeits- und Berufsprofil 224
Sonne Wassermann – was ich kann 224
Sonne Wassermann Haus 1 bis 12 225
Aszendent Wassermann – was ich will 231
Aszendentenherrscher Uranus 231
Medium Coeli Wassermann
– was ich muß 232
Herrscher des Medium Coeli
im Zeichen 233
Herrscher des Medium Coeli im Haus 233
Herrscherqualitäten des AC / MC
in den Zeichen 234
Herrscherqualitäten des AC / MC in
den Quadranten 240

Sonne, Aszendent, Medium Coeli in den Fischen 243

Allgemeine Einführung 243
Schatten 245
Was Fischekräfte fördert 245
Arbeits- und Berufsprofil 246
Sonne Fische – was ich kann 246
Sonne Fische Haus 1 bis 12 247
Aszendent Fische – was ich will 253
Aszendentenherrscher Neptun 253
Medium Coeli Fische – was ich muß 254
Herrscher des Medium Coeli im
Zeichen 255
Herrscher des Medium Coeli im Haus 255
Herrscherqualitäten des AC / MC
in den Zeichen 255
Herrscherqualitäten des AC / MC
in den Quadranten 260

Über den Mond 263

Mond in den Zeichen Widder
bis Fische 265
Mond in den Häusern 1 bis 12 271

Ergänzungen 277

Sekundärqualitäten 277
Das 6. Haus 277
Die zwölf Tierkreiszeichen und das
6. Haus 278
Aspekte 280
Saturn, Uranus, Neptun und Pluto 281
Quantitative Auswertung 284
Horoskopbeispiel 285

Zusammenspiel und Beispiele 286

Beispiel Christoph 287
Beispiele in Kurzform 293

Astrologischer Berufsführungsbogen für den persönlichen Gebrauch 307

Literatur 310

Vorwort

Dieses Buch ist ein astrologisches Arbeitsbuch. Es führt Sie systematisch an die Themen Beruf, Berufswahl und Berufsberatung heran. Grundlage dieser Arbeit ist das Geburtshoroskop. Informationen, wie man sein Geburtshoroskop erhält, erfahren Sie am Schluß dieses Buches.

Einige Erklärungen und Hinweise:

*   Es werden im Buch zahlreiche Beispiele angeführt, beispielsweise Marquis de Sade (Exzentriker) für Zwillinge. In Klammern wird in aller Regel der Beruf der jeweiligen Persönlichkeit genannt. Manchmal ist eine genaue Berufsbezeichnung allerdings schwierig. In solchen Fällen wird auf ein typisches Schlagwort, wie hier »Exzentriker«, ausgewichen.
*   Aus Gründen der Einfachheit ist bei allen Berufen nur die maskuline Form angeführt. Bei den Hunderten hier erwähnten Berufen jedesmal beide Formen – also Pilot/Pilotin, Arzt/Ärztin, Gärtner/Gärtnerin – anzugeben, würde das Lesen stark beeinträchtigen. Ohne Ausnahmen sind jedoch sämtliche Berufe für Frauen und Männer gedacht.
*   In den einzelnen Abschnitten finden sich Buchstaben, wie beispielsweise:

F W F W   FI FI

Diese Buchstaben verweisen auf eine astrologische Gewichtung und werden im Abschnitt Quantitative Auswertung S. 284 erläutert.

*   Am Schluß des Buches befindet sich ein Berufsführungsbogen, mit dem Sie sich durch Ihr Horoskop und dieses Buch arbeiten können. Außerdem finden Sie mehrere Beispiele, die Ihnen die Arbeit mit einem Horoskop verdeutlichen.
*   Sie beginnen mit dem Kapitel über das Zeichen, in dem Ihre Sonne steht. Dann folgt der Abschnitt über Ihr Aszendentenzeichen. An dritter Stelle geht es um das Kapitel, das Ihr Medium Coeli beschreibt. Das weitere Vorgehen ergibt sich aus den Führungs-Bögen.
*   Mit diesem Schema können Sie Ihr Geburtshoroskop oder jedes andere Horoskop auf berufsspezifische Fragen hin durchleuchten.

Bei der folgenden Sammlung astrologischer Erfahrungen und Deutungen handelt es sich um Material, das keinen Anspruch auf Vollständigkeit erheben kann. Es ist daher auch unsinnig, sich sklavisch an die Texte zu halten. Ich möchte Sie vielmehr anregen, über sich selbst nachzudenken, aus der Perspektive Ihres Horoskops Ihre Anlagen, Ihr Können und Ihre Wünsche zu betrachten, um letztlich einen eigenen, selbstverantwortlichen Schritt auf ein erfülltes Berufsleben hin zu vollziehen.

Danksagung und Widmung

Mein Dank gilt allen, die direkt wie indirekt an diesem Buch mitgewirkt haben: Dem Heinrich Hugendubel Verlag, Frau Bamberg, Herrn Banzhaf, allen meinen Klienten, Schülern und Freunden.

Gewidmet ist dieses Buch meinem Vater und meiner Mutter. Ihrer Liebe, ihrer Größe und ihrem Streben verdanke ich, was ich bin.

München, 3. Januar 1996   *Erich Bauer*

Grundlagen astrologischer Berufsberatung

Ein Drittel seines Daseins verbringt ein erwachsener Mensch im Beruf; von seiner wachen Zeit ist es sogar über die Hälfte. Sein sozialer Status, sein Lebensstandard, sein Einkommen, seine Selbstzufriedenheit, dies alles ist an seinen Beruf gekoppelt. Der Mensch ist beinahe sein Beruf: Man sagt »Herr Doktor«, »Frau Direktorin« oder nennt jemanden einen »Programmierer« beziehungsweise eine »Sekretärin«, so als wäre der Beruf eine Art Identität, ein persönliches Kennzeichen, vergleichbar mit dem Namen oder dem Geburtstag.

Beruf steht in Beziehung zu Ruf und Berufung (lateinisch *vocatio*). Diese Worte waren ursprünglich auf den kirchlichen Bereich beschränkt und beinhalten die geistige und ethische Verpflichtung eines Ordensberufes. Martin Luther führte 1522 den Ausdruck im weltlichen Sinne für Amt und Stand ein. Die ethische Seite blieb jedoch weitgehend erhalten.

Bei einer derartigen Bedeutung und Wichtigkeit des Berufes erhebt sich doch die Frage nach dem richtigen Beruf beziehungsweise der richtigen Berufswahl.

Dies ist eine ausgesprochen moderne Frage, die sich bis vielleicht vor hundert Jahren kaum stellte. In der Regel übernahmen die Söhne den Beruf des Vaters, und die Töchter waren für die Ehe oder das Kloster bestimmt. Die moderne Industriegesellschaft hat den Menschen von seiner Zugehörigkeit zu einer bestimmten Standes-, Zunft- oder Berufsgruppe befreit und ihm das Recht auf individuelle und freie Berufswahl eingeräumt. Dies brachte jedoch auch die Möglichkeit, sich zu irren.

In einer Umfrage des Sternmagazins (47/1993) sind beispielsweise nur noch 42 Prozent der männlichen und 66 Prozent der weiblichen Jugendlichen drei Jahre nach Beginn ihrer Ausbildung in ihrem Beruf tätig. Diese Zahlen sprechen für sich.

Zunehmend mehr Menschen wissen nicht, was sie können, was ihre beruflichen Fähigkeiten sind, was sie einmal werden wollen. Und immer mehr verbringen den größten Teil ihres Lebens in einer Arbeitssituation, die sie nicht erfüllt, befriedigt, glücklich macht. Man mag einwenden, daß die Arbeit doch immer den Geruch von Plage und Mühsal mit sich schleppt. Ist der ideale Beruf nicht ein Kindertraum? Dient die Arbeit nicht einfach dem Überleben und ist daher – nebst humanen Erleichterungen – allein am (materiellen) Tauschwert zu bemessen? Wäre es nicht besser, Menschen mit Berufsproblemen zu raten, ihre Freizeit sinnvoller zu gestalten, mehr Glück in der Familie zu suchen oder Kraft im Glauben zu finden, als sie auf einer ohnehin vergeblichen Suche nach dem angeblich richtigen Beruf zu unterstützen?

Zumindest die Anwort der Astrologie ist ein klares Nein! Im astrologischen Tierkreis als symbolischem Muster einer universalen Wirklichkeit liegt das Zeichen Steinbock respektive das 10. Haus oben, verkörpert Erfüllung und Krönung des menschlichen Daseins. Steinbock und das 10. Haus verweisen aber eindeutig auf eine Tätigkeit oder ein Sein, das auf die Allgemeinheit ausgerichtet ist – also auf ein gesellschaftsrelevantes Tun: den Beruf. Und dieses Tun steht über allem anderen, über dem familiären, partnerschaftlichen, ja sogar individuellen und spirituellen Glück.

Auch aus den psychotherapeutischen Praxen kommt eine Bestätigung: Neurotische Störungen, persönliche Angstzustände und Leid sind bei jenen Menschen, die nicht oder nicht zufrieden arbeiten, auffällig stärker ausgeprägt als bei anderen Individuen.

Wer seinen Beruf nicht kennt oder nicht

GRUNDLAGEN

achten kann, kennt sich selbst zu wenig beziehungsweise achtet sich selbst nicht genügend.

Beispiel A: Manuela ist ein Fisch, und da ihr Aszendent ebenfalls Fische ist, ist diese Energie besonders betont. Manuelas Entwicklung verlief bis zur Volljährigkeit eigentlich ganz in gewohnten Bahnen. Mit 18 Jahren jedoch packte sie die Unlust an der Schule. Ein Jahr vor dem Abitur entschloß sie sich, die Schule abzubrechen.

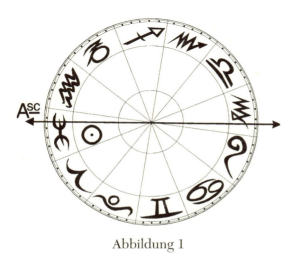

Abbildung 1

Die folgenden 20 Jahre ließ sich Manuela ohne ein bestimmtes Ziel einfach treiben. Sie arbeitete gerade soviel, wie sie Geld zum Leben brauchte. »Ich arbeite, um zu leben« war ihre Devise. Sie spielte Statistenrollen beim Film, war Haushälterin und Putzfrau. Sie arbeitete in den 20 Jahren in mindestens 15 verschiedenen Anstellungsverhältnissen. Irgendwann machte sie die Prüfung zur Taxifahrerin und hatte damit »ihren idealen Beruf«, wie sie es selbst nannte: Sie war frei und unabhängig. Bis zu ihrem 38. Lebensjahr beschäftigte sie die Frage, was aus ihr einmal werden sollte, nicht mehr. Dann allerdings, sie nannte es selbst die Folgen einer »Midlife-crisis«, ließ sie die Frage nach einem Sinn des Lebens im allgemeinen und dem ihres Schaffens im besonderen, nicht mehr los.

Sie ging zum Arbeitsamt, quetschte ihre Freunde aus und landete schließlich bei einem Astrologen. Dort hörte sie viel über angebliche Heilerqualitäten von Fischemenschen. Das blieb bei ihr hängen, fiel auf fruchtbaren Boden. Sie meldete sich zur Heilpraktikerin an und absolvierte genau an ihrem 50. Geburtstag die Prüfung. Manuela ist heute eine erfolgreiche Heilpraktikerin im Raum Nürnberg.

Beispiel B: (Abbildung 2) Gabriele ist eine Schützin, mit Aszendent Skorpion. Bis zu ihrem 25. Lebensjahr lebte sie die Qualität dieses Zeichens in ihrem Beruf als Stewardeß bei der Lufthansa aus: Es ist das Metier von Schützen, zu reisen und Grenzen zu überschreiten. Mit 25 Jahren wurde sie als Bodenpersonal am Ticketschalter eingesetzt: Von nun an war sie nicht mehr »on the road«, wie sie es nannte. Von Jahr zu Jahr, später von Tag zu Tag, vermißte sie dieses Gefühl stärker. Sie wurde unglücklich und glaubte, daß sie an ihrer Lebensaufgabe vorbeileben würde, wenn sie den ganzen Tag nur Flugscheine verkaufte. Im Alter von ca. 30 Jahren entschied sie sich für eine Einzeltherapie, weil der Druck ihrer Arbeit unerträglich wur-

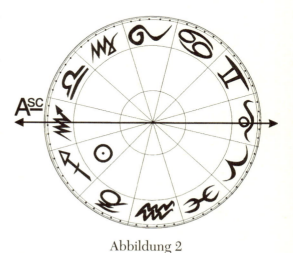

Abbildung 2

de. Mit Hilfe dieser Therapie, die auch ihr Horoskop mit einbezog, entdeckte sie ihren

Skorpion-Aszendenten und damit, daß man nicht nur im Äußeren, sondern auch im Inneren reisen konnte. Jetzt war sie sogar froh, daß sie den Weg »aus der Luft auf den Boden« gemacht hatte und ihre Reise »unter die Erde« beginnen konnte. Sie verschlang zig psychologische und esoterische Bücher. Mit 32 kündigte sie bei der Lufthansa, studierte in den USA und probierte diesen und jenen Job. Die »Erleuchtung« kam ihr, als sie von einem Reiseunternehmen in England hörte, das es sich zur Aufgabe gemacht hatte, Menschen zu den verborgenen Kultplätzen der Erde zu bringen. Das schien ihr die richtige Verbindung von äußerem und innerem Reisen zu sein. Sie nahm an einer »Journey« teil, hörte von einer freiwerdenden Stelle und bewarb sich sofort. Gabriele ist heute eine der drei Geschäftsführer eines erfolgreichen Unternehmens in London.

Beispiel C: Dieter (Abbildung 3) ist heute 29 und seit sieben Jahren in einer Metallfirma als Lagerarbeiter tätig. Er ist »doppelte Jungfrau«, was astrologisch bedeutet, daß seine Sonne und sein Aszendent im Jungfrauzeichen sind. Diese astrologische Energie erlaubt es Dieter, in seiner Halle die Dinge zu ordnen, auszugeben und einzusammeln und den Überblick über die vielen Bewegungen pro Tag nicht zu verlieren. Als er ungefähr 25 Jahre alt war, überfielen Dieter Zweifel, ob dies der richtige Job für ihn sei. Die wenigen Menschen, denen er seine Zweifel anvertraute, rieten ihm, seine sichere Arbeit bloß nicht in Frage zu stellen. Aber Dieter war unglücklich mit dieser Arbeit, fand seine Kollegen abgestumpft und seinen Chef tyrannisch. In seiner Verzweiflung meldete er sich heimlich, sogar ohne Wissen seiner Frau, bei einem Astrologen an. Er erfuhr, daß er zwar einerseits eine praktische Jungfrau sei, andererseits allerdings seine Sonne im 12. Haus stünde, was ihn sehr empfindsam und mitfühlend mache. Dieter fühlte sich sofort bestätigt und vertraute dem Astrologen seinen heimlichen Wunsch an:

Abbildung 3

Altenpflege. Der Astrologe ermunterte Dieter, zu einem Berufsberater zu gehen. Es schien ihm wichtig, daß sein Klient auch mit einer »offiziellen« Stelle über seine Neigungen und Wünsche sprechen könnte. In einem Test wurden tatsächlich deutliche Neigungen für den helfenden Beruf diagnostiziert. Im Moment ringt Dieter gerade um eine Umschulungsgenehmigung beim Arbeitsamt.

Der Berufsberater – ein neues Berufsbild

Mit der Freiheit der Berufswahl entstand also zugleich ein neues Problem, und dieses wiederum war der Grund für ein neues Berufsbild, das des Berufsberaters. Gegen Ende des 19. Jahrhunderts entstanden die ersten Beratungsstellen entweder kirchlichen oder privaten Charakters. 1916 wurde in Preußen die Aufgabe der Berufsberatung staatlichen Stellen zugewiesen. Seit 1952 gehört die Berufsberatung fest zu den Arbeits-

GRUNDLAGEN

ämtern. Mit Hilfe von Tests und Fragebögen versucht ein Berufsberater die wahren Neigungen eines Menschen herauszufinden.

Wer allerdings seinen richtigen Beruf nicht kennt, ist auch wurzellos. Er wurde in eine Freiheit hineingeboren, die ihn jetzt allein läßt und damit einsam macht. Wer seinen Beruf nicht weiß oder unter seinem Beruf leidet, fühlt sich ohne Bezug, ohne Bestimmung, ohne Zugehörigkeit – und damit ohne eigentlichen Sinn. Menschen, die mit ihrer Berufswahl unzufrieden sind oder ihren Beruf nicht finden können, sind auf der Suche. Sie sind geistige Wanderer, die einem unbestimmten Gefühl, vielleicht auch einem inneren Ruf folgen. Die obigen drei Beispiele zeigen Menschen, die etwas quält und treibt, die auf der Suche nach ihrem Lebenssinn und Selbstverwirklichung sind. Über Talente und Fähigkeiten mag ein Berufseignungstest Auskunft geben, aber welche Tätigkeiten sinnvoll und wichtig sind, wozu man bestimmt ist, was einen treibt, wie man sich verwirklicht, darüber schweigt ein Test, weil die Psychologie selbst solche Fragen erst gar nicht stellt.

Anders die Astrologie. Sie erörtert auch existentielle und sogar spirituelle Fragen. Ein Horoskop spiegelt den gesamten Menschen – in seinem physischen, psychischen, geistigen und spirituellen Wesen. Wer neugierig ist, was in ihm alles steckt, wer seine Berufung und nicht irgendeinen Job zwecks Gelderwerb finden will, wer diesen aufregenden Weg zwischen Freiheit und Pflicht gehen will, der findet in der Astrologie – und somit in diesem Buch – eine Antwort.

Dieses Buch will dem Leser helfen, sich selbst zu entdecken und besser zu verstehen. Da es ein Buch zum Thema Beruf ist, stehen natürlich Anlagen, Fähigkeiten, Wünsche, Können, Neigungen, Ruf und Berufung im Vordergrund. Wer sich mit seinem Horoskop offen, intensiv und ehrlich auseinandersetzt, verändert auch sein Leben. Dankbares Annehmen und Ehrfurcht vor dem eigenen Schicksal führt zu positiven Veränderungen.

Innere Stimmigkeit und Wahrheit bewirken immer eine äußere Resonanz.

Seelische Kräfte hingegen, die nicht angenommen werden, verwandeln sich. Wie im Märchen vom Dornröschen die zur Taufe nicht geladene Frau den Fluch für einhundert Jahre Schlaf ausspricht, so richten sich ungewürdigte Persönlichkeitsanteile gegen das eigene Selbst, rauben Kraft, werden zum Hindernis, machen unglücklich oder krank und bringen manchmal sogar den Tod.

Ein Beispiel: Kerstin nimmt an einer Astrologieausbildung teil. An einem der Wochenendseminare steht das Thema Beruf zur Debatte. Kerstin meldet sich sofort: Sie möchte ihre Berufssituation klären. Sie berichtet, daß sie ihre Arbeitsstelle gekündigt hat, weil sie unter dem Stumpfsinn leide. »Meine Arbeit bestand darin, daß ich von acht Uhr morgens bis vier Uhr am Nachmittag Zahlen in Tabellen eintragen mußte. Ich habe gekündigt, und jetzt mache ich erst einmal Urlaub.« Der Gruppenleiter stellt fest, daß im Moment gerade der Planet Saturn auf ihrer Sonne im Wassermann steht. In einer Übung soll Kerstin daher Saturn begegnen und mit ihm Kontakt aufnehmen. Dabei übernimmt ein Gruppenmitglied die Rolle des Saturn. Bei der Begegnung wird völlig klar, daß Kerstin im Grunde aus Trotz gehandelt hat. In Wirklichkeit geht es ihr seit ihrer Kündigung sehr schlecht. Die Reise entlarvt sich als Flucht. Sie vereinbart daher mit »ihrem Saturn«, daß sie nicht in Urlaub fährt, sondern erst versucht, eine neue Stelle zu finden. Sie verzichtet also und würdigt damit Saturn.

Am nächsten Seminarwochenende berichtet Kerstin von einem »kleinen Wunder«. Ihr Chef hätte sie angerufen und gefragt, ob sie ihre Kündigung nicht rückgängig machen wolle. Kerstin, die an ihre Begegnung mit Saturn dachte, sagte sofort und bedingungslos ja. Als sie am darauffolgenden Montag zu ihrer Arbeitsstelle kam, hörte sie, daß durch einen plötzlichen Ausfall eine Stelle in der Graphik freigeworden sei. Ob sie, Kerstin, diese nicht übernehmen wolle? Genau dies

14

war der Platz gewesen, auf den Kerstin seit Jahren spekuliert hatte.

Was ins Licht kommt, verliert seine bedrohliche Kraft, was Würdigung erfährt, wird zum Helfer. In diesem Sinne sind auch astrologische Kräfte, Planeten oder Tierkreiszeichenenergien stark, wenn sie angenommen, und schwach, ja sogar negativ und hinderlich, wenn sie abgelehnt werden.

Der allgemeine Tierkreis

Am Anfang steht der Tierkreis. Es handelt sich dabei um einen gedachten Kreis in der Unendlichkeit des kosmischen Raumes. Dieser Kreis wird auch Ekliptik genannt. Er setzt sich zusammen aus den zwölf Sternbildern Widder bis Fische. Diese zwölf Sternzeichen, Tierkreisbilder oder Sternbilder stellen die Grundenergie aller astrologischen Aussagen dar. Abbildung 4 zeigt den Tierkreis mit den zwölf Abschnitten Widder bis Fische.

In Tabelle 1 werden diese zwölf Zeichen in klassischer Weise nach Element, Polung, Qualität und Zugehörigkeit zu einem Quadranten unterteilt.

Abbildung 4

Tierkreis-Zeichen	Symbol	Element	Polung	Qualität	Quadrant
Widder	♈	Feuer	+	Kardinal	Quadrant I
Stier	♉	Erde	-	Fix	Quadrant I
Zwillinge	♊	Luft	+	Variabel	Quadrant I
Krebs	♋	Wasser	-	Kardinal	Quadrant II
Löwe	♌	Feuer	+	Fix	Quadrant II
Jungfrau	♍	Erde	-	Variabel	Quadrant II
Waage	♎	Luft	+	Kardinal	Quadrant III
Skorpion	♏	Wasser	-	Fix	Quadrant III
Schütze	♐	Feuer	+	Variabel	Quadrant III
Steinbock	♑	Erde	-	Kardinal	Quadrant IV
Wassermann	♒	Luft	+	Fix	Quadrant IV
Fische	♓	Wasser	-	Variabel	Quadrant IV

Tabelle 1

Die Elemente

Feuerzeichen sind bei der Arbeit initiativ, übernehmen gerne die Führung, rivalisieren und sind eher idealistisch orientiert. Erdzeichen sind bewahrend, zusammenführend, denken praktisch, gegebenenfalls auch materialistisch, sind genau und an Sicherheit orientiert. Luftzeichen sind verbindend, austauschend, unterhaltend, darstellend, ausbreitend, idealisierend und stark an Vorstellungen orientiert. Sie benötigen eine Arbeit, bei der sie mit anderen Menschen zusammenkommen. Wasserzeichen wiederum suchen Tätigkeiten, bei denen sie gefühlhaft, introvertiert, aufnehmend, schützend, sorgend und instinkthaft sein können.

Polung

Die Unterscheidung in Plus und Minus ist gleichbedeutend mit männlich und weiblich beziehungsweise – wie es im Asiatischen heißt – Yang und Yin. Auf den Beruf bezogen, neigen Pluszeichen eher zu sogenannten typischen Männerberufen (zum Beispiel Handwerker, Pilot, Reiseleiter, Reporter etc.), während Minuszeichen entsprechend zu weiblichen Berufen (beispielsweise Hebamme, Kindergärtner, Krankenschwester) neigen. Diese Einteilung in männliche und weibliche Berufe hat natürlich immer etwas Willkürliches und ist von gesellschaftlichen und kulturellen Bedingungen abhängig.

Qualitäten

Auch diese Einteilung hat wichtige berufliche Konsequenzen: Die Kardinalen Zeichen sind initiativ, treiben voran, übernehmen die Führung, erneuern, sind zukunftsorientiert, bereit zum Risiko, expansiv und idealistisch. Die Fixen Zeichen sind bewahrend, sachlich, systematisch, sicherheitsorientiert, praktisch, strukturgebend und materialistisch. Die Variablen Zeichen sind anpassungsstark, vielseitig, verbindend, koordinierend, interdisziplinär, übergreifend, funktionsorientiert.

Ein gutes Arbeitsteam verfügt immer über alle drei Qualitäten: Es besteht aus Mitarbeitern, die neue zündende Ideen einbringen (Kardinal). Genauso sind solche Personen unerläßlich, die diese Ideen in die Praxis umzusetzen in der Lage sind und Kosten und Nutzen aufrechnen können (Fix). Die Variablen schließlich sind jene, die Verbindungen unter allen aufrechterhalten, vermitteln und die neuen Produkte verkaufen.

Zugehörigkeit

Der Tierkreis unterteilt sich in vier Quadranten, die den vier Elementen entsprechen. Man sagt, daß die Zeichenqualitäten Widder, Stier und Zwillinge zum I. oder Feuerquadranten zählen. Die Zeichen Krebs, Löwe und Jungfrau gehören dem II. oder Wasserquadranten an. Die Zeichen Waage, Skorpion und Schütze wiederum zählen zum III. oder Luftquadranten und die restlichen Zeichen Steinbock, Wassermann und Fische werden dem IV. oder Erdquadranten gerechnet.

Aus beruflicher Sicht geht vom I. oder Feuerquadranten eine initiierende, führende, impulsive, direkte und engagierte Kraft aus. Der Wasserquadrant hingegen besitzt eher reaktive, aufnehmende, gefühlshafte und seelische Kräfte. Der Luftquadrant braucht Begegnung, Bindung und Anregungen von außen. Und der Erdquadrant drängt auf konkrete und praktische Verwirklichung, weißt über das Einzelindividuum hinaus auf eine gesellschaftliche und allgemeinverbindliche Wirklichkeit.

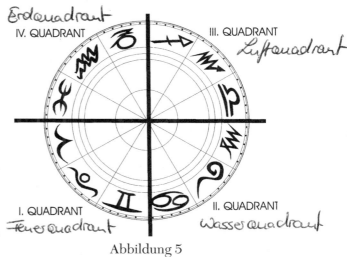

Abbildung 5

Die Sonne

Das astrologische Symbol für die Sonne ist ein Kreis mit einem Punkt. Das Zeichen steht für göttlichen Urraum und für göttliche Schöpferkraft.

Von der Erde aus betrachtet durchwandert die Sonne nacheinander alle zwölf Tierkreiszeichen. Diese Bewegung ist allerdings nur scheinbar; in Wirklichkeit dreht sich die Erde um die Sonne. Auf Grund der Sonnenstellung bei einer Geburt wird man einem bestimmten Sternzeichen zugeteilt. Wer zum Beispiel am 18. September geboren wird, ist eine Jung-

Zeit	Tierkreiszeichen
21. März - 20. April	Widder
21. April - 20. Mai	Stier
21. Mai - 21. Juni	Zwillinge
22. Juni - 22. Juli	Krebs
23. Juli - 23. August	Löwe
24. August - 23. September	Jungfrau
24. September - 23. Oktober	Waage
24. Oktober - 22. November	Skorpion
23. November - 21. Dezember	Schütze
22. Dezember - 20. Januar	Steinbock
21. Januar - 19. Februar	Wassermann
20. Februar - 20. März	Fische

Tabelle 2

frau, und wer am 16. August das Licht der Welt erblickt, ist ein Löwe.

Tabelle 2 enthält alle zwölf Tierkreiszeichen in ihrer zeitlichen Folge.

Die Sonne ist das Zentrum des kosmischen Raums, den wir bewohnen. In ähnlicher Weise spielt sie auch im Horoskop eine zentrale Rolle. Entsprechend dem (Tierkreis-)Zeichen, in dem sie steht, verleiht sie allem und jedem eine bestimmte Färbung. Insbesondere prägt sie ein Individuum, das unter einem bestimmten Sonnenstand geboren wurde, und verleiht ihm spezifische Eigenschaften, Fertigkeiten, Persönlichkeitszüge oder Wesensmerkmale. Sonne ist ein anderes Wort für Lebenskraft, Schöpferkraft und für lebendiges Sein. Sie nährt Gedanken und Gefühle und fließt in die alltäglichen Handlungen genauso ein wie in die großen Taten der Menschheit.

Es liegt auf der Hand, daß die Sonne bei der beruflichen Verwirklichung eine tragende Rolle spielt. Je weniger von ihr in den beruflichen Alltag einfließt, um so kraftraubender und deprimierender wird er erfahren. Die Sonne in einem bestimmten Zeichen zeigt, was man kraft seiner Geburt an Fähigkeiten mitbringt, zeigt Reichtum und Schöpferkraft, die in einem ruhen. Diese Anlagen brauchen nicht gelernt oder entwickelt zu werden, sie sind bereits vorhanden und höchstens noch zu verfeinern. Seine Sonnenkraft erlebt man stets als etwas Eigenes, Zu-sich-Gehörendes, sie liegt einem am Herzen. Wie die wirkliche Sonne am Himmel alles andere überstrahlt, so will man auch, daß die eigene Sonnenkraft zur Geltung kommt. Wer mit ihr verbunden ist, besitzt daher Energie, Ausstrahlung, Ausdauer und – je nach Sonnenstellung – spezifische Talente und Gaben. Sein Tun, und damit auch sein Beruf, vermittelt Freude, Lust, Intensität und Erfüllung. Wer dagegen an seiner spezifischen, ureigenen Sonnenkraft vorbeilebt, fühlt sich lustlos, gestreßt, leer und ausgepumpt, es fehlt an Leichtigkeit und an Erfolgserlebnissen.

Der Aszendent

Die zweitwichtigste Größe im Horoskop ist der Aszendent. Er bezeichnet jenes Tierkreiszeichen, das zum Geburtszeitpunkt am östlichen Horizont aufgeht. Man sagt daher auch Aszendentenzeichen, kurz A^{sc} oder AC-Zeichen (abgeleitet von der früheren Schreibweise Ascendent). In Abbildung 6 ist der AC zum Beispiel Jungfrau.

Die Deutung des Aszendenten ist vom tatsächlichen Sachverhalt am Himmel abgeleitet: Wie jenes Tierkreiszeichen am Horizont aufgeht, so geht auch die entsprechende Kraft im Leben eines Menschen auf. Wer beispielsweise AC Waage hat, kam auf die Welt, als gerade das Waagezeichen am Horizont aufstieg. In seinem Leben steigt daher auch Waageenergie auf und setzt sich durch. Wichtig ist der Unterschied zur Sonne. Diese verweist uns darauf, was wir sind, können, haben. Der AC hingegen nennt, was wir wol-

Abbildung 6

len, uns wünschen und versuchen durchzusetzen. Das AC-Zeichen läßt sich psychologisch als Motiv oder Motivation im Leben eines Menschen beschreiben. Man kann es

GRUNDLAGEN

auch als etwas Triebhaftes ansehen: eine naturhafte, instinktive, drängende, treibende und fordernde Kraft. Sie gleicht einem inneren Motor, noch besser einer Art Unruhe, die unserem Leben ununterbrochen Impulse gibt. Manchmal wird die Aszendentenenergie sogar wie ein Zwang erlebt, dem man sich nicht entziehen kann.

Ein weiterer Gesichtspunkt kommt noch hinzu: Das Sonnenzeichen, zum Beispiel Jungfrau, haben alle Individuen, die zwischen dem 24. August und dem 23. September auf die Welt kommen. Die Sonne verkörpert damit so etwas wie die »Stammeszugehörigkeit« eines Individuums. Man sagt auch, daß die Stellung der Sonne über die Beziehung zum Vater und über das, was man von ihm mitbekommen hat, Auskunft gibt. Genauso läßt sich aus der Stellung des Mondes ablesen, was man von der leiblichen Mutter »geerbt« hat.

Der AC hingegen ist der Punkt der persönlich-individuellen Geburt. Durch ihn lösen wir uns von der Vergangenheit und vom Vater beziehungsweise der Mutter ab und erlangen Individualität. Das erklärt die Tatsache, daß früher nur höheren Persönlichkeiten ein Horoskop gestellt wurde. Ihnen allein stand das Privileg zu, sich als Individuum von der Masse der Unwissenden abzuheben. Daß heute immer mehr Menschen ihre Geburtsstunde kennen, ist astrologisch betrachtet auch ein Zeichen eines anwachsenden, kollektiven Individualisierungsprozesses.

Im Einzelfall kann der Prozeß der Individualisierung auch problematisch werden. Wird nämlich ein Kind in eine krankmachende Familie hineingeboren, dann versucht es unter Umständen, sich über das AC-Zeichen der Familie gegenüber abzugrenzen. Es will anders sein, als es sich die Eltern vorstellen, und bringt dann primär sein AC-Zeichen zum Ausdruck. Solche Individuen besitzen häufig eine Abneigung gegen ihr eigenes Sonnenzeichen, was mit einer Aversion gegen ihren Vater einhergeht. Entsprechendes gilt für die Beziehung zum Mond und damit zur Mutter.

Auch der umgekehrte Fall ist möglich: Ein Kind löst sich nicht ausreichend von der Familie ab. Dann entwickelt es seine AC-Energie in unzureichender Weise.

Bei einer natürlichen Entwicklung gleicht der AC einem Samen, der im Laufe des Lebens wachsen und reifen kann, bis er seine, ihm innewohnende Bestimmung erfüllt hat. Bei diesem Reifungsprozeß durchdringen und beleben sich Sonnen-, Mond- und AC-Energien gegenseitig: Die Gestirnskräfte helfen, daß sich der AC-Samen entwickeln und reifen kann. Der AC wiederum richtet sich in seiner Entwicklung nach den Möglichkeiten der großen Gestirne Sonne und Mond und sucht seinen Weg, ohne sich gegen sie zu wenden.

Wie eine Tochter oder ein Sohn astrologisch gesehen zunächst ein Ebenbild ihrer Eltern sind und sich dann allmählich ihre Eigenart durchsetzt, so nimmt der AC und damit die eigene Individualität im Laufe des Lebens immer mehr Raum ein. Das bedeutet nicht automatisch, daß die Sonne oder der Mond im Leben zuerst zum Vorschein kommen und erst später der AC. Beide Kräfte sind immer zugleich vorhanden. Aber in einem erfüllten Leben sorgen Sonne und Mond dafür, daß der AC aufgehen kann, und der AC respektiert die Gestirnskräfte.

So gesehen entspricht der Familienname eher der Sonne, der Vorname stärker dem AC-Zeichen.

Abbildung 7

Symbolisch läßt sich dieses gegenseitige Getragensein mit einem gefüllten Innenkreis im

Sonnenzeichen ausdrücken. (Abbildung 7) Die Pfeile besagen, daß der Aszendent Raum haben, sich ausdehnen will. Der Mond bleibt bei den folgenden Abbildungen der Einfachheit halber unberücksichtigt.

Seiner Natur nach ist das AC-Zeichen er-folgsmotiviert. Das heißt, daß man mit dieser Energie wetteifern und gewinnen will. Herausforderung und Konkurrenz beleben das AC-Zeichen. Der Beruf, soweit dort Konkurrenz überhaupt eine Rolle spielt, kommt der AC-Energie entgegen.

Sonne und Aszendent im Beruf

Mit den Fähigkeiten, die man aufgrund seiner Geburt und Sonnenstellung besitzt, beginnt jeder sein Leben – und genauso seinen Beruf. Aber zugleich läßt diese Tätigkeit auch Raum für den Aszendenten. In jeder beruflichen Tätigkeit ist immer auch Platz für den AC, mag er noch so versteckt und getarnt sein. Wichtig ist, daß der AC wachsen und dabei mit der Kraft der Sonne rechnen kann. Fehlt diese Unterstützung, dann richtet sich die AC-Kraft gegen die Sonne und damit gegen das eigene Leben. Solche Berufe machen krank, ihnen fehlt es an Erfolg, sie verkommen zum »Job«, der keine Erfüllung bringt.

Der AC verleiht dem Beruf eine eigene, individuelle und persönliche Prägung. Das Wort »Berufung« paßt am besten zum Aszendenten. Sich berufen fühlen meint ja, einer inneren Stimme, einem Drang, einer Sehnsucht zu folgen – und das entspricht dem Aszendenten.

Allerdings wirkt wiederum eine Tätigkeit, die überwiegend auf dem AC beruht, verkrampft, zwanghaft und beladen mit Streß.

Finden beide Kräfte, Sonne und AC, Raum und Entwicklungsmöglichkeit, dann können sie mit der dritten Kraft, dem Medium Coeli, ein Berufsbild kreieren, das dem Leben Sinn und Erfüllung schenkt.

Das Medium Coeli

Während der Aszendent das im Osten aufgehende Zeichen benennt, verweist das Medium Coeli, kurz M^c oder MC, nach Süden, bezeichnet also dasjenige Tierkreiszeichen, das in der Himmelsmitte steht. Abbildung 8 zum Beispiel zeigt ein Horoskop mit MC Zwillinge.

Im MC erfüllt sich das Horoskop. Es nennt Ziel und Bestimmung. Das Tierkreiszeichen, das es anschneidet, zeigt den Bereich, in dem man tätig werden muß, um seinen gesellschaftlichen, letztlich kosmischen Auftrag zu erfüllen. Wenn man im Leben etwas erschafft, zum Beispiel ein Buch veröffentlicht, eine eigene Firma gründet, ein Café oder eine Praxis betreibt, dann verwirklicht man einen spezifischen MC. Jeder Beruf kann auch als Realisierung eines Medium Coeli angesehen werden.

Seinen AC zu verwirklichen ist eine höchst individuelle, in gewisser Weise auch egoistische Angelegenheit. Das MC hingegen ist stets etwas Allgemeinverbindliches.

Wer einen Beruf ausübt, bindet sich in das gesellschaftliche Netz. Als Bäcker beispielsweise verkauft er Brötchen und muß damit morgens verfügbar sein. Er kann seine Waren nicht nach Lust und Laune feilbieten, das wäre eine Arbeit im Sinne der Sonne oder des Aszendenten. Seine MC-Erfüllung bringt Pflichten, Aufgaben und Verantwortung mit sich, die man auf sich nehmen muß, ob man mag oder nicht. Noch deutlicher wird dies bei einem Arzt. Er ist durch das Gesetz zu Hilfe und Heilung verpflichtet. Er kann nicht, weil er gerade keine Lust hat, einen Kranken wieder nach Hause schicken. Seinen MC erfüllen heißt also verfügbar sein

GRUNDLAGEN

Abbildung 8

– jenseits eigener Interessen. Des weiteren bedeutet es, erkennbar zu sein. Viele Arbeitskleider und Uniformen sind unter anderem dafür gedacht, den spezifischen Beruf erkennbar zu machen. Des weiteren steht der Arzt im Branchenbuch und besitzt ein Türschild, auf dem sein Name nebst beruflicher Spezifizierung und Praxiszeiten vermerkt sind. Das alles ist allgemein gültig und entspricht somit astrologisch betrachtet dem MC.

Das MC fordert vom Menschen Überpersönliches, also mehr als sein Können, seine Lust, seine Kreativität und seine persönlichen Absichten. Manchmal sind diese MC-Anforderungen sogar so groß, daß sich ein Individuum davon erdrückt glaubt. Später wird aufgezeigt werden, daß besonders Planeten im 10. Haus zu einem unerträglichen Druck führen können: Man spürt die Bestimmung, den Ruf, aber wähnt sich ihm nicht gewachsen.

Der Beruf aus der Perspektive des MC nimmt einen also in die Pflicht. Dafür gibt er Halt, verleiht Sicherheit, allgemeine Anerkennung und gibt dem Leben Sinn. Auf vielen Grabsteinen findet sich neben Name, Geburts- und Todestag auch noch der Beruf, so als sollte damit ausgedrückt werden, daß das Leben eines Menschen durch seinen Beruf erst bedeutsam, wichtig und sinnhaft geworden ist. Das Medium Coeli verweist immer auch auf einen kosmischen oder menschheitsübergreifenden Beitrag des einzelnen. Aus kosmischer Sicht ist die Schöpfung eine in sich geschlossene Einheit, in der alles mit allem verbunden ist. Das Medium Coeli zeigt an, worüber sich der einzelne mit dem Ganzen verbindet, was er als einzelner dem All-Einen schuldet. Mit MC Waage lautet diese kosmische Pflicht vielleicht Schönheit. Mit MC Stier Sinnlichkeit. Mit MC Fische Geduld und Demut.

Der Beruf krönt das menschliche Leben, so wie das MC, der Mittagspunkt, ein Horoskop krönt, weil er auf die höchste Stelle im Horoskop verweist.

Abbildung 9

Als graphisches Symbol für das MC bietet sich ein Reif an, der sich um Sonne und AC legt, ihnen damit Halt, Erfüllung gibt, aber auch Grenzen und Aufgaben zuweist (Abbildung 9).

GRUNDLAGEN

Berufliche Fehlentwicklungen

In Abbildung 10 ruht das MC übermächtig wie ein schwerer Gürtel auf Sonne und AC. Bei solchen Berufen liegt zwar ein klares Berufsbild vor, das in Regeln, Strukturen und Rollenverhalten vorgegeben wird, persönliche Freiheit und eigene Entscheidungen dagegen sind nahezu ausgeschlossen; jeder einzelne Handgriff und jede Entscheidung sind vorbestimmt. Auf Dauer und im Extremfall entstehen Agonie und Krankheit, weil sich die nicht gelebte AC-Energie gegen das eigene Leben richten kann.

In Berufen nach dem Muster der Abbildung 11 ist der Grad individueller Freiheit hoch und die Bestimmung durch das MC gering. Damit herrschen auch wenig gesellschaftliche Verpflichtungen und Erwartungen vor. Der Vorteil liegt auf der Hand: Man fühlt sich frei und ungebunden. Unter Umständen allerdings führt ein Zuviel an Freiheit zu lähmender Unsicherheit, großer nervenaufreibender Zukunftsangst und Arbeit ohne Ende.

Abbildung 10

Abbildung 11

Abbildung 12

Abbildung 12 spiegelt eine Tätigkeit, die hauptsächlich auf der Sonnenkraft beruht. Derartiges Tun entspricht am ehesten einem Job. Was fehlt, ist die Dimension der Selbstverwirklichung (AC). Ähnlich wie im ersten Beispiel kann auf Dauer Lethargie, Lustlosigkeit, Lebensverneinung und Lebenszerstörung entstehen.

Der ideale Beruf

Der ideale Beruf basiert auf einem ausgewogenen Verhältnis von AC, Sonne, Mond und MC (Abbildung 13). Diese Tätigkeit ist von starken individuellen Zügen geprägt, sie lebt aus den Fähigkeiten der Sonne und des Mondes und trägt den höheren Bestimmungen aus Gesellschaft und Kosmos Rechnung.

Leben, Gesundheit, Wahrheit, Stimmigkeit, Sinnhaftigkeit, berufliche Erfüllung, Erfolg, Kreativität, Liebe und Glück sind in der Astrologie immer an ein Gleichgewicht und an eine Harmonie aller Kräfte gebunden. Dagegen sind Leid, Unstimmigkeit, Sinnlosigkeit, Verhinderung, Mißerfolg, Krankheit und manchmal sogar Tod Folge eines dauerhaften Ungleichgewichtes.

Abbildung 13

Zusammenfassung

Sonne: »Was ich kann ...«: Können, Talente, Anlagen, Fähigkeiten, Schöpferkraft. Was Freude macht. Das väterliche Erbe. Was mit dem Elternhaus verbindet.

Mond: »Was ich kann ...«: Können, Talente, Anlagen, Fähigkeiten, Schöpferkraft. Was Freude macht. Das mütterliche Erbe. Was mit dem Elternhaus verbindet.

Aszendent: »Was ich will...«, »was mich treibt ...«: Berufung, Ich-Kraft, Ego, Individualität, Eigenpotential, Selbstverwirklichung, Samen, Triebkraft, Motivation.

Medium Coeli: »Was ich muß ...«, »was mir bleibt ...«: Ruf, Beruf, Struktur, Karma, Erfüllung, Ziel, Allgemeinverbindlichkeit, gesellschaftlicher Auftrag. Was verpflichtet und bestimmt. Was in die Pflicht nimmt. Was Sicherheit verleiht. Meine kosmische Schuld und Pflicht.

Die Häuser

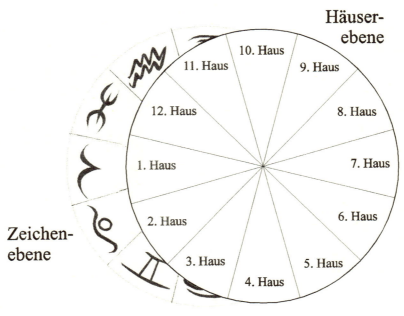

Abbildung 14

Ein Horoskop besteht nicht nur aus den zwölf Tierkreiszeichen, sondern auch aus den zwölf Häusern. Diese Häuser entstehen, wenn man auf den Tierkreis einen zweiten Kreis legt. Die einzelnen Abschnitte der beiden Kreise entsprechen sich im wesentlichen (siehe Abbildung 14).

Dem Widderzeichen entspricht das 1. Haus. Dem Stierzeichen entspricht das 2. Haus. Dem Zwillingszeichen entspricht das 3. Haus. Dem Krebszeichen entspricht das 4. Haus. Dem Löwezeichen entspricht das 5. Haus. Dem Jungfrauzeichen entspricht das 6. Haus. Dem Waagezeichen entspricht das 7. Haus. Dem Skorpionzeichen entspricht das 8. Haus. Dem Schützezeichen entspricht das 9. Haus. Dem Steinbockzeichen entspricht das 10. Haus. Dem Wassermannzeichen entspricht das 11. Haus. Dem Fischezeichen entspricht das 12. Haus.

Durch Drehung des Häuserkreises ergeben sich 144 (12 Zeichen mal 12 Häuser) verschiedene Kombinationen zwischen Zeichen und Häusern.

Der Beginn des 1. Hauses ist identisch mit dem AC, der Beginn des 10. Hauses mit dem MC. Tabelle 3 faßt die Bedeutung von Zeichen und Häusern zusammen:

Zeichen	Bedeutung	Haus	Bedeutung
Widder	Kraft, Impuls, Expansion, Durchsetzung	1.	Ich-Entwicklung
Stier	Masse, Festigung, Sinnlichkeit	2.	Ich-Festigung
Zwillinge	Beweglichkeit, Verbindung	3.	Ich-Beweglichkeit
Krebs	Resonanz, Fühlen, Sichern	4.	Gefühls-Entwicklung
Löwe	Schöpfung, Zeugung, Kraft, Spiel, Sein	5.	Gefühls-Festigung
Jungfrau	Ordnung, Aufschub, Ernte, Konkretisierung	6.	Gefühls-Beweglichkeit
Waage	Entspannung, Ausgleich, Gleichgewicht	7.	Begegnungs-Entwicklung
Skorpion	Verwandlung, Zeugung, Tod	8.	Begegnungs-Festigung
Schütze	Empfängnis, Erweiterung, Ausdehnung	9.	Begegnungs-Beweglichkeit
Steinbock	Reduktion, Form, Dichte, Spannung	10.	Struktur-Entwicklung
Wassermann	Erhöhung, Erneuerung, Umpolung	11.	Struktur-Festigung
Fische	Grenzenlosigkeit, Auflösung	12.	Struktur-Beweglichkeit

Tabelle 3

Es gibt allerdings auch bedeutsame Unterschiede zwischen Zeichen und Häusern:

1. Die Zeichen verweisen immer auf eine universale Energie. So steht z. B. das Zeichen Widder für Kraft, Expansion, Impuls und ähnliche Begriffe. Die Häuser hingegen verweisen auf menschliches Verhalten und menschliche Verwirklichung, beispielsweise bedeutet das 1. Haus Ich-Entwicklung oder Ich-Durchsetzung.
2. Die Zeichenposition eines Planeten verweist stets auf Kräfte und Energien, die wir durch unsere Geburt und unsere Zugehörigkeit zu einer bestimmten Familie erworben haben. Die Hausposition zeigt die Richtung unserer eigenen, persönlichen Verwirklichung.
3. Die Häuser stehen über oder auf den Zeichen. Die Zeichenenergie muß sich also im Haus verwirklichen oder vermenschlichen. Dabei fungiert die Zeichenenergie wie eine spezifische Kraftquelle, die dann im Haus im Sinne der Hausqualität wirkt. Beispielsweise bedeutet 7. Haus Krebs, daß sich die Krebsenergie (also Resonanz, Fühlen) auf Art und Weise des 7. Hauses verwirklicht, also zum Du drängt und in eine Beziehung einfließen möchte.
4. Die Zeichen sind immer gleich, die Häuser sind – mit Ausnahme von Geburten am Äquator – ungleich groß.
5. Wie die Zeichen werden auch die zwölf Häuser in vier Quadranten unterteilt. Der Quadrant I heißt auch Ich-Quadrant. Den zweiten nennt man seelischen Quadranten oder Gefühls-Quadranten. Der dritte trägt den Namen Begegnungs-Quadrant. Der vierte heißt Struktur-Quadrant, manchmal auch geistiger Quadrant oder Über-Ich-Quadrant (Abbildung 15).

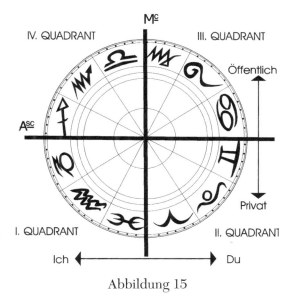

Abbildung 15

GRUNDLAGEN

Man bezeichnet die linke Hälfte eines Horoskopes auch als Ich-Seite, die rechte entsprechend als Du-Seite. Die untere Hälfte nennt man privat, die obere öffentlich.

In jedem Quadranten wiederholt sich die Abfolge der drei Häuser. Und zwar geht es im 1. Haus eines jeden Quadranten (in Analogie zur kardinalen Zeichenqualität) um Entwicklung und Durchsetzung, im 2. Haus (in Analogie zur fixen Zeichenqualität) um Festigung oder Fixierung und im 3. Haus (in

Analogie zur flexiblen Zeichenqualität) um Beweglichkeit, Austausch oder Auflösung.

Des weiteren unterteilt man die zwölf Häuser in verschiedene Elemente, Qualitäten und in Plus-/Minusenergien. Man spricht also von einem Feuer-, Erd-, Luft- oder einem Wasserhaus. Genauso gibt es kardinale, fixe und variable Häuser. Und man verweist auf positive (plus, männlich, Yang) oder negative (minus, weiblich, Yin) Häuser. Die entsprechenden Zuweisungen finden sich in Tabelle 4.

Haus	Element	Polung	Qualität	Quadrant
1.	Feuer	+	Kardinal	Ich-Quadrant
2.	Erde	−	Fix	Ich-Quadrant
3.	Luft	+	Variabel	Ich-Quadrant
4.	Wasser	−	Kardinal	Gefühls-Quadrant
5.	Feuer	+	Fix	Gefühls-Quadrant
6.	Erde	−	Variabel	Gefühls-Quadrant
7.	Luft	+	Kardinal	Begegnungs-Quadrant
8.	Wasser	−	Fix	Begegnungs-Quadrant
9.	Feuer	+	Variabel	Begegnungs-Quadrant
10.	Erde	−	Kardinal	Struktur-Quadrant
11.	Luft	+	Fix	Struktur-Quadrant
12.	Wasser	−	Variabel	Struktur-Quadrant

Tabelle 4

Die zwölf Häuser und ihre Bedeutung

Die jeweilige Tierkreiszeichenenergie verwirklicht sich ichhaft, was bedeutet, daß der Horoskopeigner selbst zum Träger dieser Energie wird. Man sagt, daß man am ehesten diejenige Qualität (Zeichen, Planeten) ausstrahlt, die man im 1. Haus hat. *Steinbock /+ /Feuer /kardinal*	**1. HAUS** Ich-Entwicklung Ich-Durchsetzung
Die jeweilige Tierkreiszeichenenergie dient der Abgrenzung, Bereicherung, Sinnlichkeit und Lust. *Fische /- / Erde / Fix*	**2. HAUS** Ich-Festigung Ich-Bereicherung
Die jeweilige Tierkreiszeichenenergie wird beweglich, flexibel, tolerant, weniger selbstbezogen. Sie dient der intellektuellen Erfahrung der Welt, der Selbstdarstellung und dem Austausch mit anderen. *Stier /Luft /+ / Variabel*	**3. HAUS** Ich-Beweglichkeit, Ich-Lösung
Die jeweilige Tierkreiszeichenenergie wird gefühlshaft und seelisch erfahren und verarbeitet und sagt etwas über die Emotionalität des Horoskopeigners aus. *Stier /- /Wasser / kardinal*	**4. HAUS** Gefühls-Entwicklung, Gefühls-Durchsetzung
Die jeweilige Tierkreiszeichenenergie dient dem gefühlsgetragenen Selbstausdruck, dem Vergnügen, stärkt aber auch Kreativität, Selbstbewußtsein und Führungskraft. *Zwillinge /+ / Feuer / Fix*	**5. HAUS** Gefühls-Festigung
Die jeweilige Tierkreiszeichenenergie sucht Austausch und Feedback, Wachstum, Reifung und Vervollkommnung (Ernte). Arbeit wird als Prozeß des Selbständigwerdens erlebt. Achtsamkeit gegenüber allem Körperlichen (Thema Gesundheit). *Krebs /- / Erde / Variabel*	**6. HAUS** Gefühls-Beweglichkeit Gefühls-Lösung
Die jeweilige Tierkreiszeichenenergie wird in der Begegnung gesucht und gelebt, häufig auch auf andere (Partner) projiziert. Austausch mit der Öffentlichkeit, Drang zu gefallen, Ausgleich zwischen Ich und Du. *Krebs /+ / Luft /kardinal*	**7. HAUS** Begegnungs-Entwicklung und -Durchsetzung
Die jeweilige Tierkreiszeichenenergie dient der Festigung von Beziehungen sowohl an Einzelpersonen (Partner) wie auch an Gruppierungen wie Familie, Sippe, Volk. Die Transformation vom Individuum zum Angehörigen eines Kollektivs. *Jungfrau /- / Wasser / Fix*	**8. HAUS** Begegnungs-Festigung, Bindung und Bereicherung
Die jeweilige Tierkreiszeichenenergie wird als zu überwindende Begrenzung erlebt. Freiheit wird über Bindung gestellt. Die Suche nach Neuem und nach Sinn löst alte Verbindungen auf. *Skorpion /+ /Feuer /Variabel*	**9. HAUS** Begegnungs-Beweglichkeit oder -Lösung
Die jeweilige Tierkreiszeichenenergie sucht Struktur, bleibenden Ausdruck und Allgemeinverbindlichkeit. Das 10. Haus verweist im besonderen auf den Beruf oder auf Taten, die über-individuelle Bedeutsamkeit erlangen. *Skorpion /- / Erde / kardinal*	**10. HAUS** Struktur-Entwicklung, Struktur-Durchsetzung
Die jeweilige Tierkreiszeichenenergie tritt in erhöhter, mystifizierter Form in Erscheinung. Dieses Haus bietet Raum für Experimente, Veränderungen, Entdeckungen. Es wird von Gleichheit und Teamgeist bestimmt. *Schütze /+ / Luft / Fix*	**11. HAUS** Struktur-Festigung und -Bereicherung
Die jeweilige Tierkreiszeichenenergie erfährt Auflösung, Verfeinerung und Grenzenlosigkeit, kann höchstens abstrakt oder als energetische Schwingung wahrgenommen werden. Sie findet einen Niederschlag im Verstehen, Helfen und Heilen. *Steinbock /- / Wasser /Variabel*	**12. HAUS** Struktur-Beweglichkeit und -Lösung

GRUNDLAGEN

Bei der Frage, welche berufliche Relevanz der Sonnenstand im Horoskop besitzt, muß immer die Sonnenstellung im Zeichen und Haus berücksichtigt werden. Der Sonnenstand im Zeichen gibt Auskunft darüber, welche Fähigkeiten jemand kraft seiner Geburt aufweist. Die Stellung im Haus gibt darüber hinaus Auskunft, wie sich diese Sonne individuell beruflich verwirklichen läßt. Die Haus-Sonne ist somit stets eine Weiterentwicklung der Zeichensonne. Oder die persönliche (Haus-) Sonne ist immer eine Weiterentwicklung der vom Vater ererbten Sonnenkraft. Auf den Beruf bezogen heißt dies, daß wir aus und auf den beruflichen Fähigkeiten des Vaters unsere eigenen, ganz persönlichen Talente entwickeln.

Wer zum Beispiel seine Sonne in der Jungfrau und im 8. Haus hat, bekam vom Vater jungfräuliche Fähigkeiten. Er kann analysieren, flexibel denken, Vorsicht walten lassen und realistisch arbeiten. Mit diesen Fähigkeiten betritt er das Reich des 8. Hauses (das dem Skorpionzeichen entspricht) und kann dann dort seine jungfräulichen Anlagen vertiefen, den Dingen auf den Grund gehen und im Sinne der Begegnungs-Festigung des 8. Hauses seine jungfräulichen Fähigkeiten in den Dienst einer wichtigen Idee oder Person stellen. Das gleiche gilt natürlich auch für den Mond in bezug auf die Mutter.

Man kann auch – etwas vereinfacht – sagen, daß bei einer Sonnenstellung im Quadranten I (Haus 1, 2 und 3) die entsprechende Person sich ichhaft und ichbetont verwirklicht. Das heißt, daß der Horoskopbesitzer zum Beispiel selbst zum Repräsentanten seines Berufes wird oder mit seinem persönlichen Namen dafür geradesteht. Besonders deutlich ist dies bei einer Sonnenstellung im 1. Haus.

Befindet sich die Sonne im Quadranten II (Haus 4, 5 und 6), steht die gefühlshafte oder seelische Beteiligung des Horoskopeigners an erster Stelle. Er wird sich erlebnismäßig, emotional und nicht mechanisch, kognitiv oder intellektuell einbringen und zum Beispiel eher den Beruf eines Künstlers, Lehrers oder Therapeuten ausführen.

Befindet sich die Sonne im Quadranten III (Haus 7, 8 und 9), ist ein soziales Umfeld bei der Berufsausübung unerläßlich. Die größte Stärke des Horoskopeigners ist, daß er kommunizieren, sich auf andere beziehen und sich austauschen kann. Die soziale Ausrichtung anderen gegenüber kann sich (besonders im 8. Haus) auch als Bindung und Hingabe an eine Idee oder Berufung manifestieren.

Befindet sich die Sonne im Quadranten IV (Haus 10, 11 und 12), herrscht eine Tendenz zu überpersönlicher Verpflichtung. Besonders mit Sonne in Haus 10 muß eine Art Institution oder berufliche Einrichtung, die den eigenen Namen trägt, erschaffen werden. Dies ist mit dem Erlebnis einer starken Anspruchshaltung verbunden: Der Horoskopeigner steht unter dem Druck, etwas Großes, Bedeutsames und Gewichtiges in seinem Leben zu leisten.

Die Zeichenherrscher

Zur Rolle des Aszendenten und Medium Coeli gibt es noch eine entscheidende Ergänzung. Bei einer differenzierten astrologischen Berufsberatung muß der herrschende Planet des AC-Zeichens beziehungsweise des MC-Zeichens berücksichtigt werden.

Tabelle 5 gibt Auskunft über die Tierkreiszeichen und ihre Herrscher.

Was bedeuten die Herrscher? Zunächst einmal läßt sich sagen, daß die Herrscher mit ihrem Zeichen verwandt sind, also hat Mars beispielsweise eine dem Zeichen Widder verwandte Energie, ist drängend, impulsiv, dynamisch. Des weiteren gilt, daß die Herrscher die Energie ihres Zeichens durch den Tierkreis tragen. Der Planet Mars zum Bei-

Zeichen	Herrscherplanet
Widder	Mars ♂
Stier	Venus ♀
Zwillinge	Merkur ☿
Krebs	Mond ☽
Löwe	Sonne ☉
Jungfrau	Merkur ☿
Waage	Venus ♀
Skorpion	Pluto ⊖
Schütze	Jupiter ♃
Steinbock	Saturn ♄
Wassermann	Uranus ♅
Fische	Neptun ♆

Tabelle 5

spiel trägt Widderenergie durch den Tierkreis und verleiht jedem Zeichen oder Haus, in dem er steht, seine spezifische Färbung, Energie oder Eigenart.

Durch den Planetenherrscher bekommt der Aszendent beziehungsweise das Medium Coeli eine Richtung. Das AC-Zeichen Waage zum Beispiel sagt nur aus, daß der Horoskopeigner ausgleichend sein will. Wo er aber sein Bestreben zur Wirkung kommen lassen will, darüber gibt der Herrscher der Waage – es ist die Venus – Auskunft. Steht sie beispiels-

weise im 4. Haus, dann soll die ausgleichende und verbindliche Kraft der Waage in einen Gefühlsbereich (4. Haus bedeutet unter anderem Gefühlsentwicklung) gelangen, was bedeuten könnte, daß der Horoskopeigner seine friedliche und harmonische Wesensart (AC Waage) in die Erziehung von Kindern (4. Haus) einfließen lassen möchte.

Ein weiteres Beispiel: Das Medium Coeli ist Zwillinge, und Merkur (der Herrscher des MC-Zeichens Zwillinge) befindet sich im 12. Haus. MC Zwillinge bedeutet, daß man einen vielseitigen, beweglichen, kommunikativen Beruf ausüben möchte. Das Ziel oder das Betätigungsfeld dieser MC-Bestimmung ist das 12. Haus. Dieser Abschnitt steht für Strukturlösung oder Strukturbeweglichkeit. Mit anderen Worten, die Zwillingsenergie zielt ins Undefinierbare, ins Namenlose, in Bereiche der Mystik, Religion und der All-Liebe. Als Beruf käme eine Tätigkeit in Frage, bei der man sich mit äußerst abstrakten Dingen, zum Beispiel der menschlichen Psyche beschäftigt. Ein anderes Individuum hat ebenfalls MC Zwillinge. Sein Merkur befindet sich jedoch im 1. Haus. Damit will man im Sinne der Ich-Durchsetzung oder Ich-Entwicklung selbst zur Geltung kommen, will sich selbst durchsetzen und wird vielleicht ein Redner, ein Lektor oder ein Entertainer beim Fernsehen.

Sonne, Aszendent, Medium Coeli im Widder

Allgemeine Einführung

Am Anfang ist der Widder. Er symbolisiert Zündung, Startkraft, Spontaneität, Motivation, Wille ... Wo immer diese Energie wirkt, zündet ein Feuer, das ansteckt, unter Druck setzt, provoziert, zerstört, neu beginnt, damit die Welt niemals stehenbleibt. Widder ist ein anderes Wort für den göttlichen Funken, der in allem wirkt.

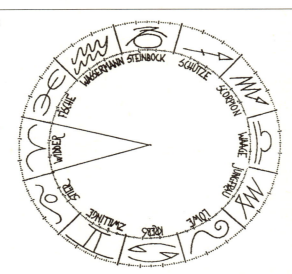

ELEMENT: FEUER
zeigt sich drängend und belebend. Konkurrenz fördert die Aktivität, Hindernisse fordern heraus.

QUALITÄT:
KARDINAL
Anspruch auf Führerschaft, Durchsetzung, Ungeduld.

POLUNG: PLUS,
männlich, yang, aktiv, nach außen, extrovertiert.

SYMBOLIK:
WIDDER, ein männlicher Schafbock, steht für Direktheit und Angriffslust, aber auch für Kindlichkeit und Spontaneität.

ZEITQUALITÄT:
21. MÄRZ BIS 20. APRIL
Der Frühlingsmonat gilt als Ausdruck universell wirkender, drängender, expandierender Energie.

HERRSCHERPLANET:
MARS als Kriegsgott und Symbol der Zeugung.

Widderkraft macht lebendig. Widderbetonten Menschen (das sind Individuen mit Sonne, AC, MC oder Mond im Widder; ebenfalls Sonne und/oder Mond im 1. Haus; abgeschwächt auch Herrscher des AC oder des MC im Widder oder im 1. Haus, ebenfalls abgeschwächt Mars im 1. oder im 10. Haus) scheint unsere Leistungs- und Wettbewerbsgesellschaft direkt auf den Leib geschrieben zu sein: Sich zu behaupten, sich auseinanderzusetzen, miteinander zu konkurrieren, damit der Bessere gewinnt, entspricht ganz ihrem Wesen. Joschka Fischer (Sonne im Widder), Politiker, äußerte sich in einem TV-Interview verwundert darüber, daß in die Widderzeit (21. März bis 20. April) eindeutig mehr Geburtstage von Politikern aus Bonn fallen. Helmut Kohl und Richard von Weizsäcker sind die bekanntesten, Daniel Cohn-Bendit und eben Joschka Fischer zählen zur Opposition, bei der in den sechziger Jahren der Widder Rudi Dutschke prächtig mitmischte. Dazu passen Namen aus der Geschichte wie Karl der Große, Maximilian I., Otto von Bismarck und Wilhelm I.

Mit einem betonten Widderpotential erlebt man das Dasein grundsätzlich als Herausforderung, als Möglichkeit, sich selbst und seine Wünsche, Ideen und Träume zu verwirklichen. Allerdings muß man dafür auch an der richtigen Stelle stehen: Stündlich den gleichen Handgriff, dieselbe Aufgabe zu verrichten macht solche Menschen zunächst grantig und unglücklich und am

Ende ernsthaft krank. Ihr Enthusiasmus, ihr Engagement und ihre Bereitschaft, sich für eine gute Sache einzusetzen, verdienen es nicht, in einen stumpfsinnigen Arbeitsablauf zu ertrinken.

Und es muß irgendwo auch nach ihrem Kopf gehen. Nur auszuführen, was andere vorsagen, ist gegen ihre Natur. Der Widder eröffnet den Tierkreis und ist somit dafür bestimmt, zu initiieren, anzuführen. Widderbetonte Menschen bekommen daher Probleme, wenn sie dem zu wenig nachgeben können. Das bedeutet nicht, daß sie gleich zum Bundeskanzler, Chef vom Dienst oder Abteilungsleiter bestimmt sind, aber sie müssen ihre Ideen einbringen können, sie benötigen einen Freiraum für ihr Temperament.

Läßt sich's schon nicht anführen oder bestimmen, dann muß im wenigstens sonst etwas geboten werden. Ausgesprochene Widderidole sind (und waren) all die Raufbolde und Draufgänger des Films und des wirklichen Lebens wie Giacomo Casanova, Terence Hill, Bette Davis, Hardy Krüger, Steve McQueen, Marlon Brando und Jean-Paul Belmondo – alle mit Sonne im Widder.

Es gibt Widdergeborene, die einer langweiligen Tätigkeit nachgehen. Aber sie rasen jeden Morgen zu ihrem Job, kämpfen gegen den Stau und die Konkurrenten an der Ampel. Andere leben ihre Widderseite grundsätzlich in Auseinandersetzungen mit ihren Kollegen aus. Drittens gibt es noch die Möglichkeit, in der Familie, also mit Partner und Kindern, sein Widdernaturell zu stillen, und viertens existieren unzählige Widder-Sportarten und Hobbys wie Bungeespringen, Drachenfliegen oder Rennradfahren. Das alles sind Ventile, und als solche zählen sie mehr als 24 Stunden braves Händefalten. Viel besser aber ist ein Beruf, der dem Widderpotential gerecht wird, in dem Abwechslung, Herausforderung, die Chance auf leistungsbezogenes Weiterkommen und Dynamik herrschen. Der Inhalt oder das Sujet der Arbeit sind dabei fast sekundär, Hauptsache, das Atmosphärische, der Rahmen und die Struktur stimmen.

Schatten

An Konzentration, Ausdauer und Beharrlichkeit mangelt es. Widderbetonte Menschen sind Macher, die sich mit Details nicht lang aufhalten. Sie gleichen eher einem Zündfunken, machen sich für Ideen stark, fangen damit an und verlieren noch während der Ausführung das Interesse, weil ihnen neue, noch großartigere Ideen vorschweben. Ihre Werke zu vollenden, überlassen sie gerne anderen.

Und ihr Teamgeist ist miserabel, denn sie gehen selbstverständlich davon aus, daß sie den Ton angeben. Wenn sie andere um Rat fragen, dann nur, weil sie freundliche Wesen sind, die niemanden zurücksetzen möchten. Aber eigentlich bräuchten sie niemanden; sie sind nun einmal schneller, spontaner, direkter, entscheidungsfreudiger als die meisten anderen.

Was Widderkräfte fördert

Sich nach jeder spontanen Äußerung selbst gratulieren
Von Menschen lernen, die spontan, direkt, eigennützig sind
Bewußt in die Rolle des »Egoisten« schlüpfen

»Der Streit ist der Vater aller Dinge«
Sportliche Betätigung, Tanz, Rhythmus
Spielerische Wettkämpfe und Wortgefechte
Absichtlich provozieren

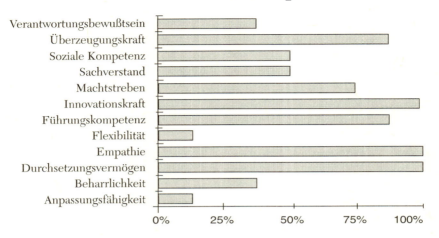

Sonne Widder – was ich kann

Individuen mit der Sonne im Widder sind dafür geboren und geschaffen, zu initiieren, geistiger Zündfunke zu sein, Dinge voranzutreiben, zu erneuern, aufzubauen und zu führen. Manchmal steht der Vater selbst als Vorbild für diese besondere Eigenart, war vielleicht als Unternehmer, Soldat oder sonst als eine Art beruflicher Kämpfernatur tätig. Es ist aber auch möglich, daß der Vater selbst ganz anders erlebt wurde. Häufig beschreiben Widder ihre Väter als lieblos, kontaktarm und desinteressiert. Aber auch dahinter wirken Widderkräfte, die dann vom Sohn oder der Tochter angenommen werden müssen. So mag hinter der Ablehnung durch den Vater der unbewußte Wunsch stecken, seine Kinder mögen um die Liebe, die ihnen fehlt, kämpfen. Sogar als ausgesprochen schwach werden manchmal die Väter von Widdergeborenen beschrieben. Aber auch dahinter verbirgt sich die unbewußte Absicht des Vaters, seine Kinder mögen diese Bedingungen dafür nützen, ein völlig anderes, nämlich aktives, dynamisches und starkes Leben zu führen. Eine Widdersonne beinhaltet manchmal auch den verborgenen und ungelebten Wunsch des Vaters und seiner Sippe, sein Sohn oder seine Tochter möge aus dem Familienverband ausbrechen. Das ist immer dann der Fall, wenn sich in der Vergangenheit Leid und Schuld in einer Sippe angesammelt haben (wenn beispielsweise der Vater oder Vater des Vaters in einem Konzentrationslager aktiv tätig war). Aus spiritueller Sicht steht hinter der Figur des Vaters die göttliche Absicht und der Schöpfungswille, ein Wesen zu erschaffen, das seinen eigenen Weg geht – damit das Leben nicht stehenbleibt.

Individuen mit der Sonne im Widder besitzen jedoch auch nicht automatisch alle im allgemeinen Abschnitt über den Widder erwähnten Eigenschaften deutlich und ausgeprägt. Es ist ohne weiteres möglich, daß sie sich selbst anders erleben und geben. Denn die Qualität einer bestimmten Sonnenstellung kann erst im jeweiligen Haus wirklich lebendig werden, oder wie es astrologisch heißt: Die Sonne verwirklicht sich hausspezifisch. Darüber informiert der folgende Abschnitt.

WIDDER ♈

Sonne Widder Haus 1 bis 12

☉ ♈ in 1
Sonne Widder in Haus 1

Die ohnehin feuerbetonte Widdersonne trifft im 1. (Feuer-) Haus auf Verwandtes; ihre Kraft verdoppelt sich. Im Sinne der Ich-Durchsetzung wird eine Person mit dieser Sonnenstellung zum Träger und Repräsentanten der Widdersonnenkraft.

+ Sich beruflich durchsetzen können. Sich gegen Konkurrenz und Mitbewerber behaupten. Durch Selbstsicherheit und gutes Auftreten imponieren. Auf Tempo setzen. Führungsaufgaben übernehmen können. Dem Druck der Leistungsgesellschaft gewachsen sein. Macher, Initiator, Führerfigur, Kopf, Dirigent. In Krisensituationen stark werden.

– Durch eigenes Tempo andere vergraulen. Durch Ungeduld Chancen vermasseln. Rücksichtslosigkeit, schlechte Kooperation.

Tätigkeiten und Berufe: Wo es um Initiative, Herausforderung und Führungsmöglichkeit geht (Management, Politik, Gewerkschaft). Berufe mit Risiko, Gefahren und Herausforderung (Feuerwehr, Polizei, Militär). (Siehe alle im vorhergehenden Abschnitt aufgezählten Fähigkeiten, Tätigkeiten und Berufe).

Giacomo Casanova (Charmeur und Abenteurer), John Hayes Hammond (Erfinder), Thomas Hobbes (Philosoph), Herbert von Karajan (Dirigent)

F F F F   KA KA

☉ ♈ in 2
Sonne Widder in Haus 2

Die feuerbetonte Widdersonne trifft im 2. (Erd-) Haus auf Formgebendes, Begrenzendes, wird materialisiert und transformiert sich.

+ Sich gut abgrenzen und somit seine Position behaupten können. Seine Ideen und Berufswünsche realisieren können. Verwalten, organisieren, verteilen können. Gestalten, formen, mit den Händen arbeiten können. Eigene Sinnlichkeit vermarkten können (zum Beispiel in der Kunst).

– Zu possessiv auftreten. Zu materialistisch denken. Zu impulsiv expandieren (»Konkurskonstellation«). Zu hohen Preis für sich selber verlangen.

Tätigkeiten und Berufe: Wo es um Materie, Besitz, Geld, Sinnlichkeit geht: Körper (Koch, Masseur, Körpertherapeut), Geld (Bank, Versicherung, Anlage), Logik (Computer). Wo konstruiert (Architekt, Statiker, Techniker), gebaut (Bauarbeiter) und mit Erde umgegangen wird (Bauer, Landwirt, Gärtner). Wo künstlerisches Schaffen wichtig ist (Graphiker, Layouter). Siehe auch Sonne im Stier.

René Descartes (Philosoph), Maxim Gorki (Schriftsteller), Wilhelm Reich (Psychoanalytiker), Howard Sasportas (Astrologe), Tennessee Williams (Schriftsteller)

F F E F   KA FI

☉ ♈ in 3
Sonne Widder in Haus 3

Die feuerbetonte Widdersonne wird im 3. (Luft-) Haus beweglich, flexibel und sucht Begegnung, Darstellung, Austausch, Verständigung und Ausdruck.

+ Sich rasch verständigen können. Sich gut ausdrücken und darstellen können. Andere überzeugen können. Sich gut verkaufen können. Kontaktfähigkeit beruflich nutzen können.

– Andere überrumpeln und überfordern. Bei Verhandlungen die anderen nicht zu Wort kommen lassen. Beim Verkauf zu ungeduldig sein.

Tätigkeiten und Berufe: Wo es um Wort, Bild, Ton (zum Beispiel Lektorat, Nachrichtensprecher), Computer, Übersetzung, Sprachen, Verkauf, Überredung, Vermittlung, Repräsentation, Unterricht, Lehre geht. Siehe auch Sonne in den Zwillingen.

Hans-Christian Andersen (Märchen-Autor), Francis Ford Coppola (Filmemacher), Bette Davis (Schauspielerin), Emile Durkheim (Soziologe), Therese von Konnersreuth (Stigmatisierte), Napoleon III. (Kaiser von Frankreich), Jean Paul (Dichter), Dane Rudhyar (Astrologe), Arthuro Toscanini (Dirigent)

F F L F   KA VA

☉ ♈ in 4
Sonne Widder in Haus 4

Die feuerbetonte Widdersonne trifft im 4. (Wasser-) Haus auf Gegensätzliches und transformiert sich in »Gefühlskraft«. Gefahr der Lethargie, des Sich-verloren-Vorkommens. Wichtig ist Besinnung nach innen und Schulung des Reflexiven und der Empfindungswelt.

+ Aus einem starken Traum- und Phantasieleben beruflich schöpfen können. Für eine angenehme Arbeitsatmosphäre sorgen können. Andere verstehen und ihnen Mut machen können. Zu Hause arbeiten können. Probleme benennen können.

– Nicht aus sich herauskommen, gehemmt sein, sich nicht konzentrieren können. Nicht aus dem Schatten des Vaters herauskönnen.

Tätigkeiten und Berufe: Lehre, Beratung, helfende Berufe, Gestaltung, Entdeckung. Wo es um Haus (Innenarchitekt, Koch), Psyche (Psychologe, Therapeut), Familie (Erzieher, Kindergärtner), Geschichte geht. Siehe auch Sonne im Krebs.

Marlon Brando (Schauspieler), Friedrich Samuel Hahnemann (Homöopath), Friedrich Hölderlin (Dichter), Diana Ross (Sängerin), Emile Zola (Schriftsteller)

F F W W   KA KA

WIDDER ♈

☉ ♈ in 5
Sonne Widder in Haus 5

Die feuerbetonte Widdersonne trifft im 5. (Feuer-) Haus auf Verwandtes und wird verstärkt. Sie fördert Selbstbewußtsein, Ausdruck und Kreativität.

+ Über große Ausstrahlungskraft verfügen. Charisma besitzen. Andere für sich gewinnen. Natürliche Autorität sein. Ideen einbringen und verwirklichen können. Aus seinem guten Geschmack beruflichen Nutzen ziehen.

− Sich zu selbstgefällig geben. Sich schlecht unterordnen können. Keine Kritik annehmen können. Ungelöste Konkurrenzsituation mit dem Vater.

Tätigkeiten und Berufe: Wo es um (feurige) Selbstdarstellung geht (Kunst, Theater, Tanz). Wo Schönheit eine Rolle spielt (Salon, Mode, Boutique). Wo Feuer und Hitze wichtig sind (Goldschmiede). Wo es auf Führung, Initiative ankommt. Wo repräsentiert werden soll (zum Beispiel Empfangschef im Hotel). Wo Ästhetik und Einfälle vermarktet werden (Werbung, Design, Verpackung). Siehe auch Sonne im Löwen.

Heinrich Mann (Schriftsteller), Alexander von Pronay (Astrologe), Johannes Mario Simmel (Schriftsteller), William Wordsworth (Dichter)

F F F W   KA FI

☉ ♈ in 6
Sonne Widder in Haus 6

Die feuerbetonte Widdersonne trifft im 6. (Erd-) Haus auf Fremdes. Sie dient der Orientierung, der Suche nach den besten Möglichkeiten und der Anpassung, Verwertung, Auslese, Ernte und Systematik.

+ Über hohe Arbeitsmoral verfügen. Durch Überblick imponieren. Gesundes Realitätsbewußtsein haben. Analytisch arbeiten können. Details richtig verarbeiten können. Wissenschaftliche Qualifikation. Gute Hand auf dem Sektor Gesundheit.

− Überperfektionismus. »Streßkonstellation«. Arbeitssucht.

Tätigkeiten und Berufe: Organisator, Verwalter, Wissenschaftler, Psychologe (sozialpolitisches Engagement, Streetwork), Grenzwissenschaft (zum Beispiel Astrologie). Wo es um Heilung, gesundheitliche Vorsorge und Ernährung geht (Diätküche, Labor, Heilpraktiker, Arzt). Siehe auch Sonne in der Jungfrau.

Samuel Beckett (Dramatiker), Joseph Campbell (Mythologe), Charlie Chaplin (Schauspieler), Erich Fromm (Psychoanalytiker), Paloma Picasso (Designerin)

F F E W   KA VA

☉ ♈ in 7
Sonne Widder in Haus 7

Die feuerbetonte Widdersonne verwirklicht sich im 7. (Luft-) Haus vermittelnd, partnerschaftlich und ist auf Begegnung ausgerichtet.

+ Andere überzeugen und mitreißen können. Auf Menschen einwirken können. In der Öffentlichkeit gut ankommen. Repräsentieren können. Auf andere eingehen können. Gerecht sein. Streitigkeiten schlichten können. Diplomatisch auftreten können. Kunstsinn, Geschmack.

– Vaterprojektion auf Vorgesetzte und Mitarbeiter. Ohne andere hilflos sein.

Tätigkeiten und Berufe: Politiker, Kommunikator, Künstler. Wo Diplomatie eine Rolle spielt (Politik). Wo es um echte Begegnungen geht (Therapie, Beratung, Management). Wo Gerechtigkeit eine Rolle spielt (Jurist). Wo es auf Geschmack, Ausdruck und Kunstfertigkeit ankommt (Künstler, Kunsttherapeut, Designer, Modist). Siehe auch Sonne in der Waage.

Daniel Cohn-Bendit (Politiker), Doris Day (Schauspielerin), Hugh Marston Hefner (Verleger), André Heller (Künstler), Benito Juarez (Politiker), Alfred Kubin (Künstler), Maximilian I. (Kaiser), Omar Sharif (Schauspieler), Warren Beatty (Schauspieler), Richard von Weizsäcker (Politiker)

F F L L   KA KA

☉ ♈ in 8
Sonne Widder in Haus 8

Die feuerbetonte Widdersonne trifft im 8. (Wasser-) Haus auf Gegensätzliches und verwandelt sich in Gefühls- und Bindungskraft. Die Widdersonne wirkt im Geistigen, Verborgenen, Hintergründigen.

+ Im Hintergrund wirken, die tragende Kraft im Verborgenen sein. Sich für seinen Beruf aufopfern und engagieren können. Mehr als andere leisten können.

– Fanatismus. Unter einer karmischen Schuld leiden. Nicht aus sich heraus können. Zu viel einstecken.

Tätigkeiten und Berufe: Wo Engagement wichtig ist. Wo es um das Allgemeinwohl geht (Politik). Wo es um Leben und Tod geht (Sozial- und Bildungsarbeit mit gesellschaftlichen Randgruppen). Wo Gefahren und Risiken sind (Unfallarbeit, Hilfsdienste in Krisengebieten). Wo Probleme aufgearbeitet werden (Therapie). Siehe auch Sonne im Skorpion.

Charles Baudelaire (Dichter), Franz-Joseph Haydn (Komponist), Terence Hill (Schauspieler), Elton John (Rockmusiker), Hardy Krüger (Schauspieler), Conrad Wilhelm Röntgen (Entdecker)

F F W L   KA FI

WIDDER ♈

☉ ♈ in 9
Sonne Widder in Haus 9

Die feuerbetonte Widdersonne findet im 9. (Feuer-) Haus Verwandtes und orientiert sich ideell und geistig.

+ Andere mitreißen und überzeugen können. Durch Idealismus andere anstecken. Menschliches Auftreten. Vielseitigkeit und Offenheit erleichtern Berufssuche. Schnell eine positive Einstellung finden. Lösungen erarbeiten können. Anlage zum Macher, Initiator, geistigen Führer, Leitbild.

– Überzogener Idealismus. Realitätsferne führt zu falschen Entschlüssen. »Konkurskonstellation«. Ungeduld und Überheblichkeit.

Tätigkeiten und Berufe: Sportler. Wo es um Grenzüberschreitung im Äußeren wie im Inneren geht (Touristik, Reisen, Fliegen, Fahren, Psychologie, Lehrfach). Wo es um Moral und Ethik geht (Religion, Erwachsenenbildung, Psychologie und Psychotherapie). Siehe auch Sonne im Schützen.

Abd-Ru-Shin (Esoteriker), Otto von Bismarck (Kanzler), Steve McQueen (Schauspieler), Joan Quigley (Astrologin), Wilhelm I. (König von Preußen)

F F F L   KA VA

☉ ♈ in 10
Sonne Widder in Haus 10

Die feuerbetonte Widdersonne verwirklicht sich im 10. (Erd-) Haus überpersönlich, allgemeinverbindlich und fordernd.

+ Seinen Willen durchsetzen können. Seine Träume verwirklichen. Konstruktiv arbeiten können. Gesellschaftliche Anerkennung finden. Kräfte einteilen können. Selbständig arbeiten können. Einen gesellschaftlichen Beitrag leisten. Anlage zum Macher, Chef und Initiator.

– Unter enormem Erfolgsdruck leiden. Zu hohe Ansprüche an sich selber stellen. Unter einem strengen Vater leiden. Durch zu großen Ehrgeiz abstoßend wirken.

Tätigkeiten und Berufe: Wo es um allgemeine Werte, Prinzipien und Normen geht. Gesellschaftsbildung, Erziehung, öffentliche Verwaltung. Kontrolle und Durchsetzung. Wissenschaft, Politik. Siehe auch Sonne im Steinbock.

Erich von Däniken (Schriftsteller), Vincent van Gogh (Maler), Francisco de Goya (Maler), Leslie Howard (Schauspieler), Ernst Jünger (Schriftsteller), Karl der Große (Kaiser)

F F E E   KA KA

☉ ♈ in 11
Sonne Widder in Haus 11

Die feuerbetonte Widdersonne verwirklicht sich im 11. (Luft-) Haus in einer sozialen, aufgeschlossenen, »modernen« Persönlichkeit.

+ Mit neuen Ideen und Anschauungen überzeugen. In Gruppen und im Team arbeiten können. »Primus inter pares« sein. Beliebtes Vorbild, Erfolgsmensch, Reformator sein können. Selbständig und unabhängig arbeiten können. Den Zeitgeist spüren.

– Sich in zu vielen Vorhaben verlieren. Ständig neue Impulse benötigen. Initiativen starten und wieder fallen lassen. Zu positives Vaterbild verhindert Selbständigkeit.

Tätigkeiten und Berufe: Wo es um Soziales, Ideales geht (Sozialarbeit, Psychotherapie). Wo Menschen konstruktiv zusammenarbeiten (Wissenschaft, Film, Medien). Wo die Zukunft eine Rolle spielt (Wissenschaft, alle Medien). Siehe auch Sonne im Wassermann.

Béla Bartók (Komponist), Jean-Paul Belmondo (Filmschauspieler), Wernher von Braun (Physiker), Jayne Mansfield (Hollywoodstar), Marcel Marceau (Pantomime), Gregory Peck (Schauspieler), Anthony Perkins (Schauspieler), Sergej Rachmaninoff (Komponist)

F F L E   KA FI

☉ ♈ in 12
Sonne Widder in Haus 12

Die feuerbetonte Widdersonne transformiert sich im 12. (Wasser-) Haus und verwirklicht sich in Bereichen, bei denen es um unklar definierte, hintergründige, feinstoffliche Angelegenheiten geht (Religion, Mystik, Nächstenliebe). Der grenzenlose Raum des 12. Hauses erlaubt aber auch, daß die expansive Widder-Sonne die Menschheit als Ganzes erreicht (Religion, Politik, Wissenschaft, Kunst).

+ Über große Sensibilität verfügen. Mitgefühl haben. Mit visionären Kräften verbunden sein. Sprachrohr für Unausgesprochenes sein können.

– Unter fehlendem Vater leiden. Sich unverstanden fühlen. Sich verstellen. Kein Selbstvertrauen besitzen.

Tätigkeiten und Berufe: Kunst, Religion, Psychologie. Alle Heilberufe. Wo Dynamik einerseits und Mystik, Glaube, Mitgefühl andererseits zusammenfließen kann (zum Beispiel Kunsttherapie, Missionsarbeit, Sozialarbeit). Siehe auch Sonne in den Fischen.

Wilhelm Busch (Dichter), Claudia Cardinale (Schauspielerin), Alec Guinness (Schauspieler), Helmut Kohl (Kanzler)

F F W E   KA VA

WIDDER ♈

Aszendent Widder – was ich will

Menschen mit einem Widder-Aszendenten können beim ersten Eindruck ausgesprochen widder-untypische Verhaltensweisen zeigen. Sie wirken weder dynamisch, noch spontan und zeigen nichts von der herrlich erfrischenden Hauruck- oder Hoppla-jetzt-komme-Ich-Mentalität einer Person mit Sonne im Widder. Der AC schlummert, bis er durch einen Anlaß geweckt wird. Ohne Anlaß, ohne ein Umfeld, das Widderkräfte freimachen kann, bleibt ihre Widderenergie stecken – manchmal so lange, daß sie sich über Kopfschmerzen oder Migräneanfälle einen Weg sucht. Menschen mit einem Widder-AC sind oft, ohne es selbst zu bemerken, auf der Suche nach Abwechslung, Dynamik und Abenteuern. Sie warten darauf, daß etwas geschieht, das ihr Leben verändert. Ihre Bereitschaft für alles Lebendige, Bunte, für Veränderung und Dynamik macht sie sehr unternehmungsfreudig, stiftet starkes Rhythmusgefühl und Musikalität. Sie suchen geistigen Austausch und warten darauf, mehr von ihren eigenen Ideen einbringen zu können. Ihr Ziel ist es, eine geistige Autorität und Führerkraft darzustellen.

Diese Menschen benötigen ein Berufsfeld und ein Arbeitsklima, wo sie ihre Anlage entwickeln können und Eigeninitiative ankommt. Ihr (Widder-) Same kann nicht aufgehen und wachsen, wenn sie nur stumm und steif vor sich hinwerkeln. Unter Umständen bemerken diese Menschen nur eine Unruhe, die sie selbst nicht zu deuten wissen.

Tätigkeiten und Berufe: Wo es auf den einzelnen ankommt. Wo Schnelligkeit Trumpf ist. Wo Konkurrenz nicht störend, sondern sogar erwünscht ist. Wo Führungsqualitäten verlangt werden. Wo man spontan sein darf. Wo expansiv gedacht und gehandelt wird. Wo Rhythmus herrscht, Musik gefragt ist, Kreativität möglich ist. Wo Ideen ankommen. Wo sich eine Rolle erkämpfen läßt. Wo Idealismus möglich ist. Wo auch Außenseiterwege möglich sind. Wo Reformen durchgeführt werden. Wo Gefahren liegen, wo Risiko herrscht. Wo Aggressivität Raum hat. Wo es um Sonderaufgaben geht. Wo Pioniergeist einfließen kann. Wo Feuer und Hitze eine Rolle spielen.

Aszendentenherrscher Mars

Entscheidend über Intensität und Richtung der Aszendentenkraft ist die Stellung des Herrschers des Aszendentenzeichens. Für AC Widder ist dies der Planet Mars (♂). Seine Stellung im Geburtshoroskop zeigt, wohin die Widderkraft drängt, was sie entfacht, welche Richtung sie nehmen möchte, auf welche Energie sie trifft, unter welchen Voraussetzungen sie lebendig wird. Dabei spielt die Position des Planeten Mars im Zeichen und im Haus eine Rolle.

Mars ist der römische Kriegsgott, ein Symbol (männlicher) Stärke, Kampfbereitschaft und Aggression. Er galt aber auch als Gott der Felder und der Weissagung. Ins menschliche Verhalten übersetzt, ist er Ausdruck frei fließender Energie, Kraft in der Bewegung, Reibung und Konkurrenz. Ohne Mars ist unsere Wettbewerbsgesellschaft nicht denkbar. Dieser Planet fördert sämtliche unternehmerischen Tugenden, ist verantwortlich für jeden gelungenen beruflichen Start und motiviert täglich neu, den Berufsalltag anzupacken.

Was die berufliche Relevanz des AC-Herrschers Mars in den zwölf Zeichen angeht, siehe weiter unten in diesem Kapitel!

Was die Position im Haus betrifft, genügt es in aller Regel, den Quadranten zu berücksichtigen, in dem sich Mars befindet. Die entsprechenden Marsstellungen werden weiter unten erörtert.

39

Medium Coeli Widder – was ich muß

Das Medium Coeli zeigt den Bereich, dem sich der Horoskopeigner einfügen muß, damit er sich in gesellschaftlicher wie kosmischer Hinsicht erfüllen kann und vollständig wird. Diese MC-Bereiche beinhalten Erwartungen der Gesellschaft, Pflichten, Normen und Verhaltensvorschriften, geben aber auch Halt und Sicherheit und vermitteln letztlich das Gefühl, seine Lebensaufgabe zu erfüllen.

Menschen mit MC Widder suchen absichtlich oder unbewußt einen Beruf, bei dem ihre Widderenergie zum Zuge kommen kann. Manchmal ist dieser Zusammenhang von Berufsausübung und MC überdeutlich, so wenn es einen jungen Mann vehement zur Feuerwehr zieht, oder wenn eine Frau einen Sohn bekommt, der zugleich Aszendent und Sonne im Widder hat und mit seiner Direktheit und Wildheit die ganze Kraft der Mutter beansprucht. Häufig erkennt man aber die Bestimmung durch den Widder erst bei genauerem Hinsehen, so wenn eine Frau mit Widder-MC den Beruf einer Sekretärin ausübt. Ihr Tun verrät zunächst nichts von einer Widdertätigkeit: Sie erledigt wie jede andere Sekretärin die anfallenden Aufgaben. Der Widder-MC verwirklicht sich aber darin, daß sie in einer Fabrik arbeitet, die Feuerwerkskörper herstellt: Im Produkt Feuerwerk, das für sie höchstens auf dem Papier erscheint, erfüllt sich indirekt ihr MC. Je direkter und unmittelbarer die Widderkraft in den Beruf einfließen kann, um so erfolgreicher, selbstzufriedener und erfüllter fühlt sich der Mensch. Er muß innerlich dazu stehen, daß er ein Berufsfeld mit hohem Kraftaufwand, großer Energie, Dynamik und Herausforderung braucht.

Berufe: Naturwissenschaft, Technik, medizinische Bereiche (Notfall-, Tiermedizin, Chirurgie), Sport, Beratung, Management, Musik, Tanz, Kunsttherapie, Raumfahrt, Militär, Kfz-Mechaniker, Feuerberufe, Heizungsberufe.

In der Astro-Medizin wird der Kopf der Widderenergie zugeordnet. Entsprechend führen widderbetonte Menschen manchmal »Kopftätigkeiten« (Zahnheilkunde, Optiker, Friseur) aus.

Wichtig sind die Stellungen von Sonne und AC (und Herrscher des AC): Geben diese ähnliche Berufe und Tätigkeiten vor? Oder zeigen sie in eine völlig andere Richtung? Was sind die Gemeinsamkeiten?

Herrscher des Medium Coeli im Zeichen

Genau wie beim AC muß auch der herrschende Planet des MC, hier also Mars, berücksichtigt werden. Seine Stellung im jeweiligen Zeichen nennt Ziel und Richtung beruflicher Erfüllung und zeigt die spezifische Färbung der MC-Kraft auf. Als »Kraftplanet« zeigt seine Stellung darüber hinaus, mit welchen Quellen der Kraft im Berufsleben gerechnet werden kann. Zusammenstellung über berufliche Relevanz des MC-Herrschers Mars in den zwölf Zeichen siehe weiter unten in diesem Kapitel!

Herrscher des Medium Coeli im Haus

Was die Stellung des MC-Herrschers Mars im Haus betrifft, genügt es, die Richtung zu kennen, also in welchem Quadranten sich der Herrscherplanet verwirklicht (siehe auch Grundlagen astrologischer Berufsberatung). Die entsprechenden Marsstellungen werden weiter unten erörtert.

WIDDER ♈

Herrscherqualitäten des AC / MC in den Zeichen

♂ ♈
Medium Coeli / Aszendent
im Widder
Herrscherplanet Mars
im Widder

Berufliche Verwirklichung erfolgt in typischen Widderbereichen wie Management, Wirtschaft, Politik oder ähnlichem (siehe Allgemeine Einführung Widder).

+ Kraftvolles Arbeiten. Rasche Auffassung und Umsetzung von Ideen. Selbständiges Arbeiten. Starke physische Konstitution. Idealismus. Selbstsicherheit. Begeisterungsfähigkeit. Führungsanspruch. Mut zum Risiko. Durchsetzungskraft. Vitalität. Tatmensch. Fähigkeit, schnelle berufliche Entscheidungen treffen zu können.

– Leichtsinn. Rücksichtslosigkeit. Fehlkalkulationen. Schlechte Buchführung. Schludrigkeit. Sich beruflich durch Einseitigkeit und Voreiligkeit schaden. Auch Unrast, Ungeduld, Kurzsichtigkeit und unnötiges Imponiergehabe schadet dem Erfolg.

F F F F   KA KA

♂ ♉
Medium Coeli / Aszendent
im Widder
Herrscherplanet Mars
im Stier

Berufliche Verwirklichung erfolgt in typischen Stierbereichen, die mit Natur, Erde, Sinnlichkeit, Ernährung, Bauwesen, Wirtschafts- und dem Geldwesen zu tun haben (siehe Allgemeine Einführung Stier).

+ Technisches und praktisches Geschick. Sich beruflich gegen Angriffe der Konkurrenz behaupten können. Sich allen Widerständen widersetzen. Unermüdlich und ausdauernd in der Arbeit sein. Eigene Sinnlichkeit beruflich nützen können. Sich für die Verwirklichung einer Idee voll und ganz einsetzen. Über künstlerische Anlagen verfügen. Handwerkliche Fähigkeiten aufweisen.

– Durch Sturheit eigene Erfolgsaussichten verschlechtern. Nicht aus sich herauskönnen. Machthunger.

F F E F   KA FI

41

♈ WIDDER

♂ ♊
Medium Coeli / Aszendent
im Widder
Herrscherplanet Mars
in den Zwillingen

Berufliche Verwirklichung erfolgt in typischen Zwillingsbereichen wie Kommunikation, Moderation, Sprachwissenschaft, Selbstdarstellung (siehe auch Allgemeine Einführung Zwillinge).

+ Sich gut ausdrücken können. Sich behaupten können. Herausforderungen gewachsen sein. Bewegliches, vielseitiges und engagiertes Denken und Handeln. Scharfer und kritischer Verstand. Schriftstellerische, journalistische Begabung. Unter Konkurrenzdruck stärker werden. (Sich) gut verkaufen können. Repräsentieren können.

− Selbstüberschätzung. Häufig wechselnde Interessen und Beschäftigungen. Rücksichtslosigkeit und Ungeduld. Sich in Haarspaltereien verlieren. Aggressivität. Geringe Ausdauer.

F F L F   KA VA

♂ ♋
Medium Coeli / Aszendent
im Widder
Herrscherplanet Mars
im Krebs

Berufliche Verwirklichung erfolgt in typischen Krebsbereichen wie Erziehung (besonders Kindergärtner), Lehre, Therapie, Gastronomie, Kunst, Werbung, Architektur, Design (siehe auch Allgemeine Einführung Krebs).

+ Beständigkeit in der Berufsausübung. Über seelischen Reichtum verfügen. Suggestivkräfte. Gefühlsengagiertes Handeln. Beschützerinstinkt. Aus reichem Traum- und Phantasieleben schöpfen. Außergewöhnliche Vorstellungskraft: auf Suggestivwirkung bauen können. Über außergewöhnliche und risikofreudige Ideen verfügen.

− Extreme Subjektivität erschwert sachlichen Arbeitsstil. Gestörtes Verhältnis zur Familie wirkt sich auf Arbeitssituation aus. Eingebildete Konkurrenz. Antriebsarmut. Schnelle Verletzbarkeit verhindert sachlich-kritische Analyse. Minderwertigkeitsgefühle.

F F W W   KA KA

WIDDER ♈

♂ ♌
Medium Coeli / Aszendent
im Widder
Herrscherplanet Mars
im Löwen

Berufliche Verwirklichung erfolgt in typischen Löwebereichen wie Kreativität, Ausdruck, Spiel, Genuß, Tanz, Kunst, Führung, Selbstverwirklichung (siehe auch Allgemeine Einführung Löwe).

+ Natürliche Führungsbegabung. Starker Selbstwert. Große Kreativität. Durch positive Selbstdarstellung berufliche Situation verbessern. Glaubwürdig sein. Lebensfreude vermitteln. Über starke physische Energien verfügen. Durchsetzungswille. Karrieredenken. »Managementkonstellation«. Einsatz der ganzen Persönlichkeit. Eigene Vorstellungen durchsetzen können.

– Selbstüberschätzung. Sich grundlos angegriffen fühlen. Durch herrisches Auftreten andere vergraulen. Gefahr des Mißbrauchs beruflicher Macht. Veranlagung zum despotischen Chef.

F F F W   KA FI

♂ ♍
Medium Coeli / Aszendent
im Widder
Herrscherplanet Mars
in der Jungfrau

Berufliche Verwirklichung erfolgt in typischen Jungfraubereichen wie Dienstleistung, Gesundheitswesen, Organisation, Wissenschaft, Ökologie, Handwerk, Bereich Verwertung, Analyse (siehe auch Allgemeine Einführung Jungfrau)

+ Wachsamkeit. Genauigkeit. Perfektionismus. Über große Reserven verfügen, trotzdem sparsamer und vernünftiger Einsatz der vitalen Energien. Großes im Bereich Gesundheit leisten können. Praktisch-handwerkliche Begabungen. »Organisationsgenie«. Sozialpolitisches Engagement (Randgruppenarbeit). Große Selbstbeherrschung.

– Zwanghaftigkeit, Überanpassung. Über Detailarbeit den Überblick verlieren. Prinzipienreiterei. Veranlagung zu psychosomatischen Berufserkrankungen. Autoritätskonflikte erschweren Zusammenarbeit. Konzentrationsstörungen.

F F E W   KA VA

43

♈ WIDDER

♂ ♎
Medium Coeli / Aszendent
im Widder
Herrscherplanet Mars
in der Waage

Berufliche Verwirklichung erfolgt in typischen Waagebereichen wie Kunst, Kommunikation, Politik, Ästhetik, Entspannung, Therapie, Schönheit, Design, Geschmack, Rhythmus (siehe auch Allgemeine Einführung Waage).

+ Berufliche Vorteile durch geschicktes Auftreten. Taktische Meisterleistungen erbringen. »Diplomatenkonstellation«. In Konfliktfällen vermitteln können. Auf andere eingehen können. Beraten und führen können (»Management-Beraterkonstellation«). Sich auf seinen Geschmack verlassen können (Verkauf, Design, Mode). Phantasiestärke. Unternehmungsgeist in der Gemeinschaft. Positiven Einfluß auf betrieblichen Frieden und auf das Betriebsklima nehmen.

− Eitelkeit und narzißtischer Stolz. Entscheidungsprobleme. Launenhaftigkeit.

F F L L   KA KA

♂ ♏
Medium Coeli / Aszendent
im Widder
Herrscherplanet Mars
im Skorpion

Berufliche Verwirklichung erfolgt in typischen Skorpionbereichen: Wissenschaft, Grenzbereiche (wo es um Leben und Tod geht). Hintergrundanalyse. Tätigkeiten, die mit Hingabe, Leidenschaft, Totalität, auch Opferbereitschaft (siehe auch Allgemeine Einführung Skorpion) zu tun haben.

+ Sich in den Dienst eines Ideales stellen können. Sich für seine Arbeit aufopfern können. Über große Suggestivkräfte verfügen. Außergewöhnliches leisten können. Betriebliche Bindungsstärke. Mit der Schwere der Aufgabe selbst immer stärker werden. Herausforderungen annehmen. Eignung für zweite Führungsposition. Durchhaltevermögen. Mut zum Risiko.

− Anmaßung. Selbstschädigende Tendenz. Eine karmische Last abtragen müssen.

F F W L   KA FI

WIDDER ♈

♂ ♐
Medium Coeli / Aszendent
im Widder
Herrscherplanet Mars
im Schützen

Berufliche Verwirklichung erfolgt in typischen Schützebereichen wie Lehre, Religion, Heilwesen, Sport, Wissenschaft und Forschung, Philosophie, Reisen (siehe auch Allgemeine Einführung Schütze).

+ Über einen freien und großzügigen Intellekt und Geist verfügen. Optimistisch einwirken können. Andere überzeugen und mitreißen können (»Führerkonstellation«). Auslandskontakte beruflich nützen können (Auslandsvertreter oder – korrespondent). Unternehmungslust. Die Bereitschaft, den Wohnort zu wechseln, erhöht berufliche Chancen. Pioniergeist.

– Gefahr idealistischer Traumtänzerei. Nichts Reales fertigbringen. Nervosität. Konzentrationsstörung.

F F F L   KA VA

♂ ♑
Medium Coeli / Aszendent
im Widder
Herrscherplanet Mars
im Steinbock

Berufliche Verwirklichung erfolgt in typischen Steinbockbereichen wie Lehre, Staatsdienst, öffentlicher Dienst, Wissenschaft, Kontrolle und Aufsicht (siehe auch Allgemeine Einführung Steinbock).

+ Selbständig arbeiten können (»Do-it-Yourself-Konstellation«, »Karrierekonstellation«). Einen eigenen Laden, eine eigene Praxis aufmachen können. Mit öffentlicher Unterstützung rechnen können. Durch Ehrgeiz erfolgreich sein. Geschäfte vorantreiben können. Ruhm ernten können. Zielstrebiger Einsatz der eigenen Energien. Durchsetzungskraft. Geradlinig auf ein Ziel zusteuern. Politisches und soziales Engagement.

– Egoistisches Machtstreben. Rücksichtslosigkeit.

F F E E   KA KA

♈ WIDDER

♂ ≈
Medium Coeli / Aszendent
im Widder
Herrscherplanet Mars
im Wassermann

Berufliche Verwirklichung erfolgt in typischen Wassermannbereichen wie Gruppen-, Licht-, Reformarbeit, Club- und Teambereich. Innovation, Erneuerung, sozialpolitische Veränderungen (siehe auch Allgemeine Einführung Wassermann).

+ Identifikation mit überindividuellen Werten, Idealen und neuen Lebensformen. In Kollektiven arbeiten können. Verzicht auf autoritäre Strukturen (»primus inter pares« sein können). Außenseiterwege einschlagen können. Sich für andere stark machen. Toleranz und Friedfertigkeit.

– Wenig Ausdauer und Energie besitzen. Voreilige Entschlüsse treffen. Konzentrationsschwierigkeiten. Elitäres Auftreten.

F F L E   KA FI

♂ ♓
Medium Coeli / Aszendent
im Widder
Herrscherplanet Mars
in den Fischen

Berufliche Verwirklichung erfolgt in typischen Fischebereichen wie Nächstenliebe, Religion, Therapie, Mystik, Kunst (siehe auch Allgemeine Einführung Fische).

+ Zum Sprachrohr bestehender Strömungen werden können (Volksheld, Idol). Große Sensibilität. Mitgefühl. Anderen helfen. Soziales Engagement. Aus einem reichen Traum- und Phantasieleben schöpfen können (Kunst). Über visionäre Kräfte verfügen (Medium). In seinem Beruf völlig aufgehen. Zugang zu spirituellen Quellen.

– Gefühl der Ohnmacht und Verlorenheit. Lethargie. Unter einer karmischen Schuld leiden.

F F W E   KA VA

Herrscherqualitäten des AC / MC in den Quadranten

AC ♈ / MC ♈
Aszendent Widder / Medium Coeli Widder
Herrscherplanet Mars im Quadranten I

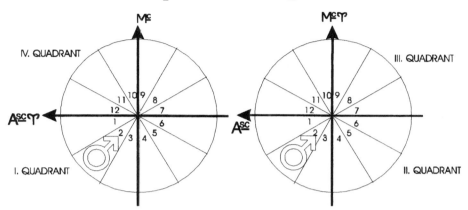

Befindet sich Mars als AC / MC Herscher im Quadranten I (Haus 1, 2 und 3), will er sich ichhaft und ichbetont verwirklichen. Das heißt zum Beispiel, daß der Horoskopbesitzer die widder-marshaften Anlagen auch gegen einen äußeren Widerstand einbringen und durchsetzen will, ja, daß Widerstand und Konkurrenz sogar seine Neigungen noch verstärken. Diese Stellung fördert Dynamik, Selbstbewußtsein, Aktivität, Draufgängertum, Begeisterungsfähigkeit, Konkurrenz- und Durchsetzungsbereitschaft, die, wenn sie in ein passendes Berufsmetier einfließen können, den Erfolg direkt garantieren. Ungeduld, Aggressivität und blindes Draufgängertum, Eigenschaften, die ebenfalls mit dieser Konstellation verbunden sind, gilt es allerdings in den Griff zu bekommen, wenn der berufliche Erfolg nicht immer wieder verspielt werden soll.

AC ♈ / MC ♈
Aszendent Widder / Medium Coeli Widder
Herrscherplanet Mars im Quadranten II

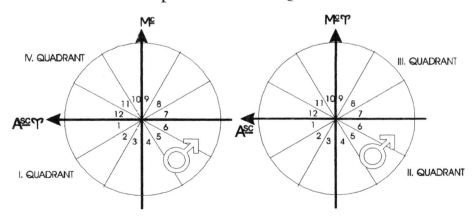

Befindet sich Mars im Quadranten II (Haus 4, 5 und 6), ist die gefühlshafte oder seelische Beteiligung des Horoskopeigners wichtig. Er will sich erlebnismäßig, gefühlshaft und nicht mechanisch, kognitiv und intellektuell einbringen (zum Beispiel Künstler, Lehrer, Therapeut). Diese Stellung kann auch leidvoll erlebt werden, weil man glaubt, sich mit seinen Widderkräften nicht richtig ausleben zu können (besonders Mars Haus 4). Hilfe verschafft die Einsicht, daß man mit dieser Konstellation nicht kämpfen muß, sondern sich einer höheren Fügung anvertrauen kann.

AC ♈ / MC ♈
Aszendent Widder / Medium Coeli Widder
Herrscherplanet Mars im Quadranten III

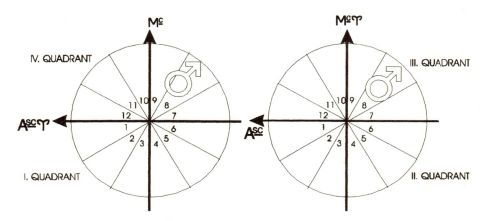

Befindet sich Mars im Quadranten III (Haus 7, 8 und 9), ist ein soziales Umfeld bei der Berufsausübung unerläßlich. Der Horoskopeigner drängt zum Du, will kommunizieren, sich auf andere beziehen, sich austauschen, sich spiegeln, beachtet werden, seine Gefühle der Zuneigung und Ablehnung einbringen. Die soziale Ausrichtung anderen gegenüber kann sich (besonders im 8. Haus) auch als Bindung und Hingabe an eine Idee oder Berufung manifestieren.

AC ♈ / MC ♈
Aszendent Widder / Medium Coeli Widder
Herrscherplanet Mars im Quadranten IV

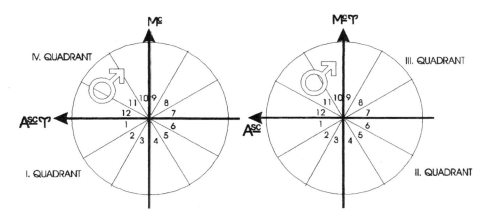

Steht Mars im Quadranten IV (Haus 10, 11 und 12), verstärkt dies die überpersönliche Ausrichtung, Aufgabe und Verpflichtung. Besonders mit Mars in Haus 10 muß eine Art Institution oder berufliche Einrichtung, die den eigenen Namen trägt, erschaffen werden. Dies ist mit dem Erlebnis einer starken Anspruchshaltung verbunden: Der Horoskopeigner steht unter dem Druck, etwas Großes, Bedeutsames und Gewichtiges in seinem Leben zu erschaffen. Auch wenn sich der Mars als Herrscher des AC oder MC im 12. Haus befindet, ergeben sich Probleme, weil einerseits Ichhaftes beziehungsweise Strukturhaftes gefordert wird, es im 12. Haus aber wiederum um Auflösung geht. Adäquate Berufsfelder finden sich in der Religion, Kunst, Mystik, Esoterik, Nächstenliebe, Heilung und Therapie. Sich höheren Kräften anvertrauen, auf eine höhere Führung bauen sind wichtige Erkenntnisse, die besonders im Beruf zu mehr Zufriedenheit führen. Mars als Herrscherplanet verweist oft auch auf familiäre Schuld (zum Beispiel Bruderzwist), die dadurch aufgelöst werden kann, daß man einen helfenden oder religiösen Beruf ergreift.

Sonne, Aszendent, Medium Coeli im Stier

Allgemeine Einführung

Im Energiekreis Stier findet alles seinen Platz, seine Ordnung, seine Ruhe. Das Leben entdeckt sich selbst im Spiegel der Sinne und der Sinnlichkeit. Stier ist ein anderes Wort für Genuß, Sein, Haben, In-Sich- und Bei-Sich-Sein und Schönheit. Stier ist ein Symbol göttlicher Farb-, Form- und Ausdruckskraft.

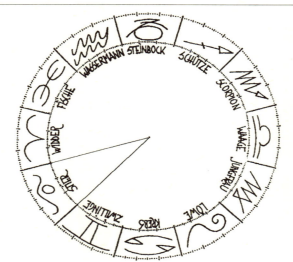

ELEMENT: ERDE
beruhigend,
aufnehmend,
bewahrend,
formgebend,
abgrenzend.

QUALITÄT: FIX,
fest, gleichbleibend,
sammelnd,
vermehrend,
wiederholend.

POLUNG: MINUS,
weiblich, yin, passiv,
nach innen, reaktiv,
empfangend.

SYMBOLIK: STIER
steht für Masse,
Gesammeltsein, Ruhe,
langsame Einverleibung
und Aufbereitung durch
Wiederholung.

ZEITQUALITÄT:
21. APRIL BIS 21. MAI
Der Frühling als Ausdruck
sinnlich erfahrbaren,
unendlichen Reichtums.

HERRSCHERPLANET:
VENUS, Göttin der
Schönheit und Liebe.

Stierbetonte Menschen (das sind Individuen mit Sonne, AC, MC oder Mond im Stier; ebenfalls Sonne und/oder Mond im 2. Haus; abgeschwächt auch Herrscher des AC oder des MC im Stier oder im 2. Haus, ebenfalls abgeschwächt Venus im 1. oder im 10. Haus) betrachten das Leben praktisch, realistisch und mit Hilfe ihrer fünf Sinne. Wertvoll ist, was gut klingt, angenehm riecht, schmeckt, schön aussieht und was sich anfassen läßt. Beinahe unendlich ist die Liste der Künstler unter den Stiergeborenen. Nur unter dem ebenfalls von der Venus regierten Waagezeichen gibt es ebenso viele Maler, Musiker, Schriftsteller, Bildhauer und Sänger. Die berühmtesten Beispiele sind Johannes Brahms, Novalis, Henri Rousseau, Leonardo da Vinci, Salvador Dali, William Shakespeare, Christian Morgenstern und Peter Tschaikowski, alle mit Sonne im Stier.

Abstraktes zu konkretisieren und anschaulich zu gestalten: darin sind Stiere unübertrefflich. Es gelingt ihnen spielend, komplizierte Dinge einfach und erfahrbar darzustellen.

Stier ist eine fixe oder feste Qualität. Das führt dazu, daß stierbetonte Menschen das, was sie einmal haben, versuchen festzuhalten. Und das, was sie können, wollen sie ständig wiederholen. Daß sich auf diese Weise Reichtümer anhäufen lassen, ist verständlich. Genauso leuchtet ein, daß solche Menschen ihr Metier stets aus dem Effeff beherrschen: Sie sind Genies, solange sie sich innerhalb bekannter Grenzen bewegen, allem Neuen gegenüber haben sie dagegen ihre Vorbehalte.

In unserer Genußgesellschaft sind diese Individuen natürlich genau richtig. Ihre Lust am Besitz, an Sinnlichkeit und Genuß, an Haben und vergnüglichem Sein führt dazu, daß sie beispielsweise in der Branche der Banken, der Lebensmittel- und Textilindustrie und natürlich in der Herstellung und dem Vertrieb von Luxusgütern sehr erfolgreich sind. (Ein Name mag für viele stehen: Robert Cointreau, der berühmte französische Likörfabrikant mit Sonne im Stier.) Genauso findet man sie in der Gastronomie oder in Genossenschaften und Kleinbetrieben, die sich einer gesunden Ernährung oder alternativen Lebensführung verpflichtet fühlen.

Stierbetonte Menschen wissen allerdings nicht nur mit Geld, Essen, Kleidung und Luxusgütern umzugehen. Wie bereits angedeutet, sind sie sagenhafte Didaktiker, die sogar einem Kind die Relativitätstheorie Albert Einsteins vermitteln könnten. Ihre Kunst ist es, Dinge sinnlich erfahrbar zu machen. Liest man zum Beispiel Sigmund Freud (Sonne Stier), Begründer der Psychoanalyse, hat man sehr schnell das Gefühl, man sähe die Bereiche der Seele – Es, Ich, Über-Ich – ganz real und deutlich vor sich, obwohl es doch nur Erfindungen, Symbole, Metaphern Freuds sind. Ähnlich ergeht es einem, wenn man Karl Marx studiert (Sonne Stier). Bestimmt hatten diese beiden Menschen auch deswegen so einen ungeheuren Zulauf, weil ihre Theorien so anschaulich, so sinnlich sind. Daß die Gabe der Vereinfachung auch manipulierend eingesetzt werden kann, beweisen aufs Schrecklichste Diktatoren wie Hitler, Lenin, Khomeni und Hussein, alle mit Sonne im Stier.

Sogar Übersinnliches wird aus dem Munde eines Stieres klar und einfach. Der Prophet Mohammed war ein (Sonnen-) Stier, ebenso Buddha Gautama, die Meister Muktananda und Krishnamurti.

Des weiteren haben stierbetonte Menschen »heilende Hände« und besitzen alle Voraussetzungen für die Tätigkeit des Körpertherapeuten, Chiropraktikers oder Masseurs. Bei jeder intensiven Körperarbeit gibt der Therapeut eigene Energie ab. Ohne eine »Portion Stier« ist diese Tätigkeit auf Dauer gar nicht möglich: Man ist zu schnell erschöpft. Beispiele für berühmte Körpertherapeuten unter den Stieren sind Sebastian Kneipp, Moshe Feldenkrais (Begründer der Feldenkrais-Körper-Therapie, Sonne im Stier) und Gerda Boyesen (Begründerin der Boyesen-Körpertherapie, Sonne im Stier). Zu erwähnen ist aber auch Florence Nightingale, die Begründerin des Sanitätsdienstes, und Henry Dunant, beide Sonne im Stier, Begründer des Roten Kreuzes.

Ihr praktischer Sinn und ihre Verbindung zum Erdelement wiederum macht stierbetonte Menschen zu ausgezeichneten Architekten und Statikern. Konstruktionen auf ihre Realisier- und Haltbarkeit hin zu überprüfen liegt ihnen sozusagen im Blut (Beispiele sind Alfred Krupp und Claudia Dornier, beide Sonne im Stier).

In der Astro-Medizin regiert der Stier die Bereiche Hals, Nacken, Schlund und Kehlkopf. Tatsächlich findet man unter Stiermenschen auch zahlreiche ausgezeichnete Sänger (zum Beispiel Udo Lindenberg, Bing Crosby, Judy Collins, alle mit Sonne im Stier). Jeder Mensch mit einem starken Stiereinfluß sollte sich so häufig wie möglich der Muße zu singen hingeben.

Schatten

Ihre Stärke und Achillesferse zugleich ist ihr stark entwickeltes Sicherheitsdenken. Mit ihrer fixen Erd-Energie können sie – einmal überspitzt formuliert – keinen Schritt tun, ohne zu überlegen, wohin dieser führt, was er ihnen bringt und was er sie kostet. Das macht sie zu erfolgreichen Leuten, denen keiner ein X für ein U vormachen kann. Auf der anderen Seite kann eine derartige Lebenseinstellung aber auch den Weg zu beruflicher Erfüllung regelrecht verbauen, zum Beispiel dann, wenn jemand einen längeren Ausbildungsweg vor sich hat. Einen Studenten der Politik, Philosophie oder Soziologie zum Beispiel, lockt ein Ziel, das fern vor ihm liegt und von dem er nicht einmal weiß, ob er einmal davon leben kann. Für einen »stierdenkenden« Menschen ist so ein Weg schwer gangbar. Er will eine Ausbildung, die kurz ist und schnell zu Geld führt. Oft genug verzichtet er sogar lieber gleich auf den Stand eines »brotlosen Gelehrten« und wird lieber Steuerfachmann oder beginnt nach dem Abitur gleich eine Banklehre.

Was Stierkräfte fördert

Sich nach jeder bodenständigen Arbeit selbst gratulieren
Von Menschen lernen, die nüchtern, rationell und pragmatisch sind
Bewußt in die Rolle des »Materialisten« schlüpfen

»Das Lustprinzip steht allem anderen vor«
Sammeln als Leidenschaft
Die Sinnlichkeit trainieren

Arbeits- und Berufsprofil

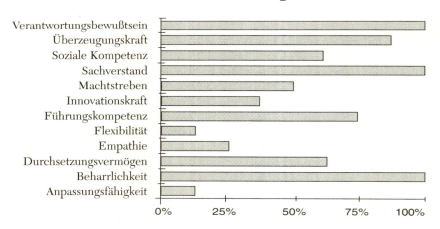

Sonne Stier – was ich kann

Individuen mit der Sonne im Stier besitzen sämtliche im allgemeinen Abschnitt über den Stier erwähnten Eigenschaften besonders ausgeprägt. Was ihre Berufsneigungen und -fähigkeiten betrifft, sind sie dafür geboren und geschaffen, zu sammeln und zu konkretisieren, abzugrenzen und zu festigen, mit den Sinnen zu arbeiten und nach Möglichkeiten der Verschönerung der Welt Ausschau zu halten. Manchmal steht der Vater selbst für diese besondere Eigenart, war beziehungsweise ist vielleicht Künstler, Bankmann oder Gastronom. Häufig beschreiben Menschen mit einer Stiersonne ihre Väter als ausgesprochene Materialisten, die ihnen außer Geld nie positive Gefühle zukommen

STIER ♉

ließen. Was dabei leicht übersehen wird, ist, daß für den Vater eines Stiergeborenen Geld oder Geschenke ein echter Ausdruck seiner Liebe und Zuwendung sind. Manchmal war der Vater auch genau das Gegenteil einer »Stiersonne«, also unzuverlässig, chaotisch oder abwesend. Auf Grund der Tatsache, daß der Sohn oder die Tochter dadurch auf sich selbst angewiesen waren, setzt sich dann doch wieder das Stiernaturell durch. Manchmal versteckt sich hinter einer Stiersonne auch der unbewußte Wunsch des Vaters, sein Kind möge einen festen und soliden Le-

bensweg einschlagen, weil der Weg des Vaters und seiner Familie chaotisch und unsicher war. Aus spiritueller Sicht steht hinter der Figur des Vaters die göttliche Absicht, ein Wesen zu erschaffen, das Kraft, Liebe und Schönheit ausstrahlt.

Die Qualität einer bestimmten Sonnenstellung kann erst im jeweiligen Haus wirklich lebendig werden, oder wie es astrologisch heißt: Die Sonne verwirklicht sich hausspezifisch (siehe Abschnitt über Zeichen und Häuser). Darüber informiert der folgende Abschnitt.

Sonne Stier Haus 1 bis 12

Die Sonne zeigt, was der Mensch kann, weiß, beherrscht, besitzt. Diese Fähigkeiten sind Kraft der Geburt in der Seele angelegt und warten auf Einsatz und Betätigung. Diese Kraft kann allerdings erst im jeweiligen Haus

voll lebendig werden, oder wie es astrologisch heißt, die Sonne verwirklicht sich hausspezifisch (siehe Abschnitt über Zeichen und Häuser).

☉ ♉ in 1
Sonne Stier in Haus 1

Die erdbetonte Stiersonne trifft im 1. (Feuer-) Haus auf belebende Energien und verwirklicht sich als starker Wille nach Formgebung, Einverleibung und Besitz. Die eigene Person muß im Vordergrund stehen.

+ Delegieren können. Verantwortung übernehmen können. Klare Verhältnisse schaffen. Erfahrungen sammeln und verwerten können. Sinnlich und künstlerisch arbeiten können. Abstrakte Dinge anschaulich und konkret machen können. Führungs- und Pionieraufgaben übernehmen können. Entscheidungen durchsetzen können.

− Rücksichtslosigkeit, Neigung zu Gewalt und Sturheit. Geringe Kooperation.

Tätigkeiten und Berufe: Berufe, bei denen es um die Verarbeitung sinnlicher, konkreter und praktischer Eindrücke geht. Organisation und Verwaltung von Geld, Besitz, Materie, Sinnlichkeit. Handel und Produktion sämtlicher »Stiergüter« wie Kunst, Geld, Gesundheit, Natur, Luxusgüter. Siehe auch Sonne im Widder.

Wolfgang Borchert (Schriftsteller), Johannes Brahms (Komponist), Oliver Cromwell (Politiker), Moshe Dajan (Politiker), Theo van Gogh (Kunsthändler), Udo Lindenberg (Liedermacher), Swami Muktananda (Guru, Yogi, Mystiker), Vladimir Nabokov (Schriftsteller), Anthony Quinn (Schauspieler), Barbara Streisand (Schauspielerin)

E F F F   FI KA

☉ ♉ in 2
Sonne Stier in Haus 2

Die erdbetonte Stiersonne trifft im 2. (Erd-) Haus auf Verwandtes und verwirklicht sich als Sinnlichkeit, Lebensfreude, Besitzstreben bis hin zu ausgesprochenem Materialismus.

+ Bewahren, formen, verwalten, organisieren, konstruieren können. Sich konzentrieren können. Sich gut abgrenzen können. Mit den Händen arbeiten können. Heilen können. Gut mit Materie (Stoff, Körper, Geld) umgehen können.

− Extremes Materialismusdenken. Immer nur an das Nächstliegende denken. Zu hohe Preise fordern. Über seinen Verhältnissen leben (»Luxuskonstellation«).

Tätigkeiten und Berufe: Wo es um Materie, Besitz, Geld, Sinnlichkeit geht. Alle Wirtschaftsberufe. Wo Natur (Gärtner), Körper (Koch, Körpertherapeut), Geld (Bank, Versicherung, Anlage) eine Rolle spielen. Wo konstruiert, gebaut, eingerichtet wird. Wo verwaltet und verwertet wird. Wo Kunst produziert und vertrieben wird. Kunsthandwerk, besonders Schreinerei. Graphik, Layout. Siehe auch Sonne im Stier.

Max Frisch (Schriftsteller), Jean Gabin (Schauspieler), Audrey Hepburn (Schauspielerin), Louise Huber (Astrologin), Immanuel Kant (Philosoph), Katharina die Große (Zarin), Karl Marx (Philosoph), James Monroe (US-Präsident), Novalis (Dichter), Maximilian de Robespierre (Rechtsanwalt), Willy Schneider (Medium)

E F E F   FI FI

STIER ♉

☉ ♉ in 3
Sonne Stier in Haus 3

Die erdbetonte Stiersonne trifft im 3. (Luft-) Haus auf Belebendes und sucht neue Möglichkeiten, Austausch und Begegnung.

+ Sich gut darstellen und verkaufen können. Fähigkeiten für Handel. Rasch verstehen und begreifen. Sich in ein gutes Licht setzen können. Seine praktischen Erfahrungen einbringen können. Repräsentieren können. Sprachliche Begabung.

– Zu materialistisch denken. Den eigenen Vorteil zu sehr im Auge haben.

Tätigkeiten und Berufe: Kommunikator, Unterhalter, Redner, Sänger, Unterrichter, Informator, Händler. Wo es um Wort, Bild, Ton (zum Beispiel Gesang, TV, Lektorat) geht. Übersetzer, Verkäufer, Verwalter, Organisator. Wo vermittelt (Zeitung) und unterrichtet (Pädagogik) wird. Alle Wirtschaftsbereiche. Unterricht, Lehre, Wissenschaft (Botanik). Siehe auch Sonne in den Zwillingen.

Elizabeth II (Königin), Jiddu Krishnamurti (Guru), Mohammed (Prophet), Jean Prouvost (Zeitungsmagnat), Luise Rinser (Schriftstellerin), Henri Rousseau (Maler)

E F L F   FI VA

☉ ♉ in 4
Sonne Stier in Haus 4

Die erdbetonte Stiersonne trifft im 4. (Wasser-) Haus auf innerseelische Räume und verwirklicht sich im emotionalen, häuslichen und seelischen Bereich.

+ Stark und intensiv empfinden können. Seelisches als Realität sehen können. Große innerseelische Begabungen besitzen. Fürsorge und Mitgefühl. Menschen verstehen können. Anderen Mut machen und Probleme aufspüren können. Hinter die Fassade schauen können. Zuhause arbeiten können. Künstlerisch empfinden und gestalten können. Geschmack besitzen. Sensibilität und Intuition haben.

Tätigkeiten und Berufe: Lehrer, Berater, Helfer, Gestalter. Wo es um Haus (Innenarchitekt, Koch), Psyche (Psychologe, Therapeut), Familie (Erzieher, Kindergärtner), Geschichte (Historiker), Natur (Gärtner), Ernährung geht. Siehe auch Sonne Krebs.

Joseph Beuys (Künstler), Sebastian Kneipp (Pfarrer und Naturheilkundler), Niccolo Machiavelli (Staatsphilosoph), Sophie Scholl (Widerstandskämpferin), James Stewart (Schauspieler), Leonardo da Vinci (Künstler)

E F W W   FI KA

☉ ♉ in 5
Sonne Stier in Haus 5

Die erdbetonte Stiersonne trifft im 5. (Feuer-) Haus auf belebende Kräfte und verwirklicht sich als reiches und ausdrucksstarkes Gefühlsleben, Selbstbewußtsein und Kreativität.

+ Repräsentieren können. Über sicheres Auftreten verfügen. Berufliche Anerkennung erlangen. Ausstrahlungskraft haben (»Charismakonstellation«). Geschmack beruflich nützen können. Über Kunstsinn, Gestaltungskraft, Ausdrucksstärke verfügen. Natürliche Führerfigur sein. Einen Riecher für Geld haben. Privilegien übertragen bekommen. Gute Hand bei Geschäften beweisen.

− Es besteht eine Tendenz, aus äußerem Reichtum und Besitz inneres Selbstwertgefühl zu schöpfen. Neigung zu Abhängigkeit von Besitz. Verlust durch Spekulation und Spiel.

Tätigkeiten und Berufe: Gestalter, Künstler, Designer, Former. Verwaltung von Reichtümern und Kunstschätzen. Antiquitätenhändler. Wo es um Kunst, Geschmack, Schönheit (Kosmetiker), Geld (Banker) geht. Arbeiten im Zusammenhang mit Spiel und Vergnügen (Roulett). Wo es um Entspannung und Sinnlichkeit geht (Gastronomie, Mode, Tanz, Spiel). Siehe auch Sonne im Löwen.

Georges Braque (Maler), Henry Dunant (Begründer des Roten Kreuzes), Wladimir Iljitsch Lenin (Politiker), Shirley Temple (Filmschauspielerin)

E F F W   FI FI

☉ ♉ in 6
Sonne Stier in Haus 6

Die erdbetonte Stiersonne trifft im 6. (Erd-) Haus auf Verwandtes und verwirklicht sich als reifes Sachbewußtsein, praktische Vernunft, Selbständigkeit und hohe Arbeitsmoral. Trotz doppelter Erd-Energie löst die Kombination starre Fixierungen und Formen auf und bringt Beweglichkeit und Flexibilität.

+ Über guten Realitätssinn verfügen. Das Wesentliche sehen. Wissenschaftlich arbeiten können. Genau und zuverlässig sein. Beruflichen Erfolg durch Ausdauer und Zähigkeit. Handwerkliche Fähigkeiten. Sich gut anpassen können. Auf einer soliden Grundlage aufbauen können. Über materielle Mittel verfügen. Sich selbst zurückstellen können. Seine beruflichen Ziele erreichen können. Heilerqualitäten besitzen (besonders Magnetismus).

− Überkritisch sein. Sich zu stark absichern. Nichts riskieren können. Hang zu Arbeitssucht (»Streßkonstellation«).

Tätigkeiten und Berufe: Bauen, Produzieren, Schaffen, Helfen. Arzt, Psychologe, Astrologe, Koch, Masseur, Gärtner, Sekretär. Wo es um Ernährung, Gesundheit (auch technische Medizin) geht. Wo Statik und Technik eine Rolle spielen. Arbeiten in der Organisation und Verwaltung. Wo Natur eine Rolle spielt. Siehe auch Sonne in der Jungfrau.

Dennis Hopper (Schauspieler), Peter Niehenke (Astrologe), José Ortega y Gasset (Philosoph), Ludwig Wittgenstein (Philosoph)

E F E W   FI VA

STIER ♉

☉ ♉ in 7
Sonne Stier in Haus 7

Die erdbetonte Stiersonne trifft im 7. (Luft-) Haus auf ihr eigenes Spiegelbild und verwirklicht sich als Wunsch nach Austausch, Begegnung, Liebe und Ergänzung, sowohl im einzelnen und konkreten (Liebe, Partnerschaft) als auch in der Masse (Kunst, Starkult).

+ Repräsentieren können. Sich gut verkaufen können. Hohe soziale Kompetenz. In anderen das Schöne und Positive sehen. Zuvorkommender Charakter. Sich in andere einfühlen können. Anderen ein gutes Gefühl vermitteln können. Die Substanz erkennen.

– Abhängig von anderen sein. Vaterprojektion auf Vorgesetzte. Beruf und Partnerschaft nicht auseinanderhalten. Bei Frauen besteht Tendenz, die 7. Haus-Sonne auf einen starken Mann (Chef) zu projizieren und im Wunsch nach Liebe und Beziehung wieder zurückzuholen.

Tätigkeiten und Berufe: Künstler, Therapeut, Händler. Wo es um Begegnung (Psychologie, Pädagogik), Geschmack (Mode, Design), Schönheit (Kunst, Kosmetik), Taktik (Politik), Austausch (Handel, Verkauf, Wirtschaft), Gerechtigkeit (Rechtsanwalt) geht. Siehe auch Sonne in der Waage.

Gottfried Benn (Dramatiker), Claudius Dornier (Flugzeugbauer), Elsbeth Ebertin (Astrologin), Sigmund Freud (Psychologe), Katherine Hepburn (Schauspielerin), Alfred Krupp sr. (Weltunternehmer), Maria II. (Königin), Sergej Sergejewitsch Prokofjev (Komponist), Bertrand Russell (Philosoph)

E F L L   FI KA

☉ ♉ in 8
Sonne Stier in Haus 8

Die erdbetonte Stiersonne trifft im 8. (Wasser-) Haus auf entgegengesetzte Energien und verwirklicht sich als große Gefühls- und Bindungsstärke sowohl Menschen als auch Ideen und Tätigkeiten gegenüber.

+ Große berufliche Zuverlässigkeit, Treue. Engagement. Sich selbst zurücknehmen können. Opfer bringen können. Hinter die Oberfläche sehen. Mit Unterstützung der (väterlichen) Sippe rechnen können (Erbschaft). Mit der Kraft der Vergangenheit rechnen können. In Krisen stark werden. Außergewöhnliches leisten.

– Karmische Schuld abtragen müssen. Nicht glücklich sein dürfen. Unter einem ungelösten Vaterproblem leiden. Konzentrationsschwäche.

Tätigkeiten und Berufe: Wo es um Verwaltung, Nachlaß, Versicherung, Krankheit (Heilung, Pflege, Körpertherapie) und Tod (Sterbehilfe) geht. Astrologie, Streetwork, Randgruppenarbeit, Sozialarbeit. Auch ehrenamtliche Tätigkeiten. Wo Probleme aufgearbeitet werden (Psychotherapie). Wo es um Magie, Okkultes, Esoterik geht. Siehe auch Sonne im Skorpion.

Robert Cointreau (Likörfabrikant), Bing Crosby (Sänger), Shirley MacLaine (Schauspielerin), Lucrezia Borgia (Lebedame)

E F W L   FI FI

☉ ♉ in 9
Sonne Stier in Haus 9

Die erdbetonte Stiersonne erfährt im 9. (Feuer-) Haus Belebung und verwirklicht sich als Interesse und Neugier. Gute Fähigkeiten, Ideelles mit Materiellem zu verbinden, aber auch Gefahr der Kommerzialisierung des Geistigen (Esoterik-Rummel).

+ Synthese aus Geist und Materie finden. Andere überzeugen können. Anschaulichkeit. Didaktik. Rasch Lösungen für Probleme erarbeiten können. Glückliche Hand bei Geldgeschäften. Gute Auslandskontakte. Ideale praktisch umsetzen können.

− Rücksichtslosigkeit. Fanatismus. Arroganz.

Tätigkeiten und Berufe: Handel, Tourismus, Didaktik, Lehre, Psychologie (besonders Erwachsenenbildung), Buchhandel, Esoterik. Wo es um Sinnlichkeit, Geschmack, Geruch (Dufttherapie), Gerechtigkeit, Grenzüberschreitung und praktische Sinnvermittlung geht. Siehe auch Sonne Schütze.

Buddha Gautama (Der Buddha), Ruhallah Khomeni (Religionsführer), Florence Nightingale (Krankenschwester), Robert Oppenheimer (Unternehmer)

E F F L   FI VA

☉ ♉ in 10
Sonne Stier in Haus 10

Die erdbetonte Stiersonne trifft im 10. (Erd-) Haus auf Verwandtes, verstärkt sich und verwirklicht sich überpersönlich als Institution, Praxis, Geschäft, Firma, die den eigenen Namen tragen.

+ Mit Erfolg rechnen können. Öffentliche Anerkennung bekommen. Selbständig sein können. Ehrgeiz. Durchhaltevermögen. Sendungsbewußtsein. Fähigkeit, Macher, Chef und Initiator zu sein. Führungsaufgaben gewachsen sein. Delegieren können.

− Unter zu hohen Ansprüchen leiden. Machtprobleme mit dem Vater.

Tätigkeiten und Berufe: Selbständige und leitende Tätigkeiten in den Bereichen Natur (Gärtner), Materie (Architekt, Maschinenbau, Handwerk), Kunst (besonders Gesang, auch Verwaltung und Verkauf von Kunstgütern), Geschmack (Gastronomie), Körperarbeit (Therapie), Didaktik (Lehrer). Siehe auch Sonne im Steinbock.

Lex Barker (Schauspieler), Honoré de Balzac (Schriftsteller), Judy Collins (Sängerin), Saddam Hussein (Diktator), Herbert Freiherr von Klöckler (Astrologe), Samuel Finley Breese Morse (Erfinder), Jack Nicholson (Schauspieler), Jean-Claude Weiss (Astrologe)

E F E E   FI KA

STIER ♉

☉ ♉ in 11
Sonne Stier in Haus 11

Die erdbetonte Stiersonne trifft im 11. (Luft-) Haus auf Fremdes (Element Luft) und Verwandtes (fixe Qualität).

+ Große Form- und Strukturfähigkeit. Gute Teamarbeit. Fähigkeit, Traum und Wirklichkeit zu verbinden. Praktische Menschenliebe. Kooperationsbereitschaft.

– Neigung zu fixen Vorstellungen, die sich schwer umsetzen lassen. Ein Traumtänzer sein (»Bankrotteurskonstellation«).

Tätigkeiten und Berufe: Erfinder, Futurist. Wo es um reformerische und soziale Ziele geht (Sozial-, Street-, Randgruppenarbeit). Wo Menschen konstruktiv zusammenarbeiten (Wissenschaft und Forschung, Praxisgemeinschaft), Kooperativen. Neue Formen der Ernährung, Bio- und Alternativkulturen. Siehe auch Sonne im Wassermann.

Cher (Sängerin), Salvador Dali (Maler), Theresia Maria (Königin von Böhmen), William Shakespeare (Dichter)

E F L E   FI FI

☉ ♉ in 12
Sonne Stier in Haus 12

Die erdbetonte Stiersonne betritt im 12. (Wasser-) Haus die Welt des Grenzenlosen, Abstrakten, Mystischen. Manchmal kann damit die Allgemeinheit, ein Volk, eine Zeitperiode beeinflußt werden (Politiker). Häufig benötigt diese Stiersonne jedoch viel Zeit, um den Widerspruch zwischen Wunsch nach Formung und Aneignung einerseits und dem Bedürfnis nach Beweglichkeit und Auflösung des 12. Hauses andererseits zu vereinbaren.

+ Sich zurücknehmen können. Indirekt arbeiten können. Einem höheren Ziel dienen. Geführt werden. Einen größeren Zusammenhang erkennen. Heilen können.

– Unsicher sein. Sich nicht anerkannt fühlen. Unter mangelnder Vaterliebe leiden.

Tätigkeiten und Berufe: Wo es um Mitgefühl geht (Pfleger, Alten- und Sterbehelfer). Wo es um Kunst, Religion und Mystik geht. Therapeut (besonders Heilpraktiker oder Homöopath), Esoteriker, Künstler. Siehe auch Sonne in den Fischen.

Senta Berger (Schauspielerin), Gary Cooper (Schauspieler), William Hearst (Zeitungsmagnat), Christian Morgenstern (Schriftsteller), Peter Iljitsch Tschaikowski (Komponist), Orson Welles (Schauspieler)

E F W E   FI VA

Aszendent Stier – was ich will

Individuen mit Aszendent Stier sind auf der Suche nach einem Platz, einer Idee, nach Reichtum und Besitz, und sie versuchen, sobald sie ihr Ziel erreicht haben, das Ganze zu vergrößern. »Ich will haben«, könnte man über ihr Leben schreiben, oder auch: »Ich habe, also bin ich!« Oft setzt sich diese Dynamik unbewußt durch: Man greift, ohne es zu bemerken, nach der größeren Portion, diskutiert automatisch dann mit, wenn es um Geld, Gewinn und Reichtum geht, oder erinnert als erster alle anderen daran, daß es jetzt Zeit für eine Mittagspause und damit das Essen sei.

Sie sind ausgezeichnete Didaktiker, die selbst abstrakte Prinzipien ganz einfach darstellen können. Überhaupt ziehen sie praktisches, sinnliches Arbeiten jedem Theoretisieren vor. Sind sie zum Beispiel therapeutisch tätig, massieren sie lieber Muskeln und Haut oder arbeiten als Chiropraktiker oder Akupunkteur, als stundenlang Probleme zu erörtern. Gaumen, Rachen, Schlund, Stimmbänder, Hals und Nacken sind bei ihnen stark ausgebildet. Als Folge davon wollen Menschen mit AC Stier gerne kochen, singen oder dort arbeiten, wo es gut riecht, schmeckt, schön aussieht, also in einer Konditorei, Parfümerie oder einer Boutique. Auch in künstlerische Bereiche und Berufe zieht es sie, wobei sie besonders auf dem Gebiet des Kunsthandwerks Großes leisten (Kunstschreinerei, Töpferei, Schneiderei, Stricken, Schmuckherstellung). Weitere Tätigkeiten und Berufe finden sich im allgemeinen Abschnitt über den Stier. Dort wird auch das stark entwickelte Sicherheitsdenken erwähnt. Bei Menschen mit AC Stier setzt es sich häufig unbewußt durch, ist daher schwer zu erkennen und braucht viel Geduld, Einsicht und Verständnis.

Entscheidend für die Intensität und Richtung der Aszendentenkraft ist die Stellung des Herrschers des Aszendentenzeichens. Für AC Stier ist dies der Planet Venus (♀).

Seine Stellung im Geburtshoroskop zeigt, wohin die Stierkraft drängt, was sie entfacht, welche Richtung sie nehmen möchte, unter welchen Voraussetzungen sie lebendig wird. Dabei spielt sowohl die Position des Planeten Venus im Zeichen als auch im Haus eine Rolle.

Venus (römisch) oder Aphrodite (griechisch), nach Hesiod dem silbernen Wogenschaum entsprungen, ist die Göttin der Liebe, Schönheit und Huld. Sie ist die Herrscherin sowohl des Stier- als auch des Waagezeichens. Steht sie für das Frühlingszeichen Stier, überwiegen die sinnlichen Aspekte. Von den Römern wurde diese Gestalt daher Venus Vulgivaga genannt, ein Wesen also, das üppige Genüsse versprach. Die Waagevenus hingegen bekam den Beinamen uranische oder platonische Venus (siehe dort).

Sowohl die Stier- wie die Waagevenus fördert künstlerische Berufe jeder Art, Musik (vor allem Gesang), Poesie, Malerei und Tanz. Genauso unterstützt sie handwerkliche Berufe, wenn sie auch nur im entferntesten mit Verschönerung oder einer geschmacklichen Bereicherung zu tun haben, wie Innenarchitektur, Malerei, Tapeziererei, Glaserei, Dekoration, Blumenbinderei, Goldschmiede, Friseurgeschäft, Kosmetiksalon. Darüber hinaus steht der Planet Venus für die Liebe. Als Aszendentenherrscher verweist er daher auch auf das berufliche Tun, dem unsere ganze Liebe gilt.

Was die berufliche Relevanz des AC-Herrschers Venus in den zwölf Zeichen angeht, siehe Zusammenstellung unter der Überschrift Medium Coeli Stier weiter unten in diesem Kapitel!

Was die Position im Haus betrifft, genügt es in aller Regel, den Quadranten zu berücksichtigen, in dem sich die Venus befindet. Die entsprechenden Venusstellungen werden weiter unten unter der Überschrift Medium Coeli Stier ausführlich dargestellt.

Medium Coeli Stier – was ich muß

Menschen mit MC im Stier suchen absichtlich oder unbewußt einen Beruf, bei dem es um sinnliche, klare, konkrete, stoffliche, begrenzte und wiederholbare Tätigkeiten geht. Sicherheit und finanzieller Gewinn spielen eine bedeutsame Rolle, wie zum Beispiel bei einer Anstellung im öffentlichen Dienst oder einer Tätigkeit als Beamter.

Tätigkeiten und Berufe: Abstraktes konkretisieren und anschaulich gestalten. Arbeit mit Stofflichem, Konkretem. Arbeit in der Natur und mit Naturprodukten. Wo Sinnlichkeit eine Rolle spielt. Wo schöpferisch und handwerklich gearbeitet wird. Banken. Lebensmittel- und Textilindustrie. Gastronomie. Ernährung. Alternative Lebensführung. Didaktik. Heilkunde. Körpertherapie. Massage. (Innen-) Architektur. Statik. Handwerk (Schreinerei). Kunsthandwerk. Wo Schönheit beziehungsweise Verschönerung eine Rolle spielen (Kosmetik, Mode, Friseursalon). Musik (bes. Gesang). Malerei. Tapeziererei, Glaserei, Dekoration, Blumenbinderei.

Herrscher des Medium Coeli im Zeichen

Genau wie beim AC muß auch der Herrscherplanet des MC berücksichtigt werden. Seine Stellung im jeweiligen Zeichen nennt Ziel und Richtung beruflicher Erfüllung, nennt die Bedingungen, unter welchen ein Beruf als befriedigend erlebt wird, und zeigt die spezifische Färbung der MC-Kraft auf. Als »Liebesplanet« zeigt seine Stellung darüber hinaus auf, in welchen beruflichen Bereichen der Horoskopeigner Wärme, Herzlichkeit und emotionale Erfüllung finden kann. Zusammenstellung über berufliche Relevanz des MC-Herrschers Venus in den zwölf Zeichen siehe weiter unten in diesem Kapitel!

Herrscher des Medium Coeli im Haus

Was die Stellung des MC-Herrschers Venus im Haus betrifft, genügt es, die Richtung zu kennen. Damit ist gemeint, in welchem Quadranten sich der Herrscherplanet verwirklicht (siehe auch Grundlagen astrologischer Berufsberatung). Die entsprechenden Venusstellungen werden weiter unten erörtert.

Herrscherqualitäten des AC / MC in den Zeichen

♀ ♈
Medium Coeli / Aszendent im Stier
Herrscherplanet Venus im Widder

Stierhaft-Venusisches trifft auf typische Widderbereiche wie Management, Wirtschaft, Politik (siehe Allgemeine Einführung Widder) und bewirkt Bereicherung, Verschönerung, Verfestigung etc.

+ Hoher beruflicher Einsatz. Karrieredenken. Beruflicher Ehrgeiz. Gestaltungswille. Freude am künstlerischen Experimentieren und am Schönen. Große Sinnlichkeit sucht berufliche Bestätigung. Unternehmungsgeist. Durch frische Art beeindrucken.

− Gefühlsüberschwang. Rücksichtslosigkeit.

E F F F   FI KA

♀ ♉
Medium Coeli / Aszendent im Stier
Herrscherplanet Venus im Stier

Stierhaft-Venusisches wird verstärkt, verdoppelt sich. Alle Stierbereiche, die mit Natur, Erde, Sinnlichkeit, Ernährung, Bauwesen, Wirtschafts- und dem Geldwesen zu tun haben (siehe Allgemeine Einführung Stier) können realisiert werden.

+ Kunsthandwerkliche Begabung. Ideen realisieren können. Mit Lust an die (richtige) Arbeit gehen. Liebe zu Geld und allen schönen Dingen (Bank, Kunstgewerbe). Körperliebe manifestiert sich in pflegerischen (Kosmetik) oder therapeutischen (Körpertherapie) Berufen. Sinnlichkeit. Lust.

− Narzißmus. Genußsucht. Prostitution.

E F E F   FI FI

STIER ♉

♀ ♊
Medium Coeli / Aszendent
im Stier
Herrscherplanet Venus
in den Zwillingen

Stierhaft-Venusisches trifft auf typische Zwillingsbereiche wie Lektorat, Buchhandel, Journalismus, Schriftstellertum, Verkauf, Handel, Kommunikation (siehe auch Allgemeine Einführung Zwillinge) und bewirkt Bereicherung, Verschönerung, Verfestigung.

+ Als Repräsentant einer (öffentlichen) Einrichtung fungieren. Öffentlichkeitsarbeit. Überzeugungsarbeit leisten können. Journalistische Möglichkeiten besonders im Bereich Gastronomie, Sinnlichkeit, Kunst und Ästhetik. Schreiben können. Kontaktfreude und schnelle Auffassung besitzen. Vielseitigkeit. Gutes Auftreten. Sich gut verkaufen können. Verhandlungen führen können. Beruflicher Charme.

– Leichtfertig berufliche Chancen verspielen. Neigung zu Falschheit, Hochstapelei und Snobismus.

E F L F   FI VA

♀ ♋
Medium Coeli / Aszendent
im Stier
Herrscherplanet Venus
im Krebs

Stierhaft-Venusisches trifft auf typische Krebsbereiche wie Erziehung (besonders Kindergärtner), Lehre, Therapie, Gastronomie, Kunst, Werbung, Architektur, Design, Immobilien (siehe auch Allgemeine Einführung Krebs) und bewirkt Bereicherung, Verschönerung, Verfestigung, Konkretisierung.

+ Musische Begabungen (Musik, Poesie, Lyrik). Einfühlungskraft. Den Beruf wie eine Familie betrachten. Liebe für Menschen, besonders Kinder. Seine weiblichen und mütterlichen Seiten im Beruf entwickeln. Guten Einfluß auf betriebliches Klima. Häusliche Ästhetik. Natürliches Wert-Empfinden. Positiver Umgang mit Grund und Boden (Immobilienhändler). Phantasie. Kunstsinn. Schöpferkraft.

– Mimosenhafte Empfindlichkeit. Dem beruflichen Streß nicht gewachsen sein. Frühkindliche Störungen behindern Berufsausübung.

E F W W   FI KA

63

♀ ♌

Medium Coeli / Aszendent
im Stier
Herrscherplanet Venus
im Löwen

Stierhaft-Venusisches trifft auf typische Lö-webereiche wie Kreativität, Kunsthandwerk, Graphik, Ausdruck, Spiel, Genuß, Tanz, Vergnügen (siehe Allgemeine Einführung Löwe) und bewirkt Bereicherung, Verschönerung, Verfestigung, Konkretisierung.

+ Schauspielerische Begabung. Farb-, Form- und Geschmackssinn. Kunstliebhaber. Warmherzige positive Führerpersönlichkeit. Selbstbewußt berufliche Ziele verfolgen. Optimismus ausstrahlen. Begabung für Kunsthandwerk und Kunsttherapie. Phantasiereichtum.

– Narzißmus, Eitelkeit und Bequemlichkeit erschweren berufliche Verwirklichung. »Vaterkomplex«.

E F F W   FI FI

♀ ♍

Medium Coeli / Aszendent
im Stier
Herrscherplanet Venus
in der Jungfrau

Stierhaft-Venusisches trifft auf typische Jungfraubereiche wie Dienstleistung, Technik, Gesundheitswesen, Organisation, Wissenschaft, Natur (Biologie, Gartenbau), Ökologie, Handwerk, Verwertung, Analyse (siehe auch Allgemeine Einführung Jungfrau) und bewirkt Bereicherung, Verschönerung, Verfestigung, Konkretisierung.

+ Über eine natürliche Ästhetik und Schönheit verfügen. Einem Naturideal oder einer Naturphilosophie anhängen. Liebe zu Berufen, die mit Gesundheit, Fitneß, natürlicher Ernährung zu tun haben. Das Bedürfnis verspüren, seinen Arbeitsplatz ästhetisch zu gestalten. Liebe zur Arbeit. Sich auch in kleinen Dingen Mühe geben.

– Sich selbst nicht wichtig nehmen und immer an die anderen denken (»Dienstleistungskonstellation«).

E F E W   FI VA

STIER ♉

♀ ♎
Medium Coeli / Aszendent im Stier
Herrscherplanet Venus in der Waage

Stierhaft-Venusisches trifft auf typische Waagebereiche wie Kunst, Kommunikation, Politik, Ästhetik, Entspannung, Therapie, Schönheit, Design, Geschmack, Rhythmus (siehe auch Allgemeine Einführung Waage) und bewirkt Bereicherung, Verschönerung, Verfestigung, Konkretisierung. Venus steht in ihrem Herrscherzeichen, ist »zu Hause«, im Domizil. Stier und Venus verstärken sich gegenseitig und somit auch alle venusischen beziehungsweise stierhaften Eigenschaften.

+ Großer Kunstsinn und guter Geschmack. Große Begabung für alle künstlerischen Tätigkeiten und Beruf (»Künstlerkonstellation«). Sinnlichkeit am Arbeitsplatz. Positive Arbeitsatmosphäre. Gute Voraussetzungen für repräsentative Aufgaben. Großes Verhandlungsgeschick. Eignung für alle sozialen Berufe und Tätigkeiten.

− Probleme, allein zu arbeiten und Entscheidungen zu treffen. Soziale Abhängigkeit.

E F L L   FI KA

♀ ♏
Medium Coeli / Aszendent im Stier
Herrscherplanet Venus im Skorpion

Stierhaft-Venusisches trifft auf typische Skorpionbereiche wie Wissenschaft, Grenzbereiche (wo es um Leben und Tod geht), Transformation, Totalität und bewirkt Bereicherung, Verschönerung, Verfestigung, Konkretisierung etc. Hintergrundanalyse. Tätigkeiten, die mit Hingabe, Leidenschaft, auch Opferbereitschaft zu tun haben. Siehe auch Allgemeine Einführung Skorpion.

+ Diese Stellung verleiht Tiefe, Leidenschaft und Hingabe. Die stierhaft-venusische Liebe kann in Problembereiche (Sozialhilfe, Randgruppen, Aidsbetreuung, Altenhilfe) fließen. Überhaupt besteht ein Hang, sich schwierige Berufsfelder und Tätigkeiten auszusuchen. Dabei kann Großes geleistet werden, während bei einfachen Routinejobs sehr schnell Unlust und Langeweile auftaucht. Auch die Opferbereitschaft und große Bindungsstärke wirkt sich beruflich positiv aus.

− Sexuelle Verirrungen. Karmische Verstrikkungen, die zu beruflichen Mißerfolgen führen. Angst vor beruflichem Erfolg.

E F W L   FI FI

65

♂ STIER

♀ ♐
Medium Coeli / Aszendent im Stier Herrscherplanet Venus im Schützen

Stierhaft-Venusisches trifft auf typische Schützebereiche wie Lehre, Religion, Bewußtseinserweiterung, Heilwesen, Tierpflege, Tourismus, Sport, Wissenschaft und Forschung, Philosophie, Reisen (siehe auch Allgemeine Einführung Schütze) und bewirkt Bereicherung, Verschönerung, Verfestigung, Konkretisierung.

+ Liebe zum Reisen kann beruflich umgesetzt werden (Reisejournalismus). Es besteht auch eine Liebe zum Körper, zu Bewegung, Fitneß, Gesundheit, die in den verschiedensten Körpertherapien Erfüllung finden kann. Tierliebe und Fähigkeit, mit Tieren umzugehen (Tierarzt).

– Überheblichkeit. Geringe Belastbarkeit.

E F F L   FI VA

♀ ♑
Medium Coeli / Aszendent im Stier Herrscherplanet Venus im Steinbock

Stierhaft-Venusisches trifft auf typische Steinbockbereiche wie Lehre, Staatsdienst, öffentlicher Dienst, Schule, Institutionen, Wissenschaft, Kontrolle und Aufsicht (siehe auch Allgemeine Einführung Steinbock) und bewirkt Bereicherung, Verschönerung, Verfestigung, Konkretisierung.

+ Diese Stellung drängt auf berufliche Erfüllung. Es muß letztendlich eine stierisch-venusische Tätigkeit ausgeführt werden, die öffentlich ist und allgemeinverbindlichen Charakter aufweist (zum Beispiel Parfümerie, Modesalon, Massagepraxis, kunsttherapeutische Praxis, Atelier). Etwas aufbauen können, was den eigenen Namen trägt. Liebe zum Beruf. Sich einen Namen schaffen können (»Karrierekonstellation«). Interesse an angewandter Kunst, Kunsthandel, Graphik, Schauspielerei und praktischer Ästhetik (Architektur, Wohnung, Kleidung, Industriedesign). Kulturarbeit. Pädagogische Begabung.

– Den Beruf höher als alles andere stellen (mit seinem Beruf verheiratet sein). Gefühlsunterdrückung. Kälte. Angst. Verschlossenheit.

E F E E   FI KA

66

STIER ♉

♀ ♒
Medium Coeli / Aszendent
im Stier
Herrscherplanet Venus
im Wassermann

Stierhaft-Venusisches trifft auf typische Wassermannbereiche wie Gruppen-, Reformarbeit, Club- und Teambereich, Wissenschaft, Zukunftsplanung, Medienarbeit, Erneuerung, sozialpolitische Veränderungen (siehe auch Allgemeine Einführung Wassermann) und bewirkt Bereicherung, Verschönerung, Verfestigung, Konkretisierung.

+ Künstlerische und kulturelle Außenseiterwege gehen können. Fähigkeit, Spontaneität, Kontaktbereitschaft, Experimentierfreude in den Beruf einfließen zu lassen. Vorliebe für Teamarbeit. Die Menschheit als große Familie sehen (Politik, Sozial- und Reformarbeit). Geistigen Einfluß ausüben (Medien, Lehre). Hohe Ideale an den Beruf, den Chef und die Kollegen stellen. Den Zeitgeist aufgreifen können. Die Zukunft vorhersehen.

– Neigung zu Einseitigkeit und Überheblichkeit. Autoritätsprobleme.

E F L E   FI FI

♀ ♓
Medium Coeli / Aszendent
im Stier
Herrscherplanet Venus
in den Fischen

Stierhaft-Venusisches trifft auf typische Fischebereiche wie Pflege, Dienst am Nächsten, abstrakte Wissenschaften, Kunst, Mystik, Religion, Therapie (siehe auch Allgemeine Einführung Fische) und bewirkt Bereicherung, Verschönerung, Verfestigung, Konkretisierung. Mit dieser Venusstellung geht eine große Liebesfähigkeit (All-Liebe) einher. Eine Tätigkeit, in der diese Liebe nicht fließen kann, bewirkt rasch das Gefühl, unerfüllt, »ausgetrocknet« zu sein. Oft werden Helferberufe als Zweitbeschäftigungen ausgeführt (ehrenamtliche Mitarbeit beim Roten Kreuz oder in kirchlichen Verbänden).

+ Spirituelle Hingabebereitschaft. Muse. Visionäre Kräfte. Intuition. Großes Phantasieleben. Durch Glauben Stärke gewinnen.

– Verdrängung der Unsicherheit führt zu Verlogenheit. Schwäche. Geringe Ausdauer. Unerfüllte Liebesbeziehungen wirken negativ auf das Berufsleben. In der Arbeit »ertrinken«.

E F W E   FI VA

67

Herrscherqualitäten des AC / MC in den Quadranten

AC ♉ / MC ♉
Aszendent Stier / Medium Coeli Stier
Herrscherplanet Venus im Quadranten I

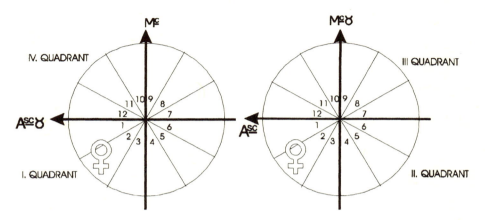

Befindet sich Venus als AC/MC-Herrscher im Quadranten I (Haus 1, 2, 3), will sie sich ichhaft und ichbetont verwirklichen. Das bedeutet, daß der Horoskopeigner persönlich und mit seinem Namen in Erscheinung treten möchte, um Stierhaftes und Venusisches zu verwirklichen. Das ist der Fall, wenn man zum Beispiel eine eigene Massagepraxis, eine Modeboutique oder eine Töpferei eröffnet und der eigene Name an der Türe steht. Genauso ist dies der Fall, wenn man in einem »Stierunternehmen«, wie beispielsweise einer Großbäckerei, eine führende Position innehat.

Tätigkeiten und Berufe: Wo Initiative, Konkurrenz, Führung, Selbständigkeit, Herausforderung und Bereicherungsmöglichkeiten im Zusammenhang mit venusischen oder stierischen Bereichen gegeben sind.

AC ♉ / MC ♉
Aszendent Stier / Medium Coeli Stier
Herrscherplanet Venus im Quadranten II

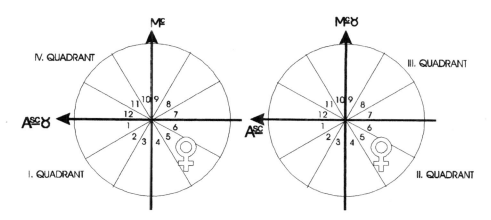

Befindet sich Mars im Quadranten II (Haus 4, 5 und 6), ist die gefühlshafte oder seelische Beteiligung des Horoskopeigners wichtig. Er will sich erlebnismäßig und nicht ausschließlich mechanisch einbringen (als Künstler, Lehrer, Therapeut). Stierisches oder Venusisches soll also bewertet, empfunden, erlebt, gestaltet und belebt werden.

AC ♉ / MC ♉
Aszendent Stier / Medium Coeli Stier
Herrscherplanet Venus im Quadranten III

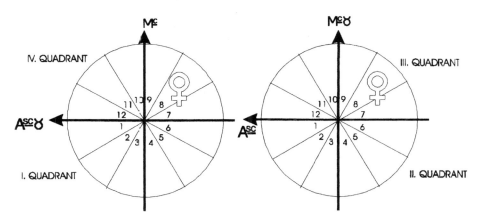

Befindet sich Herrscherplanet Venus im Quadranten III (Haus 7, 8 und 9), ist ein soziales Umfeld bei der Berufsausübung unerläßlich. Eine Tätigkeit ohne Begegnung und Austausch wird als unbefriedigend erlebt. Als sozialer Kontakt zählen auch Öffentlichkeitsarbeit und Schalterverkehr. Die soziale Ausrichtung kann sich im 8. Haus auch als starke Bindung an den Beruf manifestieren.

AC ♉ / MC ♉
Aszendent Stier / Medium Coeli Stier
Herrscherplanet Venus im Quadranten IV

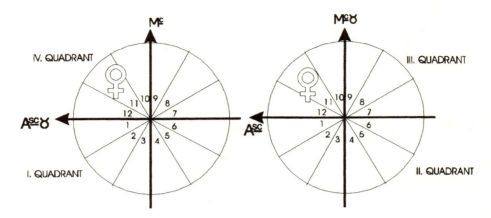

Befindet sich Herrscherplanet Venus im Quadranten IV (Haus 10, 11 und 12), drängt die AC- beziehungsweise MC-Kraft in überpersönliche und gesellschaftliche Bereiche. Es besteht ein Anspruch, durch seinen Beruf über sich selbst hinauszuwachsen, gesellschaftlich bedeutsam zu werden. Von Kind an werden die Erwartungen der Öffentlichkeit verinnerlicht, und es wird später versucht, sie in einem adäquaten Beruf zu erfüllen. Befindet sich AC oder MC im 12. Haus, fühlt man sich häufig von gesellschaftlichen Rand- und Grenzbereichen wie Sozialarbeit, Magie, Mystik, alternativer Psychologie und Medizin angezogen. Der Horoskopeigner steht dann häufig vor dem Problem, daß er im Sinne der Stierqualität »Fuß fassen« soll, im 12. Haus aber keinen realen Boden findet. Erst die Transformation vordergründiger Realitätsbegriffe schafft hier Erleichterung.

Sonne, Aszendent, Medium Coeli in den Zwillingen

Allgemeine Einführung

Zwillinge sind auf der Welt, um alles mit allem zu vergleichen und jeden mit jedem zu verbinden. Sie sind wie goldene Fäden, die aus der Einsamkeit führen, wie eine sanfte Macht gegen einseitiges Denken und Handeln, sie sind wie ein Lichtstrahl göttlicher Heiterkeit – leicht, luftig, unbeschwert.

ELEMENT: LUFT Vielseitigkeit und Kommunikation, aber auch Gespalten- und Zerrissenheit.

QUALITÄT: BEWEGLICH Veränderlich, anpassungsstark, aber auch aus sich selbst heraus unsicher.

POLUNG: PLUS, männlich, yang, aktiv, nach außen.

SYMBOLIK: In ihrer Zweiheit symbolisieren ZWILLINGE Vielheit und Spaltung, Vielseitigkeit und Uneindeutigkeit.

ZEITQUALITÄT: 21. MAI BIS 21. JUNI Der dritte und letzte Frühlingsmonat gilt als Ausdruck sonniger Fröhlichkeit und Wärme.

HERRSCHERPLANET: MERKUR des Morgens als Symbol göttlicher Botschaft.

Zwillinge ist ein bewegliches Luftzeichen. Zwillingsbetonte Menschen (das sind Individuen mit Sonne, AC, MC oder Mond in den Zwillingen; ebenfalls Sonne und/oder Mond im 3. Haus; abgeschwächt auch Herrscher des AC oder des MC in den Zwillingen oder im 3. Haus, ebenfalls abgeschwächt Merkur im 1. oder im 10. Haus) sind daher ausgesprochen vielseitige Geschöpfe, die man sehr schwer einordnen kann. Sie sind eben keine Steinböcke, Stiere oder Krebse mit einer klaren und festen Charakterkontur, sondern Zwillinge – nicht Zwilling! Ein Doppelzeichen! Gemäß ihrer Philosophie ist das Leben ein Theater mit ständig wechselnden, manchmal grandiosen, meistens aber amüsanten und komischen Rollen. Ihr Dasein hat etwas Barockes, ist einerseits ungeheuer lebensbejahend, andererseits befinden sie sich doch stets am Abgrund. »Carpe diem!« (nutze den Tag), schreiben sie sich aufs Banner und genauso »memento mori!« (denke, daß Du sterblich bist). Ihr charakteristischster Vertreter ist vielleicht Karl Valentin (Sonne in den Zwillingen), der urbayerische Komiker, dessen trockener Humor Weltruhm erlangte. Auch Exzentriker kann man sie nennen, die auf den höchsten Wellen des Lebens reiten, mal oben und dann wieder ganz weit unten sind. Marquis de Sade, Marilyn Monroe, Dean Martin, Rainer Werner Fassbinder – alle waren sie (Sonnen-) Zwillinge, und alle führten ein unkonventionelles und extremes Leben.

Zum Wissenschaftler in der entlegenen Antarktis taugen sie genausowenig wie zum einsamen Leuchtturmwärter; sie brauchen die Nähe und den Bezug zu anderen Menschen, wollen reden, sich austauschen, begegnen, brauchen Abwechslung und die Möglichkeit, in viele verschiedene Rollen zu schlüpfen. Eine Arbeit, bei der am Morgen niemand weiß, was der Tag bringen wird, einschließlich Chancen zu plötzlichem Aufstieg und abruptem Fall ist Labsal für ihr Herz und einer sicheren, aber todlangweiligen Karriere vorzuziehen. Nicht selten üben sie einen Haupt- und einen Nebenberuf aus oder betreiben zumindest ein Hobby, das irgendwann beträchtliche Nebeneinkünfte abwirft. Es ist auch beinahe der Normalfall, daß sie ihre Stelle und oft genug sogar den Beruf mehrmals wechseln.

Im weiten Feld der Unterhaltungsindustrie (Theater, Film, Zeitung, TV), im Informationsbereich (Post, Nachricht, Wissenschaft) und alles, was mit der Herstellung und dem Vertrieb von Büchern zu tun hat (Autor, Lektorat, Agentur, Verleger, Verkauf, Bibliothek), findet ihre Vielseitigkeit am ehesten ein adäquates Betätigungsfeld. Ab liebsten schreiben sie aber selbst und erlangen manchmal Ruhm, wie der Kriminalschriftsteller Jan Fleming, der Romanschriftsteller Thomas Mann, die Schriftstellerin Françoise Sagan und der durch seine »Göttliche Komödie« unsterblich gewordene Dante Alighieri (alle Sonne in den Zwillingen). Selbst wenn sie nur als Sekretärin fungieren und scheinbar vorgefertigte Briefe tippen, fühlen sie sich verantwortlich und stolz: Das macht sie zu den besten Chefsekretärinnen der Welt.

Ihr Kopf gleicht einer Bibliothek, einem Lexikon. Mehr als andere können sie Wissen und Fakten aufnehmen, verarbeiten, vergleichen, analysieren, erkennen, ausscheiden, zusammenzählen und wiedergeben. Wo immer so patente und potente Köpfe gebraucht

werden, in der Verwaltung, Registratur, Wissenschaft, Forschung, findet man zwillingsbetonte Menschen.

Es besteht auch ein Hang zum Steuerberater und zu juristischen Berufen. Allerdings weniger zum Richter (siehe Schütze) als zum Anwalt, der mit allen Tricks und Finessen die Möglichkeiten des bestehenden Rechts auszuschöpfen versucht.

Ihre Vorliebe für Abwechslung zieht sie auch regelrecht in die Touristikbranche. Im Unterschied zu schützebetonten Menschen bieten sie aber keine Bildungs-, sondern Vergnügungsreisen an.

Unbedingt zu erwähnen sind ihre genialen Verkaufs-Talente. Gleichgültig, ob man Hosenträger, Bücher, Autos, Häuser oder Anschauungen verkauft, ohne eine »mittlere Dosis« Zwillinge (Mond, Sonne in den Zwillingen oder im 3. Haus oder Aszendent, Medium Coeli in den Zwillingen) geht nichts.

Der herrschende Planet des Zwillingszeichens ist Merkur (siehe auch weiter unten). So wie dieser Planet in der griechischen Sage als Bote zwischen den unsterblichen Göttern des Olymp und den sterblichen Menschen fungierte, so üben zwillingsbetonte Individuen gerne einen Beruf aus, bei dem es ums Vermitteln und Überbringen von Botschaften geht. Sie arbeiten bei der Post, Bahn, sprechen Durchsagen, geben Auskunft, überbringen Briefe.

Offen oder klammheimlich träumen zwillingsbetonte Menschen freilich davon, einmal auf der Bühne zu stehen: als Schauspieler, Ansager, Komiker, Artist, Musiker, Sänger. Berühmte Beispiele sind Jazzmusiker Cole Porter, der »Beatle« Paul McCartney, Musiker Bob Dylan, Sänger Pat Boone, Rockmusiker Prince, Schauspielerin Brooke Shields, Filmheld John Wayne, Kabarettist Dieter Hildebrandt, Sängerin Josephine Baker (alle mit Sonne in den Zwillingen).

Schatten

Himmelhoch jauchzend – zu Tode betrübt, so könnte man ihr Leben überschreiben. Der männliche Vertreter neigt zu einer Überbetonung der Verstandeskraft, versucht alles im Leben durch Gedanken zu erklären und zu lenken und verliert sich damit natürlich in dem heillosen Durcheinander seiner intellektuellen Welt.

Weibliche Zwillingstypen wiederum schwanken zwischen extremer Gefühlsbetonung einerseits und intellektueller Analyse andererseits.

Ihre Zerrissenheit und ihre Nervosität, ihr Schwanken zwischen heller Begeisterung und tiefer Verzweiflung, macht auch vor ihrem Beruf nicht halt: Heute sind sie noch Feuer und Flamme, morgen wollen sie schon alles an den Nagel hängen und kündigen.

Was Zwillingskräfte fördert

Sich nach jedem Wechsel selbst gratulieren
Von Menschen lernen, die leicht, phantasievoll und verspielt sind
Bewußt in die Rolle eines Spielers oder Narren schlüpfen

»Das Leben ist ein ko(s)misches Spiel«
Mehrere Hobbys beginnen
Leichtigkeit trainieren

Arbeits- und Berufsprofil

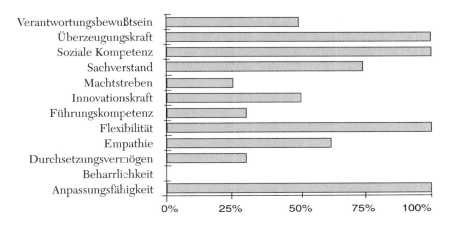

Sonne Zwillinge – was ich kann

Individuen mit der Sonne in den Zwillingen ererbten von ihrem Vater oder der väterlichen Sippe sämtliche im allgemeinen Abschnitt über die Zwillinge erwähnten Eigenschaften besonders ausgeprägt. Was ihre Berufsneigungen und -fähigkeiten betrifft, sind sie dafür geboren und geschaffen, zu verbinden, zu vermitteln, zu unterscheiden, aufzuzählen, zu reisen, zu schreiben, zu lesen und wiederzugeben. Manchmal steht der Vater selbst für diese besondere Eigenart, war beziehungsweise ist vielleicht Journalist, Autor oder Verleger. Häufig beschreiben Menschen mit einer Zwillingssonne ihre Väter als lustige und lustbetonte Menschen, die viel unterwegs waren, jede Menge Freunde besaßen und gerne Feste feierten. Gelegentlich wurde der Vater aber auch ganz anders erlebt. So kommt es vor, daß der Vater als schwermütig und niedergeschlagen beschrieben wurde, das Zwillingshafte aber dennoch zum Vorschein kam, und

zwar dadurch, daß das Kind sich berufen fühlte, den traurigen Vater aufzuheitern. Der unterdrückte Wunsch nach Heiterkeit, Komik und Burleskem wird in Familien mit depressiver Veranlagung häufig vom zwillingsbetonten Kind aufgegriffen. Aus spiritueller Sicht steht hinter der Figur des Vaters die göttliche Absicht, ein Wesen zu erschaffen, das dem Leben Leichtigkeit, Licht und Freude bringt.

Individuen mit der Sonne in den Zwillingen besitzen jedoch nicht immer alle im allgemeinen Abschnitt über die Zwillinge erwähnten Eigenschaften deutlich und ausgeprägt. Denn die Qualität einer bestimmten Sonnenstellung kann erst im jeweiligen Haus wirklich lebendig werden, oder wie es astrologisch heißt: Die Sonne verwirklicht sich hausspezifisch (siehe Abschnitt über Zeichen und Häuser). Darüber informiert der folgende Abschnitt.

ZWILLINGE ♊

Sonne Zwillinge Haus 1 bis 12

☉ ♊ in 1
Sonne Zwillinge in Haus 1

Die luftbetonte Zwillingssonne verwirklicht sich im 1. (Feuer-) Haus ichhaft und dient der Durchsetzung und Selbstbehauptung. Man wird selbst zum Träger des Zwillingshaften, lebt und strahlt diese Eigenschaften aus.

+ Vielseitiges Wissen (Allroundtalent). Schnelligkeit, Wendigkeit, Vielseitigkeit, gute Spürnase und gesunder Menschenverstand. Über gute Beziehungen verfügen. Mit Wissen und Erfahrung die eigene Position verbessern. Große Sachkompetenz. Überzeugen und überreden können (»Verkaufsgenie«).

– Mit Wissen andere provozieren und schokkieren. Unruhe. Mangelnde Kooperation. Andere »totreden«.

Tätigkeiten und Berufe: Wo es um zwillingshafte Themen geht und außerdem die Möglichkeit besteht, die Führung zu übernehmen und initiativ zu werden. Wo Sprachen wichtig sind. Wo Informationen entstehen und weitergegeben werden (Post). Wo organisiert und delegiert wird (Management). Arbeiten in öffentlichen Plätzen wie Kino, Theater, Café, Bar, Park. Wo gelesen, gedruckt und geschrieben wird (Bibliotheken, Buchhandlungen, Verlage). Siehe auch Sonne im Widder.

Alois Alzheimer (Neurologe), Jacques Offenbach (Komponist), Cole Porter (Jazzkomponist), Salman Rushdie (Schriftsteller), Richard Wagner (Komponist)

L F F F   VA KA

☉ ♊ in 2
Sonne Zwillinge in Haus 2

Die luftbetonte Zwillingssonne trifft im 2. (Erd-) Haus auf formierende Kräfte und sucht im Sinne der Ich-Festigung persönlichen, sinnlich erfahrbaren Reichtum.

+ Sammeln, formieren, bewahren können. Erfahrungen und Wissen verwerten und weitergeben können. Materiellen Nutzen aus Ideen ziehen können. Künstlerisches und kreatives Potential.

– Zu materialistisch denken. Zu vordergründig sein.

Tätigkeiten und Berufe: Wo es um Formen, Gestalten, Verwalten, Herstellen, Genießen, Rechnen, Prüfen geht. Wo sinnliche Inhalte erfahrbar und ausgetauscht werden (Bar, Café, Aromatherapie). Wo Ideen faßbar werden (Kunst, Design, Graphik, Architektur). Wo Informationen gesammelt, hergestellt und verbreitet werden (Wissenschaft, Forschung, Bibliothek, Verlag). Siehe auch Sonne im Stier.

Marquis de Sade (Exzentriker)

L F E F   VA FI

75

☉ ♊ in 3
Sonne Zwillinge in Haus 3

Die luftbetonte Zwillingssonne trifft im 3. (Luft-) Haus auf Verwandtes, verdoppelt sich und damit auch alle Zwillingseigenschaften und Fähigkeiten.

+ Kompetenz, Wissen, Erfahrung. Gute Selbstdarstellung. Sich gut verkaufen können. Repräsentieren können. Leicht Kontakt schließen können (»Dem Volk aufs Maul schauen«). Darstellen, vermitteln, unterhalten, bedienen, informieren können.

– Sich schlecht festlegen können. Zerstreutheit und Konzentrationsstörung. Versäumnisangst. Oberflächlichkeit.

Tätigkeiten und Berufe: In besonderer Weise reizt die Sonnenstellung zur Selbstdarstellung (Bühne, Film, TV) und zum Handel, besonders Verkauf und Werbung. Kommunikator, Werbefachmann, Vermittler, Verleger, Verkäufer, Informationsträger, Journalist. Wo Informationen entstehen, gesammelt, aufbereitet und weitergegeben werden. Wo Menschen sich aufhalten und treffen (Gastronomie, Film, Spielsalon). Wo es um (Fremd-) Sprachen geht. Siehe auch Allgemeine Einführung Zwillinge.

Adbul Baha (Verkünder der Baha-Religion), Rainer Werner Fassbinder (Filmemacher), Ian Fleming (Kriminalschriftsteller), Allen Ginsberg (Schriftsteller), Dean Martin (Schauspieler und Schlagersänger), Paul McCartney (Sänger), Peter der Große (Zar), Eric Weil (Astrologe)

L F L F   VA VA

☉ ♊ in 4
Sonne Zwillinge in Haus 4

Die luftbetonte Zwillingssonne verwirklicht sich im 4. (Wasser-) Haus, tritt in den Raum des Seelischen, Gefühlhaften und Familiären.

+ Denken und Fühlen in Übereinstimmung bringen können. Pädagogische Fähigkeiten. Die Sprache der Seele sprechen. Zu Hause arbeiten können. Mit Kindern umgehen können.

– In seinen Gefühlen »ertrinken«. Nicht aus sich herauskommen. Unter schwachem Vaterbild leiden.

Tätigkeiten und Berufe: Wo Gefühle und Geborgenheit eine Rolle spielen. Wo es um menschliches Wohlbefinden geht. Lehrer, Erzieher, Hausmann. Heimarbeiter, Schriftsteller, Kellner. Historiker, Psychologe, Autor. Siehe auch Sonne im Krebs.

Charles Aznavour (Sänger), Björn Borg (Tennis-Champion), Tom Jones (Popsänger)

L F W W   VA KA

☉ ♊ in 5
Sonne Zwillinge in Haus 5

Die luftbetonte Zwillingssonne trifft im 5. (Feuer-) Haus auf verwandte (Luft-Feuer) Energie, stärkt Selbstbewußtsein und Selbstwertgefühl.

+ Freude am Leben. Fähigkeit, sich und seine Ideen beruflich zu gestalten. Starkes Selbstwertgefühl fördert berufliche Karriere. Kreativität und Sinn für alles Schöne. Präsentieren, vermitteln, darstellen, verkaufen, andere gewinnen können. Berufliche Verantwortung übernehmen können. Führen und anleiten können.

− Durch Selbstgefälligkeit sich selber schaden. Überheblichkeit. Schlecht Kritik annehmen können.

Tätigkeiten und Berufe: Wo die eigene Person im Mittelpunkt steht oder sich als Hauptperson präsentieren kann (Besitzer, Chef, Star). Wo Luxus, Spiel, Genuß, Tanz, Festlichkeit eine Rolle spielen. Künstler, besonders Schauspieler, Spieler, Politiker, Redakteur, Moderator, Nachrichtensprecher, Photograph. Siehe auch Sonne im Löwen.

Che Guevara (Revolutionär)

L F F W   VA FI

☉ ♊ in 6
Sonne Zwillinge in Haus 6

Die luftbetonte und frei bewegliche Zwillingsenergie findet im 6. (Erd-) Haus Form- und Konkretisierungsmöglichkeit.

+ Sich den verschiedensten Umständen anpassen können. Vielseitigkeit. Arbeitslust. Praktisches Knowhow. Durch Fleiß, Pünktlichkeit und Detailwissen imponieren. Natürliche Heilerqualitäten besitzen. Die Dinge sachlich und neutral betrachten können. Hohe Arbeitsmoral und Zuverlässigkeit.

− Die eigene Bestimmung nicht kennen. Sich zu wenig Zeit für sich selber nehmen. Arbeitssucht.

Tätigkeiten und Berufe: Wo organisiert, verwaltet, geordnet, vervielfältigt, analysiert, geforscht wird (Sekretär, Wissenschaftler, Journalist). Wo es um körperliche und seelische Pflege und Gesundheit geht (Arzt, Psychologe, Heilpraktiker, Sozialarbeiter, alle Heilverfahren). Siehe auch Sonne in der Jungfrau.

Bob Dylan (Musiker), Errol Flynn (Schauspieler), Robert Schumann (Komponist), Karl Valentin (Kabarettist)

L F E W   VA VA

☉ ♊ in 7
Sonne Zwillinge in Haus 7

Die luftbetonte Zwillingssonne verwirklicht sich im 7. (Luft-) Haus, verstärkt sich (Luft-Luft) und damit alle Zwillingseigenschaften.

+ Ausgleichen, unterhalten, entspannen, informieren, gefallen. Für das Wohlergehen anderer Sorge tragen. Über große soziale Kompetenz verfügen. Magnetismus und Ausstrahlungskraft besitzen (»Starkonstellation«). Andere verstehen, sich einfühlen können.

– »Verkopft« sein. Unentschiedenheit. Große Gefühlsschwankungen. Von anderen abhängig sein. Vaterprojektion auf Vorgesetzte.

Tätigkeiten und Berufe: Wo es um Kommunikation, Verkauf, Unterhaltung, Ästhetik, Geschmack, Therapie, Wohlergehen und Entspannung geht. Wo es um (Fremd-) Sprachen geht. Alle Rechtsberufe. Siehe auch Sonne in der Waage.

Pat Boone (Sänger), Clint Eastwood (Schauspieler), Heinrich Hoffmann (Kinderbuchautor), Jean-Paul Sartre (Philosoph), Johnny Weissmüller (»Tarzan«)

L F L L   VA KA

☉ ♊ in 8
Sonne Zwillinge in Haus 8

Die luftbetonte Zwillingssonne verwirklicht sich im 8. (Wasser-) Haus als Bindungsstärke und Fähigkeit, Dingen, Ideen und Informationen auf den Grund zu gehen.

+ Hinterfragen. Entschlüsseln. Geheimnisse bewahren können. Licht und Leichtigkeit in schwierige Situationen tragen können. Verborgene Zusammenhänge aufdecken können. Heilen können. Das Spielerische in der Magie und Mystik entdecken (Tarot). Tod als die andere Seite des Lebens betrachten. Synthese zwischen Innen und Außen finden. Kraft aus der Vergangenheit schöpfen.

– Nichts ernst nehmen können. Sarkasmus, Ironie. Unter einer unerlösten Vergangenheit leiden. Unbewußt berufliche Mißerfolge herbeiführen.

Tätigkeiten und Berufe: Wo persönlicher Einsatz und Risikobereitschaft eine Rolle spielen (Kriegsjournalismus, Klatschjournalismus). Therapie, Polizei, Journalismus. Bibliothekar, Archivar, Buchhändler. Siehe auch Sonne im Skorpion.

Hans Baumgartner (Astrologe), John F. Kennedy (Politiker), Prince (Rockmusiker)

L F W L   VA FI

☉ ♊ in 9
Sonne Zwillinge in Haus 9

Die luftbetonte Zwillingssonne verwirklicht sich im 9. (Feuer-) Haus als geistige Erweiterung und Ausdehnung von Ideen, Überzeugungen und Anschauungen.

+ Fähigkeit, in größtmöglicher Freiheit und Unabhängigkeit seinen Arbeitsalltag zu gestalten, verbunden mit vielen Ortsänderungen und Reisen. Selbständig arbeiten können. Philosophie und Religion. Gerechtigkeitsliebe. Andere positiv beeinflussen können. Im Großen das Kleine nicht vergessen. Redetalent. Schriftstellerische Begabung. Natürliche Ausstrahlungskraft. Führungspersönlichkeit. Lebendigkeit, Fröhlichkeit. Mit beruflichem Glück rechnen können.

− Sich geistig übernehmen (»Hochstaplerkonstellation«). Andere geistig und spirituell verführen und mißbrauchen.

Tätigkeiten und Berufe: Wo (innere und äußere) Grenzen überschritten werden (Philosophie, Esoterik, Psychologie, Astrologie, Therapie, Lehre, Forschung, Missionsarbeit, Tourismus). Wo Unterhaltung und Reisen zusammenfinden (Stewardeß, Animateur, Reiseschriftsteller). Wo es um (Fremd-) Sprachen geht. Siehe auch Sonne im Schützen.

Jacques Cousteau (Ozeanograph), Brooke Shields (Schauspielerin), Jackie Stewart (Formel-1-Rennfahrer), John Wayne (Schauspieler)

L F F L   VA VA

☉ ♊ in 10
Sonne Zwillinge in Haus 10

Die luftbetonte Zwillingssonne verwirklicht sich im 10. (Erd-) Haus allgemein verbindlich. Zwillingshaftes wird institutionalisiert, verallgemeinert und öffentlich.

+ Seine (zwillingshaften) Talente beruflich gut verwerten können und dabei mit öffentlicher Unterstützung und Anerkennung rechnen können. Den nötigen Ehrgeiz für Karriere mitbringen. Erfüllung im Beruf finden. Sprachliches und schriftstellerisches Können. Eine Agentur, einen Laden, eine eigene Praxis eröffnen können. Persönliche Bedürfnisse in den Dienst beruflicher Verwirklichung stellen.

− Unter zu hohen Ansprüchen leiden. Beruflicher Druck. Zwischen Freiheit und Kontrolle hin- und hergerissen sein.

Tätigkeiten und Berufe: Führende oder selbständige Position im Bereich Wort, Sprache, Information, Lehre, Touristik, Werbung, Verkauf, Schulung, Begegnung, Service, Austausch, Vergnügen, Spiel. Siehe auch Sonne Steinbock.

Albrecht Dürer (Künstler), Paul Gauguin (Maler), Otto Lilienthal (Flugpionier), Thomas Mann (Schriftsteller), Françoise Sagan (Schriftstellerin), Igor Fjodorwitsch Strawinsky (Komponist)

L F E E   VA KA

☉ ♊ in 11
Sonne Zwillinge in Haus 11

Die luftbetonte Zwillingssonne verwirklicht sich im 11. (Luft-) Haus. Verstärkung des Zwillingshaften. Vergeistigung, Erhebung.

+ Über besondere mentale Begabungen verfügen. Außersinnliches wahrnehmen und beruflich verwerten können. Den Zeitgeschmack treffen, beeinflussen und sogar vorherahnen können. Seiner Zeit voraus sein. Über die richtigen (beruflichen) Beziehungen verfügen. Durch unkonventionelles und schöpferisches Denken neue (berufliche) Wege gehen können. Genialität (»Geniekonstellation«). Kollegialität und Gemeinschaftsbewußtsein. Originalität.

− Zu abgehoben sein. Die Realität verkennen (»Chaotikerkonstellation«).

Tätigkeiten und Berufe: Wo es um Zukunftsforschung, Erfindungen, moderne Technik. Modernisierung, Vernetzung, Informatik, Zeitgeist (Medien) geht. Bewußtseinserweiterung, Erwachsenenbildung, Gruppen, Seminare, New Age, Zeitgeist, Philosophie. Arbeiten in internationalen Vereinigungen (Sekretariat, Übersetzung, Repräsentation, Ideenentwicklung, Politik). Alle reformerischen Tätigkeiten (Gewerkschaft). Siehe auch Sonne im Wassermann.

Josephine Baker (Sängerin), Franz Anton Mesmer (Arzt), Marilyn Monroe (Schauspielerin), Donald John Trump (Unternehmer)

L F L E   VA FI

☉ ♊ in 12
Sonne Zwillinge in Haus 12

Die luftbetonte Zwillingssonne verwirklicht sich im 12. (Wasser-) Haus verfeinernd und auflösend.

+ Abstraktes Denken. Medialität. Intuitions- und Assoziationsvermögen. Idealismus und Humanismus. Soziales Verantwortungsgefühl. Positive Wirkung auf die Arbeitsatmosphäre besitzen. Ruhig und besonnen arbeiten. Sich überall zurechtfinden. Ein »tiefes Wasser« sein. Mitgefühl. International tätig sein. Heilen können. Von höheren Kräften geführt werden. Hilfe für Schwache und Außenseiter sein.

− Geschwächtes Ichbewußtsein. Sich verkannt fühlen. Unter Schuldkomplexen leiden. Unbewußt den eigenen Mißerfolg herbeiführen. Neigung zum (unabsichtlichen) Betrug.

Tätigkeiten und Berufe: Wo Kunst (vor allem Dichtkunst), Religion, Mystik, Nächstenliebe, Heilkunst (Gesprächspsychotherapie) oder Meditation eine Rolle spielen. Rechtsberufe (besonders Strafrecht). Telekommunikation. Internet. Sprachforschung. Übersetzungsbüro. Siehe auch Sonne in den Fischen.

Oskar Adler (Astrologe), Dante Alighieri (Dichter), Miles Davis (Jazzmusiker), Arthur Conan Doyle (Schriftsteller), Steffi Graf (Tennissportlerin), Dieter Hildebrandt (Kabarettist), Blaise Pascal (Mystiker), Rainier III. (Fürst von Monaco)

L F W E   VA VA

80

Aszendent Zwillinge – was ich will

Menschen mit AC Zwillinge sind stark von ihrem Element, dem Urstoff Luft, geprägt. Sie haben einen wachen Intellekt, sind kontaktfreudig und scheinen wie richtige Luft an keinen bestimmten Ort oder eine bestimmte Gruppe gebunden zu sein. Sie wissen viel und versuchen ihre Kenntnisse bei jeder Gelegenheit zu erweitern. Sie kennen eine Menge Leute und vergrößern ununterbrochen ihren Bekanntenkreis. Ihre Neugierde, ihr Interesse an Gott und der Welt lassen sie keine Stille und Beschaulichkeit finden: Von allem und jedem lassen sie sich mitreißen und ablenken. Es scheint, daß sie nur darauf warten, daß etwas geschieht, was die Routine des Alltags durcheinanderwirbelt. Umgekehrt erlahmt bei gleichförmigem Tun schnell ihr Interesse. Sie sind daher denkbar ungeeignet für Berufe und Tätigkeiten, bei denen jeden Tag das gleiche verlangt wird. Oft bemerken Individuen mit einem AC Zwillinge nur eine große innere Unruhe oder gar Nervosität und wissen nicht, wie sie damit umgehen können. Erst wenn sie ihre AC-Kraft bewußt annehmen, läßt sich vielleicht eine Lösung finden, etwa indem eine Tätigkeit mit mehr Abwechslung gesucht wird oder ein Hobby praktiziert wird, das ihnen erlaubt, ihre Zwillingsenergie stärker zu leben.

Aszendentenherrscher Merkur

Entscheidend über Intensität und Richtung der Aszendentenkraft ist die Stellung des Herrschers des Aszendentenzeichens. Für Zwillinge ist dies der Planet Merkur ($\female$). Seine Stellung im Geburtshoroskop zeigt, wohin die Zwillingskraft drängt, was sie entfacht, welche Richtung sie nehmen möchte, unter welchen Voraussetzungen sie lebendig wird. Dabei spielt sowohl die Position des Planeten Merkur im Zeichen als auch im Haus eine Rolle.

Merkur gilt als Gott der Wege und schützt Handel und Verkehr. In der heutigen Zeit könnte man ihn auch den Gott der freien Marktwirtschaft nennen. Dazu paßt, daß Merkur auch der Schutzpatron all derjenigen ist, die durch List und Trug sich einen Vorteil zu verschaffen wissen. Sein Wirken hat etwas Kurzsichtiges und Vordergründiges. Von ihm geführt, macht man sich Gedanken um den momentanen Vorteil und nicht um mögliche Spätfolgen. Sogar als Gott der Diebe wurde er bei den Griechen verehrt. Er ist ein Symbol reger Verstandestätigkeit, steht für Geist, Intellekt, Verstand, Sprache, Ausdrucksfähigkeit, Wissen, Lernen, Gedächtnis, Verhandeln, Gewinnen, Kommunizieren, Verbreiten, Verbinden und verleiht den Menschen das Glück, ihre Arbeit nicht nur als Last, sondern auch als Glück zu erleben.

Im Unterschied zum Merkur des Jungfrauzeichens (siehe dort) ist der Zwillingsmerkur leichter, beweglicher, optimistischer, kontaktfreudiger, unverbindlicher und flüchtiger.

Was die berufliche Relevanz des AC-Herrschers Merkur in den zwölf Zeichen angeht, siehe Zusammenstellung weiter unten in diesem Kapitel!

Was die Position im Haus betrifft, genügt es in aller Regel, den Quadranten zu berücksichtigen, in dem sich Merkur befindet. Die entsprechenden Merkurstellungen werden weiter unten erörtert.

Medium Coeli Zwillinge – was ich muß

Menschen mit MC Zwillingen suchen absichtlich oder unbewußt einen Beruf, bei dem es um Austausch, Verbindung, Kommunikation, Kontakt, Denken und Analyse geht. Es handelt sich zumeist um Berufe und Berufsfelder, die abwechslungsreich und interessant sind. Dafür bieten sie weder Sicherheit noch ein regelmäßiges Einkommen.

Tätigkeiten und Berufe: Bei denen es auf Schnelligkeit, Wendigkeit, Vielseitigkeit, gute Spürnase und gesunden Menschenverstand ankommt. Wo Buchstaben, Worte, Sprachen wichtig sind. Wo Informationen entstehen und verbreitet werden. Wo Menschen aufeinandertreffen oder miteinander verbunden werden. Wo organisiert und delegiert wird (Management). Wo Kommunikation stattfindet. Kino, Theater, Café, Bar, Park. Wo gelesen, gedruckt und geschrieben wird (Bibliotheken, Buchhandlungen, Verlage). Wo transportiert und verbunden wird (Post und Eisenbahn). Wo geredet, unterrichtet, gelehrt, diskutiert, beschlossen wird. Wo getanzt, gespielt und ausgelassen gefeiert wird. Wo Reisen geplant, verkauft und durchgeführt werden (Reisebüro, Reisebus, Flugzeug). Wo diktiert, verfaßt, vervielfältigt, verdoppelt und verbreitet wird (Büro, Photocopy-Shop, Photoladen). Autor, Barkeeper, Bedienung, Buchhändler, Conférencier, Entertainer, Filmemacher, Journalist, Lehrer, Moderator, Politiker, Redner, Reiseleiter, Schriftsteller, Sekretär, Steward, Tänzer, Verleger, Wissenschaftler (besonders für Sprachen und Geographie).

Herrscher des Medium Coeli im Zeichen

Genau wie beim AC muß wieder die Position Merkurs als dem Herrscherplaneten des MC berücksichtigt werden. Seine Stellung im jeweiligen Zeichen nennt Ziel und Richtung beruflicher Erfüllung und zeigt die spezifische Färbung der MC-Kraft auf. Als »Glücksbringer des Alltags und der Arbeit« verrät seine Position auch, wie man sein Tun leichter, fröhlicher und glücklicher erleben kann. Eine Zusammenstellung über die berufliche Relevanz des MC-Herrschers Merkur in den zwölf Zeichen siehe weiter unten in diesem Kapitel!

Herrscher des Medium Coeli im Haus

Was die Stellung des MC-Herrschers Merkur im Haus betrifft, genügt es in aller Regel, die Richtung zu kennen. Damit ist gemeint, in welchem Quadranten sich der Herrscherplanet verwirklicht (siehe auch Grundlagen astrologischer Berufsberatung). Die entsprechenden Merkurstellungen werden weiter unten erörtert.

Herrscherqualitäten des AC / MC in den Zeichen

☿ ♈
Medium Coeli / Aszendent in den Zwillingen Herrscherplanet Merkur im Widder

Zwillingshaft-Merkurisches verwirklicht sich in typischen Widderbereichen wie Management, Wirtschaft, Politik (siehe Allgemeine Einführung Widder) und bringt Leichtigkeit, Bewegung, Vielseitigkeit, Kontakt, Fachwissen.

+ Spontaneität. Klugheit. Redegewandtheit. Schnelle Auffassung und Umsetzung. (Sich) gut verkaufen können (»Verkäufer- und Händlerkonstellation«). Im richtigen Moment das Richtige sagen und tun. Förderung durch joviale Vorgesetzte. Zur Vertrauensperson (rechte Hand des Chefs) aufsteigen. »Chefsekretärinnenkonstellation«. Chef vom Dienst. Literarische Talente. Führende Arbeiten im Verlagswesen. Schauspielerische Talente. Erfolg auf der Bühne, beim Film, TV.

− Leichtsinn. Fehlkalkulationen. Überheblichkeit. Andere nicht zu Wort kommen lassen. Schludrigkeit.

L F F F   VA KA

☿ ♉
Medium Coeli / Aszendent in den Zwillingen Herrscherplanet Merkur im Stier

Zwillingshaft-Merkurisches verwirklicht sich in typischen Stierbereichen, die mit Natur, Erde, Sinnlichkeit, Ernährung, Bauwesen, Wirtschafts- und dem Geldwesen zu tun haben (siehe Allgemeine Einführung Stier) und bewirkt Beweglichkeit, Kontakt, Austausch.

+ Verläßlichkeit. Anschauliches Denken. Sinnlichkeit. Eine leichte Hand beim Einfädeln von Geldgeschäften haben. Gewinne durch Aktien und andere Geldanlagen. Anderer Leute Geld verwalten können. Gewinne durch Tausch und Handel. »Händler- und Bankkonstellation«. Die Früchte seines Arbeitslebens ernten können. Zufriedenheit in der Arbeit finden können. Freude am Materiellen, an Geld und Reichtum.

− Beschränktes Denken. Materialistische Kurzsichtigkeit.

L F E F   VA FI

☿ ♊
Medium Coeli / Aszendent in den Zwillingen Herrscherplanet Merkur in den Zwillingen

Zwillingshaft-Merkurisches verwirklicht sich in seinem eigenen Zeichen, was zu einer Bereicherung und Verstärkung aller unter der Überschrift Zwillinge angeführten Tätigkeiten und Berufe führt (siehe dort).

+ Verschiedene Rollen einnehmen können (»Schauspielerkonstellation«). Witzigkeit. Schlagfertigkeit. Beredsamkeit. Intellektualität. Sich gut verkaufen können. Organisieren und verwalten können. Gewinne durch Handel und Verkauf. Geschicktes Auftreten. Auf Glück bei Vorstellungsgesprächen und Verhandlungen zählen können. Nicht auf den Mund gefallen sein. Als anerkannter Sprecher für andere auftreten. Unterstützung durch Geschwister.

– Oberflächlichkeit. Nach dem Mund reden. Verluste durch Betrügereien (Steuermogeleien).

L F L F   VA VA

☿ ♋
Medium Coeli / Aszendent in den Zwillingen Herrscherplanet Merkur im Krebs

Zwillingshaft-Merkurisches verwirklicht sich in typischen Krebsbereichen wie Erziehung, Lehre, Therapie, Gastronomie, Kunst, Werbung, Architektur, Design (siehe auch Allgemeine Einführung Krebs) und bewirkt Austausch, Beweglichkeit, Leichtigkeit, Handel und Verkehr. Besondere Begabung für Pädagogik und Didaktik. »Sich in der Arbeit zu Hause fühlen«. Sprachliche Begabung (besonders über die Seele sprechen und schreiben können).

+ Mitgefühl. Intuition. Abstraktes und Theoretisches anschaulich vermitteln können (»Lehrerkonstellation«). Ein Herz für Kinder haben. Vielschichtiger Intellekt. Bildhaftes Denken. Positiver Einfluß auf das Betriebsklima. Gerne gesehener Mitarbeiter. Berufliche Vorteile durch Hilfsbereitschaft (die gute Fee sein). Anderen zuhören und sie verstehen können. Beliebtheit. Zuverlässigkeit. Zu Hause arbeiten können. Therapeutisches Können.

– Konzentrationsstörungen, Launenhaftigkeit. Berufliche Unzuverlässigkeit durch häufige »ups and downs«.

L F W W   VA KA

ZWILLINGE ♊

☿ ♌
Medium Coeli / Aszendent
in den Zwillingen
Herrscherplanet Merkur
im Löwen

Zwillingshaft-Merkurisches verwirklicht sich in typischen Löwebereichen wie Kreativität, Ausdruck, Spiel, Genuß, Tanz, Kunst, Führung, Selbstverwirklichung (siehe auch Allgemeine Einführung Löwe), verstärkt Ausstrahlung, Charisma, Anziehungskraft, spielerische Leichtigkeit. Besondere Veranlagung für die Bühne.

+ Überzeugendes Auftreten. Autorität ausstrahlen und repräsentieren können. Eine Führungsposition einnehmen können. Hervorragendes Verhandlungsgeschick beweisen. Ideenreichtum und Originalität. Selbstvertrauen. Optimismus. Schriftstellerische Talente. Neigung zum Künstler. In der Arbeit ein gutes Selbstwertgefühl bekommen.

− Wissensdünkel. Arroganz. Sich selbst zu wichtig nehmen. Schlecht mit Kritik umgehen können.

L F F W   VA FI

☿ ♍
Medium Coeli / Aszendent
in den Zwillingen
Herrscherplanet Merkur
in der Jungfrau

Zwillingshaft-Merkurisches verwirklicht sich in typischen Jungfraubereichen wie Dienstleistung, Gesundheitswesen, Organisation, Wissenschaft, Ökologie, Handwerk, Bereich Verwertung, Analyse (siehe auch Allgemeine Einführung Jungfrau) und bewirkt Lebendigkeit, Leichtigkeit, Beweglichkeit, Kontakt, Austausch, Transport und Verkehr. »Dienstleistungskonstellation«, »Heiler- und Pflegerkonstellation«. Planer und Organisator, Verwalter, Sekretär, Wissenschaftler, Astrologe, Heiler, Pfleger.

+ Höchste Zuverlässigkeit und Genauigkeit. Kritischer Sachverstand. Vernünftige Einteilung der Kräfte. Realistische Einschätzung von Vorhaben. Ausdauer und Geduld. Vorhaben durchziehen können. Sich beruflich absichern können. Flexibilität und Anpassungsvermögen. Aus allem das Beste machen. Zugang zu heilerischen Quellen (auch medizinisch-technische Tätigkeiten). Über medizinische und gesundheitspolitische Themen schreiben können. Das eigene Tun unter höhere Einsicht und Vernunft stellen.

− Arbeitssucht. Schlecht abschalten und entspannen können. Existenzunsicherheit.

L F E W   VA VA

☿ ♎︎
Medium Coeli / Aszendent in den Zwillingen Herrscherplanet Merkur in der Waage

Zwillingshaft-Merkurisches verwirklicht sich in typischen Waagebereichen wie Kunst, Kommunikation, Politik, Ästhetik, Entspannung, Therapie, Schönheit, Design, Geschmack, Rhythmus (siehe auch Allgemeine Einführung Waage) und verstärkt die Bereiche Austausch, Kommunikation und Beweglichkeit. Schriftsteller, Schauspieler, Politiker, Kommunikator, Therapeut, Verkäufer.

+ Sich durch guten Geschmack und Kunstverständnis den Arbeitsalltag verschönern können. Gewinnendes und einnehmendes Auftreten. Verhandlungsgeschick auch in delikaten Situationen beweisen. Seinen Arbeiten ein gefälliges Aussehen verleihen können. Schriftstellerische Begabung. Über anschauliches Denken verfügen. Aufgrund großer Kontaktfreude überall (berufliche) Freunde haben. Durch die richtigen Beziehungen weiterkommen. Interessenvielfalt. Kunstsachverständiger sein. Mit seinem guten Geschmack Geld machen. Überall Freunde und Helfer finden.

– Entscheidungsprobleme. Interessenzersplitterung. Sich im Allgemeinen und Schöngeistigen verlieren.

L F L L   VA KA

☿ ♏︎
Medium Coeli / Aszendent in den Zwillingen Herrscherplanet Merkur im Skorpion

Zwillingshaft-Merkurisches verwirklicht sich in typischen Skorpionbereichen (wo es um Tiefe, Gemeinschaft, Leben und Tod geht) und bewirkt Distanz, Objektivität, Leichtigkeit und Entkrampfung. Hintergrundanalyse. Tätigkeiten, die mit Hingabe, Leidenschaft, Totalität, auch Opferbereitschaft zu tun haben (siehe auch Allgemeine Einführung Skorpion). Beruflich attraktiv sind Metiers, die aufdeckend (Journalismus, Kriminalarbeit, gesundheitliche und astrologische Diagnostik, Therapie und Pflege), unterstützend (Heilberufe) oder bewahrend (Archivar, Bibliothekar, Sekretär, Verwaltung) sind.

+ Durchhaltevermögen. Sich in eine Sache hineinknien. Opferbereitschaft. Außergewöhnliche Arbeiten verrichten können. Berufliches Hintergrundwissen. Halböffentliches Wissen anwenden können (Steuertricks). Mit unbekannten Helfern rechnen können. Mit materiellem oder ideellem Erbe rechnen können. Im Beruf einen karmischen Auftrag erfüllen. Leichtigkeit und Licht in schwere und problematische Situationen bringen können (Sterbehilfe).

– Durch karmische Verstrickungen nicht vorwärtskommen. Berufliches Versagen aufgrund ungelöster Probleme.

L F W L   VA FI

ZWILLINGE ♊

☿ ♐
Medium Coeli / Aszendent in den Zwillingen Herrscherplanet Merkur im Schützen

Zwillingshaft-Merkurisches verwirklicht sich in typischen Schützebereichen wie Lehre, Religion, Heilwesen, Sport, Wissenschaft und Forschung, Philosophie, Reisen (siehe auch Allgemeine Einführung Schütze) und bewirkt Kontakt, Austausch, Umsatz und Handel. Eignung für Organisationstätigkeiten in den erwähnten Schützebereichen.

+ Idealistische und optimistische Einstellung zum beruflichen Alltag. Gerne arbeiten. Arbeit als Selbstverwirklichung betrachten. Weitgespanntes Wissen haben. Das Ganze und die Details sehen. Loyalität gegenüber Vorgesetzten und Untergebenen. Andere motivieren können. Intuitive Einsicht im Bereich Erwachsenenbildung. Mut machen können. Einer höheren Einsicht und Führung vertrauen können. Leichter Zugang zu Esoterik, Psychologie und Astrologie.

– Idealistische Schwärmerei. Unrealistisches Denken. Dünkel.

L F F L   VA VA

☿ ♑
Medium Coeli / Aszendent in den Zwillingen Herrscherplanet Merkur im Steinbock

Zwillingshaft-Merkurisches verwirklicht sich in typischen Steinbockbereichen wie Lehre, Staatsdienst, öffentlicher Dienst, Wissenschaft, Kontrolle und Aufsicht (siehe auch Allgemeine Einführung Steinbock), bringt Mobilität, Auflockerung, Austausch und Begegnung (»Parteiverkehrskonstellation«). Wissenschaftlich arbeiten. Selbständiger. Unternehmer. Geschäftsmann. Ladenbesitzer. Verleger. Politiker.

+ Über eine allgemeine und sachbezogene Vernunft verfügen. Großes und fundiertes Allgemeinwissen. Durch Konzentration und Ehrgeiz berufliche Position verbessern. Öffentliche Anerkennung finden. Dienstapparat kennen und nützen können. Vorteile durch Sachverstand (legale Steuertricks nützen). Ausdauernd und ernsthaft nach oben drängen. Irgendwann Lohn der Arbeit ernten. Sich auf berufliche Gerechtigkeit verlassen können. Hohes Verantwortungsbewußtsein.

– Starrsinn. Gnadenloser Ehrgeiz (über Leichen gehen). Durch Gefühlsarmut Kollegen vergraulen.

L F E E   VA KA

☿ ♒
Medium Coeli / Aszendent in den Zwillingen Herrscherplanet Merkur im Wassermann

Zwillingshaft-Merkurisches verwirklicht sich in typischen Wassermannbereichen wie Gruppen-, Reform-, Club- und Teambereich. Innovation, Erneuerung, sozialpolitische Veränderungen (siehe auch Allgemeine Einführung Wassermann) bewirkt Verstärkung der ohnehin stark entwickelten Mobilität. Große Flexibilität. Hoher sozialer Austausch. Handel und Verkehr beleben sich.

+ Schöpferisches Denken, Erfindungsgabe und visionäre Kraft in den Beruf einfließen lassen können. Durch hohes Gemeinschaftsbewußtsein positiv auf Betriebsklima einwirken. Seine Originalität einbringen können. Mit individuellem Arbeitsreglement rechnen können (Gleitzeiten). Sich auf Intuition verlassen können. Schöpferische Talente. Interessenvielfalt. Bei Einschätzung von Zukunftsprojekten richtigliegen. Glückliche Hand bei expansiven Maßnahmen (»Unternehmerkonstellation«). Einer höheren Vorsehung vertrauen können.

− Naivität. Phantasterei. Leichtgläubigkeit.

L F L E   VA FI

☿ ♓
Medium Coeli / Aszendent in den Zwillingen Herrscherplanet Merkur in den Fischen

Zwillingshaft-Merkurisches verwirklicht sich in typischen Fischebereichen wie Nächstenliebe, Religion, Therapie, Mystik, Kunst (siehe auch Allgemeine Einführung Fische) und bewirkt eine Bereicherung von Kontakt, Austausch und Mobilität.

+ Über eine starke Quelle der Intuition verfügen. Beruflich geführt werden. Gnade und Glück erleben. Den Zeitgeist aufnehmen und ausdrücken können (Idol sein). Sehnsucht nach mystischen Erlebnissen (»Klosterkonstellation«). Einfühlungsvermögen und Hilfsbereitschaft (ärztliche und pflegerische Tätigkeiten). Über magnetische Heilkräfte verfügen (»Heilerkonstellation«). Hang zu Außenseiterberufen (Astrologe). Allein arbeiten können. Weitgefächerte Interessenvielfalt. Sich letzten Endes überall wohl fühlen. Schriftstellerische Talente (Lyrik). Musikalität.

− Fluchttendenzen. Unsicherheit, Irrealität. Pläne werden nie verwirklicht. Berufliche Behinderung durch ein geheimnisvolles Schicksal. Unter einer unglücklichen Geschwisterkonstellation leiden.

L F W E   VA VA

Herrscherqualitäten des AC / MC in den Quadranten

AC ♊ / MC ♊
Aszendent Zwillinge / Medium Coeli Zwillinge
Herrscherplanet Merkur im Quadranten I

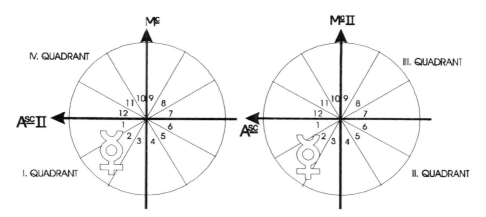

Befindet sich Merkur als AC/MC-Herscher im Quadranten I (Haus 1, 2 und 3), will er sich ichhaft und ichbetont verwirklichen. Das heißt zum Beispiel, daß der Horoskopbesitzer die merkurisch-zwillingshaften Anlagen auch gegen einen äußeren Widerstand einbringen und durchsetzen will, ja, daß Widerstand und Konkurrenz sogar seine Neigungen noch verstärken. Diese Stellung fördert Dynamik, Selbstbewußtsein, Aktivität, Draufgängertum, Begeisterungsfähigkeit, Konkurrenz- und Durchsetzungsbereitschaft, die, wenn sie in ein passendes Berufsmetier einfließen können, den Erfolg direkt garantieren. Ungeduld, Aggressivität und blindes Draufgängertum, Eigenschaften, die ebenfalls mit dieser Konstellation verbunden sind, gilt es allerdings in den Griff zu bekommen, wenn der berufliche Erfolg nicht immer wieder verspielt werden soll. Führungsaufgaben in allen Merkur-/Zwillingsbereichen können übernommen werden. Wirtschaftliche Erfolge durch Handel. Schriftstellerische und sprachliche Begabung. Repräsentatives Geschick.

AC ♊ / MC ♊
Aszendent Zwillinge / Medium Coeli Zwillinge
Herrscherplanet Merkur im Quadranten II

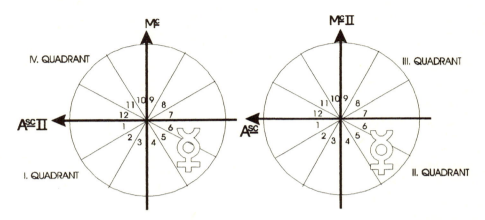

Befindet sich Merkur als Herrscherplanet des MC beziehungsweise AC im Quadranten II (Haus 4, 5 und 6), ist eine gefühlshafte oder seelische Beteiligung bei der Berufsausübung wichtig. Es soll mit Hilfe von Verstandeskraft Emotionales, Seelisches erfaßt, erlebt und ausgedrückt werden. Gute Begabung für alle psychologischen und therapeutischen Tätigkeiten. Künstlerische vor allem schriftstellerische Begabung. Zu Hause arbeiten können. Menschen verstehen können.

AC ♊ / MC ♊
Aszendent Zwillinge / Medium Coeli Zwillinge
Herrscherplanet Merkur im Quadranten III

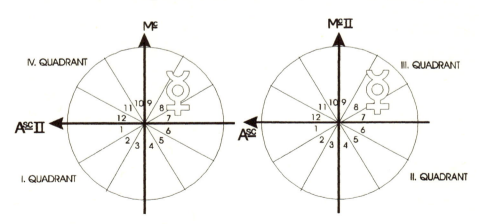

Befindet sich Merkur als Herrscherplanet im Quadranten III (Haus 7, 8 und 9), ist ein soziales Umfeld bei der Berufsausübung unerläßlich. Der Horoskopeigner drängt zum Du, will kommunizieren, sich auf andere beziehen, sich austauschen, sich spiegeln, beachtet werden, seine Gefühle der Zuneigung und Ablehnung einbringen (Beratung,

Lehre, Therapie, Handel, Tausch, Verkauf, Tätigkeiten mit Schalter- oder Parteienverkehr, Arbeiten in der Öffentlichkeit wie Service in der Gastronomie). Die soziale Ausrichtung anderen gegenüber kann sich (besonders im 8. Haus) auch als Bindung und Hingabe an eine Idee oder den Beruf manifestieren.

AC ♊ / MC ♊
Aszendent Zwillinge / Medium Coeli Zwillinge
Herrscherplanet Merkur im Quadranten IV

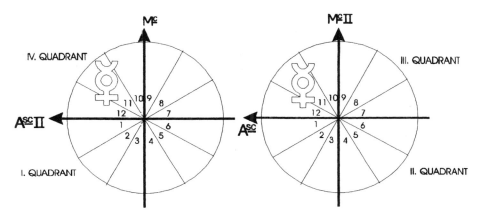

Steht Merkur im Quadranten IV (Haus 10, 11 und 12), ist eine überpersönliche Ausrichtung, Aufgabe und Verpflichtung beim beruflichen Tun wichtig. Der Horoskopeigner lernt von früh auf, gesellschaftliche und öffentliche Belange und Ansprüche zu respektieren und ihnen dann in seinem Tun gerecht zu werden. Man lernt, seinen beruflichen Werdegang ernst und wichtig zu nehmen und persönliche Opfer zu bringen. Besonders mit Merkur in Haus 10 muß eine Art Institution oder berufliche Einrichtung, die den eigenen Namen trägt, erschaffen werden. Dies ist mit dem Erlebnis einer starken Anspruchshaltung verbunden. Man steht unter dem Druck, etwas Großes, Bedeutsames und Gewichtiges in seinem Leben zu erschaffen. Auch wenn sich Merkur als Herrscher des AC oder MC im 12. Haus befindet, können sich Probleme ergeben, weil einerseits Ichhaftes beziehungsweise Strukturhaftes gefordert wird, es im 12. Haus aber wiederum um Auflösung geht. Adäquate Berufsfelder finden sich in der alternativen Medizin, Therapie mit sozial Schwachen, Drogenabhängigen und Schwerkranken. Auch in der Religion, Kunst, Mystik, Esoterik, Nächstenliebe finden sich Betätigungsfelder. Mit Merkur im 12. Haus ist es besonders wichtig, sich höheren Kräften anzuvertrauen und auf eine höhere Führung zu bauen. Merkur als Herrscherplanet im 12. Haus verweist manchmal auch auf familiäre Schuld (uneheliche Geburt, Abtreibung, Geschwisterzwist), die dadurch aufgelöst werden kann, daß man einen helfenden oder religiösen Beruf ergreift.

Sonne, Aszendent, Medium Coeli im Krebs

Allgemeine Einführung

Krebsenergie führt in die Räume der Seele. Sie birgt den Schlüssel in unsere Kindheit und die Kindheit unserer Eltern. Sie stärkt die Suche nach dem Verborgenen, Verwunschenen, Mystischen und Göttlichen in uns.

ELEMENT:
WASSER
Gefühlshaftigkeit und seelische Tiefe, aber auch Unsichersein und Verlorenheit.

QUALITÄT:
KARDINAL
Stärke bis hin zu Verbissenheit.

POLUNG:
MINUS, weiblich, yin, passiv, nach innen, mütterlich, empfangend.

SYMBOLIK: Das Tier KREBS als Symbol für Wasser, Seele, Geborgenheit, (innerer) Empfindsamkeit und (äußerem) Schutz.

ZEITQUALITÄT:
22. JUNI BIS 22. JULI
Der erste Sommermonat gilt als Zeichen der Fruchtbarkeit und Reife. Die Umkehr der Sonne symbolisiert den Weg allen Seins zurück zum Ursprung.

HERRSCHER-PLANET: MOND als Symbol des Gefühlshaften und Seelischen.

Krebsbetonte Menschen (das sind Individuen mit Sonne, Mond, AC oder MC im Krebs; ebenfalls Sonne, Mond im 4. Haus; abgeschwächt ebenfalls Herrscher des AC oder des MC im Krebs oder im 4. Haus; abgeschwächt ebenfalls Mond im 1. oder im 10. Haus) werden stark vom Unbewußten, Instinkt- und Gefühlshaften bestimmt. Der Mond ist ihr Regent, und so wie dieser Himmelskörper ununterbrochen seine Gestalt verändert, geht es auch bei ihnen auf und ab. Euphorie und Ekstase werden von Endzeitstimmungen abgelöst, und auf unerträgliche Schwere folgt die alberne Leichtigkeit des Seins. Ihr Mond verbindet krebsbetonte Menschen allerdings auch mit einer Quelle unerschöpflicher Kreativität. Wenn sie die richtige Tätigkeit haben, sprudeln Einfälle nur so aus ihnen heraus: geniale, witzige, schöngeistige, banale, herzergreifende, tröstende ...

In künstlerischen und kreativen Berufen fühlen sie sich am wohlsten. Egal, ob sie als Musiker (Carlos Santana, Cat Stevens), Maler (Peter Paul Rubens, Lionel Feininger, Marc Chagall), Schriftsteller (Hermann Hesse, Antoine de Saint-Exupéry), Schauspieler (Gina Lollobrigida, Meryl Streep), Graphiker, Photograph, Werbeprofi, Innenarchitekt oder Schaufensterdekorateur tätig sind: Krebsbetonte Menschen schaffen Klänge, Bilder und Räume, in denen die Seele baumeln kann, zu sich findet, zu Hause ist.

Unter den Top-Köchen der Welt finden sich viele krebsbetonte Menschen. Winkler und Witzigmann, zwei bekannte Köche, haben beide die Sonne im Krebs. Alfred Biolek, der Kochmoderator der Fernsehsendung »Alfredissimo«, hat gleich Sonne, Merkur, Pluto und Aszendenten im Krebs. Andere zu verwöhnen, zu bekochen, sie in den Himmel der Geborgenheit zu entführen: Das ist eine Lieblingsbeschäftigung des Krebs.

Der sogenannten Realität stehen diese Menschen mißtrauisch gegenüber. Das kann doch einfach nicht alles sein! Das ist zu wenig! Das wissen sie instinktiv. Märchen, Träume, die Phantasie: Sind dies nicht alles ebenso wirkliche Wirklichkeiten? »Bin ich, wenn ich denke oder wenn ich träume?« könnten sich krebsbetonte Menschen fragen.

Am liebsten versenken sich diese Menschen in ihre oder anderer Leute Psyche. Diese Lust am »Seelentauchen« macht sie zu guten Psychologen, Psychotherapeuten, Pädagogen und »Talkmasters«. Beispiele sind Fritz Perls, der Begründer der Gestalttherapie, der durch seine LSD-Experimente bekannt gewordene Stanislav Grof (beide Sonne im Krebs) und der durch seine einfühlende Art berühmt gewordene Alfred Biolek mit, wie bereits erwähnt, Sonne, Pluto, Merkur und Aszendenten im Krebs.

In jedem krebsbetonten Mensch lebt eine Kinderseele, die sich an Märchen, Träumen, Spielen ergötzt. Alles, was kreucht und fleucht, rührt ihr Herz. Eine Tätigkeit, bei der sie mit Kindern oder Tieren, Stoffpup-pen oder Spielzeug zu tun haben, übt immer ein Anziehung auf sie aus. Es gibt große Pädagogen unter ihnen wie Jean-Jacques Rousseau oder Hermann Gmeiner (beide mit Sonne im Krebs), und es gibt andere, die ihre Kinderseele beispielsweise durch Filmemachen ausleben, wie der Filmregisseur Steven Spielberg (Aszendent Krebs) oder Walt Disney (Medium Coeli Krebs). Vom Tierpfleger über Hebammen, Kindergärtner, Jugendpädagogen bis zum Lehrberuf: Ohne eine Portion Krebs fehlt einer solchen Tätigkeit das Wichtigste: Herz und Verstehen kindlicher Werte und Welten. Und für eine krebsbetonte Frau wie für einen Mann ist es einfach das Schönste, Kinder zu bekommen beziehungsweise sie zu erziehen.

Bei soviel Lust an Gefühlshaftem, Kindlichem, Künstlerischem und Innerseelischem könnte der Eindruck entstehen, krebsbetonte Menschen seien für den täglichen Lebenskampf zu sensibel, zu weich und anhänglich. Aber als ein kardinales Zeichen können sie auch ganz anders, besitzen großen Ehrgeiz, einen geradezu fanatischen Willen, Kampfgeist, Angriffslust, Strebsamkeit und Leistungsfreude. Man findet krebsbetonte Menschen daher auch in der Wirtschaft, und nicht selten lenken sie sogar ganze Wirtschaftszweige. Berühmteste Beispiele sind Friedrich Flick, John Rockefeller, Nelson Rockefeller und Soraya.

Schatten

Wie der Mond nur leuchten kann, wenn er von der Sonne Licht empfängt, so ist das Strahlen krebsbetonter Menschen abhängig von Zuwendung und Anerkennung. Sie sind selbst jedoch außerstande, dafür einzutreten. Die Fragen: »Bin ich gut?«, »War das o.k.?« kommt einfach nicht über ihre Lippen, und so leiden sie stumm wie ein Bettler, der niemanden wissen lassen will, wie hungrig er ist. Ihre zweite Schwäche ist ihr überstarkes Si-cherheitsbedürfnis. Ganz bestimmt leiden in dieser Welt krebsbetonte Menschen mehr als alle anderen – weil sie den Mut nicht finden, eine ihnen ungemäße Tätigkeit zu beenden.

Das dritte Manko ist ihre Unsicherheit, ihr Schwanken und Zögern. Zusammen mit den Fischen haben es Krebse besonders schwer, ihren Beruf zu finden und sich zu entscheiden. Sie benötigen Zeit, und sie dürfen von sich einfach nicht erwarten, daß sie mit sechzehn, zwanzig oder sogar dreißig Jahren ein für alle mal wissen müßten, was sie beruflich erfüllt. Daß ihre Seele weiterkommt, ist wichtiger als äußerer Glanz und eine steile Karriere. Männer haben es dabei noch schwerer als Frauen, da das Krebsnaturell sich wohl am stärksten vom männlichen Standardverhalten unterscheidet. Manche Männer neigen daher dazu, ihre Natur, ihre Empfindsamkeit, Gefühlshaftigkeit und damit ihren seelischen Reichtum zu verleugnen.

Was Krebskräfte fördert

Sich Zeit für den Blick nach innen lassen
Von Menschen lernen, die gefühlvoll, verträumt, sensibel sind
Bewußt in die Rolle eines Träumers und Phantasten schlüpfen

»Das Leben ist ein Traum«
Gefühle zulassen
Sich mit sich selbst beschäftigen
Auf sich hören
Verschiedene Stimmungen leben

Arbeits- und Berufsprofil

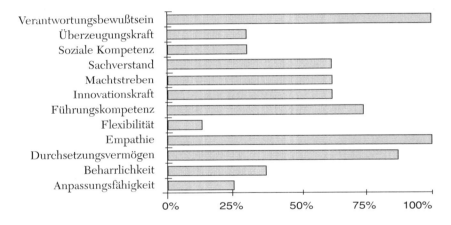

Sonne Krebs – was ich kann

Menschen mit der Sonne im Zeichen Krebs sind von ihrem Vater oder der väterliche Sippe in besonderer Weise dafür ausersehen, dem Seelischen zu dienen, Räume der Geborgenheit zu errichten, auf den Gebieten Geburt und Erziehung zu wirken und alles, was mit Familie, Tradition, Herkunft und Geschichte einhergeht, zu fördern. Manchmal war der Vater selbst ein Vorbild für diese Krebseigenschaften, war vielleicht besonders weich, mütterlich, phantasievoll und kinderlieb. Viele Menschen mit Sonne im Krebs beschreiben ihre Väter allerdings eher negativ, nämlich als zu weich, unsicher und schwach. Sie müssen lernen, hinter diesem Verhalten die Absicht der Sterne zu erkennen. Manchmal beschreiben Individuen mit Sonne im Krebs ihre Väter sogar völlig anders, nämlich als hart und abweisend. Dann ist es wichtig, dieses Verhalten als eine Folge der Krebsschale zu nehmen: Je härter der Vater einer Tochter oder eines Sohnes mit Sonne Krebs auftritt, um so weicher und verletzlicher war sein Innenleben.

Sonne Krebs Haus 1 bis 12

☉ ♋ in 1
Sonne Krebs in Haus 1

Die wasserbetonte Krebssonne verwirklicht sich im 1. (Feuer-) Haus ichhaft und ichbetont. Der Horoskopeigner will sich als weich, gefühlshaft und seelisch offen präsentieren und tätig werden. Starke Identifikation mit dem Krebshaften.

+ Sorge tragen können. Achtsam sein. Seelisches verarbeiten können. Künstlerisch tätig sein. Sich einfühlen können. Große Intuition und Phantasie besitzen.

– Das Krebshafte wird verdrängt und hinter einem kalten und abweisenden Panzer versteckt.

Tätigkeiten und Berufe: Wo Fürsorge, Liebe, Pflege und Achtsamkeit eine Rolle spielen. Wo es um Haus, Tradition, Familie, Herkunft, Geschichte, Gastronomie, Ökonomie, Pädagogik, Erziehung geht. Hausmann, Innenarchitekt, Immobilienhändler, Künstler. Siehe auch Sonne im Widder.

Gustav Knuth (Schauspieler)

W W F F   KA KA

☉ ♋ in 2
Sonne Krebs in Haus 2

Die wasserbetonte Krebssonne verwirklicht sich im 2. (Erd-) Haus abgrenzend und formgebend, sucht nach Einverleibung und Besitzvergrößerung.

+ Über große Sinnlichkeit und Kreativität verfügen. Gute Hand bei Geldgeschäften haben. Sich auf seine Intuition auch in beruflichen Dingen verlassen können. Reichtum anhäufen (»Millionärskonstellation«). Über gutes Gedächtnis verfügen.

– Zu materialistisch denken und handeln. Sich durch kleinkarierte Anschauungen und Engstirnigkeit beruflichen Erfolg verbauen.

Tätigkeiten und Berufe: Wo formiert, abgegrenzt, gesammelt, verbucht, vermehrt, gebaut, zusammengestellt, abgeschmeckt, gekocht und serviert wird. Alles, was mit Gastronomie, Sinnlichkeit, Genießen, Geschmack und Kunst zu tun hat. Ökonomie, Wirtschaftsrecht, Politik, Immobilienbranche, Börse, Bank. Alle Heilberufe, besonders aber Massage und Naturmedizin. Siehe auch Sonne im Stier.

Carl Orff (Komponist), Gina Lollobrigida (Schauspielerin), Charles Horace Mayo (Chirurg), Jean-Jacques Rousseau (Pädagoge, Philosoph)

W W E F   KA FI

☉ ♋ in 3
Sonne Krebs in Haus 3

Die wasserbetonte Krebssonne verwirklicht sich im 3. (Luft-) Haus, nimmt bewegten, aufgeschlossenen, weltoffenen Charakter an.

+ Seelisches empfinden, verarbeiten und weitergeben können. Andere verstehen können. Sich glaubhaft ausdrücken und darstellen können. Gefühlvolle Selbstrepräsentation (»Schauspieler- oder Sängerkonstellation«). Anderen auf tiefer Ebene begegnen können (»Therapeutenkonstellation«). Große Intuition. Die Sprache der Seele sprechen. Überzeugen können.

– Sentimentalität. Sich in seinen Gefühlen verlieren. Intellektualismus.

Tätigkeiten und Berufe: Wo Innerseelisches, Gefühlshaftes, Bildhaftes, Kindliches eine Rolle spielen. Wo andere Schutz und Geborgenheit finden (Erziehung, Gastronomie). Wo Sicherheit wichtig ist. Wo Menschen sich wohl fühlen. Wo Häuslichkeit angesagt ist. Künstler, Schauspieler, Organisator, Vermittler, Verkäufer. Wissenschaft (besonders Psychologie oder Pädagogik). Siehe auch Sonne in den Zwillingen.

Isabelle Adjani (Schauspielerin), Jean Cocteau (Schriftsteller und Regisseur), Christoph von Gluck (Opernkomponist), Carlos Santana (Rockmusiker), Herbert Wehner (Politiker)

W W L F   KA VA

☉ ♋ in 4
Sonne Krebs in Haus 4

Die wasserbetonte Krebssonne verwirklicht sich im 4. Haus, trifft also auf Gleiches. Zum einen verstärken sich damit sämtliche Krebsneigungen und -talente. Zum anderen entsteht ein gefühlshafter und seelischer Überhang, der besonders von Männern nur schwer umgesetzt werden kann. Es besteht eine Tendenz zur Verleugnung emotionaler Räume (Selbsterfahrung als Hilfe).

+ Gefühlvolles Auftreten. Große Introversion. Gute Begabung für Organisation (die Seele oder gute Fee eines Unternehmens sein). Sparsamkeit im Umgang mit Betriebsmitteln. Einfühlsamkeit, Tiefgründigkeit, Einbildungskraft, Phantasie. Durch Ehrgeiz und Tatendrang nach oben drängen. Naturliebe. Suche nach Transzendenz und Ausweitung der eigenen Persönlichkeit.

– Abwehr und Verleugnung. Wankelmütigkeit, Launenhaftigkeit, Unausgeglichenheit, Mißtrauen, Egozentrik. Unter schwachem Vaterbild leiden.

Tätigkeiten und Berufe: Siehe Allgemeine Einführung Krebs.

Friedrich Flick (Unternehmer), Marcel Proust (Schriftsteller), John D. Rockefeller (Industrieller), Ringo Starr (Musiker)

W W W W   KA KA

KREBS ♋

☉ ♋ in 5
Sonne Krebs in Haus 5

Die wasserbetonte Krebssonne verwirklicht sich im 5. (Feuer-) Haus als Wunsch, Innerseelisches nach außen zu bringen, zu gestalten, sich zu zeigen, Verantwortung zu übernehmen und den eigenen Wirkungsbereich auszudehnen.

+ Sich darstellen können. Gefühlvolle, väterliche Ausstrahlung. Führungsaufgaben übernehmen können. Große Kreativität. Selbstbewußtsein.

– Überheblichkeit. Geltungsbedürfnis. Nach starker Vaterfigur Ausschau halten.

Tätigkeiten und Berufe: Wo gestaltet und Eigenverantwortung übernommen werden kann. Design, Werbung, Photographie, Handwerkskünste (besonders mit edlen Metallen und Ton), Kunsttherapie, Gastronomie, Barbetrieb, Kunstgeschichte. Siehe auch Sonne im Löwen.

Hermann Graf Keyserling (Philosoph und Psychologe), Elisabeth Kübler-Ross (Sterbeforscherin), Mireille Mathieu (Chansonnière)

W W F W   KA FI

☉ ♋ in 6
Sonne Krebs in Haus 6

Die wasserbetonte Krebssonne verwirklicht sich im 6. (Erd-) Haus als Wunsch nach gefühlshafter Erfassung verschiedenster Möglichkeiten der Lebensbewältigung.

+ Sich durch eigenes Arbeiten aus Abhängigkeiten – besonders familiärer Art – befreien können. Schnelle Auffassung und phantastisches Gedächtnis haben. Große Zuverlässigkeit. Vertrauensposten übernehmen können. Wissenschaftliche Begabungen (Analyse, Logik, Gedächtnis). Gerne arbeiten. Fleiß, Ehrgeiz, berufliches Streben. Heilerische Fähigkeiten besitzen. Natürliches Verhältnis zu Gesundheit.

– Die Arbeit über alles stellen. »Streßkonstellation«.

Tätigkeiten und Berufe: Wo es um Dienstleistung, Versicherung, Versorgung, Schutz, Erziehung und Heilung geht. Lehrer, Pfleger, Arzt, Sekretär, Kindergärtner, Hebamme. Ernährungswissenschaft. Verwaltung. Sozialarbeit. Psychologie. Wissenschaft. Siehe auch Sonne Jungfrau.

Claude Chabrol (Regisseur), Edgar Degas (Maler), Carl Friedrich von Weizsäcker (Atomphysiker, Friedensforscher)

W W E W   KA VA

97

☉ ⊚ in 7
Sonne Krebs in Haus 7

Die wasserbetonte Krebssonne verwirklicht sich im 7. (Luft-) Haus als Begegnungswunsch, und zwar sowohl in bezug auf ein Du in allgemeiner Form (Zuhörerschaft, Klientel, Kundschaft, Leser, Anhänger, Volk) als auch in ganz persönlicher Art und Weise (der Klient, Kunde, Geschäftspartner). In jedem Fall sind ein soziales Umfeld oder soziale Begegnungsmöglichkeiten wichtig.

+ Über geschmackliche, künstlerische, sinnliche Gaben verfügen (»Künstlerkonstellation«). Sich gut verkaufen können. Repräsentieren können. Für betriebliche Atmosphäre und für betrieblichen Frieden sorgen können (»Betriebssprecherkonstellation«). Große soziale Kompetenz.

− Sich nicht entscheiden können. Schwierigkeiten im Umgang mit Autoritätspersonen.

Tätigkeiten und Berufe: Wo es um Partnerschaft, Öffentlichkeit, Verkauf, Vermittlung, Beziehung, Verstehen, Schutz und Hilfe, Kunst, Gerechtigkeit geht. Künstler, Star, Politiker, Kommunikator, Sozialarbeiter, Therapeut. Siehe auch Sonne in der Waage.

Julius Caesar (Kaiser), Hermann Gmeiner (Pädagoge), Stanislav Grof (Psychologe), Hermann Hesse (Schriftsteller), Gottfried Wilhelm von Leibniz (Philosoph), Erich Maria Remarque (Autor), Sylvester Stallone (Schauspieler)

W W L L KA KA

☉ ⊚ in 8
Sonne Krebs in Haus 8

Die wasserbetonte Krebssonne verwirklicht sich im 8. (Wasser-) Haus als Bindungsstärke und Hingabe an Ideen, an einen Beruf, an eine Institution, an einen Menschen. Der doppelte Wassercharakter manifestiert sich als Tiefgründigkeit, bohrendes und aufdeckendes Denken.

+ Hingabefähigkeit, Leistungsbereitschaft, Ehrgeiz, Menschenkenntnis, Bindungsstärke. Alles geben können. Berufliches Engagement mitbringen. In die Tiefe dringen können. Geduld haben. Vertrauensposten übernehmen können. Unterstützung von der Familie des Vaters erhalten (»Erbschaftskonstellation«).

− Unter karmischer Schuld leiden. Nicht erfolgreich sein dürfen. Selbstzerstörerische Neigungen aufweisen. Nicht aus sich heraus können.

Tätigkeiten und Berufe: Wo Einsatz, Gefahr, Aufdecken und Schutzgeben eine bedeutsame Rolle spielen. Pflegeberufe, medizinische und psychologische Berufe. Astrologie. Wo Intuition wichtig ist (Tarot, Massage, Reiki). Wissenschaftler, Lehrer, Künstler, Kindergärtner. Siehe auch Sonne im Skorpion.

Marc Chagall (Maler), Stefan George (Schriftsteller), Nelson Mandela (Bürgerrechtler und Politiker), Rembrandt (Maler)

W W W L KA FI

☉ ♋ in 9
Sonne Krebs in Haus 9

Die wasserbetonte Krebssonne verwirklicht sich im 9. (Luft-) Haus. Der krebshafte Blick nach innen öffnet sich, bereichert sich mit neuen Anschauungen und Ideen; es entsteht ein geistig weiter Horizont.

+ Die Umwelt schwingungsmäßig-atmosphärisch erfassen. Gefühlsbetonung, Erlebnistiefe, Introversion, Empfindsamkeit, Naturverbundenheit. Mediale Begabung. Hilfsbereitschaft, Anspruchslosigkeit, Anpassungsfähigkeit. Unbewußte magische Kräfte.

– Launenhaftigkeit. Schwierige Realitätsbewältigung, Verträumtheit. Leichte Beeinflußbarkeit. Keine Kritik ertragen können.

Tätigkeiten und Berufe: Wo es um Erziehung und Bildung geht. (Pädagogik, Jugend- und Erwachsenenbildung). Alle Tätigkeiten, die mit Reisen verbunden sind (Touristik, Reiseleitung, Animation, Reisejournalismus). Therapeut, Religionslehrer, Missionar, Geschichtsforscher, Erzähler, Geschäftsreisende, Zirkusartist, Messevertreter. Siehe auch Sonne im Schützen.

Norbert Blüm (Politiker), Johannes Calvin (Reformator), Götz George (Schauspieler), Nelson Rockefeller (Banker), Soraya (Kaiserin von Persien), Paul Wegener (Schauspieler)

W W F L   KA VA

☉ ♋ in 10
Sonne Krebs in Haus 10

Die wasserbetonte Krebssonne verwirklicht sich im 10. (Erd-) Haus überpersönlich, als Beruf, als Geschäft, Praxis, Schule, öffentliche und allgemeinverbindliche Institution. Da sich die Zeichenentsprechung zum 10. Haus, der Steinbock, und der Abschnitt Krebs diametral gegenüberliegen, wird diese Sonnenstellung als Druck und hoher Anspruch erlebt (Hilfe: Sich Zeit geben).

+ Über hohe Selbstbeherrschung verfügen. Beruflichen Ehrgeiz und Karrierebewußtsein besitzen. Mit öffentlicher Anerkennung rechnen können. Mit Kindern beruflich umgehen können. Selbständig und selbstverantwortlich arbeiten können. Das Wesentliche nicht aus den Augen verlieren. Das richtige Maß kennen. Gesellschaftliche Anerkennung erlangen. Etwas für alle sagen, fühlen, tun. Kultfigur werden können.

– Unter strengem Vaterbild leiden. Zu hohe berufliche Ansprüche an sich stellen. Unter Versagensangst leiden.

Tätigkeiten und Berufe: Wo allgemeingültige Gedanken und Inhalte weitergegeben werden (Schule, Erziehung, Lehre). Staatliche Fürsorgeeinrichtungen wie Erziehungsberatungsstellen, Asylwohnheime. Der ganze Bereich Wirtschaft. Gastronomie. Therapie. Wo es um Lebensqualität und Sozialengagement geht. Siehe auch Sonne im Steinbock.

Käthe Kollwitz (Bildhauerin), Georges Orwell (Schriftsteller), Ernst Ott (Astrologe), Cat Stevens (Popsänger)

W W E E   KA KA

☉ ♋ in 11
Sonne Krebs in Haus 11

Die wasserbetonte Krebssonne verwirklicht sich im 11. (Luft-) Haus überpersönlich, sucht nach Gleichgesinnten oder entwickelt und teilt Ansichten, die eine freie, unabhängige, geistige Lebensform ermöglichen.

+ Kooperieren können. Eigeninteressen hinter Gruppeninteressen zurückstellen können. Über geistige Bildung und Disziplin verfügen. Schöpferische Fähigkeiten beruflich nützen. Kreative Teamarbeit (TV, Film, Funk). Hohe Ideale vertreten und leben. Reformerischer Geist. Den Zeitgeist ahnen können.

– Abgehoben sein. Phantasie und Wirklichkeit nicht auseinanderhalten können. Versponnenheit.

Tätigkeiten und Berufe: Wo reformerisch gearbeitet wird. Wo Teamarbeit wichtig ist. Wo es um progressive Kultur- und Gesellschaftsarbeit geht. Wo neue Lebensformen, neue Ideen, neue Bewußtseinsinhalte zum Tragen kommen, wie Seminar- oder Gruppenarbeit auf emotionaler Basis (»Emotional Release«, Gruppenpsychotherapie. Alternatives Wohnen und Arbeiten). Alles was modern, aufgeschlossen, »in« ist und dem Zeitgeist entspricht (Mode, Medienarbeit).

Ernst Bloch (Philosoph), Ernest Hemmingway (Schriftsteller), Franz Kafka (Schriftsteller), Max Liebermann (Maler), Bernd A. Mertz (Astrologe), Amedeo Modigliani (Maler), Antoine de Saint-Exupéry (Schriftsteller), Ernst Ferdinand Sauerbruch (Chirurg), O.J. Simpson (Footballstar), Meryl Streep (Schauspielerin), Lino Ventura (Schauspieler), Ferdinand Graf von Zeppelin (Erfinder)

W W L E   KA FI

☉ ♋ in 12
Sonne Krebs in Haus 12

Die wasserbetonte Krebssonne verwirklicht sich im 12. (Wasser-) Haus, stößt auf Verwandtes, öffnet sich, wird grenzenlos, absichtslos. Bei dieser Sonnenstellung entstehen große Probleme der Selbstorientierung und Berufsfindung. Selbsterfahrungsprozesse sind hilfreich. Darüber hinaus muß sich der Horoskopeigner auf eine lange Reise bis zu seiner Berufsfindung einstellen. Es besteht auch die Neigung, Gefühlshaftes zu verleugnen.

+ Sich auch beruflich auf seine Ahnungen verlassen können. Beruflich geführt werden. Einem Schutzengel vertrauen können. Phantasiebetonung. Intuitive Begabung. Hellsichtigkeit. Kraft des Glaubens in den Beruf einfließen lassen.

– Verworrenheit. Vaterproblematik. Berufliche Desorientierung.

Tätigkeiten und Berufe: Wo Zeit und Raum für seelische Prozesse bestehen (Kunst, Erziehung, Nächstenliebe, Heilung, Therapie, Meditation, Religion, Forschung).

Giorgio Armani (Modeschöpfer), Alfred Biolek (TV-Entertainer), Yul Brynner (Schauspieler), Lionel Feininger (Maler), Giuseppe Garibaldi (italienischer Freiheitskämpfer), Willy Messerschmidt (Flugzeugbauer und Industrieller), Fritz Perls (Psychotherapeut, Gestalttherapeut), Peter Paul Rubens (Maler)

W W W E   KA VA

Aszendent Krebs – was ich will

Menschen mit AC Krebs begegnen dem Leben gefühlshaft, reaktiv, aufnehmend und bewahrend. Diese Wesenszüge werden häufig – besonders von Männern – als Unsicherheit, schwankendes Gefühlsleben und übertriebene Empfindsamkeit erlebt, also mehr als Störung, denn als persönliche Kraft wahrgenommen. Zuallererst ist es daher wichtig, daß sich Menschen mit AC Krebs ihrer Anlagen bewußt werden. Erst dann sind sie in der Lage, ihr eigenes Leben und damit auch ihre berufliche Entwicklung in die Hand zu nehmen und zu gestalten. Es gilt, sich mit Gefühlshaftem und Innerseelischem anzufreunden, und nicht, es zu bekämpfen und zu verdrängen. Je offener Menschen mit AC Krebs ihre weiche, intuitive, gefühlvolle und spürende Eigenart annehmen, um so eher finden sie auch einen Beruf, in den ihre besonderen Talente einfließen können.

Entscheidend über Intensität und Richtung der Aszendentenkraft ist die Stellung des Herrschers des Aszendentenzeichens. Für AC Krebs ist dies der Mond. Seine Stellung im Geburtshoroskop zeigt, wohin die Krebskraft drängt, was sie entfacht, welche Richtung sie nehmen möchte, unter welchen Voraussetzungen sie lebendig wird.

Was die berufliche Relevanz des AC-Herrschers Mond in den zwölf Zeichen angeht, siehe Zusammenstellung Über den Mond.

Was die Position im Haus betrifft, genügt es in aller Regel, den Quadranten zu berücksichtigen, in dem sich der Mond befindet. Die entsprechenden Mondstellungen werden weiter unten erörtert.

Medium Coeli Krebs – was ich muß

Menschen mit MC Krebs suchen absichtlich oder unbewußt einen Beruf, bei dem Gefühle und Gefühlshaftes, Innerseelisches und Innermenschliches, Geborgenheit, Schutzsuche, Sicherheit, Häuslichkeit, Familie, Geschichte, Tradition, Schwangerschaft, Geburt, Erziehung eine Rolle spielen. In aller Regel handelt es sich dabei um weibliche Berufe, die aber genauso von Männern ausgeübt werden.

Tätigkeiten und Berufe: Wo es um Angelegenheiten von Heim, Haus und Wohnung geht. Wo Geborgenheit und Sich-Wohlfühlen wichtig sind. Wo Gefühlshaftes, Innerseelisches eine Rolle spielen. Bereiche der Gastronomie. Wo gesammelt und bewahrt wird. Wo es um die Vergangenheit geht. Wo Geburt, Erziehung, Pflege und Versorgung von Kindern eine Rolle spielen. Das Reich der Märchen und Mythen. Tätigkeiten in Zusammenhang mit Wasser, Meer und Flüssigkeit. Immobilienmakler, Innenarchitekt, Designer, Werbegraphiker, Lehrer, Hebamme, Gynäkologe, Kindergärtner, Psychologe, Psychotherapeut, Pädagoge, Historiker, Kunstgeschichtler, Künstler, Dichter, Koch, Ernährungswissenschaftler, Gastronom, Bierbrauer, Weinhändler, Fischer, Seefahrer.

Herrscher des Medium Coeli

Genau wie beim AC muß auch der herrschende Planet des MC-Zeichens Krebs, das ist wieder der Mond, berücksichtigt werden.

Was seine berufliche Relevanz in den zwölf Zeichen angeht, siehe Zusammenstellung Über den Mond.

Was die Position im Haus betrifft, genügt es in aller Regel, den Quadranten zu berücksichtigen, in dem sich der Mond befindet.

Herrscherqualitäten des AC / MC in den Quadranten

AC ♋ / MC ♋
Aszendent Krebs / Medium Coeli Krebs
Herrscherplanet Mond im Quadranten I

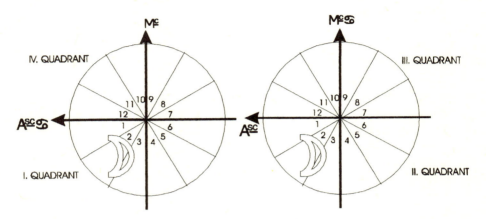

Befindet sich der Mond im I. Quadranten (Haus 1, 2 und 3), muß er sich ichhaft und ichbetont verwirklichen. Das heißt, daß der Horoskopbesitzer zum Beispiel selbst zum Repräsentanten seines Berufes werden oder mit seinem persönlichen Namen dafür gerade stehen muß. Besonders deutlich ist dies bei Herrscher vom MC im 1. Haus. In Frage kommen alle unter MC Krebs aufgeführten Tätigkeiten und Berufe.

AC ♋ / MC ♋
Aszendent Krebs / Medium Coeli Krebs
Herrscherplanet Mond im Quadranten II

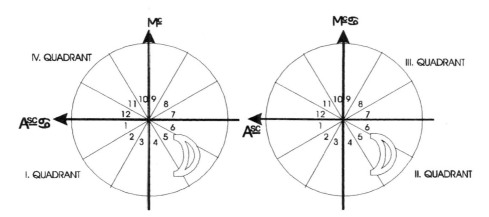

Befindet sich der Mond im II. Quadranten (Haus 4, 5 und 6), wird die krebshafte Anlage durch AC beziehungsweise MC Krebs verstärkt und damit auch die Neigung, Krebshaftes beruflich auszuüben. Am ehesten entsprechen dieser Stellung künstlerische, erzieherische und fürsorgliche Tätigkeiten. Menschen mit dieser astrologischen Stellung spielen im beruflichen Alltag häufig die gute Fee oder die gute Seele des Betriebes.

AC ♋ / MC ♋
Aszendent Krebs / Medium Coeli Krebs
Herrscherplanet Mond im Quadranten III

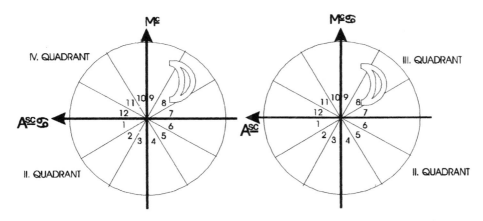

Befindet sich der Mond im III. Quadranten (Haus 7, 8 und 9), ist ein soziales Umfeld bei der Berufsausübung unerläßlich. Der Horoskopeigner will kommunizieren, sich auf andere beziehen, sich austauschen, spiegeln, beachtet werden, seine Gefühle der Zuneigung und Ablehnung einbringen. Diese Stellung läßt sich am ehesten in erzieherischen, künstlerischen und therapeutischen Tätigkeiten verwirklichen. Die soziale Ausrichtung anderen gegenüber kann sich (besonders im 8. Haus) auch als Bindung, Treue und Hingabe an den Beruf manifestieren.

AC ♋ / MC ♋
Aszendent Krebs / Medium Coeli Krebs
Herrscherplanet Mond im Quadranten IV

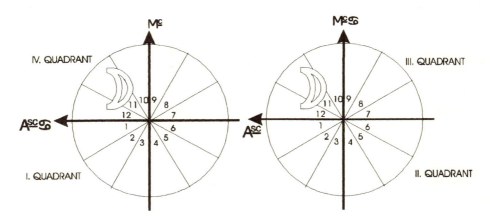

Steht der Mond im IV. Quadranten (Haus 10, 11 und 12), verstärkt dies die überpersönliche Ausrichtung, Aufgabe und Verpflichtung. Besonders mit Mond in Haus 10 muß eine Art Institution oder berufliche Einrichtung, die den eigenen Namen trägt, erschaffen werden. Dies ist mit dem Erlebnis einer starken Anspruchshaltung verbunden: Der Horoskopeigner steht unter dem Druck, etwas Großes, Bedeutsames und Gewichtiges in seinem Leben zu erschaffen. Auch wenn sich der Mond als Herrscher des AC oder MC im 12. Haus befindet, ergeben sich Probleme, weil einerseits Ichhaftes beziehungsweise Strukturhaftes gefordert wird, es im 12. Haus aber wiederum um Auflösung geht. Adäquate Berufsfelder finden sich höchstens in der Kunst, Therapie, Religion.

Sonne, Aszendent, Medium Coeli im Löwen

Allgemeine Einführung

Der Löwe symbolisiert die Mitte, das Herz, das natürliche Ich und das selbstverständliche Sein. Er ist Ausdruck lebendiger Schöpfungs- und Zeugungskraft. Löwe ist ein anderes Wort für Leben, Liebe, Spiel und Daseinslust.

ELEMENT:
FEUER als Symbol verströmender Lebensenergie.

QUALITÄT: FIX
Anspruch auf Führerschaft, Huldigung und Dauer.

POLUNG: PLUS,
männlich, yang, aktiv, nach außen.

SYMBOLIK: LÖWE steht für Herrschaft, Stärke, Erhabenheit, Ruhe und Gelassenheit.

ZEITQUALITÄT:
23. JULI BIS 23. AUGUST
Die Sommerzeit als Ausdruck feuerbetonter Kraft, entspannter Ruhe und behäbigem, spielerischem Sein.

HERRSCHER-PLANET: SONNE
Zentralgestirn, Symbol in sich ruhender Mitte.

Löwebetonte Menschen (das sind Individuen mit Sonne, AC , MC, Mond im Löwen; ebenfalls Sonne, Mond im 5. Haus; abgeschwächt Herrscherplanet des AC oder des MC im Löwen oder im 5. Haus) haben zur Arbeit und somit auch zum Berufsleben ein ausgesprochen zwiespältiges Verhältnis. Außer Zweifel steht, daß sie hart, vielleicht sogar härter als die meisten anderen im Tierkreis arbeiten, ja regelrecht schuften können. Genauso sicher ist aber auch, daß sie gerne ruhen und genießen, andere für sich arbeiten lassen und, ganz egal, ob es ihnen zusteht oder nicht, den Löwenanteil für sich beanspruchen. Der Gegensatz klärt sich erst, wenn man die Psyche eines löwebetonten Menschen näher kennt: Sie arbeiten nämlich dann, wenn sie ihr Tun als für sie selbst stimmig empfinden. Der Impuls zur Arbeit muß aus ihnen selbst herrühren – oder er kommt überhaupt nicht. Einen Löwen zu einer Arbeit zu zwingen ist vergeblich. Sicher, wenn es sein muß, langt er zu, aber niemals mit der Kraft, Liebe und Kreativität, die in ihm steckt. Ist ein Löwe hingegen selbst überzeugt von einer Tätigkeit, dann kann er werkeln bis zum Umfallen – und pfeift dabei auch noch fröhlich vor sich hin. Genauso selbstverständlich läßt er sich, wenn es für ihn stimmig ist, hofieren, verwöhnen und glänzt durch Noblesse und gelassenes Nichtstun.

Ob sie arbeiten oder entspannen, Löwen müssen mit ihrem Herzen dabei sein, es aus ihrem Innersten heraus bejahen, ihr Beruf muß auf sie zugeschrieben, ihrer würdig sein. Für andere mag das so scheinen, als seien sie verwöhnt, zu stolz oder zu selbstgefällig, für

105

den löwebetonten Menschen jedoch ist eine Arbeit, die er nicht bejahen kann, vertane Zeit, Mühsal und Plage.

Sinnbild ihres Tuns ist die Sonne, Herrscher des Löwezeichens, ein Quell unerschöpflicher Energien, Wärme, Kraft und Leben. Im Innern jedes Löwen schlummert dieses Bild unendlicher Kraft, Vitalität und Lebenslust.

Selbst schöpferisch zu sein, ist ihr größter Lebenswunsch, und offen oder geheim träumt jeder von ihnen davon, ein Künstler zu sein. Alle Maler, Schriftsteller, Musiker, Graphiker, Bildhauer, Werbedesigner, Dekorateure, Photographen und Modeschöpfer sind in ihrem Horoskop immer auch löwebetont, besitzen einen wichtigen Planeten, den AC oder den MC im Löwezeichen oder haben eine betonte Sonne, die Regentin des Löwezeichens. Berühmte Beispiele sind die Schriftsteller und Dichter George Bernard Shaw, Knut Hamsun, Aldous Huxley, Matthias Claudius, Joachim Ringelnatz, Frank Wedekind oder Alexandre Dumas, alle mit Sonne im Löwen, und Friedrich Schiller mit AC im Löwen. Bekannte Schauspieler mit Sonne Löwe sind Arnold Schwarzenegger, Robert de Niro, Peter O'Toole oder Robert Mitchum, während Ava Gardner, Jack Nicholson, Peter Ustinov und Sophia Loren den AC im Löwen aufweisen. Beim Malgenie Pablo Picasso wiederum zeigt der AC auf das Löwezeichen. Zu den berühmten Löwe-Musikern zählen die Show-Talente Mick Jagger und Madonna Ciccone (beide Sonne im Löwen) und Ringo Starr (MC Löwe). Bekanntester löwebetonter Filmregisseur ist Alfred Hitchcock mit Sonne, AC, Venus und Merkur im Löwen. Durch ihre Mode wiederum wurden die (Sonne-) Löwen Coco Chanel und Yves Saint-Laurent berühmt, und der hierzulande bekannteste Show-Macher heißt Thomas Gottschalk. In seinem Horoskop zeigt der MC in den Löwen.

Aber auch jene Löwen, die gar nicht in kreativen Berufen arbeiten, mischen ihrem Tun jenes für Löwen typische Quantum Show hinzu. Man denke nur an den berühmtesten aller Löwen, Napoleon Bonaparte. Aber auch Fidel Castro, Bill Clinton und Normann Schwarzkopf (alle Sonne Löwe) wissen sich bestens ins rechte (Rampen- und Scheinwerfer-) Licht zu setzen.

Ein löwebetonter Mensch fügt seinem Tun automatisch eine Spur Kreativität, Show oder Gehabe hinzu: Als Barkeeper mixt er die Drinks mit genialem, atemberaubenden Schwung, als Krankenpfleger verteilt er außer Pillen ein Quantum Lebensfreude, und selbst wenn er am Fließband arbeitet, läuft dort garantiert mehr als nur eine eintönige Bewegung ab: ein Lächeln, mehr Lebensfreude, eine kleine Show. Berufe, die beeindrucken, ziehen löwebetonte Menschen automatisch an. Manchmal wählen sie einen Beruf auch eher der sozialen Anerkennung wegen, als aufgrund ihrer beruflichen Neigungen. Zum Beispiel finden sich unter Frauenärzten auffällig viele löwebetonte Menschen: Es schmeichelt dem Ego eines Löwen natürlich besonders, von Frauen besucht, umringt und bewundert zu werden.

Des weiteren lieben diese Menschen Tätigkeiten, bei denen sie andere nähren, vervollständigen, aufbauen, entspannen, verschönern, erheben, entführen, glücklich und manchmal sogar selig machen können. Wenn ein löwebetonter Mensch Pädagoge, Arzt oder Therapeut wird, dann will er, gleich einem idealen Vater, für andere da sein, sie unterstützen, ihnen wie ein Mäzen großzügig unter die Arme greifen, wie ein Patriarch aufmunternd auf die Schultern klopfen, wie die Sonne sich in Großzügigkeit verströmen.

Ein Beruf, in dem sie nicht wenigstens dann und wann gönnerhaft auftreten können, ist nichts für löwebetonte Menschen.

Löwen geben den Ton an. Wie die aufgezählten Prominenten zur Genüge beweisen, liegt ihnen das Führen, Anschaffen und Dirigieren im Blut. Wo immer Menschen zusammenleben und -arbeiten, stellt sich mit der Zeit eine natürliche Ordnung ein, in der derjenige anführt, der am stärksten löwebetont ist. Dabei kämpfen diese Menschen nicht um diese Position wie der Widder. Sie quälen sich auch nicht durch Fleiß und Ausdauer bis zur Spitze hinauf, wie beispielsweise Steinböcke, sondern sie bleiben sich treu, beanspruchen meistens nicht einmal die Alpha-Position, sondern bekommen sie irgendwann zugetragen, sozusagen geschenkt.

Löwen agieren gerne als Könige oder Prinzen. Selbst wenn sie in keinem Chefsessel thronen und keinen Mitarbeiterstab – ihren Hofstaat – dirigieren, ist ihr Arbeitsplatz ihr ganz persönliches Reich. Und wenn sie gar nicht führen und regieren können? Dann werden Löwen irgendwann stumpf, grantig und letztlich krank.

Schatten

Das größte Problem ist ihr Stolz. Das Leben im allgemeinen und der Beruf im besonderen besteht eben nicht nur aus roten Teppichen, goldenen Türen, patriarchalischen Strukturen und einem Mäzen, die just Löwen unterstützen. Schon die normalen Schul- und Lehrzeiten sind große Hürden, an denen viele löwebetonte Menschen scheitern. Die Wahrscheinlichkeit, irgendwann wegen einer barschen Kritik, eine Ausbildung oder ein Studium abzubrechen, ist groß. Was den stolzen Sonnenkindern hilft, ist oft eine persönliche Beziehung zu Lehrer oder Meister: So läßt

sich der Frust noch am ehesten ertragen. Noch schwerer wiegt etwas anderes: Viele Löwen üben nicht den Beruf aus, der ihrer Seele und Natur entspricht. Aber – und dies ist auch eine Art von Stolz – sie schmeißen das Ganze nicht hin, sondern arbeiten gebremst, verärgert, mit einem Bruchteil ihrer Kraft. Der Macht zu erliegen ist vielleicht die größte Gefahr. Viele Diktatoren waren löwebetont. Die schwarze Liste reicht von Mussolini (Sonne im Löwen) über Josef Goebbels (AC Löwe) bis Josef Stalin und Adolf Hitler (beide mit MC im Löwezeichen).

Was Löwekräfte fördert

Sich natürlich geben
Sich in den Mittelpunkt stellen
Selbstbewußt auftreten
Sich hofieren und bedienen lassen

Entspannen, ruhen, genießen
Spielerisch schöpferisch sein
Absichtslos gestalten
Lieben, leben, lachen

Arbeits- und Berufsprofil

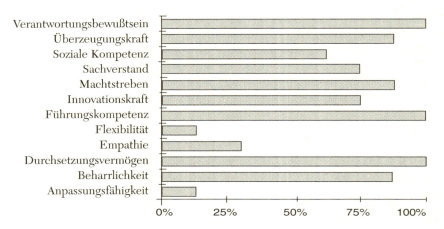

Sonne Löwe – was ich kann

Individuen mit der Sonne im Löwen sind vom Vater oder der väterlichen Sippe in besonderer Weise dafür ausersehen, Schönheit, Natürlichkeit und Größe zu leben. Wie die Sonne, das regierende Gestirn des Löwezeichens, in der Mitte steht und die andern Planeten sich um sie drehen, so sind auch Menschen mit einer Löwesonne dafür bestimmt, andere zu führen, das Zentrum auszufüllen und ein ruhender Punkt im Leben zu sein. Manchmal war ihr Vater selbst ein Vorbild für diese Löwekraft, war vielleicht besonders schön, stattlich, selbstbewußt, war ein Künstler oder ein Arzt oder hatte eine leitende Stelle in einem Betrieb inne. Manchmal tritt der Vater aber auch in seiner Wichtigkeit zurück, wird als schwach oder sogar als abwesend erlebt, und die Mutter ist diejenige, die das Kind löwemäßig aufbaut. Das ist immer dann der Fall, wenn der Sohn oder die Tochter als der eigentliche »Thronfolger« von der Mutter dem Vater gegenüber bevorzugt werden. Aber auch unter dieser Dynamik verwirklicht sich der (unbewußte) Wunsch des Vaters, sein Sohn beziehungsweise seine Tochter möchten selbstbewußt, glücklich und selbstzufrieden mitten im Leben stehen. Manchmal ergreifen Menschen mit einer Sonne im Löwen auch einen Beruf, der unbewußt dafür gedacht ist, dem Vater zu helfen, so, wenn die Tochter Ärztin wird, weil der Vater an einer Kriegsverletzung leidet.

Die Qualität einer bestimmten Sonnenstellung, hier also Löwe, kann allerdings erst im jeweiligen Haus wirklich lebendig werden, oder wie es astrologisch heißt: Die Sonne verwirklicht sich hausspezifisch (siehe Abschnitt über Zeichen und Häuser). Darüber informiert der folgende Abschnitt.

LÖWE ♌

Sonne Löwe Haus 1 bis 12

☉ ♌ in 1
Sonne Löwe in Haus 1

Die feuerbetonte Löwesonne trifft im 1. (Feuer-) Haus auf Verwandtes; ihre Kraft verstärkt sich und dient der Ich-Durchsetzung. Eine Person mit dieser Sonnenstellung wird zum Träger und Repräsentanten löwehafter Energien und Manifestationen.

+ Große Ausstrahlung besitzen (»Charismakonstellation«). Gewinnen, beeindrucken, überzeugen können. Sich in Position bringen, Führung und Verantwortung übernehmen können. Auf seinen Geschmack zählen können. Kreativ sein.

– Ungeduld. Überheblichkeit. Machtmißbrauch.

Tätigkeiten und Berufe: Wo Kunst, Geschmack, Mode, Schönheit, Genuß, Spiel, Liebe angeboten (Theater, Boutique, Bar), gesammelt (Kunstsammler) oder verwaltet werden (Archivar). Wo Führungsaufgaben anstehen (Management). Wo man repräsentieren kann, auf der Bühne oder im Licht der Öffentlichkeit steht (Schauspieler, Politiker, General). Siehe auch Sonne im Widder.

Knut Hamsun (Schriftsteller), Arnold Schwarzenegger (Schauspieler), Norman Schwarzkopf (General)

F W F F   FI KA

☉ ♌ in 2
Sonne Löwe in Haus 2

Die feuerbetonte Löwesonne trifft im 2. (Erd-) Haus auf Formgebendes, Begrenzendes, gerät unter Druck, findet Form und Realität.

+ Ideen praktisch umsetzen können. Aus Ideen Geld machen. Geld anziehen (»Millionärskonstellation«). Einen Beruf finden, der viel Geld abwirft. Menschen kennen, die Geld haben. Kunst- und Gestaltungskraft. Kunsthandwerkliche Fähigkeiten. Energietransformation (Feuer in Erde).

– Von äußerem Schein abhängig sein (»Luxuskonstellation«).

Tätigkeiten und Berufe: Wo es um Gestaltung, Verwaltung, Sammlung geht. Wo es um die Verwirklichung von Ideen (Kunst, Handwerk), Natur (Gartenbau, Waldpflege), Körper (Körpertherapie, Kosmetik, Massage, Friseur), Geld (Bank, Geldanlage, Management), Vergnügen und Spiel (Erotikshop, Casino, Café, Bar, Restaurant) geht. Siehe auch Sonne im Stier.

Helena Blavatsky (Guru), Robert de Niro (Schauspieler), Sally Oldfield (Sängerin), Karlheinz Stockhausen (Komponist)

F W E F   FI FI

109

☉ ♌ in 3
Sonne Löwe in Haus 3

Die feuerbetonte Löwesonne wird im 3. (Luft-) Haus beweglich, flexibel und sucht vielseitigen Ausdruck.

+ Sich gut darstellen und verkaufen können. Einen guten Eindruck hinterlassen. Repräsentieren können. Beeindrucken, gewinnen, führen, Verantwortung übernehmen, leicht Kontakt schließen können. Schreiben können. Schauspielerische Begabung (»Starkonstellation«). Energieloses Denken. Sich im richtigen Denken selber finden. Hilfe durch positives Denken. Suggestionswirkung. Führungseignung. Interesse an der Vielfalt menschlicher Schaffenskraft. Großzügigkeit.

– Sich verzetteln. Überheblichkeit. Arroganz.

Tätigkeiten und Berufe: Wo es um Kommunikation, Unterhaltung, Unterricht, Darstellung geht. Wo persönliches, gewinnendes Auftreten wichtig ist (Theater, Moderation, Politik, Empfang, Ansage). Wo durch eigenes Auftreten und Wissen etwas erreicht werden soll (Management- und Personalberatung, Lehrfach).

Fidel Castro (Politiker), Ludwig Feuerbach (Philosoph), Aldous Huxley (Schriftsteller), George Bernard Shaw (Dichter), Jose Silva (Suggestionslehrer)

F W L F   FI VA

☉ ♌ in 4
Sonne Löwe in Haus 4

Die feuerbetonte Löwesonne trifft im 4. (Wasser-) Haus auf Gegensätzliches (Feuer – Wasser), transformiert sich in Gefühlskraft, strahlt und wirkt nach innen. Starker Wunsch nach Familie und Kindern, bei Frauen nach einem väterlichen Mann.

+ Große Gefühlskraft. Andere nähren und schützen können. Zum Bezugspunkt für andere werden. (»Vater- und Chefkonstellation«). Auf die Seele wirken können. Die Sprache der Seele sprechen. Kinder verstehen können. Vertrauen erwecken.

– Gefahr des Sich-verloren-Vorkommens. Ungelöste Vaterproblematik.

Tätigkeiten und Berufe: Wo es um Wohnen (Innenarchitektur), Psyche (Therapie), Entspannung und Geborgenheit (Gastgewerbe), Familie, Erziehung (Lehrer), Kinder (Kinderbuchautor), Geschichte (Historiker), Kunst (Antiquariat) geht. Siehe auch Sonne im Krebs.

Thomas E. Lawrence (Schriftsteller), Herman Melville (Erzähler), Joachim Ringelnatz (Satiriker und Dichter)

F W W W   FI KA

LÖWE ♌

☉ ♌ in 5
Sonne Löwe in Haus 5

Die feuerbetonte Löwesonne trifft im 5. (Feuer-) Haus auf Gleiches. Löwehaftes wird verstärkt, kann sich zeigen, gewinnt an Selbstverständlichkeit.

+ Repräsentieren können. Künstlerische Fähigkeiten beruflich nützen können (»Künstlerkonstellation«, »Starkonstellation«). Sich zeigen können (»Schauspielerkonstellation«). Führungsaufgaben übernehmen können. Sendungsbewußtsein. Charisma. Eine Persönlichkeit darstellen. Geschmack und Gespür für das Echte besitzen. Anerkennung und Respekt erlangen können. Natürliche Autorität ausstrahlen.

– Überheblichkeit. Arroganz. Narzißmus.

Tätigkeiten und Berufe: Wo es um Ausdruck geht (Theater, Tanz, Politik). Wo Schönheit, Kunst und Mode eine Rolle spielen (Salon, Boutique). Wo es auf gute Repräsentation ankommt (Hotelfach, Gastronomie, Werbung). Siehe auch Sonne im Löwen.

Matthias Claudius (Dichter), Arthur Janov (Urschrei-Psychologe), Peter O'Toole (Schauspieler), Grigorij Rasputin (Mönch, Mystiker)

F W F W   FI FI

☉ ♌ in 6
Sonne Löwe in Haus 6

Die feuerbetonte Löwesonne manifestiert sich im 6. (Erd-) Haus, findet Form und Konkretion, dient der Anpassung an Umwelt und Lebensbewältigung.

+ Das Beste aus gegebenen Möglichkeiten machen. Größere Zusammenhänge erkennen. Über Ichhaftigkeit hinauswachsen.
· Eigenes Ego unterordnen können. Zugang zu energetischem Heilwissen. Wissen um Macht. Energie kanalisieren können. Einsicht in Prozesse von Wachstum, Reifung und Ernte. In sich ruhen können.

– Gefahr von »Verklemmung«, Selbstbegrenzung und Streß.

Tätigkeiten und Berufe: Führende Position in Helferberufen wie Arzt, Psychologe. Wissenschaftler (Analyse, Systematik, Logik). Wo es um Gesundheit als Folge und Quelle natürlicher Lebenskraft geht (Heilpraxis, Kurheim, Naturtherapie). Wo verwaltet und gesammelt wird (Büro –, Sammlertätigkeiten). Wo es um Kunst und Mode geht (Galerie, Boutique). Siehe auch Sonne in der Jungfrau.

Giovanni Agnelli sr. (Industrieller), Alfred Hitchcock (Film), Whitney Houston (Rocksängerin), Robert Redford (Schauspieler), Yves Saint-Laurent (Modeschöpfer)

F W E W   FI VA

☉ ♌ in 7
Sonne Löwe in Haus 7

Die feuerbetonte Löwesonne verwirklicht sich im 7. (Luft-) Haus. Diese Sonnenstellung strebt nach partnerorientiertem Tun, wie zum Beispiel in therapeutischen Sitzungen (»Therapeutenkonstellation«). Zwei weitere Möglichkeiten, diese Stellung beruflich einzulösen, sind die Bereiche Kunst und Rechtsprechung.

+ Auf andere eingehen, sie verstehen können. Sich beruflich der Belange anderer Menschen annehmen. Hinwendung zum Du. (»Öffentlichkeitskonstellation«). Sich in andere einfühlen können. Gerechtigkeitssinn. Kunstverständnis. Künstlerische Schaffenskraft. Größte Objektivität in der Beurteilung anderer Menschen. Repräsentieren können. Die Welt als Bühne der Kunst erleben. Farb- und Formgefühl. Auf sicheren Geschmack bauen.

− Entscheidungsschwierigkeiten. Realitätsferne. Vaterprojektion auf Vorgesetzte.

Tätigkeiten und Berufe: Diplomat, Kommunikator, Therapeut, Künstler, Person der Öffentlichkeit, Politiker, Berater, Manager. Wo es um Gerechtigkeit und Rechtsprechung geht. Alle Beschäftigungen im Zusammenhang mit Kunst (Produktion, Vertrieb, Verkauf, Handel, Verwahrung). Siehe auch Sonne in der Waage.

Dustin Hoffmann (Schauspieler), Carl Gustav Jung (Psychologe), Orville Wright (Flugpionier)

F W L L   FI KA

☉ ♌ in 8
Sonne Löwe in Haus 8

Die feuerbetonte Löwesonne verwirklicht sich im 8. (Wasser-) Haus. Feuerenergie verwandelt sich in Bindungskraft. Bei geeignetem Beruf können unter dieser Sonnenstellung große Energien freigesetzt werden. Sie wird allerdings häufig eher leidvoll als »Ich kann nicht so, wie ich will« erfahren. Es bedarf der Transformation von äußerem (Löwen-) Glanz in innere Gewißheit und Liebe.

+ In allem Tun Licht und Schatten erkennen. Persönliche Opferbereitschaft. Hinter den Schein dringen können. Die Macht der Schönheit kennen und beruflich nutzen. In Krisensituationen stark werden. Ein Erbe weiterführen. Die Kraft der Ahnen in seinem beruflichen Tun wirken lassen. Kämpferische Durchsetzungskraft. Seine Angst überwinden können. Berufliche Außenseiterwege einschlagen können. Große suggestive Ausstrahlung (»Machtkonstellation«) besitzen. Berufliche Treue.

− Herrschsucht. Tyrannei. Karmische Verstrickungen. Nicht erfolgreich sein dürfen.

Tätigkeiten und Berufe: Wo persönlicher Einsatz verlangt wird (Politik, Management, Sozialarbeit). Wo es um Leben und Tod geht (Militär, Katastropheneinsatz, Polizei, Geheimdienst, Unfallmedizin). Wo Unbewußtes aufgearbeitet wird (Psychotherapie). Lichtarbeit (spirituelle Therapie), Astrologie. Siehe auch Sonne im Skorpion.

Gabrielle (Coco) Chanel (Modeschöpferin), Michael Alexander Huber (Astrologe)

F W W L   FI FI

LÖWE ♌

☉ ♌ in 9
Sonne Löwe in Haus 9

Die feuerbetonte Löwesonne verwirklicht sich im 9. (Feuer-) Haus. Löwehaftes kann expandieren, sich ausdehnen, andere mitreißen, Freiheit und Unabhängigkeit erlangen.

+ Einen freien, unabhängigen Charakter besitzen. Berufliche Unabhängigkeit erlangen können. Auch im Ausland arbeiten können. Kraft für Expansion. Andere positiv beeinflussen können (»Gurukonstellation«). Soziales Engagement. Beruflich aus Lebensweisheiten schöpfen können. Weisheit beruflich einbringen können. Schriftstellerisch tätig sein können.

− Hochmut. Geistige Arroganz. Blauäugigkeit. Berufliche Naivität.

Tätigkeiten und Berufe: Lehrfach (Psychologie, Religion, Kunst, Esoterik). Wo es um Weiterbildung, Interessensvermittlung, Aufklärung geht (Journalist, Verleger, Buchhändler). Alles Tun im Zusammenhang mit Reisen (Verwaltung, Transport, Unterkunft, Betreuung). Seminarleiter. Arbeiten in Zusammenhang mit Sport (Verkauf). Organisation und Durchführung von bewußtseinserweiternden Gruppen. Siehe auch Sonne im Schützen.

Mata Hari (Spionin), Alfred Krupp (Industrieller), Frank Wedekind (Schriftsteller), Wilhelm Wundt (Psychologe)

F W F L   FI VA

☉ ♌ in 10
Sonne Löwe in Haus 10

Die feuerbetonte Löwesonne verwirklicht sich im 10. (Erd-) Haus überpersönlich, allgemeinverbindlich und formierend.

+ Große Anspruchshaltung an den Beruf. Verantwortung und Führungsaufgaben übernehmen können (»Managementkonstellation«). Als Vorbild wirken. Anerkennung in der Öffentlichkeit finden. Meinungsbildend sein können. Sich zur Führerpersönlichkeit berufen fühlen. Zugang zu Macht haben. Seine ureigensten Ideen beruflich verwirklichen können. Selbstkritischer Einsatz von persönlicher Macht.

− Machtmißbrauch. Unter unerfüllbaren Ansprüchen leiden. Sich zum Maß aller Dinge erheben.

Tätigkeiten und Berufe: Wo sich Löwenergie manifestieren kann (Bar, Museum, Kunst, Mode und Antiquitäten). Wo löwetypisches Auftreten möglich ist (Theater, Politik, Öffentlichkeit). Siehe auch Sonne im Steinbock.

Napoleon Bonaparte (Kaiser), Haile Selassie (Kaiser), Gerhard Voss (Astrologe)

F W E E   FI KA

☉ ♌ in 11
Sonne Löwe in Haus 11

Die feuerbetonte Löwesonne verwirklicht sich im 11. (Luft-) Haus. Diese Sonnenstellung verleitet zu großen Idealisierungen, die – privat wie beruflich – leidvolle Enttäuschungen nach sich ziehen können. Darüber hinaus wirkt bei Frauen ein regelrechter Sog, ihre Sonnenkraft auf einen Partner oder Chef zu übertragen. Letztlich findet diese Sonnenstellung in einem kreativen Tun und Team Erfüllung.

+ Sich in ein Team einordnen können. Großes leisten durch berufliche Zusammenarbeit (»Teamkonstellation«). Vorwärtskommen durch Gruppenarbeit. Phantasie und Schöpferkraft beruflich nutzen können (»Geniekonstellation«). Den Zeitgeist erahnen können. Kulturgeschichtliches leisten können. Reformbewußtsein. Kunstverständnis. Erfindungsgeist. Beruflicher Grenzgänger sein (Astrologe).

– Keine Autorität anerkennen können. Geistige Verworrenheit.

Tätigkeiten und Berufe: Wo es um schöpferische Teamarbeit geht (Kunst, Film, TV, Wissenschaft, Politik, Gewerkschaftsarbeit). Wo Reformen und Erfindungen möglich sind (Politik, Patentamt). Berufe, die dem Zeitgeist entsprechen. Wo soziale Gerechtigkeit und Ausgleich erwirkt werden soll (Sozialarbeit, Arbeit in allen Hilfsorganisationen, Politik). Siehe auch Sonne im Wassermann.

Charles Bukowski (Autor), Bill Clinton (US-Präsident), Rüdiger Dahlke (Mediziner), Madame du Barry (Mätresse), Hans-Dieter Leuenberger (Tarotautor), Guy de Maupassant (Erzähler, Dramatiker), Roman Polanski (Filmregisseur), Oswald Wirth (Astrologe, Okkultist)

F W L E   FI FI

☉ ♌ in 12
Sonne Löwe in Haus 12

Die feuerbetonte Löwesonne verwirklicht sich im 12. (Wasser-) Haus, verliert an Glanz und Ausstrahlungskraft, gewinnt jedoch durch Transformation eine neue Dimension feinstofflicher, mystischer Art. Es besteht auch die Möglichkeit, Medium (Idol, Star) einer bestimmten Periode oder Gruppierung zu werden.

+ Die Störung der Zeit aufgreifen können. Zum Sprachrohr werden. Führungsstellungen im kirchlichen, künstlerischen und spirituellen Metier einnehmen können. Große Phantasie und künstlerische Schöpferkraft. Medium sein. Von einem größeren Ganzen getragen und geführt werden. Heilerische Fähigkeiten (energetische Blockierungen erspüren und lösen können).

– Stolz. Sich als Opfer fühlen. Den Mißerfolg regelrecht anziehen. Sich als Außenseiter nicht verstanden fühlen.

Tätigkeiten und Berufe: Wo es um Mitgefühl, Nächstenliebe (Medizin, Mission), Transzendenz (Religion, Wissenschaft, Kunst), Suggestion (Politik, Starkult) geht. Siehe auch Sonne in den Fischen.

Alexandre Dumas (Schriftsteller), Rajiv Gandhi (Politiker), Max Heindel (Theosoph, Astrologe), Mick Jagger (Rolling Stone), Madonna Ciccone (Sängerin), Robert Mitchum (Schauspieler), Gerhard Vehns (Astrologe)

F W W E   FI VA

Aszendent Löwe – was ich will

Menschen mit einem Löwe-Aszendenten verspüren einen starken Drang, sich darzustellen, zu imponieren, im Mittelpunkt zu stehen. Ob sie allerdings mit ihrer Anlage auch nach außen treten können, hängt von ihrer Sonnenstellung ab. Das ist ein Sonderfall. Bei allen anderen Aszendenten ist die Sonne nicht unmittelbar mit dem Aszendenten verknüpft. Für Individuen mit AC Löwen bedeutet das: Ist ihre Sonne behindert, ist auch ihr AC blockiert. Umgekehrt stärkt eine positive Sonnenstellung auch die Aszendentenkraft. Menschen mit einem AC Löwen sind daher in ihrer beruflichen Verwirklichung häufig extrem. Entweder sie sind sehr erfolgreich und äußerst zufrieden mit ihrem Beruf, oder sie haben das Gefühl, daß bei ihnen überhaupt nichts vorwärts geht. Dreh- und Angelpunkt ist dabei die Beziehung zum leiblichen Vater (der Sonne).

Der AC verweist auf die ganz persönliche Eigenart jedes einzelnen, auf die Wünsche aus dem Inneren, unabhängig, was von Vater und Mutter (Sonne und Mond) erworben wurde (siehe auch Grundlagen astrologischer Berufsberatung). Menschen mit AC Löwen jedoch befinden sich in einer widersprüchlichen Position, weil sie in der Entwicklung ihrer persönlichen Eigenart (AC Löwe) auf ihren Vater (Sonne als Herrscher des AC) verwiesen werden. Mit anderen Worten: Sie wollen einerseits anders sein als der Vater, andererseits geht es darum, die Anlagen des Vaters zu entwickeln. Söhne und Töchter mit AC Löwe befinden sich daher in der Rolle des Kronprinzen beziehungsweise der Kronprinzessin. Um ihre Bestimmung zu erfüllen, müssen sie mit dem Vater konkurrieren, sich von ihm abwenden, letztlich aber doch in seine Fußstapfen treten. Viele Individuen mit AC Löwe ergreifen daher einen ähnlichen Beruf wie der des Vaters, obwohl sie dies häufig vehement von sich weisen.

Mit einem Aszendenten Löwe will man einen Beruf, in dem man kreativ und gestaltend arbeiten kann. Bei einer automatischen, stumpfsinnigen oder strikt verordneten Tätigkeit fühlt man sich eingesperrt und wird mit der Zeit apathisch und schlußendlich krank. Oft entsteht aus einer ungelebten Löweseite auch Aggressivität, Jähzorn und ein cholerisches Temperament. Man spielt sich bei jeder Gelegenheit zum kleinen Tyrannen auf. Das Geltungsbedürfnis eines Menschen mit AC Löwe ist völlig natürlich. Es wird erst dann zur Farce, wenn keinerlei Möglichkeit besteht, sich selbstbewußt und ichhaft auszudrücken.

Aszendentenherrscher Sonne

Entscheidend über Intensität und Richtung der Aszendentenkraft ist, wie bereits erwähnt, die Stellung des Aszendentenherrschers, also der Sonne. Ihre Stellung im Geburtshoroskop zeigt, wohin die Löwekraft drängt, was sie entfacht, ob sie Förderung erfährt oder behindert wird, auf welche Energie sie trifft und unter welchen Voraussetzungen sie lebendig wird. Dabei spielt sowohl die Position der Sonne im Zeichen als auch im Haus eine Rolle.

Was die berufliche Deutung des AC-Herrschers Sonne im Zeichen betrifft, wird auf die entsprechenden Kapitel verwiesen.

Was die Position im Haus angeht, genügt es in aller Regel, den Quadranten zu berücksichtigen, in dem sich die Sonne befindet. Die entsprechenden Sonnenstellungen werden weiter unten erörtert.

115

Medium Coeli Löwe – was ich muß

Das Medium Coeli zeigt den Bereich, in dem sich der Horoskopeigner einfügen muß, um sich in gesellschaftlicher wie kosmischer Hinsicht zu erfüllen: seine besonderen Pflichten, was von ihm erwartet wird, was über ihn hinausweist, was ihn vollendet. Wer seinem MC nahe ist, fühlt sich vollständig und versöhnt mit dem Leben. Wer hingegen an seinem MC vorbeilebt, wähnt sich unerlöst, ist auf der Suche, ohne Ziel, unsicher und ohne Bestimmung.

Menschen mit MC Löwe erfüllen sich in einem Beruf, bei dem Löwehaftes zum Zuge kommen kann. Vor ihrem inneren Auge schwebt das Bild der Sonne, der Herrscherin des Löwezeichens. Es ihr gleichzutun, im Zentrum des Geschehens zu wirken, kreativ und schöpferisch zu sein: das ist ihr Ziel und ihre Bestimmung. Von Kind an ahnen sie dieses Vermächtnis und üben sich darin, ihre besondere Bedeutsamkeit zu erlangen, spielen Königskind oder Künstler. Auch ihre Umwelt, ihre Eltern, Geschwister und Verwandten, ahnen ihre Bestimmung und lassen ihnen eher Respekt zukommen als Kindern mit einem anderen MC. Als Erwachsene greifen diese Menschen wie automatisch nach Führungspositionen beziehungsweise bekommen solche Stellungen wie selbstverständlich zugewiesen. Oder sie ergreifen einen Beruf, der Raum für eigene Kreativität und Schaffenskraft läßt.

Tätigkeiten und Berufe: Patriarch, Vater, Urmutter, Boß, Lebemann, Star, Diva, Lebenskünstler, Spieler, Schöpfer. Wo kreativ und schöpferisch gearbeitet werden kann. Wo es auf Selbstdarstellung ankommt. Wo Geschmack wichtig ist. Wo es um Gestaltung und Ausdruck geht. Wo Schönheit, Kunst und Mode entworfen, gesammelt, aufbewahrt, gekauft und verkauft wird. Wo Stil und schöne Atmosphäre wichtig sind. Wo dazu beigetragen wird, daß man sich wohl fühlt, entspannen und Urlaub machen kann. Wo man sich verwöhnen lassen kann. Wo man dem Leben vergnügt und spielerisch begegnet. Wo Lust gelebt werden darf. Wo man Liebe und Eros findet. Wo es um Verantwortung, Reifung, Führung und Schulung geht. Wo Licht und Erleuchtung – und zwar im buchstäblichen wie im übertragenen Sinne – gefunden werden kann. Malerei, Kunsthandwerk, Goldschmiede, Mode, Kunstschneiderei, Elektrik, Beleuchtung, Musik, Bildhauerei, Tanz, Theater, Ballett, Photographie, Kunsthandel, Museum, Archiv, Körperpflege, Schönheit, Eros, Spiel, Dressur, Vergnügen, Entspannung, Lebensphilosophie.

Herrscher des Medium Coeli im Zeichen

Wie beim AC ist auch beim MC die Position der Sonne als Herrscherplanet zu berücksichtigen. Ihre Stellung im jeweiligen Zeichen nennt Ziel und Richtung beruflicher Erfüllung und zeigt die spezifische Färbung der MC-Kraft auf. Mit MC Löwe wird der Horoskopeigner auf den Vater verwiesen. In diesem speziellen Fall laufen also MC und Sonne oder »was ich kann« und »was ich muß« zusammen. Das bedeutet auch, daß häufig ein ähnlicher Beruf wie der des Vaters (oder von einem aus der Sippe des Vaters) ausgeübt wird beziehungsweise daß man mit der Unterstützung des Vaters bei seiner beruflichen Tätigkeit rechnen kann.

Was die berufliche Deutung des MC – Herrschers Sonne im Zeichen betrifft, wird der Leser auf die entsprechenden Kapitel in diesem Buch verwiesen.

Herrscher des Medium Coeli im Haus

Was die Position im Haus angeht, genügt es in aller Regel, den Quadranten zu berücksichtigen, in dem sich die Sonne befindet (siehe auch Grundlagen astrologischer Berufsberatung).

Herrscherqualitäten des AC / MC in den Quadranten

AC ♌ / MC ♌
Aszendent Löwe / Medium Coeli Löwe
Herrscherplanet Sonne im Quadranten I

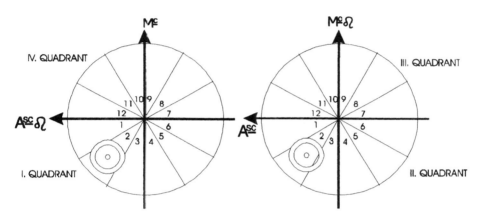

Befindet sich die Sonne als AC-/MC-Herrscher im Quadranten I (Haus 1, 2 und 3), will man sich ichhaft und ichbetont verwirklichen. Das heißt, daß der Horoskopeigner selbst zum Träger der Sonnenenergien wird, indem er zum Beispiel einen Beruf ausübt, bei dem er glänzen, repräsentieren, bestimmen, führen, im Mittelpunkt stehen kann. Oder er wird insofern zum Träger des Löwehaft-Sonnigen, indem er beispielsweise mit Kunst handelt oder einen Laden führt, in dem es um Verschönerung (Mode, Design, Friseur, Kosmetik) geht.

AC ♌ / MC ♌
Aszendent Löwe / Medium Coeli Löwe
Herrscherplanet Sonne im Quadranten II

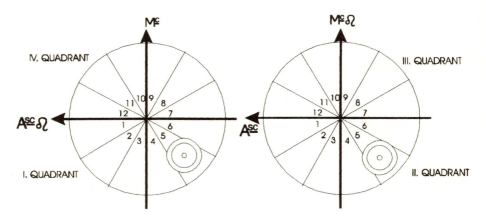

Befindet sich die Sonne als AC- beziehungsweise MC-Herrscher im Quadranten II (Haus 4, 5 und 6), ist die gefühlshafte oder seelische Beteiligung des Horoskopeigners wichtig. Die Berufsausübung muß die Dimension des Seelischen, Reflexiven mit einbeziehen. Jeder Pädagoge und natürlich erst recht jeder Therapeut beschäftigt sich mit der Psyche seiner Schüler beziehungsweise Klienten. Er wird damit im Sinn des zweiten oder seelischen Quadranten tätig. Genauso ist dies bei allen Berufen, bei denen geschätzt (z.B. Antiquitätenhändler), kritisiert (Feuilletonist), geschmeckt (Koch), seelisch nachvollzogen (sämtliche Kunstberufe) wird, der Fall. Auch heilerische Tätigkeiten, soweit sie bei der Ursache und Therapie der Erkrankung vom Seelischen ausgehen, gehören hier dazu.

AC ♌ / MC ♌
Aszendent Löwe / Medium Coeli Löwe
Herrscherplanet Sonne im Quadranten III

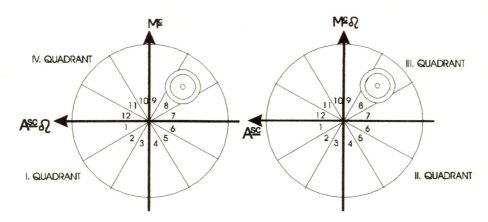

118

LÖWE ♌

Befindet sich die Sonne als AC- beziehungsweise MC-Herrscher im Quadranten III (Haus 7, 8 und 9), ist ein soziales Umfeld bei der Berufsausübung unerläßlich. Der Horoskopeigner drängt zum Du, will kommunizieren, sich auf andere beziehen, sich austauschen, sich spiegeln, beachtet werden. Die soziale Ausrichtung anderen gegenüber kann sich (besonders im 8. Haus) auch als Bindung und Hingabe an eine Idee oder Berufung manifestieren. Mit der Sonne im Quadranten III ist eine löwehafte-sonnige Umgebung und Atmosphäre bei der Berufsausübung ein Muß. Wer mit diesem MC und dieser Sonnenstellung in einem sterilen Büro sitzt, wird krank. Der Arbeitsbereich muß den Löwecharakter widerspiegeln, man erwartet Achtung und Respekt von den Kollegen.

AC ♌ / MC ♌
Aszendent Löwe / Medium Coeli Löwe
Herrscherplanet Sonne im Quadranten IV

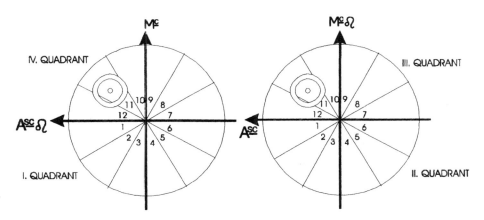

Steht die Sonne als AC- beziehungsweise MC-Herrscher im Quadranten IV (Haus 10, 11 und 12), ist der Druck nach gesellschaftlicher Anerkennung immens. Zugleich findet der Horoskopeigner im Leben Möglichkeiten, eine herausragende Stellung oder einen bedeutsamen Beruf auszuüben. Das Berufsziel ist in aller Regel mit viel Arbeit verbunden. Es kann aber auch mit Unterstützung (des Vaters, eines Gönners, der Gesellschaft) gerechnet werden. Befindet sich die Sonne als Herrscher des AC beziehungsweise des MC im 12. Haus, ergeben sich Probleme, weil die Löwenergie auf Selbstbehauptung und Selbstverwirklichung drängt, im 12. Haus aber wiederum eine Auflösung bewirkt werden muß. Adäquate Berufsfelder finden sich höchstens in der Religion, Kunst, Mystik, Esoterik, Nächstenliebe, Heilung und Therapie. Sich höheren Kräften anvertrauen, auf eine höhere Führung bauen, sind wichtige Erkenntnisse, die besonders im Beruf zu mehr Zufriedenheit führen. Die Sonne als Herrscherplanet im 12. Haus verweist oft auch auf eine ungelöste Vaterthematik (zum Beispiel Nichtanerkennung des Vaters durch die Familie der Mutter).

Sonne, Aszendent, Medium Coeli in der Jungfrau

Allgemeine Einführung

Die Jungfrau symbolisiert den Sieg der Vernunft über den Trieb, des Menschlichen über das Animalische. Sie verkörpert Reinheit, Unschuld, das freiwillige Abrücken von der Lust des Augenblicks und die Hinwendung zum Ganzen, Übergeordneten, Sinnenhaften und Absoluten.

ELEMENT:
ERDE als Stoff und Urelement, als Träger des Lebens und als große Gebärin und Mutter der Ernte.

QUALITÄT:
FLEXIBEL Bereitschaft zum Verzicht, Aufschub und Reflexion des Ganzen. Selbstlosigkeit.

POLUNG:
MINUS, weiblich, yin, passiv, nach innen.

SYMBOLIK:
JUNGFRAU steht für Reinheit, Jugend und Unschuld, für Sublimierung, Reife und Ordnung.

ZEITQUALITÄT:
24. AUGUST BIS 23. SEPTEMBER Übergang von Sommer zum Herbst als Reifezeit und Erntezeit. Vorsorge für den Winter.

HERRSCHERPLANET: MERKUR DES ABENDS als ordnendes Vernunftprinzip.

Jungfraubetonte Menschen (Sonne, Mond, AC oder MC in der Jungfrau; Sonne, Mond im 6. Haus; abgeschwächt Herrscherplaneten des AC oder MC in der Jungfrau oder im 6. Haus; abgeschwächt Merkur im 1. oder im 10. Haus) haben ein natürliches und selbstverständliches Verhältnis zu Beruf und Arbeit. Das gehört einfach zum Leben, genauso wie Essen, Schlafen oder Atmen. Ihre Arbeitsdisziplin ist daher bewundernswert. Sie können alles andere zurückstellen, um sich völlig einer von anderen oder ihnen selbst gestellten Aufgabe zu widmen. Natürlich hinterläßt so eine Arbeitsmoral Eindruck. Zusammen mit ihrem großen Verantwortungsbewußtsein und ihrer fast hundertprozentigen Zuverlässigkeit sind sie wie geschaffen für den Beruf eines Sekretärs, des Chefs vom Dienst und sämtlicher anderen Tätigkeiten mit Dienstleistungscharakter.

Neben ihrer hohen Arbeitsmoral besticht ein starker Realitätssinn. Kein anderes Sternzeichen macht sich so wenig Illusionen und betrachtet Gegenwart und Zukunft mit so nüchternen Augen. Sie machen auch keinen Hehl daraus, was realistischerweise zu erwarten ist: Da wird klipp und klar ausgesprochen, was man von einem Projekt hält, ob es etwas taugt oder nicht – und sie behalten meistens auch recht. Manchmal scheinen sie sogar vorauszusehen, was kommt. Diese Fähigkeit verdanken sie Merkur, dem herrschenden Planeten des Jungfrauzeichens. Ihm war im griechischen Mythos nämlich die

Gabe der Vorsehung gegeben. Von ihm, dem Beflügelten, kommt noch eine weiteres Talent: So wie Merkur die Botschaften der Götter unter die Menschen brachte, überkommen auch jungfraubetonte Menschen zuweilen Einsichten und Eingebungen von geistiger Größe. Die berühmtesten Beispiele sind Dichterfürst Johann Wolfgang von Goethe (Sonne, Venus und AC in der Jungfrau) und Musikgenie Wolfgang Amadeus Mozart (AC Jungfrau).

Bemerkenswert sind auch ihre scharfe Beobachtungsgabe, ihr großer Sinn für Systematik, Planung und Ordnung. Durch ihre Zuverlässigkeit und Gewissenhaftigkeit sind sie hervorragend für Vertrauensposten geeignet, für exakte statistische Berechnungen, zum Führen von Listen, Kartotheken, als Buchhalter (EDV), Steuerberater, Revisor oder in der Verwaltung. Im Handwerk sind es besonders Klein- und Feinarbeiten wie Zahntechniker oder Uhrmacher. Unter den Wissenschaften sind es vor allem die Mathematik und die Physik. Durch die Merkurbetonung leisten sie aber auch Beachtliches als Redner (die Reden des Politikers Franz Josef Strauß – er hat die Sonne in der Jungfrau – mögen als Beispiel herhalten) oder auf dem Gebiet der Sprachen (der 58 fremde Sprachen sprechende italienische Linguist und Kardinal Giuseppe Mezzofanti hatte außer der Sonne noch Merkur, Saturn, Neptun und den Mondknoten in der Jungfrau). Was die vielgerühmte Ordnung von Jungfrauen angeht, heißt es allerdings vorsichtig sein: Manche jungfraubetonte Menschen erinnern tatsächlich an die Karikatur eines preußischen Generals oder einer englischen Gouvernante: penibles Äußeres, exakt durchgestylter Alltag und korrekte Berufsausübung. Andere jedoch verlagern das Ordnungsprinzip auf eine ganz andere Ebene, sammeln vielleicht Briefmarken, züchten Rosen oder arbeiten an einem neuen Computersystem, leben ansonsten jedoch scheinbar das genaue Gegenteil von Systematik und Ordnung, sind vielleicht sogar chaotisch und suchen ständig

irgend etwas, das sie gerade verlegt haben. Wer also das Ordnungsprinzip einer Jungfrau kennenlernen will, darf nicht ihren Schreibtisch, ihren Kleiderschrank oder ihr tägliches Leben zum Maßstab nehmen.

Ordnung herrscht auch in der Astrologie. Dies ist der Grund dafür ist, daß viele Astrologen eine Jungfraubetonung aufweisen. Allen voran steht Walter Koch (Sonne, Mond, Venus, Mars und AC in der Jungfrau), der mit dem »Koch-Häusersystem« seinen Namen in der Astrologie verewigt hat. Weitere jungfraubetonte Astrologen sind Erich Bauer, Fritz Riemann, Edith Wangemann, Carl Kuypers, Liz Greene, Friedel Roggenbruck (alle Sonne Jungfrau). Außerdem steht beim Gründungshoroskop des Deutschen Astrologenverbandes das MC-Zeichen in der Jungfrau.

Besonders wählerisch sind jungfraubetonte Individuen weder bei ihrer Berufswahl noch bei deren Ausführung. Und da sie tatsächlich ausgesprochen vielseitig begabt sind, lassen sich beinahe in jeder Berufssparte auch Individuen mit Sonne, Mond, AC oder MC in der Jungfrau antreffen.

Aufgrund ihrer Übergangsstellung zwischen Löwezeichen (fix, ichbetont) und dem Waagezeichen (kardinal, dubetont), wird das Jungfrauzeichen beziehungsweise das ihm entsprechende 6. Haus gemeinhin als Feld der Gesundheit und Krankheit bezeichnet. Dort begegen sich Ich und Du, Innen und Außen, und dieses Ineinandergreifen kann stimmig und damit gesunderhaltend oder unstimmig und damit krankmachend sein. Jungfraubetonte Menschen besitzen daher eine höhere und ganzheitliche Einsicht in das Zusammenspiel von Lebensführung, Ernährung, Gesundheit, Krankheit und Heilung. Zusammen mit ihrer Fähigkeit zu übergeordneter Einsicht sind diese Menschen für prophylaktische, gesundheitspolitische, medizinische, hygienische, psychologische und psychotherapeutische Berufe prädestiniert. Beispiele sind Ernst Sauerbruch (AC Jungfrau), die schon fast heilige

Mutter Teresa in Indien und Fritz Riemann (Psychoanalytiker), alle mit Sonne in der Jungfrau.

Eine Eigenart ist noch anzuführen: Ihr Zeichenherrscher Merkur verleitet dazu, in allen Lebensbereichen, also auch in puncto Beruf, zweigleisig vorzugehen. Jungfraubetonte Menschen führen daher häufig zwei Berufe aus oder haben einen Haupt- und einen Nebenberuf, wobei letzterer manchmal mehr ihrem eigentlichen Naturell entspricht.

Ihre größte Gabe jedoch ist die Fähigkeit zur Konkretisierung. Sie bringen die Dinge auf den Punkt, Ideen auf die Erde und Vorhaben zu einem guten Abschluß. Sie übertragen das Prinzip von Reifung und Ernte aus der Natur in die Arbeit.

Schatten

Ihre Stärken sind auch ihre Schwächen: Sie negieren ihre Gefühlswelt, lernen, ihre primäre Lust aufzuschieben und sich fast hundertprozentig zu kontrollieren. Das alles bringt sie im Berufsleben ziemlich weit. Gleichzeitig lassen sich Emotionen und Wünsche eben doch nicht restlos zum Verschwinden bringen. Die Gefühlswelt rebelliert und macht sich als Nervosität, Schlafstörung und andere psychosomatische Symptome bemerkbar. Auch ihre Angst, etwas Wichtiges zu versäumen, hat negative Auswirkungen: Sie können schlecht nein sagen. Mit dieser Einstellung verbauen sie sich häufig auch eine wirkliche Spezialisierung und Qualifizierung. Letztes Handikap ist ihre Durchsetzungsschwäche und Bescheidenheit. Ihre Angst vor (Liebes-) Entzug ist so groß, daß sie sich normalerweise immer unter ihrem Wert verkaufen.

Was Jungfraukräfte fördert

Geistige Selbstdisziplin und Detailgewichtung üben
Zuverlässig und gewissenhaft sein
Gut planen können
Auf Kleinigkeiten achten
Auf sofortige Befriedigung verzichten
Sich mit überindividuellen Prinzipien identifizieren

Allgemeinen über persönlichen Nutzen stellen
Für die Zukunft planen
Persönliches Ego abbauen
Objektive Neutralität anstreben
Nach geistiger Verfeinerung trachten

Arbeits- und Berufsprofil

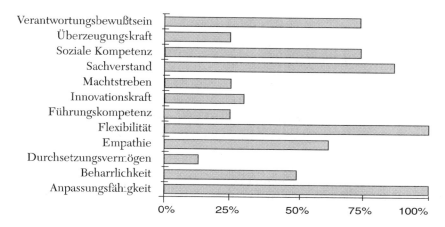

Sonne Jungfrau – was ich kann

Individuen mit der Sonne in der Jungfrau sind von ihrem Vater oder der väterlichen Sippe in besonderer Weise mit der Gabe der Vernunft, Einsicht und Klugheit gesegnet. Über ihrem Leben steht der Gesichtspunkt des Erntens und Verwertens für einen höheren Sinn und Zweck. Manchmal diente der Vater als Vorbild für diese Eigenschaften, war also selber klug und planend. Es kann aber auch sein, daß der Vater selbst ganz anders erlebt wurde, aber das Leben vom Kind dennoch jungfräuliche Verhaltensweisen abverlangte, zum Beispiel weil der Vater immer zu tun hatte, das Kind damit auf sich selbst gestellt war und früh Verzicht und Einsicht lernen mußte. Eine weitere Möglichkeit ist die, daß der Vater unzuverlässig und chaotisch war und so das Kind, um zu überleben, jungfräuliche Tugenden entwickeln mußte. In jedem Fall erfüllt sich in einem Sohn oder einer Tochter mit Sonne Jungfrau immer der unbewußte Wunsch des Vaters, sein Kind möge das vollenden und zu Reife und Ernte bringen, was der Vater selbst begonnen und nicht vollendet hat. Aus spiritueller Sicht steht hinter der Figur des Vaters die göttliche Absicht und der Schöpfungswille, ein Wesen mit der Gabe selbstlosen Tuns und Einsicht in höhere Zusammenhänge zu erschaffen.

Die Qualität einer bestimmten Sonnenstellung kann erst im jeweiligen Haus wirklich lebendig werden, oder wie es astrologisch heißt, die Sonne verwirklicht sich hausspezifisch (siehe Abschnitt über Zeichen und Häuser). Darüber informiert der folgende Abschnitt.

Sonne Jungfrau Haus 1 bis 12

☉ ♍ in 1
Sonne Jungfrau in Haus 1

Die erdbetonten Jungfrauqualitäten Ordnung, Systematik oder Planung dienen der Ich-Entwicklung und -Durchsetzung.

+ Das Wesentliche erkennen. Wissen, worauf es ankommt. Pläne entwerfen, realisieren und durchsetzen. Einfache, aber auch übergeordnete Prinzipien und Ordnungen vertreten und durchsetzen können. Führungsaufgaben sorgfältig und gewissenhaft übernehmen. Eine eigene Ordnung aufstellen. Wissenschaftliche Fähigkeiten (besonders für Mathematik) aufweisen. Philosophische Ordnungen entwerfen können. Durch Zuverlässigkeit und Pünktlichkeit die berufliche Position ausbauen.

– Gefahr der Entpersönlichung und Erstarrung. Berufliche »Streßkonstellation«. Anfällig für psychosomatische Störungen.

Tätigkeiten und Berufe: Wo geführt, überwacht, verwaltet, ausgewählt, geplant und organisiert wird (Manager, Organisator, Verwalter, Kontrolleur, Wissenschaftler, EDV, Wachposten, Polizei, Fluglogistik, Entwicklung von PC-Software). Wo Gesundheit eine Rolle spielt (Labor, Diagnostik, Pflege, Computerarbeit). Siehe auch Sonne im Widder.

Theodor Adorno (Philosoph), Agatha Christie (Schriftstellerin), G. W. F. Hegel (Philosoph), Arnold Schönberg (Komponist), Peter Sellers (Filmschauspieler)

E W F F   VA KA

☉ ♍ in 2
Sonne Jungfrau in Haus 2

Die erdbetonte und konkretisierende Jungfrauenergie wird im 2. (Erd-) Haus verstärkt, erfüllt sich in Erwerbsstreben, aber auch in reicher Sinnlichkeit und Genußfähigkeit.

+ Gabe der plastischen und anschaulichen Vermittlung abstrakter Ordnungen (z.B. Astrologie). Über künstlerische Talente (Experimentalmusik, Computergraphik, Graphik) verfügen. Gute Übersicht über Finanzen (Verwaltung).

– Gefahr der Arbeitssucht (»Workaholic-Konstellation«). Durch Sparsamkeit und Geiz berufliche Möglichkeiten vergeben.

Tätigkeiten und Berufe: Wo es um Konkretisierung und Durchführung geht (Handwerk, Bürotätigkeiten, Dienstleistung). Wo Finanzen, Geld, Aktien eine Rolle spielen (Bank, Börse). Didaktik, Kunst, Gesundheit, Ernährung. Arbeiten in und mit der Natur (Gartenbau, Gärtnerei, Stadtplanung, Bioläden etc.). Siehe auch Sonne im Stier.

Caspar David Friedrich (Maler), Jean-Michel Jarre (Experimentalmusiker), Maria Montessori (Pädagogin und Ärztin), Fritz Riemann (Psychoanalytiker und Astrologe)

E W E F   VA FI

JUNGFRAU ♍

☉ ♍ in 3
Sonne Jungfrau in Haus 3

Die erdbetonte Jungfrauenergie wird im 3. (Luft-) Haus leicht, beweglich, kommunikativ.

+ Redebegabung. Schriftstellerische Fähigkeiten. Wissen, was man will. Gutes Verhandlungsgeschick. Sich darstellen können. Systematik, Ordnung und Planung steht im Dienst von Austausch, Kommunikation und Denken.

– Sprechstörungen.

Tätigkeiten und Berufe: Wo gewinnendes Auftreten wichtig ist (Theater, Moderation, Politik, Empfang, Ansage, Kundendienst). Wo durch Auftreten und Wissen etwas erreicht werden soll (Management- und Personalberatung, Lehrfach). Wo verkauft und angeboten wird. Wissenschaft. Siehe auch Sonne in den Zwillingen.

Gustav Theodor von Holst (Komponist), Stephen King (Bestsellerautor), Ludwig II. (Märchenkönig)

E W L F   VA VA

☉ ♍ in 4
Sonne Jungfrau im Haus 4

Die erdbetonte Jungfrauenergie trifft im 4. (Wasser-) Haus auf Gefühlshaftes, Seelisches und Kindliches. Systematik und Kontrolle werden auf innere Bereiche (Familie, Haus, Betrieb, Seele) ausgedehnt. Wunsch nach innerer Ordnung und festen Wurzeln.

+ Über gute Menschenkenntnis verfügen. Loyalität Vorgesetzten und dem Beruf gegenüber. Zu Hause arbeiten können. Den Betrieb wie eine Familie betrachten. Gefühlsgetragener Team- und Arbeitsgeist. Sich im Bereich des Psychischen auskennen. Über reiches Phantasieleben verfügen. Sich auf seine Ideen verlassen können. Wünsche realisieren können (seinen »Traumberuf« finden).

– Sich in sich selbst verlieren. Vom elterlichen Haus nicht loskommen. Elternprojektion auf Vorgesetzte.

Tätigkeiten und Berufe: Wo es um Raumpflege, Raumgestaltung, Betriebsklima, Atmosphärisches geht (Sekretär). Wo Innerseelisches erforscht, analysiert und dargestellt wird (Psychologie, Pädagogik). Wo es um Kontrolle und Aufsicht geht (Wachmann, Gefängniswärter). Wo es um Erziehung geht (Lehrfach, Kindergärtner). Wo Kranke und Schwache betreut werden (Pflege). Wo es um Ernährung geht (Biogärtner, Bioladen, Diätküche). Siehe auch Sonne im Krebs.

Franz Beckenbauer (Fußballtrainer), Johann Gottfried von Herder (Philosoph), Reinhold Messmer (Bergsteiger), Hans Scholl (Widerstandskämpfer), Theodor Storm (Dichter), Leo Tolstoij (Schriftsteller), Franz Werfel (Schriftsteller)

E W W W   VA KA

125

☉ ♍ in 5
Sonne Jungfrau in Haus 5

Die erdbetonte und flexible Jungfrauenergie trifft im 5. (Feuer-) Haus auf Belebendes und Dynamisierendes. Fähigkeit zu Ausdruck und Gestaltung unter systematischer, analysierender Sicht.

+ Führungsqualifikation ohne Hochmut. Schauspielerische Fähigkeiten. Gute und realistische Selbstdarstellung. Kreatives Potential führt zu Ideenreichtum und Gestaltungskraft. Plastische Darstellungsgabe für abstrakte Materie. Durch Jovialität und Zuverlässigkeit Ansehen erlangen. Untergeordnete Führungsaufgaben übernehmen können (stellvertretender Chef, Chef vom Dienst.

− Unentschiedenheit, Zerrissenheit, Streß und Selbstunterdrückung. Sich zum Maß aller Dinge nehmen.

Tätigkeiten und Berufe: Wo es um Kontrolle und Systematik geht (Naturwissenschaft, Repräsentant). Wo es um Gestaltung und Ausdruck geht (Regie, Film, Theater, Dekoration). Wo Ordnung und Kreativität ineinanderfließen (Graphik, Werbebranche). Siehe auch Sonne im Löwen.

Franz Josef Strauß (Politiker), Edith Wangemann (Astrologin)

E W F W   VA FI

☉ ♍ in 6
Sonne Jungfrau in Haus 6

Die erdbetonte Jungfrauenergie trifft im 6. (Erd-) Haus auf Verwandtes, wird verstärkt.

+ Starke Veranlagung zu Kontrolle, Systematik und Ordnung. Gabe des selbstlosen Dienens. Praktische und handwerkliche Fähigkeiten. Realismus. Naturverbundenheit. Große Arbeitsdisziplin. Verwalten und Ordnen können. Gesundheitsbewußtsein. Über eine Quelle des Heilens verfügen.

− Flucht in die Arbeit, Rigidität, Gesundheitsdogmatismus.

Tätigkeiten und Berufe: Wo es um (gesundheitliche) Vor-, Fürsorge und Pflege geht (Arzt, Kranken- und Altenpfleger, Kosmetiker, Lehrer, Sozialarbeiter). Wo es um Ordnung, Verwertung, Ausführung geht (Sekretär, Verwaltung, Organisation). Wissenschaft, Technik, Natur. Siehe auch Sonne in der Jungfrau.

Greta Garbo (Schauspielerin)

E W E W   VA VA

JUNGFRAU ♍

☉ ♍ in 7
Sonne Jungfrau in Haus 7

Die erdbetonte Jungfrauenergie sucht im 7. (Luft-) Haus Austausch und Begegnung sowohl mit einer einzelnen Person (Partnerschaft, Liebe, Ehe) als auch mit der sozialen Öffentlichkeit (Star, öffentlich-rechtliche Person).

+ Streben nach positiver Arbeitsatmosphäre (»die gute Seele am Arbeitsplatz sein«). Sich vorteilhaft ausdrücken können. Sich bei Vorstellungs- und Geschäftsgesprächen leicht tun. Repräsentieren können. Gut verkaufen können. Ideen haben und realisieren können. Schriftstellerische Talente.

− Innere Zerrissenheit und Unentschlossenheit. Vaterprojektion auf Vorgesetzte. Mangel an Geradlinigkeit.

Tätigkeiten und Berufe: Wo es um Verbindung von Kommunikation und Systematik geht (Kommunikationsforschung, Sozialwissenschaft). Wo es um kritische Auseinandersetzung mit Ästhetik geht (Kunstkritiker, Feuilletonist). Wo es um Gerechtigkeit, Objektivität und Neutralität geht (Gericht, Mediation, Vermittlung, Diplomatie). Praktische und angewandte Kunst (Kunsthandwerk, Design, Layout, Werbung). Siehe auch Sonne in der Waage.

Sean Connery (Schauspieler), James F. Cooper (Schriftsteller)

E W L L   VA KA

☉ ♍ in 8 ♐
Sonne Jungfrau in Haus 8

Die erdbetonte und variable Jungfrauenergie findet im 8. (Wasser-) Haus Tiefe, Bindung, Werte und Transformation.

+ Systematisch in undurchsichtigen und unbewußten Räumen arbeiten können (Forschung, Astrologie, Kriminologie). Im Hintergrund wirken können (Verwaltung, Chef vom Dienst, Chefsekretärin mit großer Machtbefugnis). Durch Betriebstreue Achtung erlangen. Geheimnisträger sein können. Außergewöhnliche und heikle Aufgaben übernehmen können. Durch große Zuverlässigkeit Anerkennung erlangen. In Krisensituationen stark werden. In schwierigen und ausweglosen Situationen tätig werden können.

− Hang zu spirituellen Scheinlösungen. Geheimniskrämerei. Verbohrtheit. Karmische Verstrickungen.

Tätigkeiten und Berufe: Wo es um systematische Entdeckung individueller und kollektiver Seelenräume geht (Psychologie, Astrologie, Soziologie). Wo es um Transformation geht (Psychotherapie). Wo es um Gesundheit, Leben und Tod geht (Altenfürsorge, Medizin, Sterbehilfe, Aids-Hilfe). Siehe auch Sonne im Skorpion.

Mario Adorf (Schauspieler), Ingrid Bergmann (Schauspielerin), Sophia Loren (Schauspielerin), Mutter Teresa (Nonne)

E W W L   VA FI

127

☉ ♍ in 9
Sonne Jungfrau in Haus 9

Die erdbetonte Jungfrauenergie trifft im 9. Haus auf belebende Feuerenergie.

+ Einsicht, Sinn und Wachstum auf einen realistischen Boden stellen können. Großes Wirken durch kleine Anstöße erreichen. Hang zu Logik und Philosophie. In allem das Wirken einer höheren Ordnung erkennen. (»Astrologenkonstellation«). Geist und Natur miteinander verbinden können. Durch Jovialität und Pflichtbewußtsein Achtung gewinnen.

− Spiritueller Kleinmut. Durch Selbstzweifel berufliche Chancen vergeben. Scheinlösungen anbieten.

Tätigkeiten und Berufe: Wo es um Verbindung von geistiger Horizonterweiterung und Systematik geht (Touristik, Geographie, Philosophie, Religion, Esoterik, Astrologie). Wo es um echtes Dienen im Sinne von Selbstlosigkeit geht und die Gefahr sektiererischer Flucht nicht aus dem Auge gelassen wird. Wo Idee und Systematik verschmelzen (Psychologie, Astrologie). Möglichkeit zu beruflicher Selbständigkeit und freier, selbstverantwortlicher Arbeitsgestaltung. Sportfunktionär, Schiedsrichter, Leistungssportler. Siehe auch Sonne im Schützen.

Erich Bauer (Psychotherapeut, Astrologe), Liz Greene (Astrologin), Raquel Welch (Schauspielerin), Emil Zatopek (Sportler)

E W F L   VA VA

☉ ♍ in 10
Sonne Jungfrau in Haus 10

Die erdbetonte Jungfrauenergie manifestiert sich im 10. (Erd-) Haus überpersönlich. Der doppelte Erdcharakter erleichtert die Verwirklichung, führt aber auch schnell zu Rigidität und Normenreiterei.

+ Ehrgeiz. Karrieredenken. Erfolgsmotivation. Mit öffentlicher Unterstützung und Anerkennung rechnen können. Aufgrund beispielhafter Arbeitsmoral Verantwortung übernehmen. Freiberuflich tätig sein können. Eine eigene Praxis, einen eigenen Laden führen können.

− Dogmatismus. Rigidität. Unter zu hohem Anspruch leiden. Unter den Folgen einer strengen Erziehung leiden.

Tätigkeiten und Berufe: Wo es um Identifikation mit überindividuellen Gesetzmäßigkeiten geht (Naturwissenschaft, Medizin und Geisteswissenschaft, Psychologie). Wo Allgemeinnutzen vor persönlichem Nutzen rangiert (Staatsdienst, Politik, öffentlicher Dienst, Gewerkschaft, Post und Eisenbahn). Wo Allgemeinwissen erworben und weitergegeben wird (Forschung und Lehre). Alle selbständigen Berufe, bei denen Systematik und Ordnung eine Rolle spielen (Astrologie). Institutionen, in denen Planung, Mechanik, Technik und funktionale Abläufe wichtig sind (Architektur, Statik, Technik, Mechanik). Wo es um Ordnung, Reinheit und Gesundheit geht (Reinigung, Wäscherei). Siehe auch Sonne im Steinbock.

Antonin Dvořák (Komponist), Johann Wolfgang von Goethe (Dichter), C. Kuypers (Astrologe), Ludwig XIV. (Sonnenkönig), Eduard Mörike (Dichter), Friedel Roggenbruck (Astrologe)

E W E E   VA KA

☉ ♍ in 11
Sonne Jungfrau in Haus 11

Die erdbetonte Jungfrauenergie muß sich im 11. (Luft-) Haus von fixen und durchplanten Sachverhalten trennen. Anfängliche Unvereinbarkeit (Erde – Luft) führt zu Unverbindlichkeit, Leichtsinn und Achtlosigkeit (Rebellion gegen Jungfraukräfte). Durch ernsthaften Lebenskampf reift die Bereitschaft zu geistiger Mitverantwortung für andere, entstehen visionäre Kräfte und Führungsqualifikationen ohne Egoismus.

+ Über Erfindungsgeist und visionäre Kräfte verfügen. Andere mitreißen können. Zu einem sozialen Betriebsklima beitragen. Humanitäre Betriebsführung. Für soziale Errungenschaften eintreten. Innovativ sein können. Zukunftsprojekte realistisch einschätzen. Sich auf seine Ahnungen verlassen können.

– Prinzipiell gegen Ordnung und Hierarchien vorgehen. Autoritätskonflikte.

Tätigkeiten und Berufe: Wo es um Zukunftsplanung geht (Raumfahrt, Ökologie, Gesellschaftsplanung). Wo Teamarbeit angesagt ist. Wo neue individuelle und kollektive Lebensformen realisiert werden. Wo Erfindungen gemacht, geprüft und angewendet werden (Patentamt). Techniker, Programmierer. Siehe auch Sonne im Wassermann.

Leonard Bernstein (Dirigent und Komponist), Wilhelm Holzbauer (Architekt), Aldo Moro (italienischer Politiker)

E W L E   VA FI

☉ ♍ in 12
Sonne Jungfrau in Haus 12

Das Zusammentreffen der erdbetonten Jungfrauenergie mit dem Grenzenlosen, Unplanbaren und Undefinierbaren des 12. (Wasser-) Hauses löst zunächst Angst und Konfusion aus. Häufig herrscht eine chaotische, eigenwillige, im Einzelfall sogar asoziale Struktur vor, die den Jungfraucharakter kaum erahnen läßt. Durch ausdauernde, prüfende und geduldige geistige Verfeinerung entsteht eine Persönlichkeit mit großer Intuition, Geschicklichkeit, Menschenkenntnis, Weisheit bis hin zu großer spiritueller Kraft.

Tätigkeiten und Berufe: Wo es um feinstoffliche Zusammenhänge geht (Psychologie, Esoterik, besonders Astrologie). Wo es um Einfühlung und Leidminderung geht (Medizin, Homöopathie, Psychotherapie, Pflege). Wo künstlerische und musische Fähigkeiten gebraucht werden (Kunstgewerbe, Kunsthandwerk, Graphik). Wo geistige Getränke hergestellt und verkauft werden (Brauerei, Restaurant, Bar). Siehe auch Sonne in den Fischen.

Caligula (römischer Kaiser), David Copperfield (Magier), Walter Koch (Astrologe)

E W W E   VA VA

Aszendent Jungfrau – was ich will

Während sich Sonnen- und Mondeigenschaften im Verhalten und Sein widerspiegeln, schlummert die Aszendentenkraft als Same, Anlage und Motiv im Individuum und muß geweckt und entwickelt werden. In der Weise, wie dies gelingt, entsteht persönliche Eigenart, letztendlich Individualität. Mit AC Jungfrau treten die im allgemeinen Abschnitt über die Jungfrau aufgeführten Eigenschaften selbstverständlicher, pointierter, schärfer, extremer, drängender und ichhafter zutage. Manchmal entsteht sogar ein regelrechter Zwang, zu ordnen, zu kritisieren und zu verwerten. Kontaktaufnahme zu anderen Menschen läuft meistens über die Arbeitswelt.

Tätigkeiten und Berufe: Wo es um eine aufopfernde Tätigkeit für andere geht (alle Pflege- und Heilberufe). Wo es um die Erforschung der äußeren und inneren Welt geht (alle systematischen Wissenschaften, besonders Mathematik, Psychologie und Astrologie). Wo es um Organisation und Ausführung geht (Sekretär, Manager, Verwaltung, Dienstberufe). Wo es um Beurteilung und kritische Beobachtungsgabe geht (technische Berufe). Wo es um Reinlichkeit, Gesundheit und Erziehung geht (Kosmetik, Lehramt, Wäscherei).

Aszendentenherrscher Merkur

Wie man bei der Interpretation der Sonnenstellung erst durch Berücksichtigung der Hausposition verläßliche Auskunft erhält, so muß auch bei Aussagen über den Aszendenten der Herrscher und dessen Stellung in Zeichen und Häusern bewertet werden. Beim Zeichen Jungfrau ist dies der Planet Merkur. Merkur bedeutet Klugheit, Vorsicht und geistige Wendigkeit. In der Klassik galt er als der Gott der Wege und Wanderer, er sollte Handel und Verkehr schützen und all denen Glück bringen, die ihr tägliches Brot durch ihrer Hände Fleiß verdienen. Jupiter wurde mit dem Glück der großen Leute, der Ärzte, Apotheker und reichen Kaufleute assoziiert. Merkur hingegen stand für das Glück der »Kleinen«, der Dorflehrer und Schafhirten, der Krämer, Wirte, Bauern. Da ihm jeder zufällige Fund als Gewinn zuge-schrieben wird, galt er sogar als Gott der kleinen Halunken und Diebe. Auch heute gibt es eine ähnliche Unterscheidung: Jupiter macht glücklich, indem er Sinnzusammenhänge stiftet, den Menschen erhebt und ihm ein höheres Bewußtsein verleiht. Merkur hingegen macht klug und gewährt die Gunst, mit den Dingen des Alltags – und dazu gehört auch die tägliche Berufsroutine – zurechtzukommen.

Was die berufliche Relevanz des AC-Herrschers Merkur in den zwölf Zeichen betrifft, siehe Zusammenstellung weiter unten in diesem Kapitel!

Was die Position im Haus betrifft, genügt es in aller Regel, den Quadranten zu berücksichtigen, in dem sich Merkur befindet. Die entsprechenden Merkurstellungen werden weiter unten erörtert.

Medium Coeli Jungfrau – was ich muß

Das Medium Coeli zeigt den Bereich, dem sich der Horoskopeigner einfügen muß, damit er in gesellschaftlicher wie kosmischer Hinsicht Vollkommenheit und Erfüllung findet. Diese MC-Bereiche beinhalten Pflichten, Normen und Verhaltensvorschriften, geben aber auch Halt und Sicherheit und vermitteln letztendlich das Gefühl, seiner Lebensaufgabe zu genügen.

+ Mit MC Jungfrau besteht eine Disposition, sozial-orientiert zu arbeiten oder zu sozialpolitischem Engagement. Da das Jungfrauzeichen als Feld der Arbeit gilt, findet sich mit MC Jungfrau eine hohe Berufsethik. Der Beruf wird über individuelle Bedürfnisse gestellt und rangiert vor dem Privatleben. Interesse an beruflicher Weiterbildung. Sich für die Ideen anderer einsetzen. Abbau aufgeblähter Egostrukturen. Einfachheit. Vielseitigkeit. Ordnen, Organisieren, Verwalten, Dienen, Pflegen, Heilen, systematisches Erfassen, Auslesen, Verwerten.

− Unter Pflichtbewußtsein und Perfektionismus leiden. Unterdrückung des persönlichen Bereichs durch den Beruf. Berufsstreß.

Tätigkeiten und Berufe: Wo Zuverlässigkeit, Planung und Systematik wichtig sind (Dienstleistung, Verwaltung, Aufsicht, Kontrolle, Buchhaltung, Revision). Wo Ordnungen − einfache wie höhere − wichtig sind (Zug-, Kalender-, Verkehrsplanung, Psychologie, Soziologie, Naturwissenschaften wie Mathematik, Astronomie, Vorsorge). Wo Arbeit verteilt oder verwaltet wird (Arbeitsamt). Wo Selbstfindung und Heilung mit Hilfe von Astrologie betrieben wird. Wo Gesundheit im Mittelpunkt steht (Körper- und Psychotherapie, Prophylaxe, Naturheilverfahren, Dienst am Kranken, Pflegeberufe, Hygiene, Reform- und Bioladen). Wo es um Technik, Mechanik, Statik und Sicherheit geht (Zahntechnik, Feinmechanik). Dienstleistungen (Gastronomie, Reiseservice, Hygiene, Pflege). Siehe auch Allgemeine Einführung Jungfrau.

Herrscher des Medium Coeli im Zeichen

Genau wie beim AC muß auch der herrschende Planet des MC, hier also Merkur, berücksichtigt werden. Seine Stellung im jeweiligen Zeichen nennt Ziel und Richtung beruflicher Erfüllung und zeigt die spezifische Färbung der MC-Kraft auf. Als »Glücksplanet der kleinen Leute« und Mäzen derjenigen, die hart arbeiten, zeigt seine Stellung darüber hinaus auf, mit welchen Förderungen und glücklichen Fügungen im Berufsleben gerechnet werden kann. Eine Zusammenstellung über die berufliche Relevanz des MC-Herrschers Merkur in den zwölf Zeichen folgt weiter unten in diesem Kapitel.

Herrscher des Medium Coeli im Haus

Was die Stellung des MC-Herrschers Merkur im Haus betrifft, genügt es in aller Regel, die Richtung zu kennen. Damit ist gemeint, in welchem Quadranten sich der Herrscherplanet verwirklicht (siehe auch Grundlagen astrologischer Berufsberatung). Die entsprechenden Merkurstellungen werden weiter unten erörtert.

Herrscherqualitäten des AC / MC in den Zeichen

☿ ♈
Medium Coeli / Aszendent in der Jungfrau Herrscherplanet Merkur im Widder

Jungfräulich-Merkurisches verwirklicht sich in typischen Widderbereichen wie Management, Wirtschaft, Politik (siehe Allgemeine Einführung Widder) und bewirkt Struktur, Systematik und Ordnung.

+ Klugheit. Schnelle Auffassung und Umsetzung. Organisieren und verwalten können. »Verwalterkonstellation«. Gute Buchführung. Im richtigen Moment das Richtige sagen und tun. Berufstreue. Genauigkeit, Pünktlichkeit. Zur Vertrauensperson (rechte Hand des Chefs) aufsteigen. »Sekretärskonstellation«. Chef vom Dienst.

– Leichtsinn. Fehlkalkulationen. Schlechte Buchführung. Schludrigkeit.

E W F F   VA KA

☿ ♉
Medium Coeli / Aszendent in der Jungfrau Herrscherplanet Merkur im Stier

Jungfräulich-Merkurisches verwirklicht sich in typischen Stierbereichen wie Ernährung, Bankwesen, Natur (siehe Allgemeine Einführung Stier) und bewirkt Systematisierung, Anpassung und Öffnung.

+ Verläßlichkeit. Geradlinigkeit. Anschauliches Denken. Behutsame und gewissenhafte Geldpolitik. Geld verwalten können. Hohe Arbeitsmoral. Gewinne auf dem Rentenmarkt. Gewinne durch unermüdlichen Arbeitseinsatz. »Händlerkonstellation«. Mehr ernten, als man gesät hat. Technische Begabung.

– Geiz. Materialismus. Zwanghaftigkeit bei Geldgeschäften.

E W E F   VA FI

JUNGFRAU ♍

☿ ♊
Medium Coeli / Aszendent in der Jungfrau Herrscherplanet Merkur in den Zwillingen

Jungfräulich-Merkurisches verwirklicht sich in typischen Zwillingsbereichen wie Lektorat, Buchhandel, Journalismus, Verkauf, Kommunikation, Transport, Verkehr (siehe Allgemeine Einführung Zwillinge) und bewirkt Systematik, Verläßlichkeit und Behutsamkeit.

+ Analytische Verstandeskraft. Sprachliche Talente. Rasche Auffassung. Organisieren, verwalten und versorgen können. »Sekretärskonstellation«, »Buchhaltungskonstellation«. Intellektualität. Eignung für Wissenschaft und Forschung. Bescheidenes, sachliches Auftreten. Bei Vorstellungsgesprächen und Verhandlungen gut vorbereitet sein. Nicht auf den Mund gefallen sein. Als anerkannter Sprecher für andere auftreten. Unterstützung durch Geschwister.

− Oberflächlichkeit. Nach dem Mund reden. Verluste durch Betrügereien (Steuermogeleien).

E W L F   VA VA

☿ ♋
Medium Coeli / Aszendent in der Jungfrau Herrscherplanet Merkur im Krebs

Jungfräulich-Merkurisches verwirklicht sich in typischen Krebsbereichen wie Häuslichkeit, Gastronomie, Psychologie, Pädagogik, Arbeit mit Kindern (siehe Allgemeine Einführung Krebs) und bewirkt Versachlichung, Systematik und Analyse.

+ Über Intuition verfügen. Vielschichtiger Intellekt. Psychologisches Gespür. Bildhaftes Denken. Positiver Einfluß auf das Betriebsklima. Gerne gesehener Mitarbeiter sein. Berufliche Vorteile durch Hilfsbereitschaft (die gute Fee sein). Anderen zuhören und sie verstehen können. Beliebtheit. Zuverlässigkeit. Zu Hause arbeiten können.

− Konzentrationsstörungen, Launenhaftigkeit.

E W W W   VA KA

133

♀ JUNGFRAU

☿ ♌

Medium Coeli / Aszendent
in der Jungfrau
Herrscherplanet Merkur
im Löwen

Jungfräulich-Merkurisches verwirklicht sich in typischen Löwebereichen wie Kreativität, Kunsthandwerk, Graphik, Ausdruck, Spiel, Vergnügen (siehe Allgemeine Einführung Löwe) und bewirkt Bescheidenheit, Sachlichkeit und Flexibilität.

+ Durch Sachlichkeit überzeugen. Mit Wissen beeindrucken. Eine Führungsposition einnehmen können. Verhandlungsgeschick beweisen. Ideenreichtum und Originalität. Optimismus. Begabung für Forschung und Wissenschaft. Künstlerische Begabung (Schreiben).

− Wissensdünkel. Arroganz. Sich selbst zu wichtig nehmen. Schlecht mit Kritik umgehen können.

E W F W   VA FI

☿ ♍

Medium Coeli / Aszendent
in der Jungfrau
Herrscherplanet Merkur
in der Jungfrau

Jungfräulich-Merkurisches verwirklicht sich in typischen Jungfraubereichen, die mit Systematik, Ordnung, Natur, Technik, Organisation, Verwaltung, Gesundheit, Ernährung zu tun haben (siehe Allgemeine Einführung Jungfrau).

+ Hohen Arbeitseinsatz erbringen können. Höchste Zuverlässigkeit und Genauigkeit. Kritischer Sachverstand. Vernünftige Einteilung der Kräfte. Realistische Einschätzung von Vorhaben. Ausdauer und Geduld. Vorhaben durchziehen können. Sich beruflich absichern können. Flexibilität und Anpassungsvermögen. Aus allem das Beste machen. Zugang zu heilerischen Quellen. Das eigene Tun unter höhere Einsicht und Vernunft stellen. Technische Begabung.

− Arbeitssucht. Schlecht abschalten und entspannen können. Existenzunsicherheit.

E W E W   VA VA

JUNGFRAU ♍

☿ ♎
Medium Coeli / Aszendent in der Jungfrau Herrscherplanet Merkur in der Waage

Jungfräulich-Merkurisches verwirklicht sich in typischen Waagebereichen wie Kunst, Ästhetik, Entspannung, Schönheit, Sinnlichkeit, Beziehungsleben (siehe Allgemeine Einführung Waage) und bewirkt Versachlichung, Ernüchterung, Vereinfachung, Ausdauer und Fleiß.

+ Sich durch guten Geschmack und Kunstverständnis den Arbeitsalltag verschönern können. Gewinnendes und einnehmendes Auftreten. Verhandlungsgeschick auch in delikaten Situationen beweisen. Seinen Arbeiten ein gefälliges Aussehen verleihen können. Schriftstellerische Begabung. Über anschauliches Denken verfügen. Aufgrund großer Kontaktfreude überall (berufliche) Freunde haben. Durch die richtigen Beziehungen weiterkommen. Interessenvielfalt. Ausdauer. An die Arbeit systematisch herantreten. Beziehungen herstellen und vermitteln können (»Partnertherapiekonstellation«). Diplomatie.

− Entscheidungsprobleme. Interessenzersplitterung. Sich im Allgemeinen und Schöngeistigen verlieren.

E W L L   VA KA

☿ ♏
Medium Coeli / Aszendent in der Jungfrau Herrscherplanet Merkur im Skorpion

Jungfräulich-Merkurisches verwirklicht sich in typischen Skorpionbereichen und bewirkt Versachlichung, systematisches Arbeiten und Nüchternheit. Siehe auch Allgemeine Einführung Skorpion.

+ Begabung für Journalismus, Kriminalarbeit, sämtliche Heilberufe. Aufgrund großer Berufstreue und Bindungsstärke sichere Arbeitsposition einnehmen (Archivar, Bibliothekar, Sekretär, Verwaltung). Durchhaltevermögen. Sich in eine Sache hineinknien. Opferbereitschaft. Außergewöhnliche Aufgaben verrichten können (Sterbehilfe). Berufliches Hintergrundwissen. Mit unbekannten Helfern rechnen können. Mit materiellem oder ideellem Erbe rechnen können. Im Beruf einen karmischen Auftrag erfüllen.

− Durch karmische Verstrickungen nicht vorwärtskommen. Berufliches Versagen in Folge ungelöster Kindheitsprobleme.

E W W L   VA FI

☿ ♐
Medium Coeli / Aszendent in der Jungfrau Herrscherplanet Merkur im Schützen

Jungfräulich-Merkurisches verwirklicht sich in typischen Schützebereichen wie Sport, Tourismus, Bewußtseinserweiterung, Philosophie, Religion (siehe Allgemeine Einführung Schütze) und bewirkt Systematik, Versachlichung und Konkretisierung.

+ Idealismus mit Realismus verbinden können. Seine Ideen verwirklichen können. Gerne arbeiten. Arbeit als Selbstverwirklichung betrachten. Weitgespanntes Wissen. Das Ganze und die Details sehen. Loyalität gegenüber Vorgesetzten und Untergebenen. Andere motivieren können. Intuitive Einsicht in die Bereiche Gesundheit, Krankheit und Therapie. Mut machen können. Einer höheren Einsicht und Führung vertrauen können.

− Idealistische Schwärmerei. Unrealistisches Denken.

E W F L   VA VA

☿ ♑
Medium Coeli / Aszendent in der Jungfrau Herrscherplanet Merkur im Steinbock

Jungfräulich-Merkurisches verwirklicht sich in typischen Steinbockbereichen wie Lehre, Schule, Öffentlichkeit, Politik, ist ausgerichtet auf ein überpersönliches, gesellschaftliches Tun. Siehe Allgemeine Einführung Steinbock.

+ Über einen sachbezogenen Verstand verfügen. Großes und fundiertes Allgemeinwissen. Eignung für Wissenschaft, Forschung und Technik. Durch Konzentration und Ehrgeiz berufliche Position verbessern. Öffentliche Anerkennung finden. Dienstapparat kennen und nützen können. Vorteile durch Sachverstand. Ausdauernd und ernsthaft nach oben drängen. Lohn der Arbeit ernten. Sich auf berufliche Gerechtigkeit verlassen können. Hohes Verantwortungsbewußtsein.

− Starrsinn. Ehrgeiz. Gefühlsarmut.

E W E E   VA KA

JUNGFRAU ♍

☿ ≈
Medium Coeli / Aszendent in der Jungfrau Herrscherplanet Merkur im Wassermann

Jungfräulich-Merkurisches verwirklicht sich in typischen Wassermannbereichen, die mit Teamarbeit, geistiger Erneuerung, Zukunftsplanung, Reformarbeit, Wissenschaft, Politik (siehe Allgemeine Einführung Wassermann) zu tun haben.

+ Seine Ideen realisieren können. Wunsch und Wirklichkeit miteinander verbinden können. Erfindergeist (»Erfinderkonstellation«). Schöpferisches Denken. Visionäre Kraft in den Beruf einfließen lassen können. Durch hohes Gemeinschaftsbewußtsein positiv auf Betriebsklima einwirken. Mit individuellem Arbeitsreglement rechnen können (Gleitzeiten). Sich auf seine Intuition verlassen können. Interessenvielfalt. Bei Einschätzung von Zukunftsprojekten richtigliegen. Einer höheren Vorsehung vertrauen können.

− Naivität. Phantasterei. Leichtgläubigkeit.

E W L E   VA FI

☿ ♓
Medium Coeli / Aszendent in der Jungfrau Herrscherplanet Merkur in den Fischen

Jungfräulich-Merkurisches verwirklicht sich in typischen Fischebereichen wie Pflege, Dienst am Nächsten, Kunst, Wissenschaft, Mystik (siehe Allgemeine Einführung Fische) und bewirkt Versachlichung, Systematik und Arbeitseifer.

+ Hang zu außergewöhnlichen Themen (Esoterik). Beruflich geführt werden. Gnade und Glück erleben. Den Zeitgeist aufnehmen und ausdrücken können (Idol sein). Sehnsucht nach mystischen Erlebnissen (»Klosterkonstellation«). Einfühlungsvermögen und Hilfsbereitschaft (ärztliche und pflegerische Tätigkeiten). Über magnetische Heilkräfte verfügen (»Heilerkonstellation«). Allein arbeiten können. Interessenvielfalt.

− Fluchttendenzen. Unsicherheit, Irrealität. Pläne werden nie verwirklicht. Berufliche Verhinderung durch ein geheimnisvolles Schicksal.

E W W E   VA VA

Herrscherqualitäten des AC / MC in den Quadranten

AC ♍ / MC ♍
Aszendent Jungfrau / Medium Coeli Jungfrau
Herrscherplanet Merkur im Quadranten I

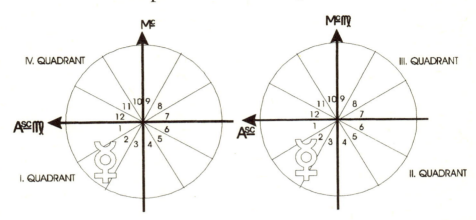

Befindet sich Merkur als AC-Herrscher im Quadranten I (Haus 1, 2 und 3), will er sich ichhaft und ichbetont verwirklichen. Das heißt zum Beispiel, daß der Horoskopbesitzer die Jungfrau-merkurischen Anlagen auch gegen einen äußeren Widerstand einbringen und durchsetzen will, ja, daß Widerstand und Konkurrenz sogar seine Neigungen noch verstärken. Diese Stellung fördert Flexibilität, Vielseitigkeit, Klugheit, Genauigkeit, Sachwissen und die Gabe, für andere zu sorgen. Geeignete Berufe sind Sekretär, Verwalter und Tätigkeiten im Zusammenhang mit Politik, Pädagogik. Überwachende und kontrollierende Arbeiten. Tätigkeiten, bei denen schnelle Auffassung wichtig ist (beispielsweise an der Kasse).

AC ♍ / MC ♍
Aszendent Jungfrau / Medium Coeli Jungfrau
Herrscherplanet Merkur im Quadranten II

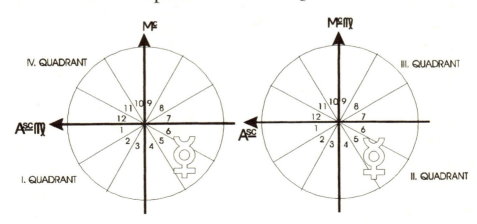

Befindet sich Merkur im Quadranten II (Haus 4, 5 und 6), ist ein seelisches und gefühlshaftes Involviertsein im Beruf wichtig. Das sind Berufsfelder, in denen durch Einsicht heilerische Kräfte geweckt werden, die Psyche des Alltäglichen erforscht und dargestellt wird oder Raum für Kreativität und Ausdruck herrschen (Pädagogik, Therapie, besonders Familientherapie, Sozialarbeit, Heilgymnastik, Heil- und Kurbäder, Psychologie, Menschenkunde, Erwachsenenbildung, Kunsterziehung, Kunsttherapie). Besonders wenn Merkur als AC-Herrscher im 6. Haus steht, ist das Thema Gesundheit, Vorsorge, Heilung und Pflege vorrangig (Arzt, Therapeut, Pflegedienst, Diätassistent, Labordienst).

AC ♍ / MC ♍
Aszendent Jungfrau / Medium Coeli Jungfrau
Herrscherplanet Merkur im Quadranten III

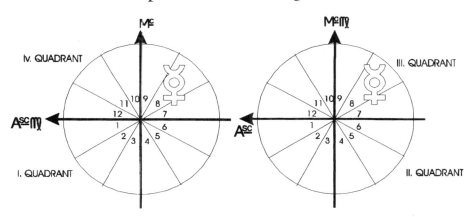

Befindet sich Merkur im III. Quadranten (Haus 7, 8 und 9), ist ein sozialer Beruf im weitesten Sinne oder wenigstens ein soziales Umfeld bei der Berufsausübung unerläßlich. Man drängt zum Du und zur sozialen Öffentlichkeit, will kommunizieren, sich auf andere beziehen, sich austauschen, spiegeln, beachtet werden, seine Gefühle der Zuneigung und Ablehnung einbringen. Merkur im Quadranten III erleichtert Handel, Verkauf und Geschäftsabschlüsse. Er befähigt zu repräsentativen Aufgaben. Die soziale Ausrichtung anderen gegenüber kann sich (besonders im 8. Haus) auch als Bindung und Hingabe an eine Idee oder als Berufung manifestieren.

AC ♍ / MC ♍
Aszendent Jungfrau / Medium Coeli Jungfrau
Herrscherplanet Merkur im Quadranten IV

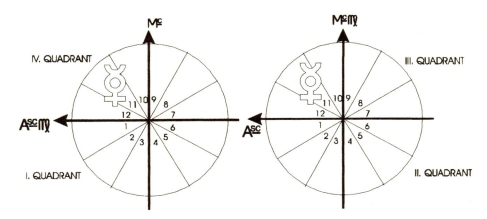

Steht Merkur im Quadranten IV (Haus 10, 11 und 12), suchen die Jungfrau-merkurischen Energien eine überpersönliche, allgemeinverbindliche Manifestation. Steht Merkur im 10. Haus, ist eine starke Anspruchshaltung vorhanden: Der Horoskopeigner fühlt sich häufig berufen oder steht unter dem Druck, etwas Großes und Wichtiges in seinem Leben zu erschaffen. Schwierig ist auch die Stellung von Merkur im 12. Haus, weil die AC- beziehungsweise MC- Kraft ins Namenlose und Unpersönliche zielt, was oft als Leere oder Unerfülltheit empfunden wird. Adäquate Berufsfelder finden sich in Bereichen, in denen es um Glauben geht (Missionsarbeit, alle karitativen Tätigkeiten). Wo Mitgefühl eine Rolle spielt (Sozialdienst, Altenpflege). Kunst, besonders Musik (Kirchenorganist) und esoterische Kunst (New Age Kunst). Spirituelle Reisen, Pilgerfahrten, Chormusik. Wo esoterische Literatur geschrieben, verlegt, verkauft wird.

Sonne, Aszendent, Medium Coeli in der Waage

Allgemeine Einführung

Die Waage symbolisiert den Sieg des Erhabenen, Schönen, Lichtvollen über das Niedere, Finstere und Häßliche kraft allumfassender Liebe.

ELEMENT: LUFT als alles verbindender Urstoff des Lebens, starke Intellektbetonung, kontaktfreudig.

QUALITÄT: KARDINAL und damit drängend, überzeugend, kraftvoll, auf Reibung, Sieg und Triumph eingestellt.

POLUNG: PLUS, männlich, yang, aktiv, nach außen und innen.

SYMBOLIK: WAAGE als Zeichen der Harmonie, Entspannung und Liebe.

ZEITQUALITÄT: 24. SEPTEMBER BIS 23. OKTOBER Der Herbstanfang mit Tag- und Nachtgleiche steht symbolisch für Mitte, Mittelpunkt, Ausgleich und Gerechtigkeit.

HERRSCHERPLANET: VENUS DES ABENDS göttlicher Ausdruck geistiger Liebe.

Waage macht harmonisch, sinnig, stimmig, verbindlich und bewirkt ein Streben nach dem Schönen, Friedfertigen, Angenehmen und Positiven. Die Sonne, der Mond, jeder Planet und genauso der Aszendent und das Medium Coeli bekommen, wenn sie in der Waage stehen, diese Färbung, offenbaren sich eine Spur lieblicher und ausgewogener und verleihen den Menschen Charme, positive Ausstrahlung, Takt und Feingefühl. In den Augen stark waagebetonter Personen (das sind Individuen mit Sonne, Mond, AC, MC in der Waage; ebenfalls Sonne, Mond im 7. Haus; abgeschwächt Herrscherplanet des AC oder des MC in der Waage oder im 7. Haus; abgeschwächt Venus im 1. oder im 10. Haus) ist das Leben ein Balanceakt, ein Seiltanzen, und nur wer sich in der Mitte hält, stürzt nicht ab. Das kostet zwar Kraft, aber davon verleiht ein kardinales Zeichen wie die Waage von Natur aus genug. Sie verhilft zwar zu feinen, friedlichen Umgangsformen, aber daraus darf man noch lange nicht auf zartbesaitete und zerbrechliche Wesen schließen! Wenn es darauf ankommt, verleiht Waage eine immense Kraft. Mit ihr können Hindernisse spielend überwunden und Gegnern Denkzettel verpaßt werden, die diese ihr Lebtag nie mehr vergessen. Ein gutes Beispiel ist Mahatma Gandhi, Sonne Waage Haus 12, der mit friedlichen Mitteln die Weltmacht England in die Knie zwang. Aber zu Zwang, Druck oder gar Streit ist die Waage nur im Notfall und erst dann bereit, wenn alle freundlichen und taktischen Manöver nicht greifen. Eigentlich entspringt dieser Tierkreisenergie der Traum von einer Welt, in der Gemeinheit, Böswilligkeit und Betrug nicht vorkommen.

Waagebetonte Menschen sind daher allesamt die geborenen Künstler. Was immer sie ansehen, hören, berühren, riechen, schmekken, weckt ihren ästhetischen Sinn und ihre Kreativität. All die großen und kleinen schöpferischen Taten, vom unsterblichen Kunstwerk über das Layout einer Tageszeitung bis zum kunstvoll nachgezogenen Lidstrich wurden und werden von Menschen gemacht, die in ihrem Horoskop einen Waageeinfluß aufweisen. Berühmte Beispiele sind das Musikgenie Ludwig van Beethoven (AC Waage), der Dichter Jean Rimbaud (Sonne Waage), der Komponist George Gershwin (Sonne Waage), die Filmschauspielerin Brigitte Bardot (Sonne Waage), der Schriftsteller Günter Grass (Sonne Waage), der Harfenist Andreas Vollenweider (Sonne, AC, Neptun, Saturn, Merkur Waage), der Songschreiber und Sänger Cat Stevens (AC Waage), der Opernsänger Luciano Pavarotti (Sonne Waage), der Architekt Le Corbusier (Sonne Waage), der Opernkomponist Giuseppe Verdi (Sonne Waage) und der Kunstmacher André Heller (Sonne im 7. Haus). Sogar, wenn man an einen völlig unkreativen Arbeitsplatz kommt, erkennt man am Blumenstrauß auf dem Ladentisch oder am besonders höflichen Umgangston: Hier arbeitet eine Waage.

Je stärker der Waageeinfluß ist, um so uninteressanter wird normaler Arbeitstrott. Läßt sich dieser nicht vermeiden, verursacht die Waageenergie Probleme und macht irgendwann schwermütig und krank. Das kann allerdings lange dauern, denn wie gesagt: Waage verleiht Kraft. Aber noch entscheidender ist, daß sich Waagemenschen nach außen hin auch dann noch positiv und optimistisch geben, wenn sie innerlich darben und leiden. So kann es ohne weiteres geschehen, daß die Waage an einem schrecklich unkreativen Arbeitsplatz freundlich strahlt – während es ihr innerlich zum Sterben zumute ist. Wenn man seine Berufssituation analysieren und verändern will, darf man sich daher nicht auf die Waageenergie verlassen,

sondern muß seinen Widder, Steinbock oder Wassermann herauskramen – sonst passiert nie etwas.

Neben ihrem künstlerischen Potential macht Waagekraft gemütlich, entspannend und friedlich. Ihr herrschender Planet ist der Abendstern Venus, jenes silbrig leuchtende, helle Licht, das den Feierabend einleitet. Daher fühlt man sich bei waagebetonten Menschen immer wohl, entspannt und friedlich, egal, ob man es mit ihnen als Friseur, Kosmetiker, Verkäufer, Barmann, Masseur oder Therapeuten zu tun hat.

Sie sind wie alle Luftzeichen kontaktfreudig und können reden, verstehen es darüber hinaus besser als alle anderen, sich in ihr Gegenüber hineinzuversetzen. Sie erfühlen oft noch früher als der andere, was in ihm vorgeht. Diese Gabe macht sie zu großartigen Seelsorgern und Therapeuten, die ihren Klienten als gleichberechtigten Partner nehmen und ihm nicht als Guru, Meister oder Besserwisser begegnen. Sigmund Freud, der Urvater der modernen Psychotherapie war zwar ein Stier, aber seine Sonne steht mit zwei weiteren Planeten im 7. Haus, das dem Waagezeichen entspricht. Und auch die Sonnen der prominenten Therapeuten C.G. Jung, einem Löwen, und Gerda Boyesen (Stier) stehen im 7. Haus.

Auch in Verkauf und Beratung sind sie stark. Kauft man bei einer Waage ein, kann man sicher sein, daß man etwas mit nach Hause nimmt, was zu einem paßt.
Ihr Wertbewußtsein ist hoch entwickelt. Wie richtige Waagen verschiedene Materialien in einer einheitlichen Maßeinheit, ihrem Tauschwert, erfassen und vergleichen, so sind waagebetonte Menschen dafür geboren, alles mit allem zu vergleichen. Ohne Waage gäbe es keine Markt- und keine Geldwirtschaft. Sie sind die geborenen Händler und verkaufen, was immer Geld verspricht. Dazu paßt, daß sowohl der US-Dollar (seit 1792) als auch die D-Mark (seit 1948) jeweils ein Horoskop mit MC in der Waage aufweisen. Aber wie anfangs erwähnt: Nur Verkaufen, Handeln, Tauschen,

142

Gewinnen ist zuwenig. Die Waage braucht einen Raum für stimmige, kreative und schöngeistige Selbstverwirklichung.

Ihr Wertbewußtsein funktioniert auch auf zwischenmenschlichem und innerseelischem Terrain, was sie zu fabelhaften Richtern, Rechtsanwälten, Partner- und Eheberatern, Politikern, Schiedsrichtern und Vermittlern werden läßt.

In Verbindung mit Erdenergie (Jungfrau, Steinbock, Stier) sind waagebetonte Menschen phantasievolle Handwerker, Feinmechaniker, Techniker, Schneider und Schmiede. Genauso liegt ihnen Mode, Design, Goldschmiedekunst und Restauration von und Handel mit Antiquitäten buchstäblich im Blut. Prominente Beispiele sind Coco Chanel, Grande Dame des schönen Luxus mit MC Waage, und Pierre Cardin, Sinnbild für Schönheit und Kult mit AC Waage.

Ihre feinen Umgangsformen müssen extra erwähnt werden. Es ist kein Zufall, daß Freiherr von Knigge, der Erfinder des guten Tons, eine Waage (Sonne, Mars, Merkur, MC) war. Diese Fähigkeit des tadellosen Benehmens, des Charmes und kunstvollen Umgangstones läßt waagebetonte Menschen überall dort wichtig werden, wo Menschen friedlich miteinander verkehren wollen, insbesondere in den diplomatischen Corps aller Regierungen dieser Welt.

Das Waagezeichen ist das einzige Sachzeichen im Tierkreis. Das ist ein Hinweis dafür, daß diese Kraft ausgesprochen neutral und objektiv wirkt. Dies befähigt – wie bereits erwähnt – zu sämtlichen juristischen Berufen. Zugleich erleichtert diese Neutralität die Arbeit an einem Posten, an dem Reklamationen eingehen beziehungsweise kritische Analysen erstellt werden: Waage-Menschen laufen nicht Gefahr, Vorwürfe auf die eigene Person zu beziehen.

Schatten

Der starke Hang zum Du, das große Gespür für andere, die Gabe, sich beinahe völlig in einen anderen Menschen hineinversetzen zu können – daraus resultiert auch ihr Schatten: Aus sich selbst heraus ist sie unentschieden, schwach, schwankend und endlos wägend. Ohne ein Gegenüber, auf das sie sich beziehen kann, weiß sie am Ende selbst nicht mehr, wer sie ist und was sie will. Ohne zwischen anderen vermitteln zu können, zu arrangieren und auszugleichen, fühlt sie sich hilflos und ohne Wert. Aus sich selbst heraus zum Handeln, eine ichhafte Tat zu vollbringen, fällt ihr enorm schwer; sie bleibt im Denken hängen, das bei ihr überproportional ausgebildet ist. Das kann auch katastrophale Folgen für ihre berufliche Verwirklichung haben, nämlich dann, wenn die unentschiedenen Waagekräfte eine notwendige Kündigung oder einen wichtigen Neuanfang verhindern.

Was Waagekräfte fördert

Die innere Mitte suchen
Eine neutrale und unparteiische Position beziehen
Sich musisch oder künstlerisch betätigen
Mit Ton, Farbe, Geschmack experimentieren
Sich in andere hineinversetzen (»Ein Jahr in den Mokassins eines anderen gehen«, sagen die Indianer)

Stimmigkeit, Gerechtigkeit suchen
Ausgleich, Frieden und Harmonie anstreben
Liebe als höchstes Gut erachten
Durch Liebe das eigene Wesen und das anderer erkennen

Arbeits- und Berufsprofil

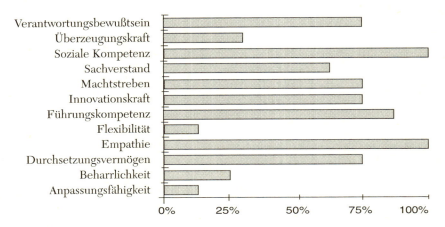

Sonne Waage – was ich kann

Individuen mit der Sonne in der Waage sind von ihrem Vater oder der väterlichen Sippe in besonderer Weise mit der Gabe des Ausgleichens und Vermittelns und einem starken Sinn für alles Schöne ausgerüstet. Über ihrem ganzen Leben steht die Liebe wie ein strahlender Stern. Manchmal ist der Vater selbst Vorbild für diese besondere Eigenart, war also selber künstlerisch, schöngeistig und vermittelnd. Es kann aber auch sein, daß der Vater selbst ganz anders erlebt wurde, aber vom Kind dennoch waagehafte Verhaltensweisen abverlangt wurden. Zum Beispiel verweisen Kinder mit einer Sonne in der Waage sehr häufig darauf, daß die Ehe der Eltern am Auseinanderbrechen war. Kinder mit einer Waagesonne kommen dann sozusagen auf die Welt, um solche Ehen wieder zu kitten. Es ist aber auch möglich, daß der Vater aggressiv und zerstörerisch erlebt wurde und das Kind somit gezwungen war, waagehafte Tugenden zu entwickeln, um zu überleben. In jedem Fall erfüllt sich in einem Sohn oder einer Tochter mit Sonne Waage immer der (unbewußte) Wunsch des Vaters, sein Kind möge die Liebe leben, nach der er sich selbst sehnte und die auch in ihm vorhanden war.

Die Qualität einer bestimmten Sonnenstellung kann erst im jeweiligen Haus wirklich lebendig werden, oder wie es astrologisch heißt: Die Sonne verwirklicht sich hausspezifisch (siehe Abschnitt über Zeichen und Häuser). Darüber informiert der folgende Abschnitt.

Sonne Waage Haus 1 bis 12

☉ ♎ in 1
Sonne Waage in Haus 1

Die luftbetonte und kardinale Waageenergie führt im 1. (Feuer-) Haus zu einer allgemeinen Belebung und Aktivierung. In besonderer Weise werden das Denken, die Phantasie und die Vorstellungskraft stimuliert.

+ Große Kreativität. Schöpferkraft. Phantasie bis hin zu Genialität. Management- und Führungsfunktionen, die aber häufig indirekt, aus dem Hintergrund (negativ als »Schreibtischtäter«) ausgeführt werden. Diplomatisches, gefälliges Auftreten. Sicherheit ausstrahlen und gewinnen.

− Obskure Gedankenwelt. Verkopftheit. Undurchsichtige Geschäfte und Machenschaften.

Tätigkeiten und Berufe: Alle Bereiche der Kunst und des Kunsthandwerkes (Restauration, Musik, Malerei), Kunsthandel und Präsentation (Museum, Galerie). Führende Positionen in den Bereichen Handel und Wirtschaft. Alle Rechtsberufe. Wo es um Verstehen, Einfühlen, Beraten geht (Psychotherapie). Wo Diplomatie im Spiel ist. Siehe auch Sonne im Widder.

Silvio Berlusconi (Medienzar, Politiker), Caesare Borgia (Papst und Kaiser), Rita Hayworth (Schauspielerin), John Lennon (Musiker), Arthur Miller (Dramatiker) Alfred Nobel (Chemiker), Jean Nicolas Arthur Rimbaud (Dichter), Pancho Villa (Revolutionär und Bandit)

L L F F   KA KA

☉ ♎ in 2
Sonne Waage in Haus 2

Die luftbetonte Waagesonne findet im 2. (Erd-) Haus Struktur und Konkretisierungsmöglichkeiten. Abstraktes, Erdachtes und Vorgestelltes findet wirkliche Farbe und Form, wird faßbar.

+ Praktische Begabung. Anschaulich Denken. Gestalterisch tätig sein. Über guten Geschmack verfügen. Aus Sinnlichkeit schöpfen (Gastronomie).

− Materialistische Grundeinstellung. Geiz. Schönfärberei.

Tätigkeiten und Berufe: Wo Schönheit, Geschmack und Ästhetik praktische Bedeutung erlangen (Kosmetik, Friseurbranche, Galerie, Dekoration). Wo Natur und Ästhetik sich verbinden (Gartenbauarchitektur, Gärtnerei, Blumenbinderei). Wo mit Geschmack und Genuß gehandelt wird (Drogerie, Feinkost, Reformhaus). Wo Geld, Aktien, Anlagen etc. eine Rolle spielen (z. B. Bank). Siehe auch Sonne im Stier.

Pele (Fußballidol), Lieselotte Pulver (Schauspielerin), Jacques Tati (Regisseur), Lech Walesa (Staatspräsident), Oscar Wilde (Schriftsteller)

L L E F   KA FI

☉ ♎ in 3
Sonne Waage in Haus 3

Die luftbetonte Waagesonne trifft im 3. (Luft-) Haus auf verwandte Kräfte, wird belebt, verstärkt, dynamisiert und manifestiert sich in Begegnung, Selbstdarstellung, Kommunikation und Wissensanhäufung.

+ Über starke denkerische Kräfte verfügen. Durch Vielseitigkeit und Beweglichkeit berufliche Chancen verbessern. Über Kunst und Geschmack reden können. Wissensbreite. Sprachbegabung. Schauspielerische Talente. Sich gut darstellen und verkaufen können.

– Launenhaftigkeit. Sich verzetteln. Konzentrationsschwäche. Labilität.

Tätigkeiten und Berufe: Wo es um Ausdruck (Tanz, Theater, Film, TV), Darstellung (Repräsentant), Verkauf, Handel, Kunst (Graphik, Layout), Literatur und Ästhetik geht. Alle Rechtsberufe. Wo Begegnungen stattfinden (Diplomatie, Politik, Psychotherapie, Beratung). Siehe auch Sonne in den Zwillingen.

Heinrich von Kleist (Dichter), Oswalt Kolle (Sexualtherapeut), Franz von Liszt (Komponist), Roger Moore (Schauspieler), Luciano Pavarotti (Opernsänger), Luis Trenker (Bergsteiger)

L L L F   KA VA

☉ ♎ in 4
Sonne Waage in Haus 4

Die luftbetonte Waagesonne trifft im 4. (Wasser-) Haus auf fremde Energie (Luft versus Wasser) und bewirkt geistige Durchdringung von Innenräumen, Innerseelischem, Verborgenem, Privatem und Gefühlshaftem.

+ Verfeinerung des Seelischen (Gefühlsästhetik) und der Liebesfähigkeit. Zugang zu Magie und Mystik. Gerechtigkeitsliebe. Über eine Quelle der Intuition, der Phantasie und Schöpferkraft verfügen. Geschmack und Stil besitzen. Reiches Traumleben. Positiv auf das Betriebsklima einwirken können. Familiäre Atmosphäre mit in den Beruf tragen.

– Infolge frühkindlicher Spannungen nicht richtig arbeiten können. Realitätsflucht. Große Verletzbarkeit, die nicht zugegeben wird.

Tätigkeiten und Berufe: Wo es um Gestaltung von Wohnräumen geht (Innenarchitektur, Design). Wo es um Darstellung und Analyse innerseelischer Prozesse geht (Psychologie, Literatur, Fachjournalismus). Wo Erziehung und Feingefühl Hand in Hand gehen (Vater oder Mutter als Beruf, Pädagogik, besonders Kunsterzieher, Kindergärtner, Heilpädagogik, Babysitting). Siehe auch Sonne im Krebs.

Aleister Crowley (Magier), William Faulkner (Erzähler), Alex Sutherland Neill (Pädagoge), Romy Schneider (Schauspielerin)

L L W W   KA KA

WAAGE ⚖

☉ ⚖ in 5
Sonne Waage in Haus 5

Die luftbetonte Waageenergie trifft im 5. (Feuer-) Haus auf belebende, stärkende und anregende Energien. Bei günstigen Aspekten ist diese Stellung die Künstlerkonstellation schlechthin. Lust am Spiel und am künstlerischen Schaffen (Haus 5) verschmelzen mit Geschmack und Phantasie (Waage).

+ Genialität. Kreativität. Kunstsinn. Gute Selbstdarstellung. Durch Selbstsicherheit beeindrucken können. Starke Sexualität und Liebesfähigkeit führt zu beruflicher Zufriedenheit. Führungsaufgaben übernehmen können.

− Durch Überheblichkeit berufliche Chancen verringern. Keine Kritik annehmen können. Narzißmus. Veranlagung zum despotischen Vorgesetzten.

Tätigkeiten und Berufe: Alle künstlerischen Berufe wie Architekt, Schauspieler, Graphiker. Alle repräsentativen Berufe wie Hotelfach oder Galerist. Führungsaufgaben in Politik, Wirtschaft und Handel. Handwerkliche Berufe, literarische und gestalterische Tätigkeiten. Photographie, Bildjournalismus. Siehe auch Sonne im Löwen.

Le Corbusier (Architekt), Conrad Ferdinand Meyer (Schriftsteller), Bruce Springsteen (Rockmusiker), Giuseppe Verdi (Opernkomponist)

L L F W   KA FI

☉ ⚖ in 6
Sonne Waage in Haus 6

Die luftbetonte Waageenergie manifestiert sich im 6. (Erd-) Haus konkret, strukturiert, gefestigt und praktisch. Verbindung von Theorie (Waage) und Praxis (6. Haus).

+ Große Sensibilität für innerseelische Räume und Prozesse. Sinn für Gesundheit und Heilung. Sich unterordnen können. Dienen können. Feingefühl und Einfühlungsvermögen aufweisen. Durch Gerechtigkeitssinn beeindrucken. Entwicklung selbstlosen Tuns.

− Infolge unterschwelliger Destruktivität beruflichen Aufstieg verhindern. Kritiksucht. Zwanghaftigkeit.

Tätigkeiten und Berufe: Wo es um Realisierung und Konkretisierung von Ideen geht (Produzent, Management, Sekretär, Agentur). Wo Kunst und Gesundheit eine Verbindung finden (Kunsttherapie). Wo Innerseelisches gedanklich und strukturiert erfaßt wird (Psychologie, Astrologie). Siehe auch Sonne in der Jungfrau.

Udo Jürgens (Sänger), Allan Kardec (Okkultist), Ronald Laing (Psychologe)

L L E W   KA VA

147

☉ ♎ in 7
Sonne Waage in Haus 7

Die luftbetonte Waagesonne manifestiert sich im 7. (Luft-) Haus: Verstärkung der waagespezifischen Hinwendung zum Du, Ausrichtung auf andere und Einbeziehung des sozialen Umfeldes.

+ Hohe Sozialkompetenz. Einfühlungsvermögen. Gerechtigkeitssinn. Geschmack. Stil. Öffentlich auftreten können. Repräsentieren können. Künstlerische Begabung (»Starkonstellation«). Vermitteln können. Konflikte schlichten können.

− Suche nach starker Vaterfigur führt zu Täuschungen und Enttäuschungen.

Tätigkeiten und Berufe: Diplomat, Kommunikator, Therapeut, Künstler. Person der Öffentlichkeit (TV-Ansager, Star), Politiker, Berater, Manager. Wo es um Gerechtigkeit und Rechtsprechung geht. Siehe auch Allgemeine Einführung Waage.

André Barbault (Astrologe)

L L L L   KA KA

☉ ♎ in 8
Sonne Waage in Haus 8

Die luftbetonte Waageenergie manifestiert sich im 8. (Wasser-) Haus und bewirkt eine Transformation und Vertiefung ästhetischer und schöngeistiger (Waage-) Werte. Künstlerisches Schaffen bezieht die Dimension des Dunklen, der Unterwelt und das Thema Tod mit ein. Es entsteht Dramatik, Intensität, Lebensgier und Sehnsucht nach Transformation. Die Liebesfähigkeit dehnt sich aus, es können allerdings auch große Bindungsängste auftauchen.

+ Kunst als Ausdruck ewiger Gesetze. Starke künstlerische Gaben. Leidenschaftliche Berufsausübung. Interesse an Archaischem, Sippenhaftem, an Geschichte, Ritualen, Magie und Zauberei. Auf einem geistigen oder materiellen Erbe aufbauen können. Etwas fortsetzen, was die Vorfahren begonnen haben (Kraft der Ahnen spüren).

− Labilität. Leichtsinn im Umgang mit Magie und Esoterik. Machtmißbrauch. In Folge karmischer Verstrickungen beruflich versagen.

Tätigkeiten und Berufe: Wo kollektives und individuelles Unterbewußtsein erforscht und durchdacht wird (Soziologie, Geschichte, Psychologie, Psychomagie, Astrologie). Wo mit Bildern als Metaphern von Innerseelischem gearbeitet wird. Wo Vergangenheitsbewältigung das Leben des einzelnen übergreift (Pastlife-, Familientherapie). Siehe auch Sonne im Skorpion.

Vaclav Havel (Dramatiker, Politiker), Paul von Hindenburg (Reichspräsident)

L L W L   KA FI

WAAGE ♎

☉ ♎ in 9
Sonne Waage in Haus 9

Die luftbetonte und kardinale Waageenergie manifestiert sich beweglich und kommunikativ. Die Feuerqualität des 9. Hauses fördert Einsicht, Weitsicht und Einblick in übergeordnete, kosmische Zusammenhänge.

+ Positives Zusammentreffen von Kunst und Religion, Liebe und Göttlichkeit, Partnerschaft und Freiheit. Nach Idealen leben und arbeiten. Geistigen Austausch suchen. Einer Philosophie geistiger Liebe und Partnerschaft anhängen. Göttlichkeit in Kunst und Schönheit ahnen. Ortsunabhängig sein. Von Auslandskontakten profitieren.

− Mißbrauch von Wissen. Verantwortungslosigkeit.

Tätigkeiten und Berufe: Verbindung von Liebe und Wissen (Therapeut, Lehrer, Priester und Religionslehrer, Seminarleiter). Verbindung von Geist und Liebe (Schriftsteller, Journalist). Reiseleiter, Animateur. Siehe auch Sonne im Schützen.

Brigitte Bardot (Schauspielerin), David Ben-Gurion (Staatsmann), Daniel Defoe (Erzähler), Catherine Deneuve (Schauspielerin), Hans Günther Wallraff (Schriftsteller)

L L F L   KA VA

☉ ♎ in 10
Sonne Waage in Haus 10

Die luftbetonte und kardinale Waagesonne manifestiert sich im 10. (Erd-) Haus. Erdachtes und von Liebe Getragenes findet Strukturen und Formen, die allgemein anerkannt und geschätzt werden. Es besteht die Möglichkeit, eine Institution, eine Praxis, einen Laden, ein Atelier oder eine Bar zu eröffnen und dabei mit öffentlicher Anerkennung zu rechnen. Die Sujets dieser Einrichtungen müssen allerdings den Waagecharakter, also Geschmack, Stil, Ästhetik, spiegeln. Probleme entstehen, wenn durch das 10. Haus eine zu große Anspruchshaltung besteht. Hilfe kommt aus der Einsicht in die Dynamik des gesamten Horoskops.

+ Urteilskraft. Objektivität. Ausdauer. Konzentration. Öffentliche Anerkennung (»Karrierekonstellation«). Stimmigkeit in den Handlungen.

− Gefühlskälte. Über Leichen gehen können.

Tätigkeiten und Berufe: Wo es um Wertung, Gerechtigkeit, Unparteilichkeit und Beurteilung geht (Jurist, Kunstschätzer, Schiedsrichter). Alle selbständigen Berufe, die den Waagecharakter aufweisen. Verantwortliche Positionen in Handel und Wirtschaft. Berufsberatung. Siehe auch Sonne im Steinbock.

Paul-Foster Case (Okkultist), James Clavell (Schriftsteller), George Gershwin (Komponist), Martin Heidegger (Philosoph), Fridtjof Nansen (Polarforscher), George Westinghouse (Erfinder)

L L E E   KA KA

149

☉ ♎ in 11
Sonne Waage in Haus 11

Die luftbetonte Waagesonne manifestiert sich im 11. (Luft-) Haus und führt zu Verstärkung des Waagehaften.

+ Gefühl, etwas Besonderes und Einmaliges zu sein. Über große Originalität verfügen. Vielschichtige und erfinderische Wesensart aufweisen. Sich auf seine Einsichten und Visionen verlassen können. Den Geist des Neuen spüren. Über telepathische Fähigkeiten verfügen.

– Bodenlosigkeit. Verrücktheit. Arroganz.

Tätigkeiten und Berufe: Wo es um neue Formen des Zusammenarbeitens geht (Teamwork, Brainstorming). Wo außergewöhnliche Denkstrukturen einen Rolle spielen (Astrologie, Humanistische Psychologie, Verhaltenstherapie, Neurolinguistisches Programmieren). Wo Reformen und Erfindungen geschehen. Wo neue Verkehrs- und Kommunikationsformen ausprobiert werden (Film, Fernsehen, EDV, Datenautobahn). Siehe auch Sonne im Wassermann.

Charles Cros (Erfinder), Michael Douglas (Schauspieler), Charlton Heston (Schauspieler), Marc Edmund Jones (Astrologe), Timothy Leary (LSD-Forscher), Auguste Lumiere (Entdecker), Friedrich Nietzsche (Philosoph), Margaret Thatcher (Politikerin)

L L L E   KA FI

☉ ♎ in 12
Sonne Waage in Haus 12

Die luftbetonte und kardinale Waagesonne manifestiert sich im 12. (Wasser-) Haus, das bewegliche Qualität aufweist. Auf der einen Seite führt diese Konstellation zu Verlorenheit und Ungewißheit über sich selbst. Findet sich jedoch im Ozean des 12. Hauses der richtige Anker (Überzeugung, Glaube, Idol), kann Großes, ja Weltbewegendes erreicht werden (Beispiel Gandhi).

+ Künstlerische Begabung. Ästhetik. Große Liebeskraft in den Beruf einfließen lassen (All-Liebe). Im Glauben und in der Mystik Kräfte für den beruflichen Alltag schöpfen. Geführt werden. Sich auf höhere Kräfte verlassen können.

– Einer beruflichen Ausübung durch Realitätsflucht ausweichen. Unter Arbeitsstörungen und -hemmungen leiden.

Tätigkeiten und Berufe: Wo es um Kunst geht. Wo Kunst und Mystik zusammenfließen (Poesie, kirchliche Musik, Organist). Wo ein Glaube an das Gute und Friedliche im Menschen vorhanden ist (alle Hilfsorganisationen wie das Rote Kreuz, Sozialdienst, Pflege). Wo für den Frieden gearbeitet wird (Politik, UNO, Blauhelme). Siehe auch Sonne in den Fischen.

T.S. Eliot (Dichter), Mahatma Gandhi (Politiker), Günter Grass (Schriftsteller), Wilhelm Knappich (Astrologe), Ernst Kretschmer (Psychiater), Melina Mercouri (Schauspielerin), Hans Hinrich Taeger (Astrologe), Andreas Vollenweider (Harfenist)

L L W E   KA VA

Aszendent Waage – was ich will

Während sich Sonnen- und Mondeigenschaften im Verhalten und Sein widerspiegeln, schlummert die Aszendentenkraft als Same, Anlage und Motiv im Individuum und muß geweckt und entwickelt werden. In der Weise, wie dies gelingt, entsteht persönliche Eigenart, letztendlich Individualität. Durch die belebende Kraft des Aszendenten treten die im allgemeinen Abschnitt über die Waage aufgeführten Eigenschaften selbstverständlicher, pointierter, schärfer, extremer, drängender und ichhafter zutage. Manchmal entsteht sogar ein regelrechter Zwang zur Harmonie, auszugleichen und zu vermitteln. Es können kaum Auseinandersetzungen geführt werden, und Streit verursacht augenblicklich Angst.

+ Streben nach Harmonie. Allem eine ästhetische Note abgewinnen. Gestaltend, verschönernd, harmonisierend wirken wollen. Kunstsinn. Kreativität. Entspannend auf das Arbeitsklima wirken. Über hohe soziale Kompetenz verfügen. Angelegenheiten ganzheitlich betrachten. Einfühlungsgabe. Hilfsbereitschaft. Liebesfähigkeit. Wissen über soziale Zusammenhänge. Wissen über Dualität. Offenheit. Große Gedanken- und Vorstellungskräfte. Gerechtigkeits-, Freiheits- und Friedensliebe. Humanitäre Ideale verfolgen. Soziales, psychologisches, philosophisches und esoterisches Verständnis.

– Narzißmus. Entscheidungsprobleme. Inkonsequenz. Unfähigkeit zur Tat. Angst vor Auseinandersetzung.

Aszendentenherrscher Venus

Wie man bei der Interpretation der Sonnenstellung erst durch Berücksichtigung der Hausposition verläßliche Aussagen treffen kann, so gilt auch bei der Deutung des Aszendenten, den Herrscher und dessen Stellung in Zeichen und Häusern zu bewerten. Für das Zeichen Waage ist dies der Planet Venus. Ihre Position in einem bestimmten Zeichen und Haus gibt den waagehaften Kräften eine spezifische Färbung und Richtung. Venus bedeutet Schönheit, Anziehung, Geschmack, Genuß und Liebe. Sie fördert künstlerische Berufe jeder Art, wie Musik (vor allem Gesang), Poesie, Malerei und Tanz. Genauso unterstützt sie handwerkliche Berufe, wenn sie auch nur im entferntesten mit Verschönerung oder einer geschmacklichen Bereicherung zu tun haben, wie: Innenarchitektur, Malerei, Tapeziererei, Glaserei, Dekoration, Blumenbinderei, Juwelierswerkstatt, Friseursalon, Kosmetiksalon. Darüber hinaus steht der Planet Venus für die Liebe. Als Aszendentenherrscher verweist er daher auch auf das berufliche Tun, dem unsere ganze Lust und Liebe gilt.

Was die berufliche Relevanz des AC-Herrschers Venus in den zwölf Zeichen angeht, siehe Zusammenstellung weiter unten in diesem Kapitel!

Was die Position im Haus betrifft, genügt es in aller Regel, den Qadranten zu berücksichtigen, in dem sich Venus befindet. Die entsprechenden Venusstellungen werden weiter unten erörtert.

Medium Coeli Waage – was ich muß

Das Medium Coeli zeigt den Bereich, in dem sich der Horoskopeigner erfüllen muß, um vollständig und erfolgreich zu sein. In aller Regel gelingt diese Erfüllung über einen entsprechenden Beruf. Dies galt früher beinahe ausschließlich für den Mann, während die Frau sich über die Erziehung ihrer Kinder verwirklichte. In der modernen Gesellschaft ist diese geschlechtstypische Unterscheidung immer weniger haltbar. Mit MC Waage sucht der Horoskopeigner einen Bereich, in dem er ausgleichend, ästhetisch, verschönernd, entspannend, verbindend, entgegenkommend sein kann. Er lernt von Kind auf durch die Erwartungen der Erwachsenen, diese Charaktereigenschaften zu entwickeln.

+ Sich berufen fühlen, seine künstlerischen Anlagen zu verwirklichen. Diplomatisches Durchsetzungsvermögen. Organisationstalent. Den Beruf in Verbindung mit ästhetischen Wertvorstellungen sehen. Be-

rufliches Einfühlungsvermögen. Das Gute im Menschen sehen.
– Extreme Anspruchshaltung an den Beruf.

Tätigkeiten und Berufe: Künstlerisch-soziale oder psychologisch-pädagogische Berufsfelder und Berufe, die mit Ästhetik, Geschmack, künstlerischem Können, Gerechtigkeit, Handel, Stil, Repräsentation, gutem Benehmen zu tun haben. Diplomat, Kunstkritiker, Kunstschneider, Modeschneider, Paartherapeut, Partnervermittlung, Psychotherapie, Tantra, Tänzer, Kunsthandwerk, Goldschmiedekunst, Juwelier, Uhrmacher, Friseur, Kosmetiker, Handel, Bank, Wirtschaft, Gastronomie, Verkauf, Antiquitätenhandel, alle juristischen Berufe (besonders Mediation), Feinmechanik, Glasarbeit, Musik, Gesang, Malerei, Bildhauerei, Dekoration, Restauration, Blumenbinderei, Steinmetz, Graphik, Werbedesigner, Kunsthandel, Modezeichner, Layouter, Zeichenlehrer, Musiklehrer.

Herrscher des Medium Coeli im Zeichen

Auch bei der Interpretation des Medium Coeli gilt es, die Position der Venus als Herrscherplaneten zu berücksichtigen. Ihre Stellung im jeweiligen Zeichen nennt Ziel und Richtung beruflicher Erfüllung und zeigt die

spezifische Färbung der MC-Kraft auf. Als »Liebesplanet« zeigt ihre Stellung darüber hinaus auf, in welchen beruflichen Bereichen der Horoskopeigner Wärme, Herzlichkeit und emotionale Erfüllung finden kann.

Herrscher des Medium Coeli im Haus

Was die Stellung des MC-Herrschers im Haus betrifft, genügt es in aller Regel, die Richtung zu kennen. Damit ist gemeint, in welchem Quadranten sich der Herrscherplanet Venus

verwirklicht (siehe auch Grundlagen astrologischer Berufsberatung). Die entsprechenden Venusstellungen werden weiter unten erörtert.

Herrscherqualitäten des AC / MC in den Zeichen

♀ ♈
Aszendent / Medium Coeli in der Waage Herrscherplanet Venus im Widder

Waagehaft-Venusisches verwirklicht sich in typischen Widderbereichen wie Management, Wirtschaft, Politik (siehe Allgemeine Einführung Widder) und wirkt ausgleichend, beruhigend, mäßigend und verschönernd.

+ Gestaltungswille. Freude am künstlerischen Experimentieren. Unternehmungsgeist. Sich für Ausgleich und Gerechtigkeit stark machen. Gefühl für Harmonie, Rhythmus und Takt. Durch frische Art beeindrucken. Sich durchsetzen können, ohne anzuecken. Geschickt taktieren können (»Politikerkonstellation«).

− Gefühlsüberschwang. Nicht entscheiden und handeln können. Sich selbst blockieren.

L L F F   KA KA

♀ ♉
Aszendent / Medium Coeli in der Waage Herrscherplanet Venus im Stier

Waagehaft-Venusisches verwirklicht sich in typischen Stierbereichen wie Ernährung, Gastronomie, Kunsthandwerk, Sinnlichkeit, Luxus, Bankwesen, Natur (siehe Allgemeine Einführung Stier) und bewirkt Austausch, Begegnung, Handel, Ästhetik, liebevolles Arbeiten.

+ Kunstverständnis und Geschmack. Handwerkliche Begabung. Ideen realisieren können. Liebe zu Geld und allen schönen Dingen (Bank, Kunstgewerbe). Körperliebe beruflich nützen (Massage, Kosmetik, Körpertherapie). Sinnlichkeit. Lust.

− Narzißmus. Genußsucht. Prostitution.

L L E F   KA FI

♀ ♊

Aszendent / Medium Coeli
in der Waage
Herrscherplanet Venus
in den Zwillingen

Waagehaft-Venusisches verwirklicht sich in typischen Zwillingsbereichen wie Lektorat, Buchhandel, Journalismus, Schriftstellertum, Verkauf, Handel, Kommunikation (siehe Allgemeine Einführung Zwillinge) und bewirkt Verschönerung, Austausch, Kontakt. Begegnungen werden stilvoll und gehaltvoll.

+ Gutes Auftreten. Verhandlungen führen können (»Taktikerkonstellation«). Beruflicher Charme. Als Repräsentant fungieren. Überzeugungsarbeit leisten können. Journalistische Möglichkeiten besonders im Bereich Kunst und Ästhetik. Schriftstellerische Talente. Kontaktfreude und schnelle Auffassung besitzen. Vielseitigkeit.

− Leichtfertig berufliche Chancen verspielen. Neigung zu Falschheit, Hochstapelei und Snobismus.

L L L F   KA VA

♀ ♋

Aszendent / Medium Coeli
in der Waage
Herrscherplanet Venus
im Krebs

Waagehaft-Venusisches verwirklicht sich in typischen Krebsbereichen wie Häuslichkeit, Gastronomie, Psychologie (siehe Allgemeine Einführung Krebs) und schafft Atmosphäre, bewirkt Ausgleich, Harmonie und Öffnung nach außen.

+ Hang zu künstlerischen Berufen. Musische Begabungen (Musik, Poesie, Lyrik). Große Intuition. Den Beruf wie eine Familie betrachten. Liebe für Menschen, besonders Kinder. Seine weibliche und mütterliche Seite im Beruf entwickeln. Guten Einfluß auf betriebliches Klima. Offen sein für andere. Häusliche Ästhetik. Phantasie. Kunstsinn. Schöpferkraft.

− Mimosenhafte Empfindlichkeit. Dem beruflichen Streß nicht gewachsen sein. Frühkindliche Störungen behindern Berufsausübung.

L L W W   KA KA

WAAGE ♎

♀ ♌
Aszendent / Medium Coeli
in der Waage
Herrscherplanet Venus
im Löwen

Waagehaft-Venusisches verwirklicht sich in typischen Löwebereichen wie Kreativität, Kunsthandwerk, Graphik, Ausdruck, Spiel, Vergnügen (siehe Allgemeine Einführung Löwe) und bewirkt Verschönerung, Ästhetik, Tausch und Handel, Begegnung und Austausch.

+ Gestaltungskraft und Geschmack beruflich nützen können (alle Tätigkeiten, die Verschönern). Alles, was mit Luxus, Lust und Spiel zu tun hat. Schauspielerische Begabung. Farb- und Formsinn. Kunstliebhaber. Warmherzige positive Führerpersönlichkeit. Selbstbewußt berufliche Ziele verfolgen. Optimismus ausstrahlen. Begabung für Kunsthandwerk und Kunsttherapie. Phantasiereichtum.

− Narzißmus, Eitelkeit und Bequemlichkeit erschweren berufliche Verwirklichung.

L L F W   KA FI

♀ ♍
Aszendent / Medium Coeli
in der Waage
Herrscherplanet Venus
in der Jungfrau

Waagehaft-Venusisches verwirklicht sich in typischen Jungfraubereichen wie Technik, Organisation, Verwaltung, Natur (Biologie, Gartenbau), Gesundheitswesen (siehe Allgemeine Einführung Jungfrau) und bewirkt Entspannung, Freude, Lust bei der Arbeit und einen Sinn für Handel, Ästhetik, Austausch und Begegnung.

+ Andere pflegen, verschönern, entspannen können (Kosmetik, Massage, Friseursalon). Über eine natürliche Ästhetik und Schönheit verfügen. Einem Naturideal oder einer Naturphilosophie anhängen. Liebe zu Berufen, die mit Gesundheit, Fitneß, natürlicher Ernährung zu tun haben. Bedürfnis, seinen Arbeitsplatz ästhetisch zu gestalten. Liebe zur Arbeit. Sich auch in kleinen Dingen Mühe geben.

− Sich selbst nicht wichtig nehmen und immer an die anderen denken (»Dienstleistungskonstellation«).

L L E W   KA VA

155

♀ ♎︎
Aszendent / Medium Coeli
in der Waage
Herrscherplanet Venus
in der Waage

Die Waage steht in ihrem Herrscherzeichen, ist »zu Hause«, im Domizil. Waage und Venus verstärken sich gegenseitig und somit auch alle venusischen beziehungsweise waagehaften Eigenschaften. Siehe Allgemeine Einführung Waage.

+ Kunstsinn und Geschmack. Begabung für alle künstlerischen Tätigkeiten und Berufe (»Künstlerkonstellation«). Diplomatie am Arbeitsplatz. Vermittelnd auftreten. Gute Voraussetzungen für repräsentative Aufgaben. Großes Verhandlungsgeschick. Gespür für Gerechtigkeit.

− Probleme, allein zu arbeiten und Entscheidungen zu treffen. Soziale Abhängigkeit.

L L L L   KA KA

♀ ♏︎
Aszendent / Medium Coeli
in der Waage
Herrscherplanet Venus
im Skorpion

Waagehaft-Venusisches verwirklicht sich in typischen Skorpionbereichen (siehe Allgemeine Einführung Skorpion) und bewirkt Erleichterung, Vergeistigung, Trost, Entspannung, Offenheit und Liebe.

+ Eignung für alle sozialen Berufe und Tätigkeiten. Liebe zur Schattenseite des Lebens. Die waagehaft-venusische Liebe kann in Problembereiche (Sozialhilfe, Randgruppen, Aidsbetreuung, Altenhilfe) fließen. Opferbereitschaft und Bindungsstärke.

− Erotische Verirrungen. Karmische Verstrickungen, die zu beruflichen Mißerfolgen führen. Angst vor beruflichem Erfolg.

L L W L   KA FI

WAAGE ♎

♀ ♐
Aszendent / Medium Coeli
in der Waage
Herrscherplanet Venus
im Schütze

Waagehaft-Venusisches verwirklicht sich in typischen Schützebereichen wie Sport, Tourismus, Tierpflege, Bewußtseinserweiterung, Religion (siehe Allgemeine Einführung Schütze) und bewirkt Kontakt, Liebe, Entspannung, Schönheit, Tausch und Handel.

+ Liebe zum Reisen (Reisejournalismus, Handel mit Reiseausrüstung, Reisevorträge, Reisebüro). Es besteht auch eine Liebe zum Körper, zu Bewegung, Fitneß, Gesundheit, die in den verschiedensten Tätigkeiten Erfüllung finden kann (Körpertherapien, Kosmetik, Pflege, Heilgymnastik). Auch große Tierliebe (Tierarzt, Tierpfleger, Zoogeschäft, Zirkus).

– Überheblichkeit. Geringe Belastbarkeit.

L L F L   KA VA

♀ ♑
Aszendent / Medium Coeli
in der Waage
Herrscherplanet Venus
im Steinbock

Waagehaft-Venusisches verwirklicht sich in typischen Steinbockbereichen wie Lehre, Schule, Öffentlichkeit, Institution (siehe Allgemeine Einführung Steinbock) und bewirkt Öffnung, sozialen Kontakt, Tausch und Handel, Schönheit und Liebe.

+ Diese Venusstellung macht ehrgeizig. Es muß eine waagehaft-venusische Tätigkeit ausgeführt werden, die öffentlichen und allgemeinverbindlichen Charakter besitzt (z. B. Boutique, Parfümerie, Massagepraxis, kunsttherapeutische Praxis, Atelier etc.). Etwas aufbauen können, was den eigenen Namen trägt. Liebe zum Beruf. Sich einen Namen schaffen. Berühmt werden (»Karrierekonstellation«). Interesse an angewandter Kunst, Kunsthandel, Graphik, Karikatur, Schauspielerei und praktischer Ästhetik (Architektur, Wohnung, Kleidung, Industriedesign). Kulturarbeit. Pädagogische Begabung.

– Den Beruf höher als alles andere stellen (mit seinem Beruf verheiratet sein). Gefühlsunterdrückung. Kälte. Angst. Verschlossenheit.

L L E E   KA KA

157

♀ ≈

Aszendent / Medium Coeli in der Waage Herrscherplanet Venus im Wassermann

Waagehaft-Venusisches verwirklicht sich in typischen Wassermannbereichen wie Wissenschaft, Zukunftsplanung, Reformarbeit, Medienarbeit (siehe Allgemeine Einführung Wassermann) und stimuliert Austausch, Handel und Begegnungen.

+ Beruflich etwas Besonderes und Nicht-Alltägliches machen. Künstlerische und kulturelle Außenseiterwege gehen können. Auf berufliche Unabhängigkeit drängen. Selbständig arbeiten können. Kontaktbereitschaft, Experimentierfreude in den Beruf einfließen lassen. Liebe zu Teamarbeit. Die Menschheit als große Familie sehen (Politik, Sozial- und Reformarbeit). Geistigen Einfluß ausüben (Medien, Lehre). Hohe Ideale an den Beruf, den Chef und die Kollegen stellen. Den Zeitgeist aufgreifen können. Die Zukunft vorhersehen.

– Neigung zu Einseitigkeit. Überheblichkeit. Autoritätsprobleme.

L L L E   KA FI

♀ ♓

Aszendent / Medium Coeli in der Waage Herrscherplanet Venus in den Fischen

Waagehaft-Venusisches verwirklicht sich in typischen Fischebereichen wie Pflege, Dienst am Nächsten, abstrakte Wissenschaften, Kunst, Mystik (siehe Allgemeine Einführung Fische), regt die Kontaktbereitschaft an, fördert Austausch und Handel und trägt zur Verschönerung und Entspannung bei. Mit dieser Venusstellung geht eine große Liebesfähigkeit (All-Liebe) einher. Eine Tätigkeit, in der diese Liebe nicht fließen kann, bewirkt rasch das Gefühl, unerfüllt, »ausgetrocknet« zu sein. Oft werden Helferberufe als Zweitbeschäftigungen ausgeführt (Mitarbeit beim Roten Kreuz oder in kirchlichen Verbänden).

+ Künstlerische Talente. Gespür für Außersinnliches. Visionäre Kräfte. Intuition. Großes Phantasieleben. Kraft aus dem Glauben schöpfen.

– Verdrängung der Unsicherheit führt zu Verlogenheit. Schwäche. Geringe Ausdauer. Unerfüllte Liebesbeziehungen wirken negativ auf das Berufsleben. In der Arbeit »ertrinken«.

L L W E   KA VA

Herrscherqualitäten des AC / MC in den Quadranten

AC ♎ / MC ♎
Aszendent / Medium Coeli Waage
Herrscherplanet Venus im Quadrant I

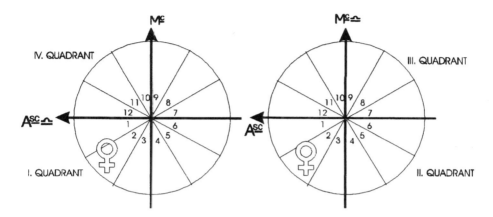

Befindet sich Venus als AC- beziehungsweise MC-Herrscher im Quadranten I (Haus 1, 2 und 3), geht es um ichhafte und ichbetonte berufliche Verwirklichung. Die waage-venusischen Kräfte werden dazu benützt, die persönliche Eigenart zu betonen und sich äußeren Widerständen gegenüber durchzusetzen und erfolgreich zu behaupten. Eine derartige Venusstellung steigert das persönliche Auftreten, macht aktiv und selbstbewußt. Trotzdem setzt sich auch das Waagehaft-Venusische durch: Man ist künstlerisch, taktvoll bis taktierend, kann gut repräsentieren, handeln und verkaufen.

AC ♎ / MC ♎
Aszendent / Medium Coeli Waage
Herrscherplanet Venus im Quadrant II

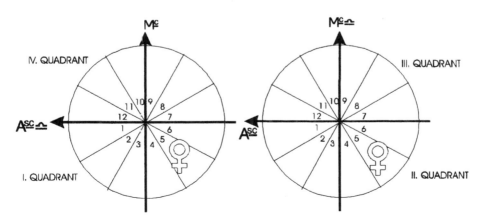

159

Befindet sich Venus im II. Quadranten (Haus 4, 5 und 6), ist eine gefühlshafte oder innerseelische Beteiligung und Richtung bei der Berufsausübung wichtig. Das sind Tätigkeiten wie Psychologie, Erziehung, Gestaltung von Wohnräumen, künstlerischer Ausdruck. Der Mensch und sein Leben stehen im Mittelpunkt. Seine Bedürfnisse, Anliegen, Wünsche, Lüste, Ängste, Gewohnheiten und Abneigungen werden waagehaft-venusisch aufgegriffen und bearbeitet. Befindet sich Venus als Herrscher des Aszendenten beziehungsweise des Medium Coeli im 6. Haus, besteht ein berufliches Interesse an den Themen Gesundheit, Vorsorge, Heilung und Pflege (Arzt, Therapeut, Kunsttherapie).

AC ♎ / MC ♎
Aszendent Waage/ Medium Coeli Waage
Herrscherplanet Venus im Quadranten III

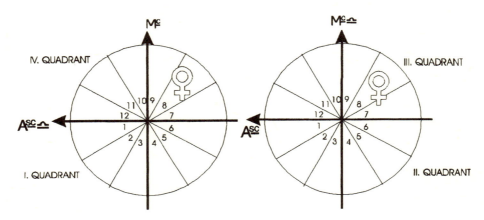

Befindet sich Venus als AC- beziehungsweise MC-Herrscherin im III. Quadranten (Haus 7, 8 und 9), so wird das Waagehaft-Venusische verstärkt. Es besteht ein großes Interesse an künstlerischen und sozialen Berufen. Wenigstens ein soziales Umfeld ist bei der Berufsausübung ein Muß. Der Horoskopeigner will kommunizieren, sich auf andere beziehen, auf sie eingehen, sich austauschen, spiegeln, beachtet werden, ankommen oder wenigstens anderen bei der Berufsausübung begegnen. Die soziale Ausrichtung anderen gegenüber kann sich (besonders im 8. Haus) auch als Bindung und Hingabe an eine Berufung (seinen Beruf über alles andere stellen, für ihn Opfer bringen) manifestieren.

AC ♎ / MC ♎
Aszendent Waage / Medium Coeli Waage
Herrscherplanet Venus im Quadranten IV

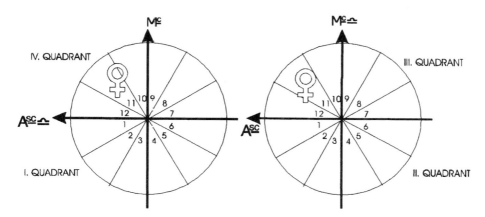

Steht Venus im Quadranten IV (Haus 10, 11 und 12), suchen die waage-venusischen Energien nach einer überpersönlichen, allgemeinverbindlichen Erfüllung. Dies geschieht durch Arbeit in der und für die Öffentlichkeit, zum Beispiel als Beamter (Kunsterzieher) oder Angestellter im öffentlichen Dienst (Sozialarbeiter, Tätigkeit in Erziehungsberatungsstellen). Steht Venus im 10. Haus, ist eine starke Anspruchshaltung vorhanden: Der Horoskopeigner fühlt sich häufig berufen oder steht unter dem Druck, etwas Großes und Bedeutsames in seinem Leben zu erschaffen (eine eigene Praxis, ein eigenes Modegeschäft, eine eigene Bar). Schwierig ist die Stellung von Venus im 12. Haus, weil die ichhafte Aszendentenkraft beziehungsweise die strukturfordernde Medium-Coeli-Energie ins Namenlose und Unpersönliche des 12. Hauses zielt, was oft als Leere oder Unerfülltheit empfunden wird. Adäquate Berufsfelder finden sich in der Religion, Kunst, Mystik, Esoterik, Nächstenliebe, Heilung und Therapie.

Sonne, Aszendent, Medium Coeli im Skorpion

Allgemeine Einführung

Der Skorpion symbolisiert den Triumph des Dunklen, Archaischen, Unbewußten, Triebhaften über menschliche Logik und über die Vermessenheit des Geistes.

ELEMENT: WASSER als Urstoff allen Lebens. Gefühl steht über Verstand.

QUALITÄT: FIX und damit verharrend, bindend, verschmelzend, einnehmend, aufnehmend, auflösend, bewahrend.

POLUNG: MINUS, weiblich, yin, passiv, nach innen.

SYMBOLIK: SKORPION als Zeichen des Urhaften, Animalischen, Triebhaften und Unerlösten.

ZEITQUALITÄT: 24. OKTOBER BIS 22. NOVEMBER Fortschreitendes Vorherrschen der Nachtseite. Sterben in der Natur.

HERRSCHERPLANET: PLUTO als Gott der Unterwelt.

Skorpionenergie macht wissend, ehrfurchtsvoll, intensiv und achtsam. Der Mensch erkennt, daß er mit all seinen Anstrengungen und guten Vorsätzen, seinen Plänen und Taten nichts ist. Daß es Kräfte jenseits von ihm gibt, die stärker sind als er: die Winterseite des Jahres, die Nacht, die unbewußten, triebhaften Räume der Seele, alles Unheimliche, die Vorgänge im Zusammenhang mit Zeugung, Geburt, Tod und Wiedergeburt – all dies sind skorpionische Themen.

Skorpionbetonte Menschen (das sind Individuen mit Sonne, AC, MC, Mond im Skorpion; ebenfalls Sonne, Mond im 8. Haus; abgeschwächt Pluto im 1. oder im 10. Haus; abgeschwächt Herrscherplanet des AC oder des MC im Skorpion oder im 8. Haus) suchen Intensität, Risiko, ein Ringen mit dem Schicksal. Die Erzählungen Fjodor Dostojewskis oder die Dramen Friedrich von Schillers (beide Sonne Skorpion) spiegeln die skorpionische Welt.

Diese Menschen bewegen sich nur scheinbar auf ganz normalem und berechenbarem Terrain. In Wirklichkeit begegnen sie tagtäglich ihrem Schicksal, werden gefordert, geben alles und gewinnen – oder verlieren – alles. Prominente Beispiele sind Prinz Charles, Fußballstar Diego Maradona und Tennisas Boris Becker. Bei allen dreien steht die Sonne im Skorpion, und alle drei machen seit Jahren Schlagzeilen aufgrund schicksalhafter, tragischer Verstrickungen oder einem völlig unbegreiflichen Auf und Ab ihrer Leistungen.

Berufe und Tätigkeiten brauchen zumindest eine Spur dieser Intensität, dieser Welt der Dramen und schicksalhaften Verstrikkungen. Je größer der Skorpionanteil im Horoskop ist, um so größer muß auch die Herausforderung und das Ringen sein. Ich kenne viele skorpionbetonte Menschen, die scheinbar völlig ungefährlichen oder undramatische Tätigkeiten verrichten. Ich denke an eine Sekretärin bei einem Rechtsanwalt, an die Pressesprecherin einer großen Brauerei oder an einen Auslieferer von Sanitätsprodukten. Wenn man diese Menschen allerdings über ihre Tätigkeiten sprechen hört, tritt das Skorpionische sofort zutage: Die Sekretärin hat einen Chef, von dem sie selbst sagt, daß er mit einem Fuß im Gefängnis steht, weil er ständig irgendwelche korrupten Geschäftsleute vertritt. Die Pressesprecherin der Brauerei muß häufig Ungereimtheiten der Konzernleitung positiv nach außen »verkaufen«, kennt die Schwächen und Neurosen ihrer Chefs in- und auswendig, ist gleichermaßen Krankenschwester, Mädchen für alles und lächelndes Aushängeschild. Der Transportfahrer wiederum kommt durch die Rationalisierungen der Transportfirma derartig unter Druck, daß er, wie er es nennt, auf seinen Fahrten täglich Kopf und Kragen riskiert.

Noch viel stärker als bei allen anderen Sternzeichen sind Leid, Krankheit und Tod die Folge einer im Sinne der Skorpionenergie unerfüllten Berufsausübung. Ein Mann oder eine Frau, deren Horoskop Sonne oder AC im Skorpion aufweist und täglich acht Stunden in einem langweiligen, unspektakulären Beruf arbeitet, fängt irgendwann an, sich sein aufregenderes, dramatisches Leben selbst zu schaffen: Sie kaufen sich ein irre schnelles Auto und riskieren damit Kopf und Kragen. Reicht dieser Kitzel nicht mehr aus, beginnen sie Drachenfliegen oder Bungeespringen. Weit häufiger jedoch wird die skorpionische Herausforderung auf einen Kollegen, den Chef, den Partner oder sich selbst verlagert. Dann wird der eigene Mann, die eigene Frau, die Kinder oder man selbst zum unlösbaren Schicksal, das alle Kräfte aufsaugt.

Typische skorpionische Tätigkeiten und Berufe, deren Ausübung beinahe zwangsweise mit Mut, Selbstüberwindung, Unbequemlichkeit und Unsicherheit verbunden ist, sind: Soldat, Polizist, Kriminalbeamter, Detektiv, Forscher, Sprengstoffmeister. Herstellung und Vertrieb von Waffen. Arbeiten unter Tag, in Tunnels, U-Bahnen oder unter sengender Hitze. Politiker, Agent, Kriegsberichterstatter. All diese Tätigkeiten wecken beispielsweise bei jungfrau- oder waagebetonten Menschen Angst, bei Skorpionen öffnen sie ein Energiereservoir, verleihen Kraft, Mut, Entschlossenheit.

Man sagt, daß Skorpione dem Tod ins Auge schauen können. Sterben ist für sie die andere Seite des Lebens. Ein erfülltes Leben ist für sie immer auch ein Stück Sterben. Die Skorpionenergie führt auch dazu, daß man mit dem Tod meist früh in Berührung kommt, beispielsweise weil eine Person stirbt, kurz bevor oder nachdem man selbst geboren wird. Diese Vertrautheit führt dazu, daß solche Menschen später Sterbehilfe bei Alten und Schwerstkranken leisten können oder aber auch wiederum in einer ganz anderen Form mit dem Tod zu tun haben, zum Beispiel als Lebensversicherungsagent.

Sie ringen auch unmittelbar mit dem Sterben, zum Beispiel als Notarzt, Sankafahrer, Sanitäter, Chirurg und als Arzt und Pfleger an jedem Krankenbett, besonders natürlich auf jeder Intensivstation.

Auch alle sozialen Rand- und Grenzbereiche werden außer von fischebetonten Menschen von Skorpionen betreut. Es sind dies Tätigkeiten in der Psychiatrie, im Gefängnis, mit Drogenkranken, sozial Schwachen, schwierigen Jugendlichen oder mit geistig Behinderten. Dabei kommt ihnen neben ihrer Furchtlosigkeit ihr Schutzinstinkt und ihre Bindungsstärke zu Hilfe: Skorpione würden nie einen schwachen Menschen im Stich lassen.

Mit ihrem Hang zu Grenzbereichen wie dem Tod, dem Reich der Seele, dem sozial Ausgegrenzten und Andersartigen liegt es nahe, daß diese Menschen alles Okkulte, Magische, Spiritistische, Spirituelle fasziniert. Ein Astrologe, Hellseher, Reinkarnationstherapeut oder ein Spiritist haben immer eine betonte Skorpionseite in ihrem Horoskop. Berühmtestes Beispiel ist der Arzt, Magier und Astrologe Phillippus Theophratus Paracelsus.

Auch viele skorpionbetonte Künstler versuchen in ihrer Kunst diese Anderswelt einzufangen. Ein berühmtes Beispiel ist Niki de Saint-Phalle, die in Italien einen Tarotgarten erschaffen hat.

Nun wurde viel über Tod, Vergänglichkeit, Alter, Krankheit und Leid gesagt, und es wird Zeit die andere Seite des Skorpionischen anzuführen, nämlich die Themen Geburt, Zeugung, Sexualität und Transformation. Gerade weil Skorpione den Tod als Teil des Lebens achten, entdecken sie auch sein anderes Gesicht: daß er nur ein Stadium im ewigen Kreislauf des Lebens ist, daß jedem Sterben ein Auferstehen folgt. Allem, was zu einem neuen – biologischen wie spirituellen – Leben führt, gehört ihr Interesse und ihre Arbeitskraft: Befruchtung, Zeugung, Schwangerschaft, Geburt, aber auch der ganze Bereich der Verhütung; Liebe, Leidenschaft, Beziehung, Religion, Spiritualität. Die Berufe, die sich dieser Themen annehmen, sind Hebamme, Frauenarzt, Schwangerschaftsberatung und -gymnastik, Pharmazie,

Schwangerschaftsabbruch, Familienpolitik, Familien- und Eheberatung, Sexualberatung und -therapie, die gesamte Sex- und Pornoindustrie, Tantra, religiöse oder spirituelle Einweihung und Führung. Aber auch überall dort, wo Neues begonnen wird, wo Pioniere gebraucht werden, finden sich skorpionbetonte Menschen.

Diese astrologische Kraft schafft auch große Verbundenheit mit Vergangenem, Tradition, Ritualen, der Sippe, dem Volk. Aus diesem Grund findet man mit dieser Anlage auch als Richter, Notar, Beamter oder Angestellter in Einwohnermeldeämtern und Kanzleien Bestätigung und Erfüllung.

Zuletzt muß noch eine Seite skorpionischen Wirkens erwähnt werden, ohne die das Bild unvollständig wäre. Die anderen fixen Sternzeichen Stier, Löwe und Wassermann stehen gerne im Mittelpunkt oder an der Spitze des Geschehens, führen an, bringen sich ins Rampenlicht, suchen Anerkennung und genießen das Gefühl der Macht. Das Skorpionische bewirkt etwas anderes: Zurückhaltung. Ein skorpionischer Unternehmer wird nie vor laufende Kameras treten und sich seiner Taten rühmen; er wirkt aus dem Hintergrund, läßt anderen den Vortritt – und zieht die Fäden. Aufgeblasene Wichtigtuerei ist einem skorpionbetonten Menschen allemal suspekt. Er arbeitet im verborgenen – dafür mit all seiner Kraft.

Schatten

Ihre starke Hinwendung zu Grenzbereichen macht Skorpionmenschen manchmal auch dunkel, negativ, besessen und böse. Ein Beispiel ist Goebbels (Sonne Skorpion), dessen perverse Propaganda den Mord an Millionen Juden »legitimieren« sollte. Man kann auch im Kummer und Leid steckenbleiben oder von tragischen Schicksalen magnetisch angezogen werden, wie es zum Beispiel bei Sensationsjournalisten und Klatschtanten jeder Couleur der Fall ist.

Wer sich in den Bannkreis des Skorpionischen begibt, benötigt die Kraft einer weisen und starken Seele, um sich nicht verführen zu lassen. Er braucht Reinheit und Unschuld, um nicht zu verderben. Und er muß leicht und unbeschwert sein, damit ihn der Wind tragen und er sich wie ein weißer Adler, der den erlösten Skorpion verkörpert, in die Lüfte erheben kann.

Was Skorpionkräfte fördert

Total und intensiv sein
Beharrlich sein
Loslassen können
Sich hingeben lernen

Den Tod lieben
Den Tod als einen Teil des Lebens achten
Hinter die Dinge sehen
Gefühle achten
Seine Herkunft kennen

Arbeits- und Berufsprofil

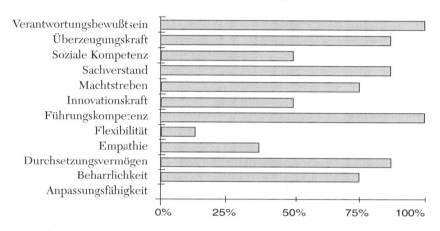

Sonne Skorpion – was ich kann

Individuen mit der Sonne im Skorpion ist von ihrem Vater oder der väterlichen Sippe in besonderer Weise die Gabe gegeben, Tiefe, Grenzenlosigkeit und Tod als untrennbar mit dem Leben verbunden zu betrachten und zu erleben. Dadurch erwächst ihnen Mut und Entschlossenheit. Manchmal steht der Vater als Vorbild für diese besondere Eigenart, lebte also selber leidenschaftlich und unerschrocken. Es kann aber auch sein, daß der Vater ganz anders wahrgenommen wurde. Häufig beschreiben Skorpione ihre Väter als kalt und zurückweisend. Dann ist das immer ein Zeichen dafür, daß der Vater seine eigenen Gefühle abgewehrt hat, von seinem Kind aber insgeheim erhofft, es möge diese Gefühlsstärke doch wieder leben. Oft ist die (unbewußte) Angst vor Inzest der Grund der Gefühlskälte des Vaters. Des weiteren führen Kinder mit der Sonne im Skorpion häufig das Leben eines früher verstorbenen Familienmitgliedes aus der Sippe des Vaters fort oder verdanken ihr Leben dem Tod eines anderen (zum Beispiel weil die Eltern zuvor ein Kind abgetrieben haben und nun, bei einer erneuten Schwangerschaft, zu ihrem Kind stehen). Immer ist ein Mensch mit Sonne Skorpion in besonderer Weise eingebunden in den Strom vom Leben zum Tod in eine neue Existenz. Aus spiritueller Sicht steht hinter der Figur des Vaters die göttliche Absicht und der Schöpfungswille, ein Wesen zu erschaffen, das bereit ist, die Tiefe des Daseins zu erfahren.

Die Qualität einer bestimmten Sonnenstellung kann erst im jeweiligen Haus lebendig werden, oder astrologisch ausgedrückt: Die Sonne verwirklicht sich hausspezifisch (siehe Abschnitt über Zeichen und Häuser). Darüber informiert der folgende Abschnitt.

Sonne Skorpion Haus 1 bis 12

☉ ♏ in 1
Sonne Skorpion in Haus 1

Die wasserbetonte Skorpionenergie verwirklicht sich im 1. (Feuer-) Haus. Es kommt zu Belebung und Dynamik, und es besteht ein großes, unter Umständen sogar auch brisantes Potential, das einer Betätigung im skorpionischen Sinne bedarf.

+ Wille zur Tat. Berufliche Grenzsituationen einnehmen können. Über großen Mut, Tatendrang, Unerschrockenheit, Risikobereitschaft, Pioniergeist verfügen. Indirekte Führungsaufgaben und Macht übernehmen (aus dem Hintergrund die Fäden ziehen). Ein berufliches Erbe übernehmen (ideell wie materiell).

– Verbohrtheit. Dogmatismus. Destruktivität. Egoismus. Schuld abtragen müssen.

Tätigkeiten und Berufe: Alles, was Raum für skorpionisches Handeln bietet. Wo Mut, Gefahren, Härte, Durchhaltevermögen etc. gebraucht werden (Soldat, Kampf- und Extremsportler, Pionier). Wo es um Leben und Tod geht (Arzt, Sterbehilfe). Wo Räume der Seele, der Magie, des Okkulten eine Rolle spielen (Psychologie, Astrologie, moderne Heilverfahren wie Reiki). Wo es um Geschäfte mit dem Tod geht (Beerdigungsinstitut, Versicherung). Auch Arbeiten, die eine besondere menschliche Nähe und Bindung beinhalten (Pfleger). Siehe auch Sonne im Widder.

Sally Field (Schauspielerin), Curt Goetz (Schauspieler), Julius Hackethal (Chirurg), Grace Kelly (Schauspielerin), Sai Baba (Guru)

W L F F   FI KA

☉ ♏ in 2
Sonne Skorpion in Haus 2

Die wasserbetonte und kardinale Skorpionsonne manifestiert sich im 2. (Erd-) Haus. Gegensätzliches (8. Zeichen – 2. Haus) vereinigt sich: Strukturierung von Gefühl. Festigung von Fließendem. Formung des Formlosen.

+ Sich sicher in beruflichen Grenzräumen bewegen. Bodenständigkeit im Umgang mit esoterischen oder magischen Tätigkeiten besitzen. Bindungsstärke (langjährige Betriebszugehörigkeit). Geschmack und Sinnlichkeit beruflich nützen können. Durch Beharrlichkeit und Unerschrockenheit vorwärtskommen. Vom Tod anderer profitieren (z. B. Erbschaft).

– Sich finanziell übernehmen (Fehlspekulation). Unbewußt und aufgrund karmischer Verstrickungen den beruflichen Ruin herbeiführen. Sturheit.

Tätigkeiten und Berufe: Wo Geschäfte mit dem Skorpionischen getätigt werden (Sterbe-, Drogen-, Altenhilfe etc., Altenheim, Versicherungen, besonders Lebensversicherung, Rentenmarkt, Nachlaßverwalter, Notariat, Erbgericht, Einwohnermeldeamt, Gynäkologisches Krankenhaus, Kindergarten etc.). Wo Kunst und Tod, Kunst und Magie, Kunst und Medialität zusammenfließen (Grabmalskunst, Mandalakunst, Kirchenchor). Wo Sexualität vermarktet wird (Pornographie). Siehe auch Sonne Stier.

Albert Camus (Philosoph), Alain Delon (Schauspieler), Charles de Gaulle (Politiker), André Gide (Schriftsteller), Rock Hudson (Schauspieler), Margaret Mitchell (Schriftstellerin), Bud Spencer (Filmschauspieler), Jan Vermeer (Maler)

W L E F   FI FI

SKORPION ♏

☉ ♏ in 3
Sonne Skorpion in Haus 3

Die wasserbetonte Skorpionsonne manifestiert sich im 3. (Luft-) Haus. Das Skorpionische wird erforscht, analysiert, drängt ins Denken und fließt in die Kommunikation. Diese Konstellation führt häufig zu einer Abwehr des Skorpionischen (Sarkasmus, Selbstironie). Gelingt die Integration, wird das Denken weit und umfassend.

+ Beeindruckendes Auftreten. Auch schwersten beruflichen Herausforderungen eine leichte Seite abgewinnen können. Scharfe Beobachtungsgabe. Durch tiefes Wissen beeindrucken. Humor und Leichtigkeit.

– Ironie. Sarkasmus. Verdrängung. Auf eine niedrige Energieebene fallen. Durch faulen Zauber beeindrucken.

Tätigkeiten und Berufe: Wo es um außerordentliches oder übersinnliches Wissen geht (Reinkarnation, Seelenwanderung, Magie, Astrologie, Tiefenpsychologie, Geheimdienst, Kriminalogie, Polizei). Forschung (Biologie, Genforschung, Molekularforschung, Quantenphysik). Schriftsteller. Fachjournalimus (auch Vulgär- und Klatschjournalismus). Kriegsberichterstattung. Schauspieler (Charakterfach). Repräsentant. Siehe auch Sonne Zwillinge.

John Keats (Poet), Louis Malle (Regisseur), Harald Quandt (Großindustrieller), Johann Strauss (Komponist)

W L L F   FI VA

☉ ♏ in 4
Sonne Skorpion in Haus 4

Die wasserbetonte Skorpionsonne manifestiert sich im 4. (Wasser-) Haus, trifft auf Verwandtes, wird stärker und im Sinne des seelischen II. Quadranten verinnerlicht. Es entsteht ein in sich gekehrter Charakter, der sich schwer ausleben kann.

+ Auf Sensibilität und Intuition verlassen können. Visionäre Kräfte in den Beruf einfließen lassen können. Dinge instinktiv beurteilen. Kraft aus dem »Bauch« schöpfen. Einen Schlüssel in die Vergangenheit besitzen (frühere Leben erforschen können). Mit der Vergangenheit verbunden sein (Kraft der Ahnen). Große Schöpferkraft (Genialität). Sich im Laufe des Lebens immer wieder »häuten« (transformieren).

– Angst vor Gefühlstiefe macht nervös und unkonzentriert (Arbeitsstörungen). Von der Mutter nicht loskommen.

Tätigkeiten und Berufe: Wo es um Zeugung, Geburt, Schwangerschaft geht (Gynäkologie, Adoption, Hebamme, Schwangerschaftsgymnastik, Schwangerschaftsberatung, auch Bekleidungsindustrie). Wo es um das Wohl der Familie geht (Familientherapie, Sozialamt, Fürsorge). Wo es um Seelisches, Archaisches geht (Psychologie, Reinkarnationstherapie, Pastlife). Siehe auch Sonne Krebs.

Georges Bizet (Komponist), Richard Burton (Schauspieler), Prinz Charles (englischer Thronfolger), Michel Gauquelin (Astrologe), Martin Luther (Reformator), Bernhard Montgomery (Feldmarschall), Pablo Picasso (Maler), Friedrich von Schiller (Dichter), Leo Trotzki (Revolutionär), Carl Maria von Weber (Komponist)

W L W W   FI KA

☉ ♎ in 5
Sonne Skorpion in Haus 5

Die wasserbetonte Skorpionsonne verwirklicht sich im 5. (Feuer-) Haus. Das Skorpionische kann repräsentiert, dargestellt, zum Ausdruck gebracht werden.

+ Indirekte Macht ausüben. Stellvertretender Chef sein. Im Hintergrund wirken. Sich auf seine Instinktkräfte verlassen können. Wissen, was Sache ist. Magnetische Ausstrahlung. Im Betrieb einen mächtigen Faktor darstellen. Durch geheimes Wissen Macht ausüben. Starkes Dominanzstreben. Leichten Zugang zu schöpferischen Quellen haben. Ruhm.

– Spielball dunkler oder schicksalhafter Kräfte sein. Nicht aus dem Schatten von jemand anderem heraustreten können. Unter einem Vatertrauma leiden.

Tätigkeiten und Berufe: Wo es um Repräsentanz geht (Politik, Staat, Beamtentum). Wo Skorpionisches dargestellt und ausgedrückt wird (Kunst, Theater, Tanz, Literatur). Wo es um Geheimnisse geht (Geheimdienst, Politik, Agent). Magier, Astrologe, Therapeut, Gruppenleiter. Siehe auch Sonne Löwe.

Carl Borgwardt (Ingenieur), Hillary Clinton (First Lady), Marie Curie (Chemikerin), Marie-Antoinette (Königin)

W L F W   FI FI

☉ ♏ in 6
Sonne Skorpion in Haus 6

Die wasserbetonte Skorpionsonne manifestiert sich im 6. (Erd-) Haus. Skorpionisches kann dienstbar werden.

+ Intensiv arbeiten können. Sich für eine Sache völlig aufopfern können. Tiefere Zusammenhänge erkennen. Scharfe Beobachtungsgabe. Sich anderen unterordnen können. Durch Arbeit Macht ausüben. Sich unersetzbar machen. Indirekt wirken können. Über natürliche heilerische Gaben verfügen (»Heilerkonstellation«).

– Sich funktionalisiert vorkommen. Krankheiten aufsaugen. Arbeitsbesessen sein. Anfälligkeit für Berufskrankheiten.

Tätigkeiten und Berufe: Wo es um konzentriertes Arbeiten geht (Chefsekretär, Forschung, Labor). Wo Heilung durch Einsicht, Umsicht und Pflege erwirkt wird (alle Arzt- und Heilpraktikerberufe, Pflegedienst auch auf Intensivstationen, Altenpflege, Psychotherapie, Physiotherapie). Alle Tätigkeiten im Zusammenhang mit richtiger Ernährung wie Diätist oder Biogärtner. Sozialberufe. Arbeit mit Benachteiligten. Siehe auch Sonne Jungfrau.

Christiaan Barnard (Herzchirurg), Fjodor Dostojewski (Dichter), Hans Driesch (Parapsychologe), Michael Ende (Schriftsteller), Paul Hindemith (Komponist), Vivien Leigh (Schauspielerin), Luchino Visconti (Filmregisseur), François Voltaire (Philosoph), Andy Warhol (Popkünstler)

W L E W   FI VA

SKORPION ♏

☉ ♏ in 7
Sonne Skorpion in Haus 1

Die wasserbetonte Skorpionsonne manifestiert sich im 7. (Luft-) Haus. Das Skorpionische tritt in den Dienst von Begegnung, Liebe und sozial ausgerichtetem Tun.

+ Aus tiefen inneren Quellen schöpfen können. Kreativität. Künstlerische Talente. Auch schwierige Menschen verstehen. Gewinnend auftreten und beeindrucken können. Über große Menschenkenntnis verfügen. Die Kraft der Liebe spüren und nach ihr leben.

– Tendenz, starke Vaterfigur im Beruf zu suchen und immer wieder enttäuscht zu werden. Schnell unsicher und hilflos werden. Durch eigenes Handeln Enttäuschungen heraufbeschwören.

Tätigkeiten und Berufe: Wo es um Repräsentanz, Darstellung, künstlerische Verarbeitung von Skorpionischem geht (Kunst, Kunsthandel, Schauspiel). Wo tiefe Begegnungen und Austausch stattfinden (Therapie, Sozialarbeit, Esoterik, Magie, Tantra). Alle Berufe im Zusammenhang mit Gerechtigkeit. Siehe auch Sonne Waage.

W L L L   FI KA

☉ ♏ in 8
Sonne Skorpion in Haus 8

Die wasserbetonte Skorpionsonne manifestiert sich im 8. (Wasser-) Haus. Skorpionisches findet seinen Raum, kann sich entfalten und ausdehnen.

+ Zugang zu geheimem Wissen (»Magierkonstellation«). Sich mit unbewußten Ressourcen verbinden können. Zugang zu früheren Leben und archaischem Wissen. Fähigkeit, durch Zerstörung einen positiven Neuanfang zu bewirken. Auf einem (materiellen wie geistigen) Erbe aufbauen können.

– Von unbewußten Inhalten überschwemmt werden. Einem schweren Schicksal ausgeliefert sein. Auf ein unrechtmäßig erworbenes Erbe bauen.

Tätigkeiten und Berufe: Alle zu Beginn dieses Kapitels über den Skorpion aufgeführten Berufe.

Indira Gandhi (Politikerin), Billy Graham (Baptisten-Prediger), Robert L. Stevenson (Schriftsteller)

W L W L   FI FI

169

♏ SKORPION

☉ ♏ in 9
Sonne Skorpion in Haus 9

Die wasserbetonte Skorpionsonne manifestiert sich im 9. (Feuer-) Haus. Skorpionisches gelangt in den Dienst von Sinnsuche, Horizonterweiterung, Religion und Menschlichkeit (»Therapeutenkonstellation«).

+ Hoffnung und Trost auch in ausweglosen Situationen finden und geben können. Einen starken Glauben vertreten. Andere führen können. Leid überwinden können. Auch schwierige Menschen verstehen. Hinter die Fassade sehen. Schriftstellerische Begabung für psychologische Grenzbereiche.

– Einer falschen Ideologie verfallen. Einen »Holzweg« nicht verlassen können. Einem vorbestimmten Schicksal folgen müssen.

Tätigkeiten und Berufe: Wo es um Hilfe und Heilung durch Einsicht geht (alle Psychotherapien, auch somatische Medizin). Wo Sexualität auf eine höhere Schwingungsebene gebracht werden soll (Tantra, Alchimie). Wo Reisen, Kultur, Kult und Rituale verbunden werden (Psychoreisen, Reisen zu Kultstätten). Meditationslehrer. Spiritueller Lehrer. Seminarleiter. Archäologe, Historiker. Siehe auch Sonne Schütze.

Karlfried Graf Dürckheim (Zen Meister), Whoopi Goldberg (Schauspielerin), Auguste Rodin (Bildhauer), Neil Young (Rockmusiker)

W L F L   FI VA

☉ ♏ in 10
Sonne Skorpion in Haus 10

Die wasserbetonte Skorpionsonne manifestiert sich im 10. (Erd-) Haus. Skorpionisches tritt besonders oder ausschließlich im Beruf zu Tage und steht als Leitgedanke über dem Leben.

+ Verantwortung für andere übernehmen. Allgemein bedeutsame Ideen öffentlich vertreten. Charisma haben. Öffentliche Anerkennung finden. Erfolg haben.

– Unter schicksalhaften Verstrickungen im Beruf leiden. Unter zu großer Anspruchshaltung leiden.

Tätigkeiten und Berufe: Wo es um öffentliche Verantwortung geht (Unternehmer, Politik, Gewerkschaft). Wo es um Tradition und Recht geht (Notariat, Einwohnermeldeamt). Eigene, anerkannte therapeutische Praxis. Selbstverantwortliche Sozialarbeit. Selbständige Forschung oder Lehre (besonders Psychologie, Medizin). Wo es um Umweltbewußtsein geht (Recycling, Beseitigung von Müll). Siehe auch Sonne Steinbock.

Charles Bronson (Schauspieler), Cheiro (Okkultist), Phillippus Theophratus Paracelsus (Arzt, Magier, Astrologe)

W L E E   FI KA

SKORPION ♏

☉ ♏ in 11
Sonne Skorpion in Haus 11

Die wasserbetonte Skorpionsonne manifestiert sich im 11. (Luft-) Haus. Skorpionisches dient der Veränderung, Umwälzung und der Erreichung humanitärer Ziele.

+ Die positive Kraft von Gruppen und Teams erfahren. Einen festen Halt bei Freunden und Kollegen finden. Positiv auf andere einwirken können. Gemeinsam mit anderen extreme Aufgaben bewältigen.

– Mit Freunden und Kollegen schicksalhaft verbunden sein und nicht loskommen können. Magischer Scharlatanerie nacheifern.

Tätigkeiten und Berufe: Wo in Gruppen Skorpionisches erfahren wird (Gruppenleiter, Berater, Volkshochschule). Wo mit neuen Kunst- und Gesellschaftsformen experimentiert wird. Wo tiefgreifende Veränderungen und Reformen angestrebt werden (Psychoanalyse, politische Arbeit, Gewerkschaft, Sozialforschung). Wo moderne Sexualkunde, Aufklärung und vorurteilsfreie Schwangerschaftsberatung durchgeführt wird. Extrem- und Außenseiterberufe (humanitäre Hilfe in Kriegs- und Krisengebieten, Friedenssoldat, Verbrechensbekämpfung). Siehe auch Sonne Wassermann.

Gerhart Hauptmann (Schriftsteller), Burt Lancaster (Schauspieler), Papillon (Bestsellerautor), Alfred John Pearce (Astrologe), Hermann Rorschach (Psychiater), Didi Thurau (Radrennfahrer)

W L L E   FI FI

☉ ♏ in 12
Sonne Skorpion in Haus 12

Die wasserbetonte Skorpionsonne manifestiert sich im 12. (Wasser-) Haus. Skorpionisches findet Verwandtes (Element Wasser). Dadurch Verbreitungsmöglichkeit, aber auch Tendenz zur Auflösung.

+ Großes Mitgefühl in den Beruf einfließen lassen können. Neigung zu abstrakter Forschung, Mystik, Spiritualität, Kunst und Philosophie. Sich selbst zurücknehmen können. Sich von höheren Kräften geführt erleben. Intuition. Prophetie. Wahrträume. Visionäre Kraft.

– In ein undurchsichtiges Schicksal eingesponnen sein. Keinen beruflichen Erfolg haben dürfen.

Tätigkeiten und Berufe: Wissenschaft und Forschung. Außerordentliche Berufsbilder wie Magie, Astrologie, Spiritismus, Wahrsagekunst, Tarot etc. Wo nach einer inneren Überzeugung oder einem starken Glauben gelebt und gearbeitet wird (Kloster, besonderes Schulsystem wie z.B. Anthroposophie, Priester, Pfarrer). Wo Mitgefühl für Kranke und Außenseiter besteht (Sozialdienst, Gefängnisarbeit, Aids-Hilfe, psychiatrischer Dienst, Pflegedienst). Spirituelle, esoterische und kirchliche Kunst. Siehe auch Sonne Fische.

Boris Becker (Sportler), Jodie Foster (Schauspielerin), Diego Maradona (Fußballstar), Niki de Saint-Phalle (Bildhauerin)

W L W E   FI VA

Aszendent Skorpion – was ich will

Während sich Sonnen- und Mondeigen-schaften im Verhalten und Sein widerspie-geln, schlummert die Aszendentenkraft als Same, Anlage und Motiv im Individuum und muß geweckt und entwickelt werden. In der Weise, wie dies gelingt, entsteht persönliche Eigenart und Individualität. Durch die bele-bende Kraft des Aszendenten treten die im allgemeinen Abschnitt über den Skorpion aufgeführten Merkmale schärfer, drängender und ichhafter zutage. Es entsteht ein regel-rechter Hang und gelegentlich sogar Zwang zur Tiefgründigkeit, Grübelei, Lust am Ver-borgenen, tiefen und extremen Gefühlen, Sexualität und Magie. Berufliche Aufgaben müssen dem skorpionischen Naturell ent-sprechen, da sonst das Skorpionische auf ei-nen selber übergreift. Im Einzelfall tauchen Angstzustände, ein Hang zu Leiden und To-dessehnsucht auf.

+ Triebkräfte können in das Arbeitsleben einfließen. Scharfe und klare Beobach-tungsgabe erleichtert Denken und Han-deln. Vielschichtigkeit macht anpas-sungsfähig. Starke Motivation. Ehrgeiz. Eigenentwicklung geht häufig mit Berufs-entwicklung einher. Suggestivkräfte füh-ren zu beruflichem Vorwärtskommen. Rasche Entschlußkraft und Direktheit be-fähigen zu Führungsaufgaben. Hohe An-sprüche an sich selbst stellen.

– Persönliche Gefühle wie Eifersucht, Haß-liebe und Partnerprobleme wirken sich störend auf Berufsleben aus. Zwanghafte Machtdynamik verhindert Kollegialität. Schicksalhafte, ungelöste Probleme wer-den auf Kollegen und Vorgesetzte übertra-gen. Bereitschaft zu Paranoia (»alle sind gegen mich«) lähmt Produktivität. Negati-vismus und Destruktivität stören Arbeits-klima. Übertriebenes Geltungsbedürfnis stößt Kollegen und Geschäftspartner zurück. Selbstüberschätzung verursacht Schaden.

Aszendentenherrscher Pluto

Verläßliche Aussagen über den Aszendenten müssen den Herrscherplaneten Pluto berück-sichtigen. Seine Position in einem bestimmten Zeichen gibt den skorpionischen Kräften eine spezifische Färbung. Pluto verlangt die Unter-ordnung des einzelnen unter ein größeres Ganzes. Das kann eine Ideologie sein, ein Tun, ein Beruf oder die Zugehörigkeit zu einer bestimmten Gruppe, Familie und Sippe. Aus dieser Zugehörigkeit erwächst dem einzelnen Kraft. Er wird stärker, entschlossener, kämp-ferischer, und er ist zu größeren persönlichen Opfern bereit. In der Astrologie heißt es

daher, daß Pluto Macht verleiht. Seine spezifi-sche Stellung in Zeichen und Häusern gibt über Art, Ausprägung und Richtung dieses Potentials Hinweise.

Was die berufliche Relevanz des AC-Herr-schers Pluto in den Zeichen angeht, siehe Zusammenstellung weiter unten in diesem Kapitel!

Was die Position im Haus betrifft, genügt es in aller Regel, den Qadranten zu be-rücksichtigen, in dem sich Pluto befindet. Die entsprechenden Plutostellungen werden weiter unten erörtert.

Medium Coeli Skorpion – was ich muß

Das Medium Coeli zeigt den Bereich, dem sich der Horoskopeigner einfügen muß, damit er in gesellschaftlicher wie kosmischer Hinsicht vollständig wird und sich so erfüllen kann. Diese MC-Bereiche beinhalten Pflichten, Normen und Verhaltensvorschriften, geben aber auch Halt und Sicherheit und vermitteln letztlich das Gefühl, seine Lebensaufgabe zu erfüllen.

+ Starkes berufliches Engagement. Beruf als Heilung und Ganzwerdung begreifen. Sich selbst zurücknehmen können. Führung im Hintergrund übernehmen. Leid und Krankheit anderer ertragen können. Etwas Besonderes leisten können. Alter und Tod nicht fürchten. Über karmische und schicksalhafte Wirkungen wissen.

– Zu hohe Ansprüche an sich stellen. Sich schicksalhaft nicht verwirklichen können.

Unterdrückung des Privatbereichs durch den Beruf. Berufsstreß.

Tätigkeiten und Berufe: Soldat, Polizist, Kriminalbeamter, Detektiv, Forscher, Herstellung und Vertrieb von Waffen, Politiker, Agent, Kriegsberichterstatter. Sterbehilfe bei Alten und Schwerstkranken. Lebensversicherungsagentur, notärztliche Dienste, Chirurgie, Pflege, Psychiatrie, Psychotherapie, Astrologie. Arbeiten im Gefängnis oder in der Drogenarbeit. Arbeit mit sozial Schwachen oder schwierigen Jugendlichen. Arbeit mit geistig Behinderten. Beschäftigung mit Okkultem, Magischem, Spiritistischem, Spirituellem. Hebamme, Frauenarzt, Schwangerschaftsberatung. Beschäftigungen in der Pharmazie, Familienpolitik, Familien- und Eheberatung, Sexualberatung und -therapie. Tantra, spirituelle Einweihung und Führung. Richter, Notar, Arbeit in Einwohnermeldeämtern und Kanzleien.

Herrscher des Medium Coeli im Zeichen und Haus

Auch den Herrscherplaneten des Medium Coeli gilt es zu berücksichtigen. Seine Stellung im jeweiligen Zeichen und Haus nennt Ziel und Richtung beruflicher Erfüllung und zeigt die spezifische Färbung der MC-Kraft auf. Als Planet unbewußter Schicksalskräfte verweist Pluto darüber hinaus auf Bereiche, in denen große Reserven freigesetzt werden und in den Beruf einfließen können. Was die berufliche Relevanz Plutos in den Zeichen

angeht, siehe Zusammenstellung weiter unten in diesem Kapitel. Was wiederum seine Stellung im Haus betrifft, genügt es in aller Regel, die Richtung zu kennen. Damit ist gemeint, in welchem Quadranten sich der Herrscherplanet verwirklicht (siehe auch Grundlagen astrologischer Berufsberatung). Die entsprechenden Plutostellungen werden weiter unten erörtert.

Herrscherqualitäten des AC / MC in den Zeichen

Pluto hat eine lange Umlaufzeit, nämlich ungefähr 250 Jahre. Menschen mit einer Plutostellung in den Zeichen Widder bis Zwillinge sind daher heute praktisch nicht mehr am Leben beziehungsweise gehen keiner Beschäftigung mehr nach. Entsprechend werden Individuen mit einer Plutostellung in den Zeichen Steinbock, Wassermann und Fische frühestens in etwa dreißig Jahren einen Beruf ausüben. In der folgenden Tabelle sind daher nur Plutostellungen in den Zeichen Krebs bis Schütze erfaßt.

♏ SKORPION

⊖ ♋
Medium Coeli / Aszendent im Skorpion Herrscherplanet Pluto im Krebs

Berufliche Verwirklichung erfolgt in typischen Krebsbereichen wie Familie, Geburt, Häuslichkeit, Gastronomie, Psychologie (vor allem Jungsche Psychoanalyse) und bewirkt Vertiefung, Konzentrierung, Hinterfragung. Siehe auch allgemeine Einführung Krebs.

+ Sozialpolitisches Engagement. Interesse an Magie, Mystik, Okkultismus, Astrologie. Aus der Herkunftsfamilie und -sippe Kraft schöpfen können. Den Beruf wie eine starke Familie ansehen. Im verborgenen wirken können. Zu Hause arbeiten können. Große Vorstellungskraft. Integrativ wirken. Gefühlsmäßiges Arbeitsengagement.

− Traditionell verhaftet sein. Karmische Verstrickung mit früheren Leben und verstorbenen Angehörigen der Sippe. Lähmung durch Erbschuld. Selbstzerstörerisches, labiles Seelenleben.

W L W W   FI KA

⊖ ♌
Medium Coeli / Aszendent im Skorpion Herrscherplanet Pluto im Löwen

Berufliche Verwirklichung erfolgt in typischen Löwebereichen wie Kreativität, Kunst, Graphik, Ausdruck, Photographie, Spiel, Vergnügen (siehe allgemeine Einführung Löwe) und bewirkt Hinterfragung, Skepsis, Bewußtseinsvertiefung und Tranzendenz von Macht.

+ Künstlerische Begabung (Schauspiel). Kraftzuwachs bei einem Tun, das in ein größeres Ganzes eingebunden ist (religiöse oder spirituelle Tätigkeit). Starke Identifikation mit dem Beruf. Transformation von Ichhaftigkeit durch Einsicht und Erfahrung. Wirkliche Größe als Selbstlosigkeit erkennen. Glücksgefühl im Transzendenten und Spirituellen suchen. Glück als Lichterlebnis. Durch Verzicht mehr gewinnen. Transformation von Sexualität.

− Unter Machtgelüsten leiden. Leid als Macht einsetzen. Schicksalhaft mit dem Vater und dessen Sippe verbunden sein.

W L F W   FI FI

SKORPION ♏

☍ ♍
Medium Coeli / Aszendent
im Skorpion
Herrscherplanet Pluto
im Krebs

Berufliche Verwirklichung erfolgt in typischen Jungfraubereichen wie Technik, Organisation, Verwaltung, Natur (Biologie, Gartenbau), Gesundheitswesen (siehe allgemeine Einführung Jungfrau) und bewirkt Vertiefung und Sensibilisierung.

+ Über soziales Engagement verfügen. Sich zu politischen oder sozialen Reformen verpflichtet fühlen. Wissenschaftlichen Pioniergeist zeigen. Interesse für ökologische Berufe. Arbeit als sinnstiftenden Bereich erkennen. Transformation durch und in der Arbeit. Detaillierte Beobachtungsgabe. Sich tiefes Wissen aneignen. Zugang zu geheimen Kraft- und Energiequellen. Liebe zur Natur. Liebe zur Kreatur. Heilkräfte entwickeln. Kraft aus Heiltätigkeit schöpfen. Einsicht über globale Zusammenhänge besitzen. Kollektivwissen.

– Einem Zwang unterworfen sein. Märtyrerrolle übernehmen. Sich nicht durchsetzen können. Anpassungsschwierigkeiten und Pessimismus verhindern beruflichen Erfolg.

W L E W   FI VA

☍ ♎
Medium Coeli / Aszendent
im Skorpion
Herrscherplanet Pluto
in der Waage

Berufliche Verwirklichung erfolgt in typischen Waagebereichen wie Kunst, Ästhetik (Farb- und Formfreude), Entspannung, Schönheit (siehe allgemeine Einführung Waage) und bewirkt Vertiefung, Transformation und Hinterfragung.

+ Kunst als Sprache der Seele verstehen können (Kunsttherapie). Soziales Engagement für mehr Gerechtigkeit und Gleichheit in den Beruf einfließen lassen können (etwa in gewerkschaftlicher Arbeit). Öffentlichen Erfolg und Ruhm erlangen. In allem das Wirken einer höheren Kraft erkennen. Über die Dualität hinauswachsen. Liebe als Kraftquelle.

– Von schicksalhaften Liebesbeziehungen abhängig sein. Zwanghaftes Harmoniebedürfnis. Von äußeren Einflüssen abhängig sein. Frühere Beziehungen als Karma abtragen. An öffentlichem Erfolg gehindert werden.

W L L L   FI KA

175

♏ SKORPION

⊖ ♏
Medium Coeli / Aszendent
im Skorpion
Herrscherplanet Pluto
im Skorpion

Berufliche Verwirklichung erfolgt in typischen Skorpionbereichen. Siehe alle in der Allgemeinen Einführung Skorpion angeführten Tätigkeiten und Berufe.

+ Starke okkulte Kräfte. Intuition. Hellseherische Begabung. Mut. Schicksale positiv beeinflussen und lenken. Spirituelles Bewußtsein. Tiefe. Leidenschaft. Opferbereitschaft. Bindung an den Beruf. Hingabe. Abtragen von Schuld. Energie aus geheimen Kraftquellen schöpfen.

– Karmische Verstrickung in Massenschicksale. Für die Schuld einer früheren Generation bezahlen. Triebüberschwemmung.

W L W L   FI FI

⊖ ♐
Medium Coeli / Aszendent
im Skorpion
Herrscherplanet Pluto
im Schützen

Berufliche Verwirklichung erfolgt in typischen Schützebereichen wie Sport, Tourismus, Horizont- und Bewußtseinserweiterung (Religion, Philosophie). Siehe allgemeine Einführung Schütze.

+ Optimismus in den Beruf tragen. Für Humanismus und geistige Werte eintreten. Auf geistigen Neubeginn setzen. Idealistisch sein. Wegbereiter sein. Andere motivieren und heilen (»Therapeutenkonstellation«). Als religiöser Führer auftreten (»Priesterkonstellation«). Für ein magisches Bewußtsein eintreten. Kraft aus dem Glauben schöpfen.

– Religiöse Überheblichkeit. Ideologischer Dogmatismus und Fanatismus.

W L F L   FI VA

Herrscherqualitäten des AC / MC in den Quadranten

AC ♏ / MC ♏
Aszendent Skorpion / Medium Coeli Skorpion
Herrscherplanet Pluto im Quadranten I

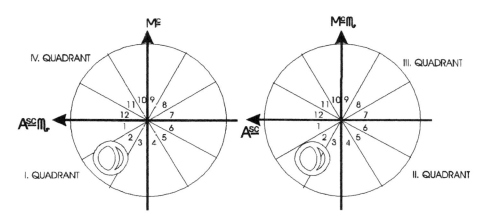

Befindet sich Pluto im Quadranten I (Haus 1, 2 und 3), muß er sich ichhaft und ichbetont verwirklichen. Das heißt zum Beispiel, daß der Horoskopbesitzer die skorpionisch-plutonischen Wesenszüge auch gegen einen äußeren Widerstand ein- und durchsetzt, ja daß Widerstand und Konkurrenz sogar seine Neigungen noch verstärken (günstig für unternehmerische, expansive und kämpferische Tätigkeiten und Berufe). Diese Stellung fördert aber auch intensives, konzentriertes, nach außen abgeschirmtes Tun, wie es beispielsweise für die Wissenschaft oder die Entwicklung einer neuen Idee unerläßlich ist. Pluto im I. Quadranten verweist stets auf ein (geistiges wie materielles) Erbe, das man zur Weiterführung von denen aufgetragen bekommen hat, die vor einem waren. Sich in deren Schutz und Bann zu stellen, macht stark. Sich dem Auftrag zu entziehen, macht schwach und schuldig. Pluto im I. Quadranten kann aber auch die Übernahme einer Schuld aus der Vergangenheit bedeuten. Dann muß diese Aufgabe erst erkannt und gelöst werden.

AC ♏ / MC ♏
Aszendent Skorpion / Medium Coeli Skorpion
Herrscherplanet Pluto im Quadranten II

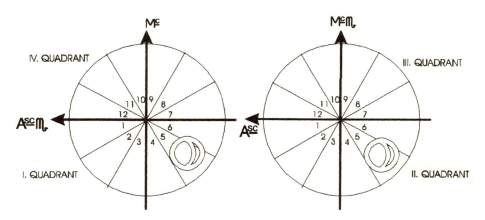

Befindet sich Pluto als Herrscher des Aszendenten Skorpion im Quadranten II (Haus 4, 5 und 6), ist ein seelisches und gefühlshaftes Involviertsein im Beruf wichtig. Solche Tätigkeiten findet man am ehesten in der Kunst, Pädagogik, Psychologe. In der Weise, wie der Horoskopeigner diesem Auftrag nachkommt, verbindet er sich mit mächtigen Quellen aus der Vergangenheit.

AC ♏ / MC ♏
Aszendent Skorpion / Medium Coeli Skorpion
Herrscherplanet Pluto im Quadranten III

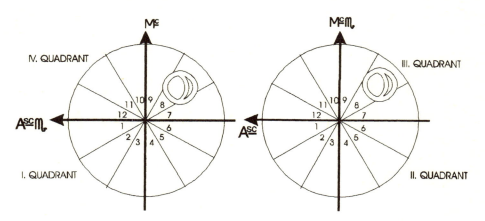

Befindet sich Pluto im Quadranten III (Haus 7, 8 und 9), ist eine soziale Präsenz und Beteiligung zur (beruflichen) Verwirklichung wichtig. Einsames Vor-sich-hin-Arbeiten ist unbefriedigend und unerfüllend. In sozialen Tätigkeiten hingegen kann die Kraft der Vergangenheit einfließen und wirken. Es besteht ein starkes Einfühlungsvermögen und eine große Sensibilität für die Belange der anderen, auch der Masse. Pluto als AC- beziehungsweise MC-Herrscher verweist auch auf gewaltige Bindungsstärke des Horoskopeigners, die auch über den Beruf ausgelebt werden will. Zur Arbeit besteht dann ein besonderes Zugehörigkeitsgefühl, das eine neue Identität stiftet.

AC ♏ / MC ♏
Aszendent Skorpion / Medium Coeli Skorpion
Herrscherplanet Pluto im Quadranten IV

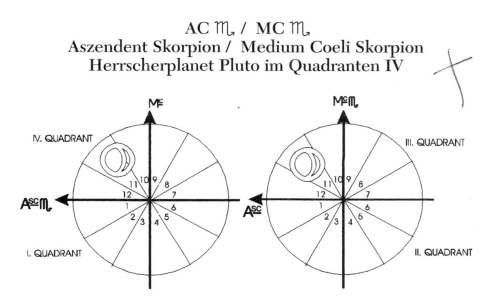

Diese Stellung (besonders mit Pluto im 10. Haus) schafft beruflichen Druck. Der Horoskopeigner hat das Gefühl, etwas Bedeutsames erbringen zu müssen. Nicht selten verweist diese Stellung auf ein Erbe, ein Geschäft, einen Hof oder einen Beruf, der bereits seit Generationen ausgeübt wurde (Beamter oder Arzt). Sich über dieses aus der Vergangenheit herrührende »Berufserbe« einfach hinwegzusetzen, den Hof nicht zu übernehmen oder kein Arzt wie der Großvater und Vater zu werden, ist häufig mit (unbewußten) Schuldgefühlen verbunden. Genauso kann aber auch die unreflektierte Übernahme der Berufe der »Alten« zu einer unbefriedigenden Arbeitssituation führen. Bei einer derartigen Plutostellung ist es wichtig, sich mit der eigenen Vergangenheit auseinanderzusetzen und sich mit ihr zu versöhnen.

Pluto im 10. Haus drängt dazu, sich selbständig zu machen und etwas Eigenes auf die Beine zu stellen. Dabei ist der Zeitpunkt wichtig, an dem der transitierende Pluto über den Aszendenten geht. Das geschieht bei manchen Plutostellungen schon im Alter von 30, bei anderen erst mit 60 Jahren und mehr. Während dieses Transits holt einen die Vergangenheit ein. Man muß sich mit Berufsmustern der Vorfahren auseinandersetzen, bekommt eventuell ein Erbe aufgetragen oder verliert völlig das Interesse an seinem bisherigen Beruf. Schwierig ist auch die Stellung Plutos im 12. Haus, weil der an sich bindungsstarke Pluto den Raum der Einsamkeit und Leere betritt. Adäquate Berufsfelder finden sich höchstens in der Religion, Kunst, Mystik, Esoterik, Nächstenliebe, Heilung und Therapie.

Sonne, Aszendent, Medium Coeli im Schützen

Allgemeine Einführung

Schütze symbolisiert den Sieg des Zukünftigen, Hellen, Lichten und Geistigen über das Dunkle, Vergangene, Körperhafte, Animalische und Triebhafte. Das ewige Ringen zwischen Gut und Böse, Wahrheit und Lüge findet eine triumphale Versöhnung.

ELEMENT: FEUER als Urstoff allen Lebens. Geistigkeit, göttlicher Funke und Inspiration.

QUALITÄT: BEWEGLICH, labil, flexibel, sozial, verbindend, anpassend, versöhnend, aufnehmend und abgebend.

POLUNG: PLUS, männlich, yang, aktiv, nach außen, expansiv.

SYMBOLIK: SCHÜTZE Kentaur als Mischwesen aus Tier und Mensch, Triebhaftem und Geistigem.

ZEITQUALITÄT: 23. NOVEMBER BIS 21. DEZEMBER Überwiegen der Nachtseite führt zu Verinnerlichung und geistiger Suche.

HERRSCHENDER PLANET: JUPITER als Göttervater Zeus, Herrscher über den Himmel.

Schützeenergie macht hoffnungsvoll und optimistisch. Es ist, als hätte man in der Tiefe (skorpionischer) Nacht ein Licht gefunden, das Wärme, Geborgenheit und Zuversicht verspricht, als hätte man die Gewißheit erlangt, daß der Tod nicht das Ende sei.

Menschen mit betontem Schützeeinfluß (das sind Individuen mit Sonne, AC, MC, Mond im Schützen; ebenfalls Sonne, Mond im 9. Haus; abgeschwächt Herrscherplanet des AC oder des MC (Jupiter) im Schützen oder im 9. Haus; abgeschwächt Jupiter im 1. oder im 10. Haus) werden Priester, Pfarrer, Religions- oder Ethiklehrer, Philosophen, esoterische Gruppen- und Seminarleiter. Sie alle predigen eine bessere Welt, in der das Böse, Schlechte und Ungerechte überwunden werden kann. Manchmal ernennt sich einer selbst zum Gott, wie Bhagwan, später Osho, Sonne im Schützen, der in Tausenden von Vorlesungen seinen Schülern aus aller Welt erzählte, daß er erleuchtet und selig sei und daß sie als seine Schüler das gleiche finden könnten.

Wenn Astrologen und Psychotherapeuten ihren Klienten Mut machen und sie motivieren, wirkt durch sie Schützekraft. Genauso entstammen die tausend Ratgeber für »Mehr Eigenliebe, Selbstsicherheit, Glück, Zufriedenheit, Fröhlichkeit, Ausstrahlung« schützebetonten Gehirnen. Wenn Kindergärtner, Lehrer, Radiosprecher, TV-Ansager, Journalisten, Songschreiber und Schriftsteller Geschichten erfinden oder nacherzählen, in denen das Gute siegt, dann sind sie Medien und Sprachrohr schützehafter Energien: In

Märchen, Fabeln, Allegorien, Mythen und Sagen befindet sich nämlich immer auch ein Kern Wahrheit, Weisheit, Sinn, Tugend, Moral – ein Quantum Schützeenergie eben. Die modernen Fabelerzähler leben in Hollywood oder im Silikon-Valley. In Steven Spielbergs (Sonne Schütze) phantastischen Filmen wie ET oder Jurrasic Park siegt immer das Gute. Noch schöner, lieblicher, vollkommener ist die Welt in den Filmen des (Sonne-) Schützen Walt Disney.

Reisen in der Phantasie, Reisen zum eigenen Ich mittels Psychologie oder Philosophie, die Suche nach Selbsterkenntnis oder die Suche nach Gott: Das macht die eine Seite schützebetonter Menschen aus. Die andere hat mit wirklichem Reisen zu tun. Was immer auf diesem Globus mit Reisen – zu Fuß, mit dem Fahrrad, Flieger, Zug oder Auto – zu tun hat, vom Entwerfen der Fahrtroute über den Ticketverkauf bis hin zur Reiseleitung und -begleitung: Alles ist Ausdruck dieser astrologischen Energie. Beim Reisen nach Schützemanier werden nicht nur Kilometer geschluckt oder faul am Strand gedöst: Kultur, Bildung, Horizonterweiterung sind angesagt! Das Kennenlernen anderer Gepflogenheiten ist ein Muß, und mit jedem Kilometer rollender Räder fühlt sich der Schütze näher bei sich, seiner ungebundenen Seele, die weder deutsch noch französisch noch italienisch, sondern grenzenlos und kosmopolitisch ist.

Infolge ihrer weltanschaulich offenen Einstellung sind schützebetonte Menschen die Gelehrten, Forscher und Entdecker par excellence.

Ihr Eintreten für eine bessere und gerechtere Welt macht sie auch zu ausgezeichneten Sozialarbeitern und Rechtsanwälten.

Auch beim Heilen wirkt Schützekraft. Der Kentaur, eine Verbindung von Mensch und Tier, ist ein Sinnbild menschlicher Ganzheit, bestehend aus Körper (Tierleib) und Geist (menschlicher Teil). Wie ein Reiter sein Pferd lenkte, so ist auch der Geist aufgerufen, den Leib in Liebe anzunehmen. Einsicht, das ist das große Zauberwort schützebetonter Heiler. Sie setzen nie allein auf eine Operation, Pille, Akupunkturnadel, homöopathische Essenz oder Körpermassage. Das alles mag nützlich sein, aber ohne Einsicht ist jede Therapie vergeblich. Das Symptom kann man zum Verschwinden bringen, aber schon bald taucht es anderswo wieder auf. Schützebetonte Heilmethoden sind daher die Psychoanalyse, alle Gesprächstherapien und die Familientherapie, um die vielleicht wichtigsten zu nennen.

Die starke Verflochtenheit von Körper und Geist, Tier und Mensch, bringt schützebetonte Menschen auch zum Sport. Die Olympiade, einst zu Ehren Zeus/Jupiters, dem Herrscher des Schützezeichens, erdacht, ist zwar ein Wettstreit der Körper, aber es geht dabei immer auch um eine Philosophie, die sich auch darin äußert, daß sich Menschen aller Kulturen zu einem friedlichen Wettstreit treffen.

Schützebetonte Individuen sind auch Tierfreunde, die für die Rechte der Tiere eintreten. Der Übergang vom Animalischen zum Menschlichen ist fließend. Niemand hat ihrer Meinung nach das Recht, einen ein für allemal gültigen Trennungsstrich zu ziehen. Ein Tierarzt, Pfleger, Dompteur, Besitzer einer Hundezucht, Jäger oder Förster hat daher immer auch eine gute Portion Schützekraft in seinem Horoskop.

Schatten

Ihre Stärke ist auch ihre Schwäche. Weil sie sich dem Olymp des Geistes so nahe wähnen und den göttlichen Hauch schon zu ahnen glauben, kommen sie gelegentlich mit einer bodenlosen Naivität und Selbstgerechtigkeit daher. Und weil sie so nahe am Himmel sind, versagen sie manchmal schrecklich auf der Erde.

Was Schützekräfte fördert

Verstehen, Einsicht, Erkennen
Selbsterfahrungsgruppen
Meditation, Trancereisen, Kontemplation,
Assoziation, Mystik

Reisen
Philosophie und Psychologie
Nähe zu Tieren

Arbeits- und Berufsprofil

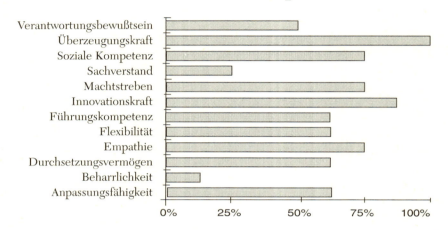

Sonne Schütze – was ich kann

Individuen mit der Sonne im Schützen sind von ihrem Vater oder der väterlichen Sippe in besonderer Weise mit der Gabe gesegnet, Heilung, Wachstum, Kraft, Einsicht und Eingebung zu erlangen und weiterzugeben. Manchmal steht der Vater selbst als Vorbild für diese besondere Eigenart, war vielleicht als Arzt, Therapeut oder Priester tätig oder verhalf privat seinem Kind durch Märchen und Geschichten zu schützehaftem Denken. Es ist aber auch möglich, daß der Vater selbst ganz anders erlebt wurde. Häufig beschreiben Schützen ihre Väter als nicht anwesend. »Mein Vater war stets unterwegs« heißt es häufig. Oder: »Mein Vater hatte Wichtigeres zu tun, als sich um uns Kinder zu kümmern«. Die Abwesenheit des Vaters läßt sich von keinem Kind leicht verkraften. Dennoch, wer astrologisch denkt, findet eine Versöhnung, und wenn auch erst im nachhinein: Der Vater übermittelte Schützehaftes, indem er Freiheit und geistige Suche höher stellte als Nähe zu seinem Kind.

Eine Schützesonne beinhaltet manchmal auch den unbewußten Wunsch des Vaters und seiner Sippe nach Heilung und Ganzwerdung. Besonders wenn in der Sippe des Vaters schwere Krankheiten aufgetreten sind, besteht die (unbewußte) Erwartung an das Schützekind, durch Einsicht, dieses leidvolle Erbe zu heilen. Eine andere Möglichkeit ist die, daß in der Ahnenreihe des Vaters der Wunsch nach einer priesterlichen Tätigkeit bestand, der jetzt dem Sohn oder der Tochter aufgetragen ist.

Sonne Schütze Haus 1 bis 12

☉ ♐ in 1
Sonne Schütze in Haus 1

Die feuerbetonte Schützesonne manifestiert sich im 1. (Feuer-) Haus und steht der Ich-Behauptung und Ich-Durchsetzung zur Verfügung.

+ Ein Sprachrohr schützehafter Energie sein. Große heilerische Fähigkeiten besitzen. Weitblick bei beruflichen Entscheidungen beweisen. Durch einsichtige Art überzeugen. Führungsqualifikation.

– Sich selbst überhöhen. Maß und Ziel aus den Augen verlieren. Machtkämpfe mit Autoritätspersonen führen. Scheinheiligkeit.

Tätigkeiten und Berufe: Wo es um Führungsaufgaben im Bereich schützehafter Verwirklichung geht und wo Schützeenergie besonders stark gelebt werden kann (als Sportler, Heiler, Priester). Wo genügend Reibung und Aufregung (im Sinne des 1. Hauses) gegeben ist (Sport, Expedition, Management). Siehe auch Sonne Widder.

Maria Callas (Sängerin), Gustav Adolf (König von Schweden), Wassily Kandinsky (Maler), Manfred Köhnlechner (Naturheilkundler), Claudius Nero (Kaiser), Rudolf Scharping (Politiker), Henry Toulouse-Lautrec (Maler), Mark Twain (Schriftsteller)

F L F F   VA KA

☉ ♐ in 2
Sonne Schütze in Haus 2

Die feuerbetonte Schützesonne manifestiert sich im 2. (Erd-) Haus und dient der Ich-Festigung. Schützehaftes kann konkretisiert werden (künstlerischer Ausdruck). Schützeenergie wird »seßhaft« (Reisebüro, Praxis, Atelier).

+ Aus Sinnlichkeit beruflich profitieren. Großzügigkeit in materiellen Angelegenheiten wirkt sich erfolgreich aus. Natürliches Besitzstreben.

– Zwanghaftigkeit im Umgang mit Geld und Investitionen. Eigene Engstirnigkeit verhindert Wachstum. Unrealistische Pläne und Enttäuschungen (»Konkurskonstellation«).

Tätigkeiten und Berufe: Wo es um Darstellung, Vermittlung und Verkauf von Schützehaftem (Kunst, Reisen, Tier) geht. Arbeit im Reisebüro. Beschäftigung am Fahrkartenschalter. In einer Praxis arbeiten. Wo Handel und Gewinne mit Schützehaftem erfolgen (Karitative Einrichtungen, Esoterikmesse, Esoterikläden, Verleger, Buchladen). Siehe auch Sonne Stier.

Rudi Carrell (TV-Moderator), Hans Genuit (Astrologe), Curt Jürgens (Schauspieler), Paul Klee (Maler), Edith Piaf (Sängerin), Frank Sinatra (Sänger und Schauspieler)

F L E F   VA FI

☉ ♐ in 3
Sonne Schütze in Haus 3

Die feuerbetonte Schützesonne manifestiert sich im 3. (Luft-) Haus. Schützehaftes dient der Ich-Beweglichkeit und kann kommuniziert, dargestellt, gedacht, verkauft werden.

+ Großzügiges Denken. Gute Selbstdarstellung und Überzeugungskraft erleichtern berufliches Auftreten. Sich gut verkaufen können. Neutralität und Sachlichkeit im Umgang mit beruflichen Schwierigkeiten.

– Verfälschung und Kommerzialisierung von Geist und Seele. Ausverkauf des Spirituellen.

Tätigkeiten und Berufe: Wo Schützehaftes verbreitet wird (Schriftsteller, Redner, Politiker, Künstler, Fachbuchautor, Fachjournalist, Reisebuchverfasser). Wo Einsicht vermittelt wird (Gesprächstherapeut, Psychoanalytiker, Sprecher, Lehrer, Kindergärtner etc.). Wo Reisen organisiert, verkauft und durchgeführt werden (Zugbegleiter, Stewardeß). Siehe auch Sonne Zwillinge.

Bo Yin Ra (Guru), Winston Churchill (Politiker), Walt Disney (Filmproduzent), Friedrich Engels (Politiker), Uri Geller (Telekinet), Ludwig Klages (Graphologe), Claude Levi-Strauss (Ethnologe, Mythologe), Giacomo Puccini (Opernkomponist), Rainer Maria Rilke (Dichter)

F L L F   VA VA

☉ ♐ in 4
Sonne Schütze in Haus 4

Die feuerbetonte Schützesonne manifestiert sich im 4. (Wasser-) Haus, drängt in Räume des Gefühlshaften und Seelischen und verwirklicht sich im Bereich Familie und Häuslichkeit. Schützehaftes dient der Gefühls-Durchsetzung.

+ Optimistische Grundstruktur schafft im beruflichen Alltag Vertrauen. Wissen über Psychisches führt zu guter Menschenkenntnis und Menschenführung (»Therapeutenkonstellation«).

– Schicksalhaft eine Familienlast oder einen »Familienfluch« übernehmen und erlösen müssen.

Tätigkeiten und Berufe: Wo durch Einsicht heilerische Kräfte geweckt werden (Pädagogik, Therapie, besonders Familientherapie, Sozialarbeit, Heilgymnastik, Heil- und Kurbäder). Wo die Psyche des Alltäglichen erforscht und dargestellt wird (Psychologie, Menschenkunde, Erwachsenenbildung). Wo es um Verständnis von Kunst geht (Kunsterziehung, Kunsttherapie). Rechtsangelegenheit im Zusammenhang mit Haus- und Grundbesitz, auch Steuerrecht. Siehe auch Sonne Krebs.

Woody Allen (Regisseur), Tina Turner (Rocksängerin)

F L W W   VA KA

☉ ♐ in 5
Sonne Schütze in Haus 5

Die feuerbetonte Schützesonne manifestiert sich im 5. (Feuer-) Haus und dient der Gefühls-Festigung. Intensivierung von Ausdruck. Großes Selbstbewußtsein. »Führungskonstellation«.

+ Optimistische Selbstrepräsentation kommt beruflicher Verwirklichung zugute. Durch gewinnendes Auftreten seine beruflichen Chancen verbessern. Natürliche Ausstrahlung erleichtert Führungsposition.

– Selbstüberheblichkeit und falscher Stolz schaden der Karriere. Keine Kritik annehmen können. Eine beruflicher Außenseiterrolle einnehmen. Berufliche Vorbelastung durch den Vater.

Tätigkeiten und Berufe: Repräsentant aller schützehaften Bereiche wie Religion, Touristik, Sport, Recht, Tierpflege, Therapie (Bischof, Reisebegleiter, Sportfunktionär, Richter, Veterinär, Psychologe). Wo es um Verständnis von Kunst geht (Kunsthistoriker, Kunstpädagoge). Wo es um Therapie mit künstlerischen Mitteln geht (Tanztherapie, Kunsttherapie, Rollenspiel). Schauspieler, Charakterdarsteller. Siehe auch Sonne Löwe.

Robert Koch (Mediziner), Franco Nero (Schauspieler), Jean-Louis Xavier Trintingnant (Schauspieler), Liv Ullmann (Schauspielerin)

F L F W   VA FI

☉ ♐ in 6
Sonne Schütze in Haus 6

Die feuerbetonte Schützesonne manifestiert sich im 6. (Erd-) Haus und führt zu Gefühls-Beweglichkeit. Die Schützekraft wird in den Dienst am anderen gestellt.

+ Dienen als religiöse Handlung sehen. Beruflichen Nutzen aus heilerischen Kräften ziehen. Ein systematisches Weltbild entwerfen können. Mit kritischem Wertebewußtsein berufliche Projekte einschätzen können. Durch Bereitschaft zu Kritik lernen und weiterkommen können. Weiterbildungsinteresse eröffnet neue berufliche Möglichkeiten.

– Zersplitterung und Nervosität durch übergroße Ausdehnung des beruflichen Verantwortungsbereiches (»Streßkonstellation«). Heilerisch tätig sein müssen, um vergangene Schuld abzutragen.

Tätigkeiten und Berufe: Wo es um Gesundheit, Vorsorge, Heilung und Pflege geht (Arzt, Therapeut, Pflegedienst, Diätassistent, Labordienst). Wo Einsicht in Zusammenhang zwischen Lebensgewohnheit einerseits und Gesundheit andererseits vermittelt wird (Volkshochschule, Radio, TV, Zeitung, Buchhandel). Wo Tiere gezüchtet, aufgezogen, gepflegt, versorgt und behandelt werden. Dienstleistungen im Bereich Touristik und Rechtsprechung. Naturwissenschafts-, Religions- und Gesellschaftsphilosophie. Siehe auch Sonne Jungfrau.

Hector Berlioz (Komponist), Robert Hand (Astrologe), Werner Heisenberg (Physiker), Thomas Ring (Astrologe), Steven Spielberg (Filmregisseur)

F L E W   VA VA

☉ ♐ in 7
Sonne Schütze in Haus 7

Die feuerbetonte Schützesonne manifestiert sich im 7. (Luft-) Haus, strebt nach Begegnung, Austausch und Kommunikation.

+ Führungsqualifikation durch Fähigkeit, andere mitreißen und überzeugen zu können. Anderen zu neuen Einsichten verhelfen. In der Öffentlichkeit gut ankommen und daraus beruflichen Nutzen ziehen. Bezugspunkt für andere sein. Objektiv und gerecht erscheinen.

– Staralüren. Vaterprojektion auf Vorgesetzte und Mitarbeiter. Ohne andere hilflos sein. Sich nicht entscheiden können.

Tätigkeiten und Berufe: Wo es um Rechtsfindung und Rechtsprechung geht (Richter, Rechtsanwalt, Schiedsgericht, Schiedsrichter beim Sport). Wo künstlerisches Schaffen, Geschmack, Schönheit eine Rolle spielen. Religiöse Kunst, Altarkunst. Wo Menschen überzeugt und gewonnen werden (Repräsentant, Werbung, Star-Industrie, Rhetorik, Politik). Therapie, Menschenführung. Siehe auch Sonne Waage.

Heinrich Heine (Schriftsteller), Bhagwan Shree Rajneesh (spiritueller Meister)

F L L L   VA KA

☉ ♐ in 8
Sonne Schütze in Haus 8

Die feuerbetonte Schützesonne manifestiert sich im 8. (Wasser-) Haus und bewirkt Begegnungs-Bindung durch Schützehaftes, also mittels Einsicht, Ethik, Moral, Religion, Gerechtigkeit.

+ »Heilerkonstellation«. Wissen über menschliche Grundkräfte in den Beruf einfließen lassen. Gespür für andere beruflich einsetzen. Festgefahrene Gleise verlassen können. Hoffnung verbreiten können. Mut machen können. Den Beruf über alles stellen. Berufstreue. Schwierige Aufgaben anpacken können.

– Karmische Schuld abtragen müssen. Ein frühkindliches Trauma nicht überwinden können. Sich im Gefühlsdunkel verlieren.

Tätigkeiten und Berufe: Wo Grenzsituationen vorherrschen (Krieg, Katastrophen). Wo es um Leben und Tod geht (Unfallchirurgie, Notarzt, Altenhilfe, Sterbehilfe, Sanitätsdienst, alle karitativen Hilfsdienste wie Rotes Kreuz, Straßenwacht, Bergrettungsdienst, Seenotdienst). Alle Heilberufe wie Heilpraktiker, Tierarzt, Reiki-Therapeut, Chakra-Therapeut etc.). Siehe auch Sonne Skorpion.

Ludwig van Beethoven (Komponist), Betty Middler (Popsängerin), Maria Stuart (Königin von Schottland)

F L W L   VA FI

SCHÜTZE ♐

☉ ♐ in 9
Sonne Schütze in Haus 9

Die feuerbetonte Schützesonne manifestiert sich im 9. (Feuer-) Haus und verdoppelt sich. Es entsprechen sich Anlagen von der Vaterseite und eigene Wünsche.

+ Charismatische Ausstrahlung erleichtert Verwirklichung eigener Berufswünsche. Sendungsbewußtsein. Anderen einen Weg zeigen können. Universalität und Flexibilität erleichtern berufliche Vielfalt.

− Realitätsferne führt zu beruflichen Fehlspekulationen. Übertriebenes Freiheitsbedürfnis führt zu beruflichen Kurzschlußhandlungen. Dünkel, Hochstapelei, Scheinheiligkeit.

Tätigkeiten und Berufe: Alle in diesem Kapitel über den Schützen weiter vorne aufgeführten Neigungen und Berufe.

Sammy Davis jr. (Sänger), Karen Hamaker Zondag (Astrologin), Bruno Huber (Astrologe), Monica Seles (Tennisspielerin)

F L F L   VA VA

☉ ♐ in 10
Sonne Schütze in Haus 10

Die feuerbetonte Schützesonne manifestiert sich im 10. (Erd-) Haus und dient der Struktur-Entwicklung und Durchsetzung.

+ Schützehaftes kann allgemeinverbindlich werden und mit öffentlicher Anerkennung rechnen. Beruflicher Erfolg durch richtige Entscheidungen. Führungsqualifikation infolge von Gerechtigkeit und Jovialität. Gesellschaftliche Bedeutsamkeit erlangen.

− Unter Anspruchshaltung leiden. Den Beruf über alles stellen. »Streßkonstellation«.

Tätigkeiten und Berufe: Wo Schützehaftes zur Institution oder zur öffentlichen Einrichtung wird (Gründung einer eigenen astrologischen Schule, einer eigenen Musikgruppe oder einer eigenen therapeutischen Richtung). Wo öffentliches Recht gemacht und vertreten wird (Gericht, Politik, Ausschuß). Wo öffentlich Heilung und Gesundheit angeboten wird (Praxis, Gesundheitsbehörden). Alle Einrichtungen in Zusammenhang mit Reisen wie Reisebüro, Reiseagentur, Busunternehmen, Fluggesellschaft, besonders Kultur- und Erlebnisreisen, esoterische Ferienreisen, Meditationsreisen). Missionsdienst. Siehe auch Sonne Steinbock.

Jim Morrison (Rockmusiker), Alexandr Isajewitsch Solschenizyn (Schriftsteller)

F L E E   VA KA

187

⊙ ♐ in 11
Sonne Schütze in Haus 11

Die feuerbetonte Schützesonne manifestiert sich im 11. (Luft-) Haus führt zu Struktur-Festigung und Abgrenzung.

+ Schützehaftes dient der Etablierung von Gruppen, Clubs, Zirkeln, Produktionsgemeinschaften, besonderen Verkaufsgemeinschaften. Wissenschaftliche Zusammenarbeit. Teamarbeit. Aufteilung von Verantwortung. Durch innovative Ideen erfolgreich auf den Markt drängen.

− Sich durch elitäres Clubbewußtsein isolieren. Fehlplanung und Fehlspekulation. Selbstgefälliges Auftreten.

Tätigkeiten und Berufe: In Clubs, Gruppen, Seminarhäusern arbeiten. Esoterische Veranstaltungen durchführen. Nebenberuflich in Vereinen tätig sein. Sozial- oder religionsphilosophisch arbeiten. Wo Reformen durchgesetzt werden (Politik, Gewerkschaft). Wissenschaftliche Zukunftsforschung. Siehe auch Sonne Wassermann.

Thorwald Dethlefsen (Esoteriker), Jane Fonda (Schauspielerin), Jimmy Hendrix (Sänger), Billy the Kid (Revolverheld), Gabriel Marcel (Philosoph), Margaret Mead (Ethnologin)

F L L E   VA FI

⊙ ♐ in 12
Sonne Schütze in Haus 12

Die feuerbetonte Schützesonne manifestiert sich im 12. (Wasser-) Haus und findet Verfeinerung, Grenzenlosigkeit und Auflösung. »Mystische Konstellation«.

+ Große intuitive Gabe. Zur mystischen Leitfigur werden können. Etwas für die Menschheit bewirken können. Bei beruflichen Entscheidungen den richtigen Riecher haben. Von höheren Kräften geführt werden.

− Neigung zu missionarischem Größenwahn. Aus Erfahrungen nichts lernen. Fehlspekulationen. Suchtgefahr.

Tätigkeiten und Berufe: Wo es um Glauben geht (Missionsarbeit, Klosterleben, alle caritativen Tätigkeiten). Wo Mitgefühl eine Rolle spielt (Sozialdienst, Altenpflege). Kunst, besonders Musik (Kirchenorganist) und esoterische Kunst (New Age Kunst). Spirituelle Reisen, Pilgerfahrten, Chormusik. Wo esoterische Literatur geschrieben, verlegt, verkauft wird. Siehe auch Sonne Fische.

Eugene Ionesco (Dramatiker), Bruce Lee (Schauspieler), Friedrich Sieggrün (Astrologe)

F L W E   VA VA

Aszendent Schütze – was ich will

Während sich Sonnen- und Mondeigenschaften im Verhalten und Sein widerspiegeln, schlummert die Aszendentenkraft als Same, Anlage und Motiv im Individuum und muß geweckt und entwickelt werden. In der Weise, wie dies gelingt, entsteht persönliche Eigenart und Individualität, die dem Beruf als Kraft und Motivation zufließen und Spezialistentum und eine eigene Note bewirken. Je mehr AC-Kraft in einen Beruf einfließen kann, um so überzeugter und infolgedessen erfolgreicher ist man. Durch die belebende Kraft des Aszendenten treten die im allgemeinen Abschnitt über den Schützen aufgeführten Merkmale feuriger, schärfer, drängender und ichhafter zutage. Es entsteht ein regelrechter Hang und gelegentlich sogar Zwang, andere mit philosophischem und geistigem Gedankengut zu überhäufen.

+ Optimismus, gewinnendes Auftreten, Euphorie, positive Selbstdarstellung, Idealismus erhöhen beruflichen Marktwert. Bereitschaft, etwas Neues auszuprobieren. Reise- und Risikolust steigern Mobilität. Kooperationsbereitschaft, Innovationskraft, leichte Anpassung, gute Redebegabung und Glaubwürdigkeit befähigen zu repräsentativen Aufgaben.

− Geringer Realitätssinn. Nicht im Hier und Jetzt sein, sondern von einer besseren Zukunft träumen. Dünkelhaftes Auftreten mißfällt Kollegen und Kunden. Insensibilität für Wünsche der anderen. Überheblichkeit beim Verkauf. »Rettersyndrom«.

Aszendentenherrscher Jupiter

Wie man bei der Interpretation der Sonnenstellung erst durch Berücksichtigung der Hausposition verläßliche Auskunft erhält, so muß auch bei Aussagen über den Aszendenten der Herrscher und dessen Stellung in Zeichen und Häusern bewertet werden. Beim Zeichen Schütze ist dies der Planet Jupiter. Seine Position in einem bestimmten Zeichen gibt den schützehaften Aszendentenkräften eine spezifische Färbung und Richtung. Jupiter bedeutet Einsicht und Eingebung. Er verleiht das tröstende Gefühl von höherer Ordnung und Stimmigkeit. Ist Jupiter in einer Arbeit am Wirken, dann fühlt man sich selbst wie beseelt und getragen von einer überpersönlichen Kraft und man kann auch andere von seinen Absichten überzeugen. Trotzdem ist Jupiter anders als Merkur kein Händler und Verkäufer. Jupiter will anderen dazu verhelfen, ihre eigenen Einsichten und Entscheidungen zu treffen. Er zielt auf Mündigkeit, nicht auch Abhängigkeit. Daher ist sein Wirken am effektivsten in allen Berufen, in denen es um geistige und praktische Horizonterweiterung geht (Jugend- und Erwachsenenbildung, Selbsterfahrung, Reisen). Jupiter ist darüber hinaus der klassische Heiler. Durch seine Zeichen- und Hausstellung offenbaren sich die spezifischen Heilerqualifikationen eines Menschen. Man nennt Jupiter gerne den Glücksplaneten. Mythologisch beruht das auf der Tatsache, daß Jupiter die Schreckensherrschaft von Saturn/Kronos beendete und eine gerechte, weise und glückliche Regentschaft begann. Das Glück Jupiters wird oft als Förderung, Wohlwollen und schicksalhafte Fügung erfahren.

Was die berufliche Relevanz des AC-Herrschers Jupiter in den zwölf Zeichen angeht, siehe Zusammenstellung weiter unten in diesem Kapitel!

Was die Position im Haus betrifft, genügt es in aller Regel, den Quadranten zu berücksichtigen, in dem sich Merkur befindet. Die entsprechenden Merkurstellungen werden weiter unten erörtert.

Medium Coeli Schütze – was ich muß

Das Medium Coeli zeigt den Bereich, dem sich der Horoskopeigner einfügen muß, damit er sich in gesellschaftlicher wie kosmischer Hinsicht erfüllt und vollständig wird. Diese MC-Bereiche beinhalten Pflichten, Normen und Verhaltensvorschriften, geben aber auch Halt und Sicherheit und vermitteln letztlich das Gefühl, seine Lebensaufgabe zu erfüllen.

+ Nach Einsicht und Eingebung ausgerichtet sein. Optimistische Einstellung zu Arbeit und Beruf. Beruf nicht nur als Pflicht und Last, sondern auch als Möglichkeit der persönlichen Weiterentwicklung betrachten. Positive Einstellung zur Arbeit überträgt sich auf Erfolg. Positiv auf das Arbeitsklima einwirken können. Freude am Expandieren. Örtlich nicht gebunden sein. Führungsaufgaben übernehmen können. Andere motivieren können. In Krisenzeiten Optimismus verbreiten.

– Überzogene Ansprüche schlecht erkennen. Unrealistische Projekte vorschlagen. Schlecht planen können. Zu missionarisch auftreten. Schlecht Kritik ertragen. Unter Helfersyndrom leiden. Über andere, aber nicht über sich selbst Bescheid wissen. Zu expansiv auftreten. Ungeduldig und rechthaberisch sein.

Tätigkeiten und Berufe: Wo Recht gemacht und vertreten wird. Alle Tätigkeiten in Zusammenhang mit Reisen. Wo Reformen durchgesetzt werden (Politik, Gewerkschaft). Wo es um Glauben geht (Missionsarbeit, Klosterleben). Wo Mitgefühl eine Rolle spielt. Kunst, besonders Musik. Wo Handel und Gewinne mit Schützehaftem erfolgen (karitative Einrichtungen, Esoterik). Wo Schützehaftes geschrieben, verlegt, verbreitet wird. Wo durch Einsicht heilerische Kräfte geweckt werden (Pädagogik, Therapie, Sozialarbeit, Heilgymnastik). Wo die Psyche des Alltäglichen erforscht und dargestellt wird (Psychologie, Erwachsenenbildung). Wo es um Verständnis von Kunst geht (Kunsterziehung, Kunsttherapie). Wo es um Gesundheit, Vorsorge, Heilung und Pflege geht (Arzt, Therapeut, Pflegedienst, Diätassistent, Labordienst). Wo Tiere gezüchtet und behandelt werden. Naturwissenschafts-, Religions- und Gesellschaftsphilosophie.

Herrscher des Medium Coeli im Zeichen

Genau wie beim AC muß auch der herrschende Planet des MC, also Jupiter, berücksichtigt werden. Seine Stellung im jeweiligen Zeichen nennt Ziel und Richtung beruflicher Erfüllung und zeigt die spezifische Färbung der MC-Kraft auf. Als »Glücksplanet« zeigt seine Stellung, mit welchen Förderungen und Fügungen im Beruf gerechnet werden kann. Eine Zusammenstellung über die berufliche Relevanz des MC-Herrschers Jupiter in den zwölf Zeichen folgt weiter unten.

Herrscher des Medium Coeli im Haus

Was die Stellung des MC-Herrschers Jupiter im Haus betrifft, genügt es in aller Regel, die Richtung zu kennen. Damit ist gemeint, in welchem Quadranten sich der Herrscherplanet verwirklicht (siehe auch Grundlagen astrologischer Berufsberatung). Die entsprechenden Jupiterstellungen werden weiter unten erörtert.

Herrscherqualitäten des AC / MC in den Zeichen

♃ ♈
Medium Coeli / Aszendent im Schützen Herrscherplanet Jupiter im Widder

Berufliche Verwirklichung erfolgt in typischen Widderbereichen wie Management, Wirtschaft, Politik (siehe Allgemeine Einführung Widder) und bewirkt Expansion, Bewußtseinserweiterung und Zufriedenheit.

+ Rasche Auffassung und Umsetzung von Ideen. Temperamentvolle Expansionspolitik. Glückliche Hand bei schnellen Entscheidungen.

− Leichtsinn. Rücksichtslosigkeit. Fehlkalkulationen. Schlechte Buchführung. Schludrigkeit.

F L F F   VA KA

♃ ♉
Medium Coeli / Aszendent im Schützen Herrscherplanet Jupiter im Stier

Berufliche Verwirklichung erfolgt in typischen Stierbereichen wie Ernährung, Bankwesen, Natur (siehe Allgemeine Einführung Stier).

+ Mit Glück in finanziellen und materiellen Angelegenheiten rechnen können. Leicht mit Räumen für berufliche Ausübung (Laden, Praxis) rechnen können. Unterstützung von Banken oder Geldgebern. Künstlerisch etwas zu sagen haben. Heilende Kräfte aus der Erde und der Natur ziehen können (Homöopathie). Geradlinigkeit, anschauliches Denken.

− Sich durch materialistisches Denken und Geiz Chancen verbauen. Unrealistische Preisgestaltung.

F L E F   VA FI

♐ SCHÜTZE

♃ ♊
Medium Coeli / Aszendent
im Schützen
Herrscherplanet Jupiter
in den Zwillingen

Berufliche Verwirklichung erfolgt in typischen Zwillingsbereichen wie Lektorat, Buchhandel, Journalismus, Verkauf, Kommunikation (siehe Allgemeine Einführung Zwillinge).

+ Erfolge durch gewinnendes Auftreten. Vom Handel mit dem Ausland profitieren. Vorteile durch Redebegabung und sprachliche Talente. Andere mitreißen können. Einsichten vermitteln können (Therapeut). Durch Einsicht heilen.

– Weitschweifendes Denken. Unrealistische Selbsteinschätzung. Bekehrungszwang. Missionarischer Übereifer.

F L L F   VA VA

♃ ♋
Medium Coeli oder Aszendent
im Schützen
Herrscherplanet Jupiter
im Krebs

Berufliche Verwirklichung erfolgt in typischen Krebsbereichen wie Häuslichkeit, Gastronomie, Psychologie (siehe Allgemeine Einführung Krebs).

+ Positive und optimistische Einstellung dem Seelischen gegenüber führt zu beruflichem Erfolg. Die Sprache der Seele kennen und daraus Nutzen ziehen. Glückliche Hand bei der Wohnungssuche. Mit positivem Betriebsklima rechnen können. Innere Glaubwürdigkeit überzeugt Partner, Klienten und Kunden. Vielschichtiger Intellekt. Bildhaftes Denken.

– Im Seelischen hängenbleiben. Schwache Außenrepräsentanz. Konzentrationsstörungen. Launenhaftigkeit.

F L W W   VA KA

♃ ♌
Medium Coeli / Aszendent
im Schützen
Herrscherplanet Jupiter
im Löwen

Berufliche Verwirklichung erfolgt in typischen Löwebereichen wie Kreativität, Kunsthandwerk, Graphik, Ausdruck, Spiel, Vergnügen (siehe Allgemeine Einführung Löwe).

+ Durch gewinnende Ausstrahlung andere überzeugen. Glückliche und erfolgreiche Selbstrepräsentanz. Mit Glück bei riskanten (Geld-) Geschäften und Spekulationen rechnen können. Klare Führungsqualifikation. Charismatische Führerfigur. Begnadete Kunst schaffen können. Originalität. Selbstvertrauen. Kreativität.

– Sich durch Wissensdünkel und Arroganz selber schaden. Sich gefühlsmäßig nicht im Griff haben.

F L F W   VA FI

♃ ♍
Medium Coeli / Aszendent
im Schützen
Herrscherplanet Jupiter
in der Jungfrau

Berufliche Verwirklichung erfolgt in typischen Jungfraubereichen wie Technik, Organisation, Verwaltung, Gesundheitswesen (siehe Allgemeine Einführung Jungfrau).

+ Sein Glück in der Arbeit finden. Durch Zuverlässigkeit, Pünktlichkeit und Genauigkeit Erfolge verbuchen. Bescheidenes Auftreten kommt an. Quellen der Gesundheit in der Natur finden (Homöopathie, Bachblüten, Heilpflanzen). Durch gute und realistische Planung Vorteile herausschlagen. Realistische Einschätzungen geben. Detail und Überblick gut verbinden können.

– Kritik- und Arbeitssucht. »Streßkonstellation«.

F L E W   VA VA

♃ ♎
Medium Coeli oder Aszendent im Schützen Herrscherplanet Jupiter in der Waage

Berufliche Verwirklichung erfolgt in typischen Waagebereichen wie Kunst, Ästhetik, Entspannung, Schönheit (siehe Allgemeine Einführung Waage).

+ Private Kontakte beruflich nützen können. Mit Glück und Erfolg bei öffentlichen Auftritten rechnen können. Andere gewinnen und mitreißen können. Glückliches Beziehungsleben hat positive Auswirkungen auf Beruf. Kunst vertiefen und beseelen können. Kontaktfreude. Interessensvielfalt.

– Entscheidungsprobleme. Zu vielen Neigungen nachgehen wollen.

F L L L VA KA

♃ ♏
Medium Coeli / Aszendent im Schützen Herrscherplanet Jupiter im Skorpion

Berufliche Verwirklichung erfolgt in typisch skorpionischen Bereichen, die sich mit Hinterfragen, Hintergründigkeit, Hingabe, Transformation etc. befassen (siehe Allgemeine Einführung Skorpion).

+ Berufliche Erfüllung in Grenz- und Außenseiterberufen finden. Mit einem glücklichen Ausgang bei riskanten Geschäften rechnen können. Über geheimnisvolle Heilerkräfte verfügen. Hoffnung und Trost in ausweglosen Situationen spenden können. Bindungsfähigkeit. Tiefe. Mitgefühl. Hilfsbereitschaft. Liebesfähigkeit.

– Durch unflexibles Verhalten Chancen verpassen. Mit Magie Unfug betreiben.

F L W L VA FI

SCHÜTZE ♐

♃ ♐
Medium Coeli / Aszendent
im Schützen
Herrscherplanet Jupiter
im Schützen

Berufliche Verwirklichung erfolgt in typischen Schützebereichen wie Sport, Tourismus, Horizonterweiterung, Religion, Heilwesen (siehe Allgemeine Einführung Schütze).

+ Eine glückliche Hand in beruflichen Angelegenheiten beweisen. Über positive Verbindungen mit dem Ausland verfügen. Geschäftsreisen stehen unter guten Sternen. Gabe zur Weisheit. Wichtiges Wissen bewahren und weitergeben können. Idealismus, Optimismus, intellektuelle Führungsqualität, Großzügigkeit, Offenheit, Wissensdrang, Diskussionsfreude, schriftstellerische Begabung.

– Idealistische Schwärmerei. Unrealistische Projekte verfolgen. Durch guruhaftes Auftreten Macht ausüben.

F L F L   VA VA

♃ ♑
Medium Coeli / Aszendent
im Schützen
Herrscherplanet Jupiter
im Steinbock

Berufliche Verwirklichung erfolgt in typischen Steinbockbereichen wie Lehre, Schule, Öffentlichkeit, Institutionen, Ämtern (siehe Allgemeine Einführung Steinbock).

+ Grundsätzlich berufliches Glück haben. Stets eine gute Lösung finden. Berufliche Erfolge verbuchen. Berufliche Expansion steht unter einem guten Stern. Berufliche Weisheit, Anerkennung, Ruhm, Konzentration, Ehrgeiz, Ausdauer, Führungseignung, Verantwortungsbewußtsein. Einen Heilerberuf ausüben können.

– Den Beruf über alles andere stellen. Unter zu hoher Anspruchshaltung leiden. Missionarischer Übereifer.

F L E E   VA KA

195

♐ SCHÜTZE

♃ ♒
Medium Coeli / Aszendent
im Schützen
Herrscherplanet Jupiter
im Wassermann

Berufliche Verwirklichung erfolgt in typischen Wassermannbereichen wie Teamarbeit, geistige Erneuerung, Zukunftsplanung, Reformarbeit (siehe Allgemeine Einführung Wassermann).

+ Glück und Erfolg aus gemeinsamer Arbeit schöpfen (Praxisgemeinschaft, Geschäftszusammenschluß). Bei Zukunftsplänen richtigliegen. Durch progressive Arbeitsmethoden erfolgreich sein. Sich auf Freunde und Partner verlassen können. Den Zeitgeist ahnen und Profit daraus schöpfen. Schöpferisches Denken, Erfindungsgabe, Gemeinschaftsbewußtsein, Originalität, Intuition, Toleranz, Interessenvielfalt.

– Zu hochgesteckte Ziele verfolgen. Die Möglichkeiten der Gegenwart überschätzen. Naivität, Phantasterei, Leichtgläubigkeit.

F L L E   VA FI

♃ ♓
Medium Coeli / Aszendent
im Schützen
Herrscherplanet Jupiter
in den Fischen

Berufliche Verwirklichung erfolgt in typischen Fischebereichen wie Pflege, Dienst am Nächsten, Kunst, Mystik (siehe Allgemeine Einführung Fische).

+ Auf eine höhere Fügung und glückliche Führung vertrauen können (»beruflichen Schutzengel haben«). Erfolg durch Glauben und innere Stärke finden. Über eine Quelle mit großer Heilkraft verfügen. Glück und Trost im Glauben finden. Einfühlungsvermögen. Hilfsbereitschaft.

– Sich in seiner Arbeit nicht begrenzen können. Karmische Schuld abtragen müssen. Fluchttendenzen, Irrealität.

F L W E   VA VA

Herrscherqualitäten des AC / MC in den Quadranten

AC ♐ / MC ♐
Aszendent Schütze / Medium Coeli Schütze
Herrscherplanet Jupiter im Quadranten I

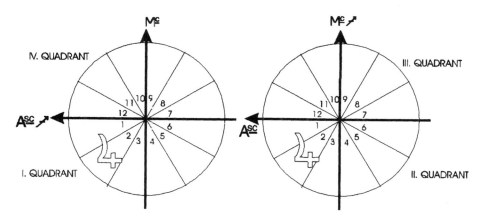

Befindet sich Jupiter als AC- beziehungsweise MC-Herrscher im Quadranten I (Haus 1, 2 und 3), will er sich ichhaft und ichbetont verwirklichen. Das heißt, daß der Horoskopbesitzer die schütze-jupiterhaften Anlagen auch gegen einen äußeren Widerstand einbringen und durchsetzen will, ja, daß Widerstand und Konkurrenz sogar seine Neigungen noch verstärken. Diese Stellung fördert Aktivität, Jovialität, optimistische Ausstrahlung und Begeisterungsfähigkeit, die, wenn sie in ein passendes Berufsmetier einfließen können, Erfolg direkt garantieren. Geeignete Berufsfelder sind Publizistik (besonders Fachbuchautor, Fachjournalist, Reiseführerverfasser), Politik, Kunst, Philosophie, Religion, Psychologie (Gesprächstherapeut, Psychoanalytiker, Lehrer, Kindergärtner), Touristik und Sport (Sportlehrer).

AC ♐ / MC ♐
Aszendent Schütze / Medium Coeli Schütze
Herrscherplanet Jupiter im Quadranten II

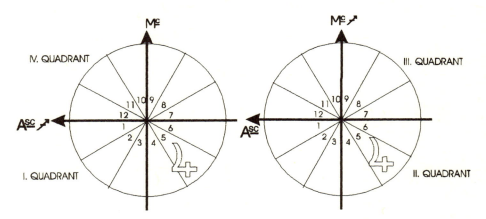

Befindet sich Jupiter im Quadranten II (Haus 4, 5 und 6), ist ein seelisches und gefühlshaftes Involviertsein im Beruf wichtig. Das sind Berufsfelder, in denen durch Einsicht heilerische Kräfte geweckt werden oder wo die Psyche des Alltäglichen erforscht und dargestellt wird (Pädagogik, Therapie, besonders Familientherapie, Sozialarbeit, Heilgymnastik, Heil- und Kurbäder, Psychologie, Menschenkunde, Erwachsenenbildung, Kunsterziehung, Kunsttherapie). Besonders, wenn Jupiter als AC- beziehungsweise MC-Herrscher im 6. Haus steht, ist das Thema Gesundheit, Vorsorge, Heilung und Pflege vorrangig (Arzt, Therapeut, Pflegedienst, Diätassistent, Labordienst).

AC ♐ / MC ♐
Aszendent Schütze / Medium Coeli Schütze
Herrscherplanet Jupiter im Quadranten III

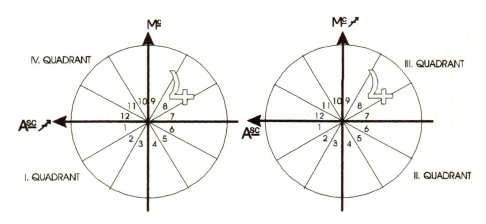

Befindet sich Jupiter im Quadranten III (Haus 7, 8 und 9), ist eine soziale Präsenz und Beteiligung zur Verwirklichung der schütze-jupiterhaften Kräfte unerläßlich.

Einsames Vor-sich-hin-Arbeiten ist ungünstig. Man sucht Bestätigung durch die anderen, braucht Kontakt und ist in der Lage, die wirklichen Belange der anderen zu spüren. Auch eine künstlerische Begabung ist vorhanden.

Tätigkeiten und Berufe: Wo es um Rechtsfindung und Rechtsprechung geht (Richter, Rechtsanwalt, Schiedsgericht, Schiedsrichter beim Sport). Wo künstlerisches Schaffen, Geschmack, Schönheit eine Rolle spielen. Alle karitativen Hilfsdienste wie Rotes Kreuz, Straßenwacht, Bergrettungsdienst, Seenotdienste, Heilpraktiker, Tierarzt, Therapeut.

AC ♐ / MC ♐
Aszendent Schütze / Medium Coeli Schütze
Herrscherplanet Jupiter im Quadranten IV

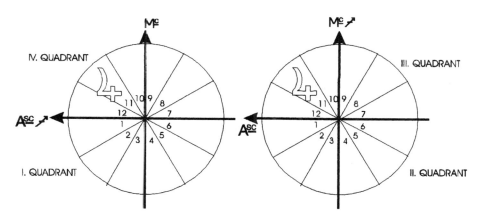

Steht Jupiter im IV. Quadranten (Haus 10, 11 und 12), verstärkt dies die überpersönliche Ausrichtung und Aufgabenstellung. Besonders mit Jupiter Haus 10 muß eine Art Institution oder berufliche Einrichtung, die den eigenen Namen trägt, erschaffen werden. Dies ist mit dem Erlebnis einer starken Anspruchshaltung verbunden: Der Horoskopeigner steht unter dem Druck, etwas Großes, Bedeutsames und Gewichtiges in seinem Leben zu erschaffen. Schwierig ist die Stellung von Jupiter im 12. Haus, weil die Jupiterkräfte ins Namenlose und Unpersönliche zielen, was oft als Leere oder Unerfülltheit empfunden wird. Adäquate Berufsfelder finden sich in Bereichen, in denen es um Glauben geht (Missionsarbeit, alle karitativen Tätigkeiten). Wo Mitgefühl eine Rolle spielt (Sozialdienst, Altenpflege). Kunst, besonders Musik (Kirchenorganist) und esoterische Kunst (New-Age-Kunst). Spirituelle Reisen, Pilgerfahrten, Chormusik. Wo esoterische Literatur geschrieben, verlegt, verkauft wird.

Sonne, Aszendent, Medium Coeli im Steinbock

Allgemeine Einführung

Das Zeichen Steinbock symbolisiert den Sieg des Bleibenden über das Flüchtige, den Triumph der Wahrheit über die Illusion und den Vorrang der Ordnung über alles andere.

ELEMENT: ERDE als Urstoff allen Lebens. Struktur, Kristallisation, Festigkeit, Dauer, Ewigkeit.

QUALITÄT: KARDINAL drängend, dynamisch, durchsetzend, expansiv.

POLUNG: MINUS, weiblich, yin, konzentrierend, bewahrend, formierend.

SYMBOLIK: STEINBOCK als Bergwesen, genügsam, ausdauernd, sich absetzend.

ZEITQUALITÄT: 22. DEZEMBER BIS 20. JANUAR Winter als Zeitabschnitt der Lebens- und Überlebensprüfung.

HERRSCHER- PLANET: SATURN als gnadenloser Verfechter der Wahrheit und Herrscher über das, was ist.

Steinbockenergie macht weise. Diese Weisheit führt nicht, wie die Einsicht des Schützen, zu Euphorie und Lebensfreude, sondern macht dankbar, ehrfurchtsvoll und bescheiden. Aus der Perspektive des Steinbocks ist der Mensch kein schlummerndes Gottwesen, das man erwecken kann, sondern ein Staubkorn, ein Nichts, bestimmt zu sterben und zu vergehen. Alle Anstrengungen sind vergebens, es sei denn, der Mensch erhält die Gnade, die er eigentlich gar nicht verdient. Hinter dem Zeichen Steinbock und seinem Herrscherplaneten, dem Saturn, verbirgt sich eine strenge und unerbittliche Gottheit, der man sich nur unterwerfen kann. Im astrologischen Tierkreis nimmt dieses Zeichen die höchste Stelle ein, alle anderen Zeichen und Qualitäten sind ihm untergeordnet.

Früher hieß der Steinbock Ziegenfisch: eine Ziege mit einem Fischschwanz. Der Fischteil verweist auf Wasser, damit auf Gefühl, Liebe, Flüchtigkeit, Seelisches, Vergängliches. Die Ziege hingegen symbolisiert Struktur, Ordnung und Dauer. Somit steht Ordnung über dem Gefühl, ja sogar über der Liebe. Aber sie wird von Gefühlen und von der Liebe getragen; nur so ist sie stark, ausdauernd und ewig. Ohne Liebe wird sie starr und hohl. Aus der Perspektive des Steinbocks sind Gefühle nicht an sich gut, sondern erst, wenn sie sich in eine stimmige Ordnung fügen.

Erziehung ist ein ausgesprochenes Steinbockthema: Aus impulsiven, unreflektierten und lustbetonten Kindwesen in liebevoller und positiver Weise kontrollierte Erwachsene zu formen – dazu braucht es die Geduld, aber auch die Strenge des Ziegenfisches. Im Horoskop des berühmten Pädagogen Pestalozzi beispielsweise stehen Sonne, Venus und MC im Steinbock, außerdem Sonne, Merkur und Uranus im 10. Haus. Wo immer Wissen und Disziplin weitergegeben wird, im Kindergarten, in einem Seminar, in der Volkshochschule, beim Fahrunterricht, in Wachstumsgruppen, an der Universität, beim Managementtraining, arbeiten Menschen mit betontem Steinbockeinfluß (das sind Individuen mit Sonne, Mond, AC oder MC im Steinbock; ebenfalls Sonne, Mond im 10. Haus; abgeschwächt Saturn im 1. oder 10. Haus; abgeschwächt Herrscher des AC oder des MC im Steinbock oder im 10. Haus). Und genauso brauchen diejenigen, die in die Schule gehen, ein bestimmtes Quantum Steinbockenergie. Sonst fehlt es ihnen an »Sitzfleisch«, Konzentration, Bereitschaft, Ausdauer, Willen, Lust.

Die zweite Komponente steinbockbetonter Menschen ist Ordnung. Könige, Politiker, Staatsanwälte, Polizei, Staatsdiener, Beamte, Bürgermeister, Abgeordnete, Angestellte im öffentlichen Dienst, Trambahnfahrer, Müllbeseitiger, sie alle erhalten die öffentliche Ordnung und benötigen daher ein Quantum Steinbockenergie in ihrem Horoskop. Hier einige berühmte Beispiele:

Konrad Adenauer, deutscher Nachkriegskanzler, Juan Carlos, spanischer König, der russische Diktator Josef Stalin, FBI-Chef Hoogan (alle Sonne im Steinbock), der ehemalige deutsche Kanzler Paul von Hindenburg, Königin Elisabeth von England (beide AC im Steinbock), der deutsche SPD-Kanzler Willy Brandt, Kaiser Friedrich der Große und George Marshall (alle MC im Steinbock).

Auch in der Astrologie herrscht eine unumstößliche und somit steinböckische Ordnung. Zum Beispiel überragen Sonne und Mond die Planeten Jupiter, Mars, Venus, Merkur an Bedeutsamkeit. Saturn, Uranus, Neptun und Pluto wiederum beherrschen Sonne und Mond. Richtet sich ein Individuum nicht nach dieser Ordnung, führt dies zu Kummer, Leid, Unglück, Krankheit und sogar Tod. Wer zum Beispiel nur seinen Sonnenkräften folgt und ein ausschweifendes Leben führt, kann durch einen Unfall oder eine Krankheit zu saturnischer Einkehr und Einsicht gezwungen werden. Bekannte Astrologen mit betontem Steinbockeinfluß sind Elizabeth Teissier, Michael Nostradamus, Tyl Noel, Ernst von Xylander, Johannes Kepler (alle Sonne im Steinbock), Thorwald Detlefsen (AC Steinbock), Jean Claude Weiss und Luise Huber (MC im Steinbock).

Genauso arbeiten viele Psychotherapien mit bestimmten Ordnungsprinzipien und helfen ihren Klienten dabei, diese Ordnung wieder aufzuspüren und nach ihr zu leben. Beispiele sind die Psychoanalyse (C. G. Jung und Wilhelm Reich, beide AC Steinbock), Familientherapie, Gestalttherapie, Atemtherapie, Chakratherapie, Feldenkrais-Methode und Polaritytherapie. Aus der Perspektive des Steinbocks gilt der einzelne wenig, es sei denn, er trägt zum Allgemeinwohl bei. Wer dem Steinbock folgt, besteigt den Berg der Weisheit. Was von dort aus noch bestehen bleibt, ist allgemeingültig: Wer einen Merkur im Steinbock hat, kann etwas sagen, was alle angeht. Wer den Mond im Steinbock hat, hat etwas Gefühlshaftes zu geben, was viele Menschen spüren.

Menschen mit starkem Steinbockeinfluß suchen und finden daher eine Tätigkeit, bei der man der Allgemeinheit nützen kann (Staatsdienst, Beamtentum, öffentlicher Dienst, Politik, Kultur) oder schaffen selber eine Einrichtung mit öffentlichem Rechtscharakter, zum Beispiel eine Praxis als Heilpraktiker.

Steinbock ist ein Erdzeichen. Es verweist auf Materie, Stofflichkeit und Konkretisierung. Steinbockbetonte Menschen arbeiten daher gerne sachbetont oder handwerklich. In besonderer Weise sind sie an der Natur und der Mechanik von Dingen interessiert (Landwirt, Dreher, Automechaniker, Elektriker, Ingenieur, Techniker).

Dieses Wissen um die Gesetzmäßigkeit

♑ STEINBOCK

von Dingen läßt sich auch auf den menschlichen Körper übertragen: Steinböcke sind gute Masseure, Körpertherapeuten (Feldenkrais-Methode), Chiropraktiker und Orthopäden.

Steinböckisches verleiht Ehrgeiz und Ausdauer. Den Berg zu erklimmen, über den anderen zu stehen, dem Himmel nahe: das ist steinböckische Philosophie. Dafür braucht es Ehrgeiz und Hartnäckigkeit, und diese Tugenden gehören sozusagen zur Grundausrüstung steinbockbetonter Menschen. Der Führer Mao Tse-tung (Sonne im Steinbock) verordnete seiner Armee den berühmten »langen Marsch nach Norden«. Auch das ist steinböckisches Ideengut.

Des weiteren handhaben steinbockbetonte Individuen menschliche Bedürfnisse gerne distanziert, sozusagen aus der Entfernung, vom Berggipfel herab. Sie führen daher gerne Berufe aus, bei denen sie vom Schreibtisch aus Anweisungen und Antworten geben, organisieren, verwalten, zusammenbringen, lenken und regieren können.

Ihre Fähigkeit, bestens auch mit sich selbst zurechtzukommen, prädestiniert steinbockbetonte Menschen wiederum für solche Berufe, bei denen man allein arbeiten muß, beispielsweise als Landwirt auf einem Einsiedlerhof, Bergbauer, Forscher in der Antarktis, Astronom, Wachpersonal, Nachtwächter, Leuchtturmwächter, Wetterbeobachter.

Ihre Genügsamkeit ist noch zu erwähnen. Diese verhilft zu einem einfachen, aber durchaus erfüllten Leben. Steinbockbetonte Menschen werden daher Schuster, die ihre Lederwaren noch mit der Hand gerben. Sie werden Bauern, die aus Überzeugung ökologisch anbauen. Und sie werden »Aussteiger«, die von ihren eigenen Produkten leben. Vielleicht sind Steinböcke die einzigen, die mit dem, was sie haben, glücklich sind: weil sie genügsam sind und gerne arbeiten.

Schatten

Es liegt auf der Hand, daß steinböckische Formierung und Verallgemeinerung so weit gehen kann, daß das Individuelle dabei zu kurz kommt, unterdrückt wird und untergeht. Verliert der Ziegenfisch seinen Fischschwanz, das heißt seine Quelle der Liebe, wird er unmenschlich, seelenlos und grausam.

Was Steinbockkräfte fördert

Auf Trieb- und Wunscherfüllung verzichten
Einen Wunsch aufschieben können
Warten lernen
Allein sein
Das Wohl eines größeren Ganzen beherzigen

Die Menschheit an sich vor Augen haben
Konzentration, Ehrgeiz
Etwas bis zum Ende durchstehen
Prüfungen nicht aus dem Weg gehen
Nichts auf die lange Bank schieben

Arbeits- und Berufsprofil

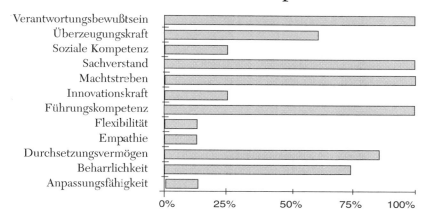

Sonne Steinbock – was ich kann

Individuen mit der Sonne im Steinbock sind von ihrem Vater oder der väterlichen Sippe in besonderer Weise mit der Gabe gesegnet, überindividuell und allgemeinverbindlich zu wirken. Wie ein Strom viele Quellen, Bäche und kleine Flüsse zusammenfaßt und sie schließlich zum Meer trägt, vereinheitlichen und vereinfachen diese Menschen die Vielheit menschlichen Seins und bewirken Klarheit und Kristallisation. Manchmal steht der Vater selbst als Vorbild für diese besondere Eigenart, war vielleicht als Lehrer, Amtmann, Polizist, Anwalt oder Politiker tätig. Es ist aber auch möglich, daß der Vater selbst ganz anders erlebt wurde. Steinböcke beschreiben ihre Väter häufig als streng und gefühlskalt, abweisend und lieblos. Das ist richtig, aber auch einseitig. Was übersehen wird, ist, daß diese Väter karmisch und kosmisch dazu bestimmt sind, ihre Töchter und Söhne zu früher Selbständigkeit zu erziehen, somit gar nicht anders konnten, als die Gefühle ihren Kindern gegenüber zu kontrollieren und zu unterbinden.

Manchmal ist die Steinbocksonne aber auch die Reaktion auf einen zu gefühlsbetonten und schwachen Vater. Man verschließt sich auf steinböckische Weise gegenüber der Gefühlswelt des Vaters. Immer aber wirkt in einer Steinbocktochter oder einem Steinbocksohn die (unbewußte) Hoffnung des Vaters, sein Kind möge einer überpersönlichen Wahrheit teilhaftig werden und ein einfaches, aber erfülltes Leben führen.

Die Qualität einer bestimmten Sonnenstellung kann erst im jeweiligen Haus lebendig werden, oder astrologisch ausgedrückt: Die Sonne verwirklicht sich hausspezifisch (siehe Abschnitt über Zeichen und Häuser). Darüber informiert der folgende Abschnitt.

♑ STEINBOCK

Sonne Steinbock Haus 1 bis 12

☉ ♑ in 1
Sonne Steinbock in Haus 1

Die erdbetonte Steinbocksonne verwirklicht sich im 1. (Feuer-) Haus, dient der Ich-Entwicklung und -Durchsetzung. Steinböckisches tritt ichhaft und an die Person gebunden zutage (Repräsentant des Staates oder einer Gesellschaft sein).

+ Sich durch Ehrgeiz und Konzentration berufliche Vorteile schaffen. Klare Vorstellungen über persönlichen beruflichen Werdegang haben. Sich einfach und verständlich ausdrücken können. Persönliche Verantwortung übernehmen können.

− Gefühlskälte schafft schlechtes Arbeitsklima. Eigenbrötlerische Züge erschweren kollegiales Miteinander.

Tätigkeiten und Berufe: Wo allgemeines Wissen, Regeln, Gesetze vermittelt und durchgesetzt werden (Kindergarten, Schule, Ämter, Staatsdienst). Wo schwierige und unbequeme Arbeiten anstehen (Bergwacht, Bergwerksarbeit, bestimmte Forschungen). Wo mit der Berufsausübung Einsamkeit verbunden ist (Forschung, Astronomie, Wetterbeobachtung, Bergbauer). Wo überwacht und organisiert wird. Siehe auch Sonne Widder.

Marcus T. Cicero (Philosoph und Politiker), Gerard Depardieu (Schauspieler), Friedrich Dürrenmatt (Schriftsteller), Joe Frazier (Boxer), John E. Hoover (FBI-Chef), Elizabeth Teissier (Astrologin), Bertie Vogts (Fußballtrainer), Alan Watts (Religionsphilosoph)

E E F F   KA KA

☉ ♑ in 2
Sonne Steinbock in Haus 2

Die erdbetonte Steinbocksonne verwirklicht sich im 2. (Erd-) Haus, führt zu Ich-Festigung und Bereicherung. Überpersönliches kann persönlich genutzt werden.

+ Über finanzielle Mittel zur beruflichen Verwirklichung verfügen. Künstlerische Begabungen in den Beruf einfließen lassen können. Mit öffentlicher Unterstützung rechnen können. Sich Bildung zu Nutzen machen. Macht verliehen bekommen.

− Öffentliche Mittel mißbrauchen. Macht mißbrauchen. Pflichtgefühl als lähmend empfinden.

Tätigkeiten und Berufe: Wo Kunst öffentlich wird, organisiert und verwaltet wird. Wo Allgemeinmittel verteilt werden (Sozial- und Arbeitsamt). Wo Allgemeinerkenntnisse vermarktet werden oder dem persönlichen Genuß zufließen (Biobauer, Biogärtner und Bioladen). Wo Gesellschaft und Kunst zusammenfließen (der gesamte gesellschaftliche Kulturbereich). Gastronomie, Gärtnerei, Parkanlagen, öffentliche Sicherheit, Haushalt, Wirtschaftswissenschaften und Wirtschaftsrecht. Siehe auch Sonne Stier.

Simone de Beauvoir (Schriftstellerin), Lee van Cleef (Schauspieler), Hildegard Knef (Schauspielerin), Gamal Abdel Nasser (Staatspräsident), Elvis Presley (Rockmusiker), Claude Steiner (Psychotherapeut)

E E E F   KA FI

STEINBOCK ♑

☉ ♑ in 3
Sonne Steinbock in Haus 3

Die erdbetonte Steinbocksonne verwirklicht sich im 3. (Luft-) Haus und dient der Ich-Beweglichkeit. Allgemeinverbindliches kann gedacht, dargestellt und kommuniziert werden.

+ Sicheres und verbindliches Auftreten kann beruflich genutzt werden. Auf gesellschaftliche Formen achten. Gute Allgemeinbildung verhilft zu Erfolg und Ruhm. Wissen, was man will. Klar und bestimmt auftreten können.

− Sich nicht umstellen können. Altklug daherkommen. Sich auf Neues schlecht einstellen können.

Tätigkeiten und Berufe: Wo Allgemeinverbindliches gelehrt und kommuniziert wird (Pädagogik, Medien, z. B. Nachrichtensprecher, Pressesprecher, Öffentlichkeitsarbeit). Wo offizielle Forschung betrieben wird. Wo es um Repräsentation geht. Wo Gesetze angewandt werden (Astrologie, Wachdienst). Wo dargestellt und verkauft wird (Bühne, Charakterfach). Öffentlicher Dienst mit Parteiverkehr. Siehe auch Sonne Zwillinge.

Paul Cézanne (Maler), Gary Grant (Schauspieler), George Iwanowitsch Gurdjieff (Magier), Heinrich IV. (König), Sergio Leone (Regisseur), Sri Ramana Maharishi (Guru), Molière (Dichter), Sir Isaac Newton (Mathematiker), Louis Pasteur (Chemiker), Edgar Allan Poe (Schriftsteller), Muhammad Anwar el-Sadat (Staatspräsident), Louis C. Saint-Martin (Okkultist), Maria Silbert (Medium), Rod Stewart (Rocksänger), Richard Widmark (Schauspieler)

E E L F   KA VA

☉ ♑ in 4
Sonne Steinbock in Haus 4

Die erdbetonte Steinbocksonne verwirklicht sich im 4. (Wasser-) Haus und fördert die Gefühls-Entwicklung. »Lehrerkonstellation«.

+ Abstrakte und allgemeine Werte anschaulich machen können. Privatleben hat positive Auswirkungen auf Beruf. Zu Hause arbeiten können. Selbständig arbeiten können. Die Seele als abstraktes Muster erkennen. Mit Kindern arbeiten können.

− Durch frühkindliches Trauma nicht richtig arbeiten können. Karmische Verstrickungen nicht auflösen können. Zu rigide sein.

Tätigkeiten und Berufe: Wo es um Haus (Innenarchitekt, Koch), Psyche (Psychologe, Therapeut, besonders Familientherapeut), Erziehung (Lehrer, Kindergärtner), Geschichte (Historiker) geht. Amtstätigkeiten (Einwohnermeldeamt, Sozialdienst). Familien- und Kommunalpolitik. Siehe auch Sonne Krebs.

David Bowie (Musiker), Howard Hughes (Unternehmer), Albert Schweitzer (Arzt), Catarina Valente (Schlagersängerin)

E E W W   KA KA

♑ STEINBOCK

☉ ♑ in 5
Sonne Steinbock in Haus 5

Die erdbetonte Steinbocksonne verwirklicht sich im 5. (Feuer-) Haus und fördert Gefühls-Festigung und Ausdruck (»Kulturkonstellation«).

+ Über gesellschaftlich anerkanntes Auftreten verfügen. Durch gesunden Menschenverstand überzeugen. Ein sicheres Gespür haben, was möglich ist und was nicht. Repräsentieren können. Führung übernehmen können.

– Persönliche Gefühle unterdrücken. Leistungsstörung durch frühkindliches Trauma und Verdrängung von Libido.

Tätigkeiten und Berufe: Wo es um Kultur, öffentliche Kunst (Museum, Theater, Ballett), öffentlichen Geschmack (Mode) geht. Wo Stil, Kultur und Kunst gemacht werden (Film). Wo durch eigene Leistung Aufsehen erregt wird. Künstler, Designer, Antiquitätenhändler. Siehe auch Sonne Löwe.

Marlene Dietrich (Schauspielerin), Federico Fellini (Regisseur), Jackie Ickx (Rennfahrer), Henri Matisse (Maler), Richard Nixon (US-Präsident), Donna Summer (Soul-Sängerin), John Ronald Reuel Tolkien (Schriftsteller), Kurt Tucholsky (Schriftsteller), Paramahans Yogananda (Yogi, Meister), Carl Zuckmayer (Schriftsteller)

E E F W   KA FI

☉ ♑ in 6
Sonne Steinbock in Haus 6

Die erdbetonte Steinbocksonne verwirklicht sich im 6. (Erd-) Haus im Sinne der Gefühls-Beweglichkeit und Anpassung. »Dienstkonstellation«.

+ Bereitschaft, öffentliche Aufgaben zu übernehmen. Zu großem Arbeitseinsatz bereit sein. Wissen über größere Zusammenhänge in den Beruf einfließen lassen können.

– Unter Berufsstreß leiden. Sich zu wenig Zeit für sich selber nehmen.

Tätigkeiten und Berufe: Wo es um Ernährung, Gesundheit, Technik, Organisation, Verwaltung geht. Wo öffentliche Heilung angeboten wird (Gesundheitsamt, Sozialamt, Erziehungsberatungsstellen, heilpädagogische Tagesstätte). Wo Gesundheit und Astrologie zusammenfließen (Astro-Medizin). Wo Anpassung vermittelt wird (Schule, Sozialamt). Siehe auch Sonne Jungfrau.

Muhammed Ali (Boxer), Ava Gardner (Schauspielerin), Michel Piccoli (Schauspieler), Maria Schell (Schauspielerin), Ernst von Xylander (Astrologe)

E E E W   KA VA

STEINBOCK ♑

☉ ♑ in 7
Sonne Steinbock in Haus 7

Die erdbetonte Steinbocksonne verwirklicht sich im 7. (Luft-) Haus, dient der Begegnungs-Entwicklung und -Durchsetzung.

+ Durch zuvorkommendes und charmantes Auftreten seine berufliche Position verbessern. Aufmerksames und zuvorkommendes Verhalten Kollegen und Kunden gegenüber. Öffentliche Aufgaben übernehmen können. Repräsentieren können. Sich mit seiner Tätigkeit in die Öffentlichkeit bringen können.

− Den Beruf mit einer Partnerschaft verwechseln. Störende Vaterprojektionen gegenüber Vorgesetzten. Sich hinter Arbeit und Verpflichtungen verstecken.

Tätigkeiten und Berufe: Wo es um Verbindung von Kunst und Gesellschaft geht (Kulturbereich, Kulturpolitik, Kunsterziehung, Kunsttherapie). Wo Belange der Öffentlichkeit oder einer Institution vertreten werden (Öffentlichkeitsarbeit, Pressesprecher). Wo es um öffentliches Recht geht (Jurist, Anwalt). Pädagogik, Politik. Siehe auch Sonne Waage.

Johann Heinrich Pestalozzi (Pädagoge), Tyl Noel (Astrologe)

E E L L   KA KA

☉ ♑ in 8
Sonne Steinbock in Haus 8

Die erdbetonte Steinbocksonne manifestiert sich im 8. (Wasser-) Haus und dient der Begegnungs-Festigung und -Vertiefung.

+ Durch Einsatz und Konzentration seine beruflichen Chancen verbessern können. Bereitschaft, außergewöhnliche Aufgaben zu übernehmen. Als zweiter Mann arbeiten können. Unauffällig und trotzdem sehr stark sein können. Aufgetragene Aufgaben zu Ende führen. Zu Opfern bereit sein. Verantwortung übernehmen können. Durch eine Erbschaft privilegiert sein.

− Einem familiären Schicksal nicht entkommen können. Erbschulden oder karmische Schulden abtragen müssen.

Tätigkeiten und Berufe: Wo es um öffentliche Institutionen oder den Staat als Ganzes geht (Angestellter im öffentlichen Dienst, Beamter, Lehrer). Wo es um staatlich geförderte oder anerkannte Hilfestellung und Heilung geht (Praxis, Schule, Erziehungsberatungsstelle, Tagesstätten, Jugendheim, Jugendarbeit). Wo es um Erbrecht geht (Notariat). Wo schwere und außergewöhnliche Arbeiten geleistet werden (Sterbehilfe, Totendienste, Behindertenhilfe). Forschung und Wissenschaft. Siehe auch Sonne Skorpion.

Johannes Kepler (Astronom und Astrologe), Jack London (Schriftsteller), Henri Nannen (Publizist)

E E W L   KA FI

♑ STEINBOCK

☉ ♑ in 9
Sonne Steinbock in Haus 9

Die erdbetonte Steinbocksonne verwirklicht sich im 9. (Feuer-) Haus. Steinböckisches dient der Begegnungs-Beweglichkeit und Horizonterweiterung.

+ Ehrgeiz und Durchhaltevermögen für Forschung und Wissenschaft. Zielbewußtes Arbeiten. Durch Begeisterungsfähigkeit und Jovialität berufliche Vorteile herausschlagen. Mit seinen Plänen erfolgreich sein. Körperliche Fitneß erhöht Erfolgspotential. Zu sportlichen Höchstleistungen fähig sein. Geistige Pionierarbeit leisten können. Führungspotential.

− Sich beruflich übernehmen können. »Streßkonstellation«.

Tätigkeiten und Berufe: Wo es um Forschung und Wissenschaft geht (Universität, staatliche oder private Institute). Wo es um Religion und Esoterik geht (Priester, Esoteriklehrer). Wo allgemeine Werte und Normen vermittelt werden (Schulen, Kulturarbeit, Schulbuchverlage). Wo es um Sport und Körperertüchtigung geht (Sportlehrer, Sportler, Sportfunktionär). Wo es um Gerechtigkeit geht. Wo es um Reisen, besonders Kulturreisen geht. Siehe auch Sonne Schütze.

Carlos Castaneda (Schriftsteller), Juan Carlos I. (König von Spanien), Martin Luther King (Politiker), Henry Miller (Schriftsteller)

E E F L   KA VA

☉ ♑ in 10
Sonne Steinbock in Haus 10

Die erdbetonte Steinbocksonne verwirklicht sich im 10. (Erd-) Haus. Steinböckisches wird verstärkt und dient der Strukturdurchsetzung (»Funktionärskonstellation«).

+ Allgemeinverbindlich auftreten, repräsentieren, führen, anleiten, charismatisch wirken, Kontrolle übernehmen, organisieren, zusammenführen, bedeutsam wirken können. Eine öffentliche Person werden können.

− Sich schnell überfordert fühlen. Dem beruflichen Druck nicht gewachsen sein. Unter einem unerfüllten Leben leiden.

Tätigkeiten und Berufe: Alle im Kapitel Allgemeine Einführung Steinbock erwähnten Tätigkeiten und Berufe.

Carlo Benetton (Industrieller), Benjamin Franklin (Politiker), George C. Marshall (General und Politiker), Michael Nostradamus (Astrologe)

E E E E   KA KA

208

STEINBOCK ♑

☉ ♑ in 11
Sonne Steinbock in Haus 11

Die erdbetonte Steinbocksonne verwirklicht sich im 11. (Luft-) Haus. Steinböckisches dient der Struktur-Festigung und Erweiterung. »Forscherkonstellation«.

+ Durch Teamarbeit erfolgreich sein. Sich mit neuen Ideen durchsetzen. Reformerische Ideen durchsetzen können. Humanitäre Ziele verwirklichen können. Offen für Neues sein. Praktische Menschenliebe in den Beruf einfließen lassen.

− Neigung zu fixen Vorstellungen, die sich schwer umsetzen lassen.

Tätigkeiten und Berufe: Wo es um soziale Reformarbeit geht (Politiker, Sozialarbeiter, Fürsorge, Sozialamt, Jugendarbeit). Wo moderne Technik im Spiel ist (Computer, Datennetz). Wo gesellschaftsübergreifend gearbeitet wird (Außendienst, Europaparlament). Siehe auch Sonne Wassermann.

Konrad Adenauer (Politiker), Franz Grillparzer (Schriftsteller), Gustav Gründgens (Schauspieler), Anthony Hopkins (Schauspieler), Madame de Pompadour (Mätresse)

E E L E   KA FI

☉ ♑ in 12
Sonne Steinbock in Haus 12

Die erdbetonte Steinbocksonne verwirklicht sich im 12. (Wasser-) Haus. Steinböckisches beschäftigt sich mit Struktur-Beweglichkeit und Auflösung und betritt die Welt des Grenzenlosen, Ausgegrenzten, Abstrakten, Mystischen und der Kunst.

+ Außergewöhnliches und Überpersönliches leisten können. Zur Kristallisationsfigur der Zeitströmung werden. Idol, Star, Leitfigur werden. Geschichte machen. Sich völlig in den Dienst einer Sache stellen. Opfer bringen können. Warten können. Dem Schicksal vertrauen dürfen. Beruflich geführt werden. Große heilerische Fähigkeiten besitzen. Kunstsinnig sein.

− Sich nicht verstanden fühlen. Nicht so können, wie man möchte. Unter Konzentrationsstörungen leiden. Sich selbst zum Maß der Dinge erheben.

Tätigkeiten und Berufe: Wo es um Religion, Esoterik, Psychologie, Kunst geht. Wo öffentliche Räume der Heilung und der Hilfe sind (Krankenhaus, Sozialdienste, Gefängnisarbeit, Psychiatrie). Siehe auch Sonne Fische.

Janis Joplin (Blues-Sängerin), Josef Stalin (Diktator), Mao Tse-tung (Revolutionär)

E E W E   KA VA

209

Aszendent Steinbock – was ich will

Während sich Sonnen- und Mondeigenschaften im Verhalten und Sein widerspiegeln, schlummert die Aszendentkraft als Same, Anlage und Motiv im Individuum und muß geweckt und entwickelt werden. In der Weise, wie dies gelingt, entsteht persönliche Eigenart und Individualität, die dem Beruf als Kraft und Motivation zufließen und Spezialistentum und eine eigene Note bewirken. Je mehr AC-Kraft in einen Beruf einfließen kann, um so überzeugender und infolgedessen erfolgreicher ist man. Durch die belebende Kraft des Aszendenten treten die im allgemeinen Abschnitt über den Steinbock aufgeführten Merkmale feuriger, schärfer, drängender und ichbetonter zutage.

+ Beruflicher Ehrgeiz. Bereitschaft, Verantwortung zu übernehmen. Hindernisse können überwunden werden. Durch Lernen und Kritik weiterkommen. Anspruchslos sein. Genaues und sorgfältiges Arbeiten. Zuverlässigkeit. Allein und selbstverantwortlich arbeiten können. Vor schwierigen Aufgaben nicht haltmachen. Praktische Hilfsbereitschaft und die Fähigkeit, Lebenshilfen zu geben, machen beliebt. Objektivität, Selbstbeherrschung, Konzentrationsfähigkeit und Ernsthaftigkeit befähigen zu Führungsfunktionen. Körperbewußtsein hält gesund und fit.

– Überlastung durch Arbeit. Übertriebene Ausdehnung des Verantwortungsbewußtseins. Unter permanentem Leistungsdruck stehen. Mit jedem konkurrieren müssen. Sich anderen überlegen fühlen. Mit seinem Wohlbefinden stark von beruflichem Erfolg beziehungsweise Mißerfolg abhängen. Ständig andere kontrollieren und maßregeln wollen.

Aszendentenherrscher Saturn

Wie man bei der Interpretation der Sonnenstellung erst durch Berücksichtigung der Hausposition verläßliche Auskunft über die berufsspezifische Kraft der Sonne erhält, so muß auch bei Aussagen über den Aszendenten der Herrscher und dessen Stellung in Zeichen und Häusern bewertet werden. Beim Zeichen Steinbock ist dies der Planet Saturn. Seine Position in einem bestimmten Zeichen gibt den steinböckischen Aszendentenkräften eine spezifische Färbung und Richtung. Saturn bedeutet Reduktion auf das Wesentliche, Konzentration und Kristallisation. In dem Zeichen beziehungsweise in dem Haus, in dem er sich befindet, wirkt er auf eine Weise, die mit dem Wintereinbruch vergleichbar ist: Alles Überschäumende, Laute, Fröhliche, Gemeinsame erstirbt, und Ernsthaftigkeit, Frostigkeit, Überlebensangst bis hin zu Todesfurcht kommen auf.

Das klingt zunächst deprimierend. Aber hinter diesem saturnischen Wirken versteckt sich bei genauerem Hinsehen auch eine große Kraft. Was dieser Planet hervorbringt, ist nicht flüchtig, kurzlebig, unausgegoren, unüberlegt, windig, sondern solide, fest, durchdacht, dauerhaft, objektiv, allgemeingültig, erfolgreich. Saturn macht »winterfest« und ist somit der Garant dafür, den Frühling und Sommer wieder zu erleben.

Im übertragenen Sinne macht Saturn als Aszendentenherrscher krisensicher. Er nimmt Sorglosigkeit und schenkt dafür die Fähigkeit, mit dem Leben zurechtzukommen. Und an allererster Stelle ist damit der Beruf gemeint. Wer Saturn nicht ausweicht, kennt das Leben und weiß, wie man durch Arbeiten überleben kann. Saturn ist zwar unbequem, aber dafür macht er unabhängig, selbständig und letzten Endes frei.

STEINBOCK ♑

Was die berufliche Relevanz des AC-Herrschers Saturn in den zwölf Zeichen angeht, siehe Zusammenstellung weiter unten in diesem Kapitel!

Was die Position im Haus betrifft, genügt es in aller Regel, den Quadranten zu berücksichtigen, in dem sich Saturn befindet. Die entsprechenden Stellungen werden weiter unten erörtert.

Medium Coeli Steinbock – was ich muß

Das Medium Coeli zeigt den Bereich, dem sich der Horoskopeigner einfügen muß, damit er sich in gesellschaftlicher wie kosmischer Hinsicht erfüllen kann und vollständig wird. Diese MC-Bereiche beinhalten Pflichten, Normen und Verhaltensvorschriften, geben aber auch Halt und Sicherheit und vermitteln letztlich das Gefühl, seine Lebensaufgabe zu erfüllen. Bei Medium Coeli Steinbock verstärken sich Zeichen- und Hausenergie. In dieser Konstellation liegen daher große berufliche Möglichkeiten. Allerdings verstärkt sich auch der Druck, beruflich etwas Bedeutsames zuwege bringen zu müssen, bis hin zu völliger Verzweiflung über die eigene Unzulänglichkeit.

Tätigkeiten und Berufe: Staatsbeamter, Rechts- und Staatswissenschaftler, Staatsanwalt, Politiker, Ökonom, Bürgermeister, Abgeordneter, Bauarbeiter, Landvermesser, Geograph, Hoch- und Tiefbauingenieur, Mathematiker, Astrologe, Masseur, Körpertherapeut (z. B. Feldenkrais-Methode), Chiropraktiker, Orthopäde, Förster, Waldarbeiter, Gärtner, Landwirt, Dreher, Automechaniker, Elektriker, Ingenieur, Techniker, Wachpersonal, Nachtwächter, Leuchtturmwärter, Wetterbeobachter, Verwaltung, Sekretariat, Organisation, Höhlenforschung, Bergbau, Lehramt, Philosophie.

Herrscher des Medium Coeli im Zeichen

Genau wie beim Aszendenten muß auch der herrschende Planet des Medium Coeli, also Saturn, berücksichtigt werden. Seine Stellung im jeweiligen Zeichen nennt Ziel und Richtung beruflicher Erfüllung und zeigt die spezifische Färbung der MC-Kraft auf. Als »Berufsplanet« zeigt seine Stellung darüber hinaus auf, welche Kräfte die berufliche Position stärken. Eine Zusammenstellung über die berufliche Relevanz des MC-Herrschers Saturn in den zwölf Zeichen folgt weiter unten in diesem Kapitel.

Herrscher des Medium Coeli im Haus

Was die Stellung des MC-Herrschers Saturn im Haus betrifft, genügt es in aller Regel, die Richtung zu kennen. Damit ist gemeint, in welchem Quadranten sich der Herrscherplanet verwirklicht (siehe auch Grundlagen astrologischer Berufsberatung). Die entsprechenden Saturnstellungen werden weiter unten erörtert.

211

Herrscherqualitäten des AC/MC in den Zeichen

♄ ♈
Medium Coeli / Aszendent im Steinbock Herrscherplanet Saturn im Widder

Berufliche Verwirklichung erfolgt in typischen Widderbereichen wie Management, Wirtschaft, Politik (siehe Allgemeine Einführung Widder).

+ Realistische Umsetzung von Ideen. Durchdachte und ausgeklügelte Expansionspolitik. Erst denken und dann handeln. Widerstände durch Hartnäckigkeit überwinden. Organisationsvermögen. Verantwortungsbewußtsein. Durch hohen Arbeitseinsatz Vorbild sein. Freiberuflich arbeiten können.

– Engstirnigkeit. Zu lange warten. Sich selber hemmen. Zu hohen Anspruch an sich selber stellen. Herrschsucht. Egozentrik. Geschwächte physische Energie. Plötzliche Schicksalsschläge.

E E F F   KA KA

♄ ♉
Medium Coeli / Aszendent im Steinbock Herrscherplanet Saturn im Stier

Berufliche Verwirklichung erfolgt in typischen Stierbereichen wie Ernährung, Bankwesen, Natur und Erde, Verwaltung (siehe Allgemeine Einführung Stier).

+ Gewissenhaftigkeit, Ausdauer, Geduld, engagierte Arbeit, Ehrgeiz, Karrieredenken, Sparsamkeit, Pflichtgefühl, Materialkenntnis, Fachwissen, technisches Verständnis, Pläne genau durchdenken, den geringsten Aufwand bei größtem Nutzen kennen, Sparsamkeit, Wissen über Statik, Bauwesen, handwerkliches Geschick, kaufmännische Begabung, sich durch Detailkenntnis einen Vorteil verschaffen, sich im »Stierwesen« (Gastronomie, Business) selbständig machen können, Begabung für Körperarbeit (Körpertherapie).

– Sich durch geringe Risikobereitschaft und Sicherheitsdenken den Erfolg verbauen, Verarmungswahn, Vorurteile.

E E E F   KA FI

♄ ♊
Medium Coeli / Aszendent im Steinbock Herrscherplanet Saturn in den Zwillingen

Berufliche Verwirklichung erfolgt in typischen Zwillingsbereichen wie Lektorat, Buchhandel, Journalismus, Verkauf, Kommunikation (siehe Allgemeine Einführung Zwillinge).

+ Klare und einfache Sprache. Das Wesentliche erkennen und vermitteln können. Pädagogische Gaben. Schriftstellerisches Gespür. Durch zuverlässiges Auftreten imponieren. Breites Fachwissen. Sich leicht auch in schwierige Materie einarbeiten können. Wissenschaftlicher Ehrgeiz. Darauf warten können, bis die eigene Zeit kommt. Durchhaltevermögen.

− Unter Hemmungen leiden. Intelligenzkomplex. Konzentrationsstörung. Zwangsgedanken.

E E L F   KA VA

♄ ♋
Medium Coeli / Aszendent im Steinbock Herrscherplanet Saturn im Krebs

Berufliche Verwirklichung erfolgt in typischen Krebsbereichen wie Häuslichkeit, Gastronomie, Psychologie (siehe Allgemeine Einführung Krebs).

+ Durch Ernsthaftigkeit und Hartnäckigkeit beruflich beeindrucken. Mit Gefühlshaftem zu tun haben (Lehrer, Psychologe oder Psychoanalytiker). Durch »Gefühlsschutz« auch in schwierigen Situationen arbeiten können (Psychiatrie). Gefühle werden an der Wirklichkeit überprüft. Seelische Regungen ernst nehmen. Wissen um seelische Wiedergeburt. Ahnung über Karma und Schuld. Zu Hause arbeiten können. Psychologisches Fachwissen. Begabung für Psychologie, Geschichts- und Gesellschaftswissenschaft. Praktische handwerkliche Fähigkeiten (Haus- und Gartenbau).

− Arbeitsbehinderung durch gestörte Mutterbeziehung. Gefühlskälte wirkt störend auf kollegiale Zusammenarbeit. Negative Wirkung auf Betriebsklima. Pessimismus verhindert Erfolgserlebnisse.

E E W W   KA KA

♑ STEINBOCK

♄ ♌
Medium Coeli / Aszendent im Steinbock Herrscherplanet Saturn im Löwen

Berufliche Verwirklichung erfolgt in typischen Löwebereichen wie Kreativität, Kunsthandwerk, Graphik, Ausdruck, Spiel, Vergnügen (siehe Allgemeine Einführung Löwe).

+ Verantwortung und Führerschaft übernehmen können. Durch Bescheidenheit glänzen. Begabung für Kunstwissenschaft, Kunstpädagogik, Kunstkritik. Durch Selbstbeherrschung und Selbstüberwindung an die Spitze kommen. Sich nicht vom richtigen Weg abbringen lassen. Gegen Ablenkungen gefeit sein.

− Arbeitsbehinderung durch Vater- und Autoritätsproblematik. Starker Geltungsdrang, der aber nicht offen zutage tritt. Machtmißbrauch. Minderwertigkeitskomplex.

E E F W   KA FI

♄ ♍
Medium Coeli / Aszendent im Steinbock Herrscherplanet Saturn in der Jungfrau

Berufliche Verwirklichung erfolgt in typischen Jungfraubereichen wie Technik, Organisation, Verwaltung, Gesundheitswesen (siehe Allgemeine Einführung Jungfrau).

+ Seine Bestimmung in der Arbeit finden. Durch Zuverlässigkeit, Pünktlichkeit und Genauigkeit Erfolge verbuchen. Bescheidenes Auftreten. Positives Verhältnis zur Arbeit. Verantwortungsbewußtsein. Ordnungsliebe. Perfektion in der Arbeit. Spezialisiertes Sachwissen. Begabung für Naturwissenschaft. Schriftstellerische Begabungen. Organisatorische und planende Systematik. Begabung für medizinische, heilerische und therapeutische Berufe (Physiotherapeut).

− Über das Detail das Ganze aus den Augen verlieren. Bürokratische Pedanterie. Mangelnde Flexibilität. Arbeit höher als Gesundheit achten. Unter grundsätzlichem Mißtrauen leiden.

E E E W   KA VA

STEINBOCK ♑

♄ ♎
Medium Coeli / Aszendent
im Steinbock
Herrscherplanet Saturn
in der Waage

Berufliche Verwirklichung erfolgt in typischen Waagebereichen wie Kunst, Ästhetik, Entspannung, Schönheit, Recht (siehe Allgemeine Einführung Waage).

+ Private Kontakte unter beruflichen Gesichtspunkten pflegen. Arbeit und Leben verbinden können. Geschäftspartner und Kunden sehr gewissenhaft auswählen. Gezielte Öffentlichkeitsarbeit. Auf ein solides berufliches Image bauen. Arbeitsatmosphäre gestalten (Kunst am Arbeitsplatz). Durch Zuverlässigkeit beeindrucken. Begabung für Kunstwissenschaft, Kunsthandwerk und Graphik. Mit älteren Leuten arbeiten und auskommen können.

− Unter Entscheidungsdruck leiden. Neigung, zu Autoritäten ein Liebesverhältnis einzugehen.

E E L L   KA KA

♄ ♏
Medium Coeli / Aszendent
im Steinbock
Herrscherplanet Saturn
im Skorpion

Berufliche Verwirklichung erfolgt in Bereichen, die sich mit Hinterfragen, Hintergründigkeit, Hingabe, Transformation befassen. Siehe Allgemeine Einführung Skorpion.

+ Berufliche Erfolge in Grenz- und Außenseiterberufen. Über geheimnisvolle Fähigkeiten verfügen (Wissen aus der Vergangenheit oder früheren Leben). Sicherheit in ausweglosen Situationen vermitteln können. Mit Leid positiv umgehen können. Entschlossenheit, Ausdauer, Überzeugungskraft, Ehrgeiz, Selbstdisziplin, Bindungsfähigkeit, Tiefe. Aus einer Erbschaft beruflichen Nutzen ziehen.

− Machtmißbrauch. Schicksalhafte Verhinderungen. Unter einer schuldbeladenen Erbschaft leiden.

E E W L   KA FI

215

♄ ♐
Medium Coeli / Aszendent
im Steinbock
Herrscherplanet Saturn
im Schützen

Berufliche Verwirklichung erfolgt in typischen Schützebereichen wie Sport, Tourismus, Horizonterweiterung, Religion, Heilwesen (siehe Allgemeine Einführung Schütze).

+ Erfolgreiche, berufliche Beziehungen mit dem Ausland eingehen können. Begabung für Metaphysik und Philosophie. Gabe zur Weisheit. Wichtiges Wissen bewahren und weitergeben. Führungsqualifikation, Wissensdrang, schriftstellerische Begabung. Interesse an Geographie und Gesellschaftswissenschaften. Positives Verhältnis zu allen Grenzen (Grenzdienst).

– Schicksalhaften Verfolgungen ausgesetzt sein.

E E F L   KA VA

♄ ♑
Medium Coeli / Aszendent
im Steinbock
Herrscherplanet Saturn
im Steinbock

Berufliche Verwirklichung erfolgt in typischen Steinbockbereichen wie Lehre, Schule, Öffentlichkeit, Institutionen, Ämtern (siehe Allgemeine Einführung Steinbock).

+ Eine Institution erschaffen. Führungseignung, Verantwortungsbewußtsein. Selbständig arbeiten können (eigene Kanzlei, Praxis oder eigener Laden).

– Den Beruf über alles andere stellen. Unter Anspruchshaltung leiden. Minderwertigkeitskomplex.

E E E E   KA KA

STEINBOCK ♑

♄ ♒
Medium Coeli / Aszendent
im Steinbock
Herrscherplanet Saturn
im Wassermann

Berufliche Verwirklichung erfolgt in typischen Wassermannbereichen wie Teamarbeit, geistige Erneuerung, Zukunftsplanung, Reformarbeit (siehe Allgemeine Einführung Wassermann).

+ Erfolg aus gemeinsamer Arbeit schöpfen (Praxisgemeinschaft, Geschäftszusammenschluß). Zu Geschäftspartnern und Kollegen ein freundschaftliches Verhältnis pflegen. Durch progressive Arbeitsmethoden erfolgreich sein. Begabung für Seminar- und Gruppenarbeit. Wissen um Zukunft. Begabung für alle modernen Wissenschaften und für Technik. Erfindungsgabe, Gemeinschaftsbewußtsein, Toleranz.

− Zu hoch gesteckte Ziele verfolgen. Die Möglichkeiten der Gegenwart überschätzen. Naivität, Phantasterei, Leichtgläubigkeit.

E E L E   KA FI

♄ ♓
Medium Coeli / Aszendent
im Steinbock
Herrscherplanet Saturn
in den Fischen

Berufliche Verwirklichung erfolgt in typischen Fischebereichen wie Pflege, Dienst am Nächsten, Kunst, Mystik etc. (siehe Allgemeine Einführung Fische).

+ Auf eine höhere Fügung im Beruf vertrauen können. Im richtigen Moment wissen, was stimmig ist. Das Gefühl haben, daß die Dinge von selbst geschehen. Begabung für Kunstwissenschaft. Allein arbeiten können. In ungewöhnlichen Berufen arbeiten können. Begabung für Randgruppenarbeit. Erfolg durch Glauben und innere Stärke. Kraft im Glauben finden. Einfühlungsvermögen, Hilfsbereitschaft.

− Sich in seiner Arbeit nicht begrenzen können. Karmische Schuld abtragen müssen. Fluchttendenzen, Irrealität. Neigung zu Minderwertigkeitskomplex.

E E W E   KA VA

217

Herrscherqualitäten des AC / MC in den Quadranten

AC ♑ / MC ♑
Aszendent Steinbock / Medium Coeli Steinbock
Herrscherplanet Saturn im Quadranten I

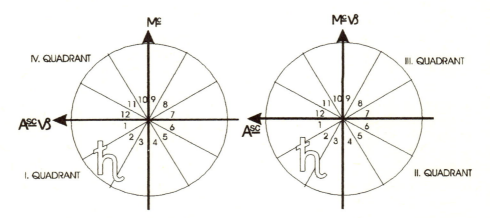

Befindet sich Saturn als AC-Herrscher im Quadranten I (Haus 1, 2 und 3), muß er sich ichhaft und ichbetont verwirklichen. Das heißt zum Beispiel, daß der Horoskopbesitzer die steinböckisch-saturnischen Anlagen auch gegen einen äußeren Widerstand ein- und durchsetzt, ja, daß Widerstand und Konkurrenz sogar seine Neigungen noch verstärken. Diese Stellung fördert intensives, konzentriertes, nach außen abgeschirmtes Tun, wie es beispielsweise für wissenschaftliches Arbeiten unerläßlich ist. Aber auch für sämtliche Kontroll- und Erziehungstätigkeiten kann diese Stellung von großem Nutzen sein. (Aktive, dynamische, Kontrolle ausübende, ichbetonte Verwirklichung.)

AC ♑ / MC ♑
Aszendent Steinbock / Medium Coeli Steinbock
Herrscherplanet Saturn im Quadranten II

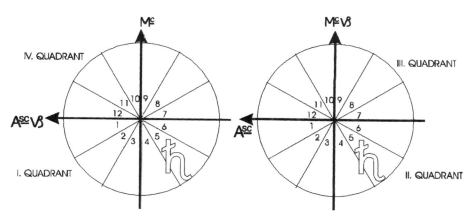

Befindet sich Saturn im Quadranten II (Haus 4, 5 und 6), ist ein seelisches und gefühlshaftes Involviertsein im Beruf wichtig. Solche Tätigkeiten findet man am ehesten in der Kunst, Pädagogik, Psychologie).

AC ♑ / MC ♑
Aszendent Steinbock / Medium Coeli Steinbock
Herrscherplanet Saturn im Quadranten III

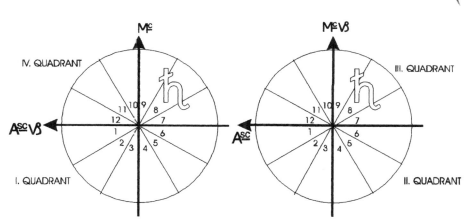

Befindet sich Saturn im III. Quadranten (Haus 7, 8 und 9), ist ein sozialer Beruf im weitesten Sinne oder wenigstens ein soziales Umfeld bei der Berufsausübung unerläßlich. Einsames Vor-sich-hin-Arbeiten ist ungünstig. Der Horoskopeigner will kommunizieren, sich auf andere beziehen, diskutieren, regeln, Verantwortung für andere übernehmen, beachtet werden. Er ist in der Lage, die wirklichen Belange anderer zu verstehen. Auch eine künstlerische, besonders graphische Begabung ist vorhanden. Die soziale Ausrichtung anderen gegenüber kann sich (besonders im 8. Haus) auch als Bindung und Hingabe an eine Idee oder Berufung manifestieren.

AC ♑ / MC ♑
Aszendent Steinbock / Medium Coeli Steinbock
Herrscherplanet Saturn im Quadranten IV

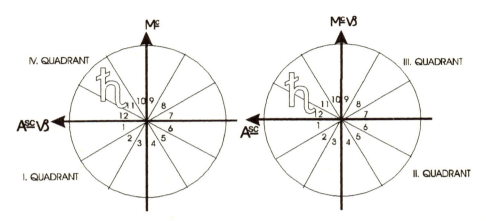

Steht Saturn im IV. Quadranten (Haus 10, 11 und 12), verstärkt dies die überpersönliche Ausrichtung und Aufgabenstellung, die bereits durch AC beziehungsweise MC Steinbock gegeben ist. Besonders mit Saturn Haus 10 muß eine Art Institution oder berufliche Einrichtung, die den eigenen Namen trägt, erschaffen werden. Dies ist mit dem Erlebnis einer starken Anspruchshaltung verbunden: der Horoskopeigner steht unter dem Druck, etwas Großes, Bedeutsames und Gewichtiges in seinem Leben zu erschaffen. Auch wenn sich Saturn als Herrscher des AC oder MC im 12. Haus befindet, ergeben sich Probleme, weil einerseits Ichhaftes beziehungsweise Strukturhaftes gefordert wird, es im 12. Haus aber wiederum um Auflösung geht. Adäquate Berufsfelder finden sich höchstens in der Religion, Kunst, Mystik, Esoterik, Nächstenliebe, Heilung und Therapie.

Sonne, Aszendent, Medium Coeli im Wassermann

Allgemeine Einführung

Wassermann symbolisiert den Vorrang des Geistes gegenüber der Materie, die Erhabenheit des Himmels gegenüber der Erde und die Priorität des Zukünftigen gegenüber dem Vergangenen.

ELEMENT: LUFT als Metapher alles Geistigen und als Sinnbild des göttlichen Odems, der das Leben trägt.

QUALITÄT: FIX, bewahrend, verharrend, fest, einnehmend.

POLUNG: PLUS, männlich, yang, aktiv, nach außen, expansiv.

SYMBOLIK: WASSERMANN (Wasserträger) steht als Symbol menschlicher Erfindungskraft.

ZEITQUALITÄT: 21. JANUAR BIS 19. FEBRUAR Umpolung der Energie in der Natur.

HERRSCHERPLANET: URANUS, göttlicher Urvater und geistiger Erzeuger allen Seins.

Wassermannenergie macht frei. Wann immer in der Geschichte der Menschheit eine alte Ordnung überwunden wurde und eine neue entstand, war diese Energie am Wirken. Wo immer Menschen um mehr Freiheit, Individualität und Selbständigkeit ringen, steckt der Einfluß des Wassermanns dahinter. Individuen, die durch ihre Erfindungen und Taten das Leben auf der Erde veränderten wie Charles Lindbergh (Sonne Wassermann, überflog als erster den Atlantik), Thomas Edison (Sonne Wassermann, Erfinder der Telekommunikation), Marie und Pierre Curie (beide MC im Wassermann, Nobelpreisträger), lebten diese Kraft. Genauso Jules Verne (Sonne Wassermann) mit seinen futuristischen Geschichten, Charles Darwin (Sonne Wassermann) mit seiner Evolutionsforschung oder die Feministin Germaine Greer (Sonne Wassermann). In den Horoskopen von Che Guevara, Karl Marx und Robespierre zeigt der MC auf das Zeichen Wassermann, und bei Martin Luther King steht die Sonne im 11. Haus. Es war die Kraft des Wassermanns, die den Menschen vor Jahrmillionen sich vom Boden aufrichten und gen Himmel schauen ließ. Und es wird die Kraft des Wassermanns sein, die irgendwann der Menschheit die Einsicht und Größe verleihen wird, endlich in Frieden und Erleuchtung zu leben.

Menschen mit einem betonten Wassermannpotential (das sind Individuen mit Sonne, AC, MC, Mond im Wassermann; ebenfalls Sonne, Mond im 11. Haus; abgeschwächt Uranus im 1. oder im 10. Haus; abgeschwächt Herrscherplanet des AC oder des MC im Wassermann oder im 11. Haus) sind daher alle Freidenker, Querdenker, Rebellen, Revolutionäre, Außenseiter und Individualisten. Ihrem Leben wie ihrem Tun wollen sie eine persönliche Note verleihen, anders sein, auffallen und vom Durchschnitt abweichen. Eine Tätigkeit, bei der jeder Handgriff genau vorgeschrieben ist, macht sie krank. Wenigstens die Arbeitszeit müssen sie selbst bestimmen können! Genauso nervtötend ist ein Chef, der ihnen vorschreibt, was sie zu tun und zu lassen haben. Hierarchien halten sie ohnehin für ein Überbleibsel aus grauer Vorzeit: Sie arbeiten besser und effektiver im Team, mit verteilten Aufgaben und Verantwortungen. Daß jeder ein freies und mündiges Individuum ist, das wird selbstverständlich vorausgesetzt. Wozu also braucht es jemanden, der die anderen kontrolliert?

Ein Freiberufler zu sein, entspricht daher am ehesten ihrer Natur: Dann können sie arbeiten, wann und wie sie wollen, und niemand hemmt den Fluß ihrer Schöpferkraft. Allerdings sind sie absolut keine Einsiedler wie Steinböcke oder Fische. Sich selbst bestimmen zu können ist zwar ihr wichtigstes Ziel, aber gleich danach kommt der Wunsch, mit genauso selbständigen anderen Personen in einem sich gegenseitig befruchtenden Austausch zu stehen. Im Grunde träumen sie von einer Welt, in der auch die Arbeit von gegenseitigem Respekt, Liebe und Gleichheit geleitet wird.

Diese Ideale, die bereits von griechischen Philosophen, dann wieder laut und kämpferisch während der Französischen Revolution und zuletzt im Sozialismus zum Manifest erhoben wurden, sind natürlich schwer zu realisieren. Lediglich kleine Arbeitsgemeinschaften wie Wissenschaftler, Therapeuten, Ärzte, Architekten, Künstler arbeiten nach diesem Modell. Allerdings weichen auch immer mehr Industrieunternehmen vom autoritär geführten hierarchischen Modell ab und experimentieren mit dem einen oder anderen Gedanken wassermännischer Visionen.

Noch am ehesten lassen sich die Ideale von Freiheit, Gleichheit und Liebe in modernen Gruppenveranstaltungen verwirklichen. In sogenannten Selbsterfahrungsgruppen oder -seminaren entwickelt sich bereits nach kurzer Zeit ein Klima gegenseitiger Achtung und Offenheit, die den Entwicklungsprozeß jedes einzelnen günstig beeinflussen. Seminar- oder Gruppenleiter, Managementberater, Supervisor, Tätigkeiten in der Berufs- und Personalförderung oder in der Erwachsenenbildung sind daher beliebte Berufsziele und -tätigkeiten wassermannbetonter Menschen.

Wegen ihrer geistigen Schöpferkraft und ihrer Lust am Experimentieren sind sie zudem die geborenen Erfinder. Sich damit zufrieden zu geben, wie es ist, entspricht absolut nicht ihrem Wesen. Ihr wacher Geist forscht ständig nach neuen Möglichkeiten, Veränderungen, Verbesserungen, Erneuerungen. Unmögliches existiert nicht für einen Wassermann. Man muß es nur aus der richtigen Perspektive betrachten, eine Änderung vornehmen, das Ganze anders strukturieren – und schon findet sich die Lösung. Auf dem Mond zu landen? Kein Problem! Künstliches Leben in einer Retorte zeugen? Auch zu schaffen! Und vielleicht hat der wassermännische Geist bis in hundert oder auch erst tausend Jahren die Pille für Unsterblichkeit erfunden: Die Menschen, die, um diese Zeit zu überbrücken, ihren toten Körper oder ihr Gehirn einfrieren lassen, sind bestimmt ebenfalls wassermannbetont. Futuristische Planung, dem Zeitgeist vorauseilen – all dies können wassermannbetonte Menschen am besten. Wenn es darum geht, den Modetrend der kommenden Jahre vorherzusehen, den Weizen heute dort zu bestellen, wo er in zwei Jahren am billigsten ist oder das Geld in dem Land zu investieren, was in Zukunft die höchste Rendite abwerfen wird: wassermännische Prognosen liegen am besten im Rennen. Auch was den Trend von Literatur, Malerei, Musik betrifft, verkörpern sie die Avantgarde.

Zu einer modernen Welt gehört natürlich die gesamte Computertechnologie, die globale Vernetzung und moderne Fortbewegungstechnologien wie zum Beispiel die Raumfahrt. Sowohl Cap Canaveral als auch Silicon Valley sind Wassermanngebiete.

Ihr freier, aufgeschlossener Geist macht natürlich auch nicht vor Räumen halt, die jenseits allgemein anerkannter Grenzen liegen. Gerade das reizt sie ja, was dem Durchschnitt angst macht oder fremd ist – wie die Astrologie zum Beispiel: Den kosmischen Raum als ein gigantisches Uhrwerk zu nehmen, von dem man die Geschehnisse auf Erden und in den menschlichen Seelen ablesen kann – das war immer schon wenigen besonderen Individuen vorbehalten; das ist wassermännische Vision. Viele Astrologen waren und sind wassermännisch betont: Der Astrologe Bernd Mertz hat die Sonne im wassermannregierten 11. Haus, und Helmuth Wangemann, Johann Schöner, Paul Choisnard und Reinhold Ebertin haben die Sonne im Wassermann.

Nicht unerwähnt bleiben darf die geniale Kreativität der Wassermänner. Es scheint, als würde der ewige Schöpfungswille sich ihrer bedienen, so begnadet ist die Ausdruckskraft eines Musikers wie Wolfgang Amadeus Mozart, eines Sängers wie Placido Domingo, eines Malers wie Edouard Manet, eines Lyrikers wie Georg Trakl oder eines Schauspielers wie James Dean (alle Sonne im Wassermann).

Schatten

So großzügig und menschenfreundlich wassermannbetonte Individuen zu ihresgleichen sind, so intolerant und gnadenlos verfolgen sie ihre Feinde. Die Französische Revolution, die das Individuum aus alten Zwängen mittelalterlicher Dunkelheit befreit hat, bestimmt ein Wassermannkind. Aber auch die Guillotine, die Hunderttausenden die Köpfe abhackte, ist seine Erfindung. Daß er intolerant und grausam sein kann weist ein Wassermann meist weit von sich, und verstärkt damit nur noch sein Schattenpotential. Besser ist, seinen Schatten anzunehmen und kennenzulernen.

So wie er sich gegen Andersdenkende überheblich abgrenzt, so mißachtet er oft genug auch die Wirklichkeit und die vorgefundene Ordnung. Ein Wassermann kann als neuer Chef in einen Betrieb eintreten und sämtliche bis dahin existierende Strukturen über den Haufen werfen. Daß man sich damit keine Freunde macht und das Betriebsklima vergiftet, ist abzusehen. Und zuletzt: Die Wassermannkraft verleiht nicht nur die genialsten Ideen, sondern verhilft auch zum größten Arsenal an zertrümmertem Geschirr. Mit dieser Energie gesegnete Menschen erleben mehr Bruchlandungen, Bankrotts und Untergänge als alle anderen.

Was Wassermannkräfte fördert

Die Freiheit über alles andere stellen
Im Team arbeiten
An die Zukunft denken
Sich einen freien, unabhängigen Geist bewahren
Seiner Schöpferkraft freien Lauf lassen

Über Vorurteile hinauswachsen
Über Grenzen gehen
Extrem sein
Experimentierfreudig sein
Zum Lichten und Hellen sterben

Arbeits- und Berufsprofil

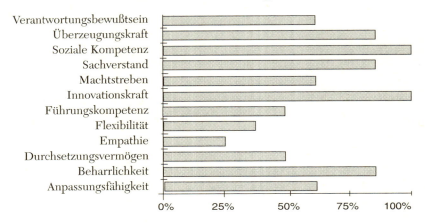

Sonne Wassermann – was ich kann

Individuen mit der Sonne im Wassermann wurden von ihrem Vater beziehungsweise der väterlichen Sippe mit einer besonders schöpferischen, freien und unabhängigen Kraft bedacht. Manchmal diente ihr Vater selbst als Vorbild für diese besondere Eigenart, war vielleicht ein Künstler, ein sozialer Politiker oder wurde aufgrund seiner freien Denkungsart von seinen (Wassermann-)Kindern bewundert. Manche Individuen mit Wassermannsonne beschreiben ihre Väter aber auch ganz anders. »Man konnte sich auf ihn nie verlassen«, ist eine häufige Äußerung, oder: »Er kümmerte sich nie um mich«. Aber auch hinter dieser, für Kinder schmerzhaften Erfahrung, versteckt sich jedoch ein Wassermannpotential: Die Kinder waren auf sich selbst gestellt und praktizierten so bereits früh Freiheit und Unabhängigkeit.

Für die berufliche Interpretation der Wassermannsonne ist es allerdings wichtig, ihre Stellung im Haus zu berücksichtigen. Davon handelt der folgende Abschnitt.

Sonne Wassermann Haus 1 bis 12

☉ ≈ in 1
Sonne Wassermann in Haus 1

Die luftbetonte Wassermannsonne verwirklicht sich im 1. (Feuer-) Haus, dient damit der Ich-Entwicklung und Ich-Durchsetzung. Der Horoskopeigner wird zum Träger und Repräsentanten des Wassermännischen.

+ Sich gewandt präsentieren können. Ein jovialer Vorgesetzter sein. In der Teamarbeit Großes leisten. Über vielseitige Interessen verfügen (»Universalgeniekonstellation«). Unterschiedliche Tätigkeiten verbinden können. Einfallsreichtum (»Erfinderkonstellation«). Sich zum »princeps inter pares« eignen. Kooperativ, konstruktiv, durchsetzungsstark, selbstbewußt sein. In jedem Beruf schnell Fuß fassen.

− Den Boden unter den Füßen verlieren. Überheblichkeit.

Tätigkeiten und Berufe: Wo es um Erfindung und Ideenproduktionen geht (Forschung, Wissenschaft, Werbung, TV, Medien). Wo Ideale und Visionen entstehen und verbreitet werden (Politik, Gewerkschaft, Umweltorganisationen). Wo Teamarbeit nötig ist. Moderne und zukunftsweisende Berufe (Computertechnik, modernes Management, Luft- und Raumfahrt). Siehe auch Sonne im Widder.

Charles Darwin (Evolutionstheoretiker), William Sumerset Maugham (Schriftsteller), Paul Newman (Schauspieler), Ramakrishna (Mystiker), John Ruskin (Schriftsteller), Francois Truffaut (Filmemacher)

L E F F   FI KA

☉ ≈ in 2
Sonne Wassermann in Haus 2

Die luftbetonte Wassermannsonne verwirklicht sich im 2. (Erd-) Haus und dient der Ich-Festigung und -Sättigung. Wassermännisches wird konkretisiert, findet Form und Raum.

+ Praktisch-technische Begabung. Anschauliches Denken. Ideen realisieren können (»Erfinderkonstellation«). Unterschiedliches auf einen Nenner bringen können. Praktische Phantasie. Künstlerische Begabung. Schöpferkraft. Ideen sinnlich machen können. Guter Geschmack.

− Sich nicht festlegen können. Probleme mit Eigenabgrenzung haben.

Tätigkeiten und Berufe: Wo ideeller Reichtum gesammelt und verwaltet wird (Kunstsammlung, Antiquitätenhandel, Museum). Wo neue Ideen zur Anwendung kommen (Technik, Computer). Wo Natur und neue Technologien zusammenfließen (Ökologie, alternative Landwirtschaft). Wo Geld auf außergewöhnliche Weise erwirtschaftet wird. Siehe auch Sonne im Stier.

Berthold Brecht (Dichter), Reinhold Ebertin (Astrologe), Hugo von Hofmannsthal (Lyriker), Charles Augustus Lindbergh (Flieger), Friedrich Wilhelm Schelling (Philosoph), Carl Spitzweg (Maler), Simone Weil (Mystikerin)

L E E F   FI FI

⊙ ≈ in 3
Sonne Wassermann in Haus 3

Die luftbetonte Wassermannsonne verwirklicht sich im 3. (Luft-) Haus, trifft auf verwandte Energie, kann sich leicht entfalten. Wassermännisches fließt in das Denken, in die Darstellung und Kommunikation ein.

+ Gewandtes Auftreten erleichtert berufliche Verwirklichung. Rasche Auffassung. Vielseitigkeit. Innovative Ideen einbringen können. Am Zeitgeist mitarbeiten. Sich gut in ein Team einfügen können. (Sich) gut verkaufen können. Verschiedene Rollen spielen können. Mit anderen leicht in Kontakt kommen. Wissenschaftlicher Austausch.

− Hochfliegende Ideen, die schlecht verwirklicht werden können. Jedes Maß und Ziel aus den Augen verlieren.

Tätigkeiten und Berufe: Wo es um Repräsentation, Verkauf und Selbstdarstellung geht (Abteilungs- und Verkaufsleiter, Personalchef, Schauspieler). Wo es um Wissensvermittlung geht (Lehrer, Erwachsenenbildung, Seminarleiter). Wo es um moderne Kommunikationsformen geht (alle Medien, Computer). Wo verschiedene Meinungen und Interessen an einen Tisch kommen (Politik, Gewerkschaft). Wo in die Zukunft gedacht wird (Politik, Kultur und Sozialwissenschaft). Wo völkerübergreifend gearbeitet wird (UNO). Wo Ideen entstehen und verkauft werden (Werbung).

Andre-Gustav Citroen (Automobilkönig), Christian Dior (Modeschöpfer), Hans Haß (Tiefseeforscher), Abraham Lincoln (US-Präsident), Bob Marley (Reggae-Musiker)

L E L F   FI VA

⊙ ≈ in 4
Sonne Wassermann in Haus 4

Die luftbetonte Wassermannsonne verwirklicht sich im 4. (Wasser-) Haus. Wassermännisches dient der Gefühls-Entwicklung und -Entfaltung. Verbindung von Seele und Geist.

+ Innovativer Ideenreichtum bis hin zu visionären Kräften. Die Seele als Experimentierfeld erleben. Idealistisches Menschheitsbild. Geschmack. Sinn für Kunst. Zukunft und Vergangenheit verbinden können. Zuhause arbeiten können.

− Nicht aus sich heraus kommen. Konzentrationsstörung. Arbeitsstörung durch frühkindliche Probleme.

Tätigkeiten und Berufe: Wo Altes modernisiert wird (Restauration, Antiquariat). Wo die Seele erforscht wird. Wo moderne Psychotechniken angewandt werden (Neurolinguistisches Programmieren, Verhaltenstherapie, Hakomi). Wo Forschung im Zusammenhang mit Geburt und Zeugung betrieben wird (Genforschung). Wo Kunst menschlich wird (Innenarchitekt, Designer, Kunsthandwerk). Psychologie, Psychotherapie, Astrologie, Pädagogik, Sozialarbeit, Arbeit mit Kindern. Siehe auch Sonne im Krebs.

Alfred Adler (Psychologe), Paul Choisnard (Astrologe), Charles Dickens (Schriftsteller), Germaine Greer (Feministin), Franz Marc (Maler), Jean Felix Piccard (Physiker), Django Reinhardt (Jazzmusiker), Johann Schöner (Astrologe)

L E W W   FI KA

WASSERMANN ≋

☉ ≋ in 5
Sonne Wassermann in Haus 5

Die luftbetonte Wassermannsonne manifestiert sich im 5. (Feuer-) Haus. Wassermännisches kann gelebt, ausgedrückt, gespielt und repräsentiert werden.

+ Joviale und optimistische Ausstrahlung. Führungseigenschaften. Anerkennung bei Mitarbeitern. Die Stärke von Teamarbeit optimal nützen können. Kreativität. Erfindungsreichtum (»Geniekonstellation«). Außergewöhnliche Schöpfer- und Geisteskräfte. Intuition und Geistesblitze beruflich nützen können. Repräsentieren können. Kollegen wie gute Freunde betrachten.

– Verwirklichungsprobleme. Autoritätskonflikte mit Vorgesetzten. Tendenz zu Hochstapelei.

Tätigkeiten und Berufe: Repräsentation und Führung in allen Wassermannfeldern wie Zukunftsforschung, Luftfahrt, Raumfahrt, moderne Technik, Kunsthandwerk. Wo Schönheit und Geschmack wichtig sind (Kosmetik, Mode, Friseur, Kunst). Humanitäre Möglichkeiten in der Technik erkennen. Siehe Sonne im Löwen.

Hans Bender (Parapsychologe), James Dean (Schauspieler), Placido Domingo (Sänger), Clark Gable (Schauspieler), Zsa Zsa Gabor (Schauspielerin), Juliette Greco (Schauspielerin), Wolfgang Amadeus Mozart (Komponist)

L E F W   FI FI

☉ ≋ in 6
Sonne Wassermann in Haus 6

Die luftbetonte Wassermannsonne realisiert sich im 6. (Erd-) Haus, findet Konkretisierung und Versachlichung.

+ Große Flexibilität und Anpassungstoleranz. Überall zurecht kommen und aus allem das Beste machen. Ideen praktisch umsetzen können (»Erfinderkonstellation«). Übergeordnete Zusammenhänge erkennen und sinnvoll organisieren können (»Verwalterkonstellation«). Über heilerische Kräfte verfügen.

– Sich durch Quer- und Andersdenken berufliche Chancen verbauen. Hemmungen und Streß.

Tätigkeiten und Berufe: Wo Wassermännisches realistisch und praktisch wirkt (Techniker, Ingenieur). Wo geforscht und wissenschaftlich gearbeitet wird. Wo Medizin und Technik ineinander greifen (medizinisch-technischer Assistent, Laborant). Der gesamte moderne Gesundheitsapparat von Verwaltung bis Laborarbeit. Unfallforschung. Zukunftsforschung. Siehe auch Sonne in der Jungfrau.

Eduard Manet (Maler), Mark Spitz (Sportler), Georg Trakl (Dichter)

L E E W   FI VA

227

☉ ≈ in 7
Sonne Wassermann in Haus 7

Die luftbetonte Wassermannsonne verwirklicht sich im 7. (Luft-) Haus, findet Verwandtes, verstärkt sich, kann sich leben und zeigen.

+ Sinn für Kunst, Geschmack, Schönheit besitzen. Sich gut ausdrücken und verständigen können. In der Öffentlichkeit gut ankommen und daraus beruflichen Nutzen ziehen. Repräsentieren können. Sich gut verkaufen können. Seine Ideen an den Mann bringen. Andere überzeugen können.

− Vaterprojektion auf Vorgesetzte. Unselbständigkeit. Sich schlecht entscheiden können.

Tätigkeiten und Berufe: Wo es um Ästhetik, Kunst und Geschmack geht (Künstler, Designer, Grafiker, Modist, Visagist). Verkauf und Handel von Kunst. Wo es um Recht geht (Jurist). Wo moderne Ideen verbreitet werden (Medienarbeit). Wo es um Einfühlung und Verständigung geht (Therapie, Pädagogik, Erwachsenenbildung).

Peter Gabriel (Rocksänger), Boris Jelzin (Präsident), Boris Leo Pasternak (Dichter)

L E L L   FI KA

☉ ≈ in 8
Sonne Wassermann in Haus 8

Die luftbetonte Wassermannsonne manifestiert sich im 8. (Wasser-) Haus, dient der Bindung und Festigung und/oder der Vertiefung und Verinnerlichung. Es handelt sich um eine schwierige Konstellation, die viel Zeit und Selbsterfahrung benötigt, dann allerdings Großes bewirken kann.

+ Prophetische und hellseherische Begabungen (»Magierkonstellation«). Die Vergangenheit mit der Zukunft verbinden können. Licht, Hoffnung und Trost in schwierigen Situationen tragen können. Aus tiefer Menschenkenntnis schöpfen. Aus ausweglosen Situationen herausführen können (»Krisenmanagementkonstellation«). In Extremsituationen stark werden.

− Unter einem unerlösten Karma leiden. Unter Streß und Mißerfolg leiden.

Tätigkeiten und Berufe: Alle Extremberufe von der Raumfahrt bis Stuntman. Verwaltung, Wissenschaft und Technik. Wo es um Leben und Tod geht (Medizin, besonders Unfallchirurgie). Astrologie, Sexualtherapie. Alle Geschäfte im Zusammenhang mit Sexualität und Erotik (auch Pornoindustrie). Siehe auch Sonne im Skorpion.

Sacha Distel (Chansonnier), Bruno Kreisky (Politiker), Jack Lemmon (Schauspieler) John Travolta (Schauspieler)

L E W L   FI FI

228

☉ ≈ in 9
Sonne Wassermann in Haus 9

Die luftbetonte Wassermannsonne manifestiert sich im 9. (Feuer-) Haus und bereichert das Denken, Anschauungen, Einstellungen und den Glauben.

+ Über ein umfassendes Wissen verfügen. Einen weiten Horizont besitzen. Großzügigkeit. Loyalität. Engagement führt zu beruflichem Erfolg. Universalität und Flexibilität.

− Mangelnder Realitätssinn. Überheblichkeit.

Tätigkeiten und Berufe: Wo Anschauungen und Meinungen verbreitet werden (Medien wie TV und Radio). Wo Ideen geschrieben, gedruckt und verbreitet werden (Autor, Verleger). Wo Einsichten vermittelt werden (Therapie, Pädagogik, Esoterik, Philosophie). Wo es um Teamarbeit geht (Forschung, Gemeinschaftspraxis). Tätigkeiten, die mit Reisen verbunden sind (Reiseleiter, Busfahrer, Flugkapitän, Steward, Auslandskorrespondent). Siehe auch Sonne im Schützen.

Hermann Bauer (Verleger), Franz Schubert (Komponist), Virginia Woolf (Schriftstellerin)

L E F L   FI VA

☉ ≈ in 10
Sonne Wassermann in Haus 10

Die luftbetonte Wassermannsonne manifestiert sich im 10. (Erd-) Haus. Wassermännisches findet Form und Dauer.

+ Über sich selbst hinauswachsen. Beruflichen Erfolg und Ruhm erlangen können. Große Ambitionen besitzen. Seine Ideen verwirklichen können. Mit öffentlicher Unterstützung rechnen können. Seinen Namen bekannt machen. Selbständig arbeiten können. Innovativen Ideen zu gesellschaftlicher Anerkennung verhelfen. Ein neues Berufsbild kreieren.

− An zu hohen Ansprüchen scheitern (»Streßkonstellation«).

Tätigkeiten und Berufe: Wo es um moderne Technik und Forschung geht (Computer, Flug, Raumfahrt). Tätigkeiten im Zusammenhang mit moderner Forschung und Technik (Steward, Flugkapitän, Bodenpersonal bei Fluggesellschaften). Wo Erfindungen gemacht und verwaltet werden (Rechtsanwalt, Patentamt). Wo neue Ideen, neue Weltbilder, entwickelt und weitergegeben werden (Erwachsenenbildung, Esoterik, Kunst). Sozial- und gesellschaftspolitische Arbeiten. Wo es um humanitäre Ziele geht (Politik, Gewerkschaft, alle Hilfsorganisationen). Siehe auch Sonne im Steinbock.

Fritjof Capra (Physiker), Mia Farrow (Schauspielerin), E.T.A. Hoffmann (Dichter), Max Horkheimer (Philosoph), Arnold Keyserling (Philosoph), Jeanne Moreau (Schauspielerin), Andreas Papandreou (Politiker), Ludwig Thoma (Schriftsteller), Jules Verne (Schriftsteller), Helmuth Wangemann (Astrologe).

L E E E   FI KA

≋ WASSERMANN

☉ ≋ in 11
Sonne Wassermann in Haus 11

Die luftbetonte Wassermannsonne manifestiert sich im 11. (Luft-) Haus. Zeichen und Haus stimmen überein, erleichtern Verwirklichung sämtlicher in diesem Kapitel angeführten wassermännischen Berufsrollen und -felder.

+ Ideen entwickeln und aufgreifen. Großes geistiges und ideelles Potential. Vielseitigkeit. Humanistische Ideale können beruflich verwirklicht werden. Unabhängiger und freier Geist. Individualität auch im Beruf durchsetzen können. »Freiberuflerkonstellation«.

− Autoritätsprobleme. Nicht in einem Abhängigkeitsverhältnis arbeiten können. Zu abgehoben sein (»Hochstaplerkonstellation«).

Tätigkeiten und Berufe: Siehe Sonne im Wassermann.

Beatrix (niederländische Königin), Max Beckmann (Maler), Norman Mailer (Schriftsteller)

L E L E   FI FI

☉ ≋ in 12
Sonne Wassermann in Haus 12

Die luftbetonte Wassermannsonne manifestiert sich im 12. (Wasser-) Haus und erfährt Grenzenlosigkeit und Auflösung.

+ Visionäre Eingebungen in den Beruf einfließen lassen. Den Zeitgeist aufgreifen und in Mode, TV, Radio, Romanen einfließen lassen. Über geniale Ideen verfügen. Vielseitigkeit und Flexibilität erleichtern berufliche Umstellungen und Veränderungen. Bei beruflichen Entscheidungen den richtigen Riecher haben. Sich auf höhere Führung und Fügung verlassen können.

− Unerkannt und unentdeckt bleiben (»Verkannte-Genie-Konstellation«). Unter Vaterproblematik leiden. Nichts auf die Beine bringen.

Tätigkeiten und Berufe: Wo es um Glauben geht (Pfarrer, Missionar, Klostertätigkeiten). Wo Mitgefühl und Dienst am Nächsten eine Rolle spielen (alle karitativen Berufe, Sozialarbeit). Wo es um Heilung geht (Arzt, Heilpraktiker, Psychotherapeut). Alle modernen Heilberufe. Wo es um Kunst geht (New Age, esoterische Kunst, spirituelle Kunst). Siehe auch Sonne in den Fischen.

Caroline von Monaco (Prinzessin)

L E W E   FI VA

230

Aszendent Wassermann – was ich will

Individuen mit AC Wassermann sind lebendig, neugierig, spontan, kontaktfreudig, unternehmungslustig, interessiert, aber auch unruhig, zerstreut und unkonzentriert. Denken und Tun sind auf Veränderung und Erneuerung ausgerichtet. Nichts soll so bleiben, wie es ist, überall gibt es ungeahnte Möglichkeiten, Entdeckungen, Erfindungen, Umstürze und Revolutionen. Leicht einsehbar, daß man mit dieser AC-Kraft nicht geeignet ist für eine Alltagsroutine, bei der immer wieder das gleiche verlangt wird. Mit AC Wassermann will man seinen Arbeitsablauf selbst bestimmen. Das Verhältnis zu vorgegebener Ordnung, Hierarchie und Autorität ist also sehr heikel: Am liebsten würden diese Menschen ihrer eigenen Ordnung folgen. Gleitende Arbeitszeiten, Teamarbeit, ein freundliches Arbeitsklima und ein nondirektiver Führungsstil sind daher ein Muß; ansonsten leisten Menschen mit diesem Aszendenten nur die Hälfte und werden schließlich krank.

Am besten arbeitet man in einem gleichberechtigten Team: in der Wissenschaft und Kunst, in einem Praxisteam oder einer ärztlich-therapeutischen Gemeinschaft, einer Filmmannschaft oder einer Arbeitsgemeinschaft, in denen Mitarbeiterbesprechungen und Roundtable-Gespräche die Regel sind.

Grundsätzlich wirkt jede AC-Kraft instinktiv, automatisch, drängend und konkurrierend. Mit AC Wassermann besteht eine Tendenz, sich automatisch gegen alles Bestehende abzugrenzen, grundsätzlich die eigene Einmaligkeit und Besonderheit herauszustreichen. Das führt im Positiven zu Originalität, Kreativität, Erfindungsgeist und Fortschrittsglauben. Die negativen Folgen sind kindliches Oppositions- und Antiautoritätsdenken (immer und überall dagegen sein).

Grundsätzlich treten alle im Abschnitt über Sonne im Wassermann aufgeführten beruflichen Fähigkeiten, Wünsche und Neigungen stärker und pointierter hervor (siehe Allgemeine Einführung Wassermann). Allerdings läßt erst die Stellung des AC-Herrschers, hier also Uranus, genauere Rückschlüsse über berufliche Interessen und Verwirklichungsmöglichkeiten zu.

Aszendentenherrscher Uranus

Der Planet Uranus wurde am Vorabend der Französischen Revolution entdeckt (1781), und seine Botschaft beinhaltet eindeutig den Geist dieser Umbruchzeit: Der Mensch ist ein freies, selbständiges, göttliches Geschöpf und niemandem untertan.

Dort, wo der Planet Uranus im Horoskop steht, befindet sich daher eine Sprengkraft, vergleichbar mit der jener Epoche der Französischen Revolution, dem Beginn einer neuen Zeit: Alles ist möglich, alles läßt sich verändern, es gibt keine unumstößliche Ordnung, der Mensch ist sein eigener Herr und Schöpfer.

Was die berufliche Relevanz des AC-Herrschers Uranus in den zwölf Zeichen angeht, siehe Zusammenstellung weiter unten in diesem Kapitel.

Was die Position im Haus betrifft, genügt es in aller Regel, den Quadranten zu berücksichtigen, in dem sich Uranus befindet. Die entsprechenden Planetenstellungen werden weiter unten erörtert.

Medium Coeli Wassermann – was ich muß

Das Medium Coeli zeigt den Bereich, in dem sich der Horoskopeigner erfüllen muß, um in gesellschaftlicher wie kosmischer Hinsicht vollständig zu sein. Der Beruf ist der Beitrag des Einzelindividuums zu der gesellschaftlichen Allgemeinheit, und er ist zugleich sein Anteil am kosmischen Schöpfungsakt. Mit MC Wassermann ist der Drang, selbst schöpferisch und gestaltend tätig zu werden, stark ausgeprägt. Man wird von Kind auf von einer inneren Unruhe getrieben, sucht in vielen Tätigkeiten und Berufen seine Verwirklichung, experimentiert, erfindet, kreiert, stößt um, kann sich schlecht festlegen und braucht in aller Regel viel Zeit, bis die richtige Tätigkeit gefunden wird. Vorgezeichnet ist auch der Beruf des oder der Selbständigen, wohingegen Berufe in einer festen Anstellung viele Probleme mit sich bringen. Wenn man mit einem MC Wassermann schon fest angestellt ist, dann braucht man wenigstens gleitende Arbeitszeiten, einen Halbtagsjob oder sonstwie ein besonderes Quantum an Freiheit oder Selbständigkeit.

+ Überpersönliches, sozial orientiertes Berufsengagement. Berufe, die dem Zeitgeist entsprechen. Arbeit im Kollektiv und in Gruppen. Möglichkeit zu spontanen Berufswechseln. Große berufliche Flexibilität. Paralleles Arbeiten in unterschiedlichen Berufsbereichen. Neigung zu unkonventionellen Arbeitsformen. Abbau von Autoritätsstrukturen. Gabe zu energetischem oder okkultem Bewußtsein. Sich in seiner beruflichen Rolle um Objektivität und Neutralität bemühen. Große Toleranz und Kollegialität.

– Sich nirgends einfügen können. Unruhe und Konzentrationsschwäche. Leichtfertiger Umgang mit Wissen. Neigung zu Hochstapelei. Wenig zu Ende führen.

Tätigkeiten und Berufe: Wo es um Erfindung und Ideenproduktionen geht (Forschung, Wissenschaft, Werbung, TV, Medien). Wo Ideale und Visionen entstehen und verbreitet werden (Politik, Gewerkschaft, Umweltorganisationen, Kultur und Sozialwissenschaft). Moderne und zukunftsweisende Berufe (Computertechnik, modernes Management, Luft- und Raumfahrt). Wo ideeller Reichtum gesammelt und verwaltet wird (Kunstsammlung, Antiquitätenhandel, Museum). Wo neue Ideen zur Anwendung kommen (Technik, Computer). Wo Natur und neue Technologien zusammenfließen (Ökologie, alternative Landwirtschaft). Wo Geld auf außergewöhnliche Weise erwirtschaftet wird. Wo Wassermännisches repräsentiert und verkauft wird (Zukunftsforschung, Luftfahrt, Raumfahrt, moderne Technik). Wo es um außergewöhnliche Wissensvermittlung geht (Erwachsenenbildung, Astrologie). Wo es um moderne Kommunikationsforschung und -formen geht (alle Medien, Computer). Wo verschiedene Meinungen und Interessen an einen Tisch kommen (Politik, Gewerkschaft). Wo völkerübergreifend gearbeitet wird (UNO). Wo Altes modernisiert wird (Restauration, Antiquariat). Wo moderne Psychotechniken angewandt werden (Verhaltenstherapie, Hypnotherapie, psychologische Astrologie). Psychotherapie, Psychologie. Wo moderne Forschung im Zusammenhang mit Geburt und Zeugung betrieben wird. Wo neue Ideen geschrieben, gedruckt und verbreitet werden (Autor, Verleger). Wo es um Teamarbeit geht (Forschung, Gemeinschaftspraxis). Wo moderne Technik und Fortbewegungsmittel eine Rolle spielen (Steward, Flugkapitän, Bodenpersonal bei Fluggesellschaften). Wo Erfindungen gemacht und verwaltet werden (Rechtsanwalt, Patentamt). Wo es um moderne Kunst geht (auch New Age, esoterische Kunst, spirituelle Kunst).

Herrscher des Medium Coeli im Zeichen

Genau wie beim Aszendenten muß auch der herrschende Planet des Medium Coeli, also wieder Uranus, berücksichtigt werden. Seine Stellung im jeweiligen Zeichen nennt Ziel und Richtung beruflicher Erfüllung und zeigt die spezifische Färbung der MC-Kraft auf. Als »Planet persönlicher Befreiung« zeigt seine Stellung darüber hinaus auf, wo der Horoskopeigner Kräfte für mehr Selbständigkeit und Eigenverantwortlichkeit findet. Eine Zusammenstellung über die berufliche Relevanz des MC-Herrschers Uranus in den zwölf Zeichen folgt weiter unten in diesem Kapitel.

Herrscher des Medium Coeli im Haus

Was die Stellung des MC-Herrschers Uranus im Haus betrifft, genügt es in aller Regel, die Richtung zu kennen. Damit ist gemeint, in welchem Quadranten sich der Herrscherplanet verwirklicht (siehe auch Grundlagen astrologischer Berufsberatung). Die entsprechenden Uranusstellungen werden weiter unten erörtert.

Herrscherqualitäten des AC / MC in den Zeichen

♅ ♈
Medium Coeli / Aszendent im Wassermann Herrscherplanet Uranus im Widder

Wassermännisches verwirklicht sich in typischen Widderbereichen wie Management, Wirtschaft, Politik (siehe Allgemeine Einführung Widder) und bewirkt Vitalisierung, Stärkung und Erneuerung.

\+ Spontane Verwirklichung innerer Eingebungen. Anspruch auf geistige Führerschaft. Direktes, spontanes und originelles Denken. Sich beruflich verwirklichen können.

– Intoleranz. Ungeduld.

L E F F FI KA

♅ ♉
Medium Coeli / Aszendent im Wassermann Herrscherplanet Uranus im Stier

Wassermännisches verwirklicht sich in typischen Stierbereichen, die mit Natur, Erde, Sinnlichkeit, Ernährung, Bauwesen, Wirtschafts- und dem Geldwesen zu tun haben (siehe Allgemeine Einführung Stier) und bewirkt Erneuerung, Technisierung, Modernisierung und Vergeistigung.

\+ Seine Ideen und Einfälle beruflich umsetzen und realisieren können. Ein ausgewogenes Verhältnis zwischen Geistigem und Materiellem finden. Künstlerische Begabung. Altes modernisieren können. Kaufmännische Phantasie. Auf ungewöhnliche Art und Weise sein Geld verdienen können. Über exquisiten Geschmack verfügen.

– Finanzielle Verluste (»Konkurskonstellation«). Verschwendungssucht.

L E E F FI FI

☿ ♊
Medium Coeli / Aszendent im Wassermann Herrscherplanet Uranus in den Zwillingen

Wassermännisches verwirklicht sich in typischen Zwillingsbereichen wie Lektorat, Buchhandel, Journalismus, Schriftstellertum, Verkauf, Handel, Kommunikation (siehe auch Allgemeine Einführung Zwillinge) und bewirkt Beschleunigung, Vermehrung, Ausdehnung, Austausch und Begegnung.

+ Gedankliche Brillanz. Schillernder Verstand. Originalität und Vielseitigkeit im Denken. Künstlerische Inspiration. Schriftstellerische Begabung. Sich gut darstellen und geschickt verkaufen können. Schauspielerisches Talent. Interesse an Astrologie und psychologischen Grenzfragen. Telepathische und hellseherische Begabung. Interesse an Elektronik, Technik, Computer.

– Oberflächlichkeit. Naivität. Gedankensprünge. Bizarres Denken.

L E L F   FI VA

☿ ♋
Medium Coeli / Aszendent im Wassermann Herrscherplanet Uranus im Krebs

Wassermännisches verwirklicht sich in typischen Krebsbereichen wie Erziehung, Lehre, Therapie, Gastronomie, Kunst, Werbung, Architektur, Design, Immobilien (siehe auch Allgemeine Einführung Krebs) und bewirkt Befreiung, Öffnung, Offenlegung und Erneuerung.

+ Innovative Ideen im Bereich der Architektur, Kunst und Innendekoration. Progressive Erziehungsvorstellungen. Moderne Psychologie und Psychotherapie. Zu Hause arbeiten können. Beruflich sein eigener Herr sein wollen. Wissenschaftlicher Verstand. Reges Phantasieleben.

– Aus einer antiautoritären Haltung nicht herauskommen. Launenhaftigkeit und Willkür.

L E W W   FI KA

≈≈ WASSERMANN

☱ ♌
Medium Coeli / Aszendent
im Wassermann
Herrscherplanet Uranus
im Löwen

Wassermännisches verwirklicht sich in typischen Löwebereichen wie Kreativität, Kunsthandwerk, Graphik, Ausdruck, Spiel, Genuß, Tanz, Vergnügen (siehe Allgemeine Einführung Löwe) und bewirkt Modernisierung, Erneuerung, Kommunikation, Kreativität, Austausch und geistige Erhöhung.

+ Geistige Führerschaft ausstrahlen. Kreativität, Geschmack und Schönheitssinn beruflich nützen können. Sich beruflich von traditionellen Mann-Frau-Klischees lösen können. Berufliche Anerkennung erlangen. Talent für Theater. Repräsentieren können.

− Sich überschätzen. Autoritätskonflikt. Vaterproblematik in den Beruf tragen.

L E F W   FI FI

☱ ♍
Medium Coeli / Aszendent
im Wassermann
Herrscherplanet Uranus
in der Jungfrau

Wassermännisches verwirklicht sich in typischen Jungfraubereichen wie Dienstleistung, Technik, Gesundheitswesen, Organisation, Wissenschaft, Natur (Biologie, Gartenbau), Ökologie, Handwerk, Verwertung, Analyse (siehe auch Allgemeine Einführung Jungfrau) und bewirkt Beweglichkeit, Erneuerung, Reformen und ein verändertes Bewußtsein.

+ Geistige Wachheit. Innovatives Denken. Leichten Zugang zu modernen Technologien. Wissenschaftliche Begabung. Wissenschaftliche Analyse außersinnlicher Wahrnehmung (Parapsychologie). Schnelle Auffassung. Berufliche Außenseiterwege gehen. Zugang zu progressiven Arbeitsmethoden. Gespür für verborgene Zusammenhänge. Zugang zu heilerischen Quellen. Wissen über die Dynamik von Krankheiten.

− Die Wirklichkeit verkennen. Autoritätskonflikte in der Welt der Arbeit. Geringe Belastbarkeit.

L E E W   FI VA

236

☊ ♎
Medium Coeli / Aszendent
im Wassermann
Herrscherplanet Uranus
in der Waage

Wassermännisches verwirklicht sich in typischen Waagebereichen wie Kunst, Kommunikation, Politik, Ästhetik, Entspannung, Therapie, Schönheit, Design, Geschmack, Rhythmus (siehe auch Allgemeine Einführung Waage) und bewirkt Dynamisierung, Modernisierung, Erneuerung und Austausch.

+ Große künstlerische und geschmackliche Vielfalt in den Beruf einfließen lassen können. Repräsentieren können. Auf andere eingehen können. Soziale Anerkennung finden. Soziale Kompetenz. Kunstsachverständnis. Gerechtigkeitssinn.

– Sich nicht festlegen können. Gedankliche Sprunghaftigkeit.

L E L L   FI KA

☊ ♏
Medium Coeli / Aszendent
im Wassermann
Herrscherplanet Uranus
im Skorpion

Wassermännisches verwirklicht sich in typischen Skorpionbereichen (siehe auch Allgemeine Einführung Skorpion) und bewirkt Umpolung, Befreiung, Erneuerung, Individualisierung.

+ Paradoxes Denken. Außergewöhnliche Ideen beruflich realisieren können. Eine geistige Brücke zwischen Vergangenheit und Zukunft schlagen können. Starke Intuition und Erfindungsgabe. Mediale Veranlagung (Telepathie). Einen Beruf der Vorfahren ergreifen. Berufliches Engagement.

– Realitätsverlust. Angst. Erbschaftsprobleme.

L E W L   FI FI

≈≈ WASSERMANN

Medium Coeli / Aszendent im Wassermann Herrscherplanet Uranus im Schützen

Wassermännisches verwirklicht sich in typischen Schützebereichen wie Lehre, Religion, Bewußtseinserweiterung, Heilwesen, Tierpflege, Tourismus, Sport, Wissenschaft, Forschung, Philosophie, Reisen (siehe auch Allgemeine Einführung Schütze) und bewirkt Belebung, Bereicherung, Ausdehnung, Austausch und Kontakt.

+ Reformerisches, optimistisches Denken. Andere motivieren können. Erfindungsreichtum. Philosophisches Interesse. Gute berufliche Verbindungen mit dem Ausland. Im Ausland arbeiten können. Interesse an Hochschul- und Weiterbildung.

− Blauäugigkeit. Naivität. Utopische Versponnenheit.

L E F L   FI VA

Medium Coeli / Aszendent im Wassermann Herrscherplanet Uranus im Steinbock

Wassermännisches verwirklicht sich in typischen Steinbockbereichen wie Lehre, Staatsdienst, öffentlicher Dienst, Schule, Institutionen, Wissenschaft, Kontrolle und Aufsicht (siehe auch Allgemeine Einführung Steinbock) und bewirkt Öffnung, Austausch, Vergeistigung, Erneuerung und Reformen.

+ Wissenschaftliches Denken. Zugang zu Metaphysik. Reformerische Tätigkeit. Führungsqualifikation. Erfolgreiches Streben nach beruflicher Unabhängigkeit. Seinen eigenen Laden, seine eigene Praxis eröffnen. Mit öffentlicher Anerkennung rechnen können. Gespür für astrologische Zusammenhänge. Grenzwissenschaftler. Eignung für höhere Schulbildung. Das Wassermännische verbreiten.

− Beruflichen Luftschlössern erliegen. Beruflicher Druck.

L E E E   FI KA

238

Medium Coeli / Aszendent im Wassermann Herrscherplanet Uranus im Wassermann

Wassermännisches verwirklicht sich in typischen Wassermannbereichen wie Gruppen-, Reform-, Club- und Teambereich, Wissenschaft, Zukunftsplanung, Medienarbeit, Erneuerung, sozialpolitische Veränderungen (siehe auch Allgemeine Einführung Wassermann) und bewirkt Verstärkung, Bereicherung, Ausdehnung, erfolgreiche Umsetzung.

+ Reges geistiges Interesse. Eignung für höhere Schulbildung. Vielseitige Interessen. Weiter, offener Geist. In alle beruflichen Bereiche ein neues Bewußtsein tragen (New Age). Im Team Großes leisten. Interesse an Grenzgebieten wie Astrologie, Metaphysik, Esoterik. Offenheit für neue Ideen. Experimentierfreudigkeit.

– Hochmut. Selbstgefälligkeit. Blindheit gegenüber der Natur.

L E L E   FI FI

Medium Coeli / Aszendent im Wassermann Herrscherplanet Uranus in den Fischen

Wassermännisches verwirklicht sich in typischen Fischebereichen wie Pflege, Dienst am Nächsten, abstrakte Wissenschaften, Kunst, Mystik, Religion, Therapie (siehe auch Allgemeine Einführung Fische) und bewirkt Einsicht, Eingebung, Austausch und Begegnung.

+ Große Intuitionsgabe. Visionäre Begabung. Sich in den Dienst einer Gemeinschaft stellen können. Gespür für energetische Schwingungen. Hang zu Mystik, Astrologie und andern Grenzgebieten. Kraft aus dem Glauben schöpfen.

– Täuschungen erliegen.

L E W E   FI VA

Herrscherqualitäten des AC / MC in den Quadranten

AC ≈ / MC ≈
Aszendent Wassermann / Medium Coeli Wassermann
Herrscherplanet Uranus im Quadranten I

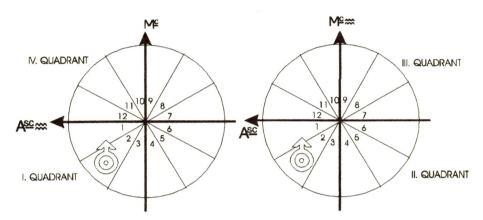

Befindet sich Uranus als AC- / MC-Herrscher im Quadranten I (Haus 1, 2 und 3), will er sich ichhaft und ichbetont verwirklichen. Das heißt zum Beispiel, daß der Horoskopbesitzer sämtliche im allgemeinen Abschnitt aufgeführten wassermann-uranischen Eigenschaften und Fähigkeiten besitzt und ausstrahlt und auch gegen einen äußeren Widerstand einbringen und durchsetzen will, ja, daß Widerstand und Konkurrenz sogar seine Neigungen noch verstärken. Diese Stellung fördert Dynamik, Selbstbewußtsein, Aktivität, Begeisterungsfähigkeit, Durchsetzungsbereitschaft, Originalität und Eigenwilligkeit.

AC ≈ / MC ≈
Aszendent Wassermann / Medium Coeli Wassermann
Herrscherplanet Uranus im Quadranten II

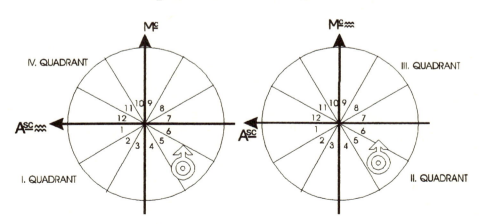

Befindet sich Uranus im Quadranten II (Haus 4, 5 und 6), ist die gefühlshafte oder seelische Beteiligung des Horoskopeigners wichtig. Er will sich erlebnismäßig, gefühlshaft und nicht mechanisch, kognitiv oder ausschließlich intellektuell einbringen (als Künstler, Lehrer, Therapeut). Der Horoskopeigner kann bei der Arbeit aus seiner Intuition, künstlerischen Begabung und seinem Gespür für das Atmosphärische schöpfen. Befindet sich Uranus als AC- beziehungsweise MC-Herrscher im 6. Haus, besteht auch eine deutliche Hinwendung zu Heil- und Pflegeberufen.

AC ≈ / MC ≈
Aszendent Wassermann / Medium Coeli Wassermann
Herrscherplanet Uranus im Quadranten III

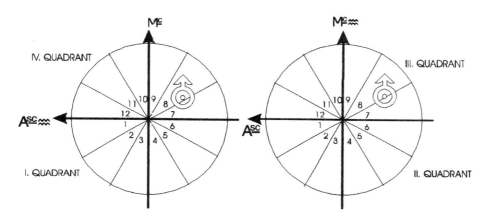

Befindet sich Uranus im Quadranten III (Haus 7, 8 und 9), ist ein soziales Umfeld bei der Berufsausübung unerläßlich. Der Horoskopeigner drängt zum Du, will kommunizieren, sich auf andere beziehen, sich austauschen, sich spiegeln, beachtet werden, seine Gefühle der Zuneigung und Ablehnung einbringen können. Die soziale Ausrichtung anderen gegenüber kann sich (besonders im 8. Haus) auch als Bindung und Hingabe an eine Idee oder Berufung manifestieren.

AC ♒ / MC ♒
Aszendent Wassermann / Medium Coeli Wassermann
Herrscherplanet Uranus im Quadranten IV

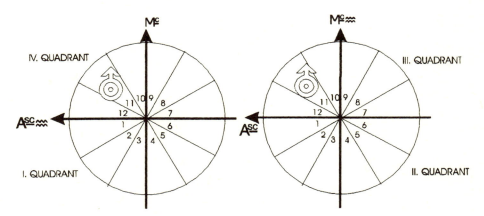

Steht Uranus im Quadranten IV (Haus 10, 11 und 12), verstärkt dies die überpersönliche Ausrichtung, Aufgabe und Verpflichtung. Besonders mit Uranus im Haus 10 muß eine Art Institution oder berufliche Einrichtung, die den eigenen Namen trägt, erschaffen werden. Dies ist mit dem Erlebnis einer starken Anspruchshaltung verbunden: Der Horoskopeigner steht unter Druck, etwas Großes, Bedeutsames und Gewichtiges in seinem Leben zu erschaffen. Auch wenn sich der Uranus als Herrscher des AC beziehungsweise des MC im 12. Haus befindet, ergeben sich Probleme, weil zum einen Ichhaftigkeit und Struktur gefordert werden, zum anderen wiederum eine Auflösung bewirkt werden muß. Adäquate Berufsfelder finden sich in der Wissenschaft, Religion, Kunst, Mystik, Esoterik, Nächstenliebe, Heilung und Therapie.

Sonne, Aszendent, Medium Coeli in den Fischen

Allgemeine Einführung

Das Zeichen Fische symbolisiert Anfang und Ende. Es verkörpert das All-Eine, das vor jeder Zeit war und das auch nach jeder Zeit wieder sein wird. Fische bedeutet ozeanisches Glücksgefühl, Erfüllung, Erleuchtung.

ELEMENT: WASSER als Urstoff allen Lebens und Symbol unendlicher Durchdringung und Verschmelzung.

QUALITÄT: BEWEGLICH, labil, flexibel, sozial, anpassend, versöhnend, aufnehmend, abgebend und auflösend.

POLUNG: MINUS, weiblich, yin, passiv, nach innen, introvertiert.

SYMBOLIK: FISCHE als Übergangswesen zwischen Pflanze und Tier, instinkthaft und egolos; Fische ist aber auch das Zeichen des sich aufopfernden und von Liebe getragenen Christenmenschen.

ZEITQUALITÄT: 20. FEBRUAR BIS 20. MÄRZ Übergangszeit zwischen Winter und Frühling; Abschnitt des (religiösen) Fastens.

HERRSCHERPLANET: NEPTUN auch Poseidon, Gott der Meere.

Fischeenergie macht leicht. Sie schenkt die Kraft, all das loszulassen, was in einem menschlichen Leben so immens wichtig scheint: Ego, Besitz, Wissen, Familie, Arbeit, Beziehung, Zugehörigkeit, Status und Freunde. Das bedeutet nicht automatisch, daß Menschen mit einem betonten Fischeeinfluß (das sind Individuen mit Sonne, AC, MC, Mond in den Fischen; ebenfalls Sonne, Mond im 12. Haus; Neptun im 1. oder im 10. Haus; abgeschwächt Herrscherplanet des AC oder des MC in den Fischen oder im 12. Haus) nicht gerne reich wären und kein bequemes Leben lieben würden. Aber sie hängen weniger stark daran. Wenn es so sein soll, können sie all dieses auch loslassen.

In allen Zeiten waren es daher fischebetonte Menschen, die den Weg ins Kloster einschlugen. Ein Kloster, ein Ashram, eine religiöse Schule oder ein heiliger Berg sind Orte, an denen man zu sich finden kann. Äußeres nämlich bedeutet fischebetonten Menschen nicht viel. Dafür suchen sie etwas anderes, die Seele, das Selbst, Gott, Glauben. Alle Mystiker, Propheten, Religionsstifter, Päpste, Priester, Religionslehrer, Gurus, Mönche und Nonnen haben oder hatten ihren Teil Fischeenergie. Beispiele sind der Begründer der Anthroposophie, Rudolf Steiner (Sonne Fische), der indische Guru Bhaghwan Osho Shree Rajneesch (MC Fische), der Reformator Philipp Melanchthon (Sonne Fische).

Die Suche nach Wahrheit, nach dem Wesentlichen hinter dem Schein, treibt auch skorpionbetonte Individuen an. Aber diese suchen auch eine Zuflucht, einen Glauben, an den sie sich binden können. Fischeenergie hingegen führt ins Namenlose, hinaus auf das offene Meer. Auch ein Vergleich mit dem Schützezeichen drängt sich auf. Auch dort geht es um Religion, Sinn- und Wahrheitssuche. Aber Schützemenschen sind feurig, sie verbreiten und predigen ihren Glauben, ja kämpfen unter Umständen für ihn. Aus der Perspektive der Fische hingegen gibt es eigentlich nichts zu kämpfen. Alles ist, wie es ist, Schützen sind vielleicht gläubige Mohammedaner, Christen, Juden oder Baptisten. Fische hingegen sind Mystiker oder Theosophen, das heißt, daß ihr Glaube und ihr Gott alle Religionen übergreift. (Sowohl das Horoskop der Begründerin der theosophischen Gesellschaft, Helena Blavatsky, als auch das des Gründungsprotokolls dieser Gesellschaft weisen einen MC in den Fischen auf.)

Eine weitere Domäne fischebetonter Menschen ist die Wissenschaft. Dort, wo es um abstrakteste Dinge geht, wo man den letzten Geheimnissen der Materie auf der Spur ist, wo das Denken in die Unendlichkeit des Weltraumes dringt, greift Fischeenergie. Die größten Mathematiker, Physiker und Astronomen waren Fische: Albert Einstein, Otto Hahn, Galileo Galilei, Nikolaus Kopernikus (alle mit Sonne in den Fischen).

Von der Mathematik oder Astronomie ist es nur ein kleiner Schritt zur Astrologie. Natürlich ist die weite Fischeseele vom Bild des kosmischen Raums als Spiegelbild menschlicher Geschicke fasziniert. Von Kopernikus weiß man, daß er auch Astrologe war. Einstein zeigte zumindest ein großes Verständnis für die Astrologie. Der Professor für Psychologie Hans-Jürgen Eysenck führte astrologische Forschungen durch. Und viele weitere bekannte Astrologen haben eine Fischesonne (Morin de Villefranche, Robert Pelletier, Alfred Witte, Wolfgang Döbereiner).

Wirkliche Fische im Wasser verfügen über ein äußerst sensibles Empfindungs- und Radarsystem. Sie orten damit die Strömungen der Meere, Angreifer und Artgenossen. Ganz ähnlich besitzen fischebetonte Menschen eine Art »sechsten Sinn«. Oft wissen sie schon vorher, was auf sie zukommt. Oder sie denken an einen anderen Menschen, und just in diesem Augenblick ruft dieser bei ihnen an. Diese Fähigkeit kommt ihnen häufig auch beruflich zugute. Sie kündigen beispielsweise ihrer Firma, und kurz darauf vernehmen sie, daß dieser Betrieb pleite macht. Oder sie haben eine Idee, die zunächst völlig abwegig scheint, setzen sie trotzdem um und stellen hinterher fest, daß es genau so richtig war. Manche fischebetonte Menschen gehen noch weiter und ergreifen direkt einen Beruf, in dem es um diese mediale Gabe geht. Beispiele sind der Hellseher Croiset und der berühmte Seher Edgar Cayce (beide mit Sonne Fische). Aber grundsätzlich wirkt bei jedem Medium, bei jedem Hellseher, in jeder spiritistischen Sitzung ein Quantum Fischeenergie.

Aus einer ebenso geheimnisvollen Quelle schöpfen fischebetonte Menschen die Gabe, Krankheiten und deren Ursachen zu orten und zu heilen. Manchmal erahnen sie sie sogar vor deren eigentlichem Ausbruch. Wegen dieser großen, natürlichen Heilkraft finden sich diese Menschen unter Heilpraktikern, Naturärzten und Anhängern alternativer Behandlungsmethoden wie Akupunktur, Akupressur, Massage, Körpertherapie, Reiki, Farbtherapie, Magnetismus. Eigentlich ist es beinahe sekundär, mit welcher Methode Fischemenschen heilen. Sie müssen ihre Kräfte nur zum Fließen bringen können. Aus der Sichtweise des zwölften astrologischen Zeichens Fische ist Krankheit immer Folge einer Unvollständigkeit. Der Mensch wird krank, weil er einen Teil seiner ganzen Wirklichkeit ausklammert beziehungsweise einen anderen überbetont. Wenn jemand nur auf seinen Kopf hört und seine Gefühle vergißt, wird er vielleicht gerade am Herzen (dem symbolischen Ort der Gefühle) krank. (Interessierte Leser seien auf mein Buch »Astro-Gesundheit« verwiesen.) Fischebetonte Menschen spüren diese Unvollständigkeit

FISCHE ♓

und können durch ihre integrierenden Kräfte heilend einwirken.

In der Gesellschaft als Ganzes wirken die gleichen Gesetze. Sie wird krank, wenn nicht allen Individuen, also auch den Schwachen, Kranken, Unglücklichen und Gesetzlosen, Verständnis und Liebe zufließen. Und wieder sind es die Fischemenschen, die sich dafür verantwortlich fühlen: Sie wachen an Krankenbetten, trösten in Gefängnissen, helfen Drogenabhängigen oder schulen geistig Behinderte (Friedrich von Bodelschwingh, der Begründer bedeutender Hilfswerke der Inneren Mission hatte die Sonne in den Fischen). Ein weiteres beliebtes Berufsfeld fischebetonter Menschen sind die Musen und die Kunst. In der Musik aufzugehen, sich in einem Gemälde oder in einem Gedicht zu verlieren, das sind Glückszustände. Je mehr sie davon als Maler (Renoir mit Sonne Fische), Musiker (Händel mit Sonne Fische), Bildhauer (Michelangelo mit Sonne Fische), Dichter (Eichendorff mit Sonne Fische) einbringen können, um so erfüllter ist ihr Dasein.

Als letztes noch eine wichtige Eigenart fischebetonter Menschen: Während sie sich ohne weiteres für andere einsetzen und stark machen können, sind sie gehemmt, wenn es darum geht, für sich selbst zu kämpfen, die eigenen Vorteile herauszustreichen und sich ins rechte Licht zu rücken. Wie richtige Fische der Meere müssen auch die Menschen auf günstige Strömungen warten, die sie dann schon an den richtigen Platz tragen. Für viele ist dies ein arges Handikap: Sie erleben, daß sie nicht so können, wie sie möchten. Nur über einen Bewußtwerdungsprozeß kann eine Versöhnung geschehen: Fischemenschen sind anders. Sie benötigen in aller Regel länger als andere, um ihren richtigen Beruf, ihre Berufung, zu finden. Sie schlagen häufig Umwege und Irrwege ein; aber bei allem, was sie tun, besitzen sie immer auch einen mächtigen Schutz. Sie werden getragen und geführt, über ihnen wacht eine höhere Kraft. Aber sie müssen auch bereit sein, dieser Kraft zu vertrauen, sich der Strömung zu ergeben und nicht gegen sie anzukämpfen.

Schatten

Ihre Stärken sind auch ihre Schwächen. Aus dem Vertrauen an eine sie führende Hand kann auch Lethargie und Fatalismus werden. Hinter ihrer Bescheidenheit und klösterlichen Friedfertigkeit schlummert manchmal schiere Angst und Hilflosigkeit. Und ihre spirituellen Einsichten entpuppen sich zuweilen als naivster Kinderglaube. Sogar ihre große Liebe kann sich als Hindernis erweisen, nämlich dann, wenn sich hinter ihrem freizügigen Geben die Angst versteckt, auch selber einmal etwas zu fordern.

Was Fischekräfte fördert

Verstehen, Einsicht
Vertrauen in eine höhere Fügung
Meditation, Trance-Reisen, Gebet, Kontemplation, Assoziation, Mystik
Philosophie und Psychologie
Kunst und Muse

Beschäftigung mit Astrologie
Nähe zu Wasser und besonders zum Meer
Bildhaft denken
Energien spüren lernen
T'ai Chi Ch'uan (asiatische Bewegungsschule)

Arbeits- und Berufsprofil

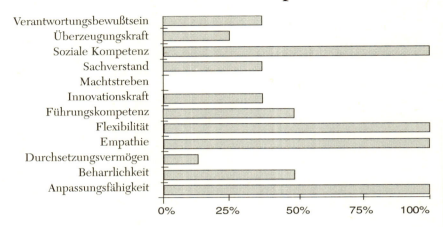

Sonne Fische – was ich kann

Individuen mit der Sonne in den Fischen sind von ihrem Vater oder der väterlichen Sippe mit einer besonderen Sensibilität und der Kraft des Glaubens bedacht. Manchmal steht der Vater selbst als Vorbild für diese besondere Eigenart, war vielleicht als Künstler, Pfarrer, Missionar, Therapeut oder Pfleger tätig oder strahlte seine Fischeeigenart zu Hause aus. Es ist aber auch möglich, daß der Vater selbst ganz anders erlebt wurde. Häufig beschreiben Fische ihre Väter als nie oder selten anwesend. Oft besteht auch ein Gefühl, daß man bei den eigenen Eltern, besonders dem Vater, nicht richtig willkommen war. Solche Beobachtungen und Eindrücke spiegeln aber nur die psychologische Realität wider. Hinter ihr existiert ein andere, kosmische oder spirituelle Wirklichkeit: Wer dem leiblichen Vater nicht nahe sein kann, sucht eher einen Halt in der Religion, in der Kunst oder in der Philosophie – und erfüllt auf diese Weise seine Fischequalität.

Die Qualität einer bestimmten Sonnenstellung kann allerdings erst im jeweiligen Haus wirken, oder wie es astrologisch heißt: Die Sonne verwirklicht sich hausspezifisch (siehe Abschnitt über Zeichen und Häuser). Darüber informiert der folgende Abschnitt.

FISCHE ♓

Sonne Fische Haus 1 bis 12

⊙ ♓ in 1
Sonne Fische in Haus 1

Die wasserbetonte Fischesonne manifestiert sich im 1. (Feuer-) Haus und dient der Ich-Behauptung und Ich-Durchsetzung.

+ Über große Sensibilität verfügen. Mit seinen Gefühlen richtigliegen. Ahnen, was kommt. Ein Gespür für andere besitzen. Sich in seine Mitmenschen hineinversetzen können. Abstraktionsfähigkeit. Vertrauen. Mitgefühl. Innere Stärke. Demut.

– Unsicherheit. Sich nicht durchsetzen können. Schlechte Selbstrepräsentation. Sich selber etwas vormachen. Sich und andere täuschen.

Tätigkeiten und Berufe: Wo Einfühlungsvermögen und Intuition wichtig sind (Therapie, Beratung, Pädagogik, Kindergarten). Wo Glaube eine Rolle spielt (Religionslehrer). All künstlerischen Tätigkeiten und Berufe. Wissenschaft (besonders Mathematik, Physik, Astronomie). Wo Hilfe und Nächstenliebe angeboten werden (Pflegeberufe, Pädagogik, Nachbarschaftshilfe, Caritas). Grenzwissenschaften wie Astrologie, Parapsychologie, Tarot. Siehe auch Sonne im Widder.

Gerard Croiset (Geistheiler, Hellseher), Hans-Jürgen Eysenck (Professor für Psychologie und Astrologe), Rex Harrison (Schauspieler), Piet Mondrian (Maler und Grafiker), Pier Paolo Pasolini (Schriftsteller, Regisseur), Pierre-Auguste Renoir (Maler), Nadja Tiller (Schauspielerin)

W E F F   V A KA

⊙ ♓ in 2
Sonne Fische in Haus 2

Die wasserbetonte Fischesonne manifestiert sich im 2. (Erd-) Haus und dient der Ich-festigung, Bereicherung und Sinnlichkeit. Fischehaftes kann gefaßt und konkretisiert werden (künstlerischer Ausdruck), findet Raum und Form.

+ Sein feines Gespür beruflich nützen (Ästhetik, Kosmetik, Sinnlichkeit). Einen sechsten Sinn in Geldgeschäften besitzen. Über besondere Heilkräfte in den Händen verfügen (Magnetismus). Abstraktes anschaulich machen können. Musische Anlagen (besonders Gesang).

– Fehlspekulationen, Bankrott und berufliche Niederlagen. Verluste durch (unbewußte) Opferhaltung. Verschwommene Geldpolitik. Sich nicht abgrenzen können.

Tätigkeiten und Berufe: Wo es um künstlerischen Ausdruck geht (Kunstgewerbe, Graphik, Layout) geht. Wo Sinnlichkeit wichtig ist (Koch, Handel mit Genußmitteln wie Confiserie). Wo Flüssigkeit (besonders alkoholische) eine Rolle spielen (Brauerei, Weinhandel). Wo praktische Heilmaßnahmen erfolgen (Masseur). Wo es um Verschönerung geht (Friseur, Kosmetiker, Mode). Wo Handel und Gewinne mit Fischehaftem erfolgen (Esoterikmesse, Esoterikladen, Verleger, Buchladen). Siehe auch Sonne im Stier.

Enrico Caruso (Opernsänger), Nat King Cole (Jazzmusiker), Enzo Ferrari (Autofabrikant), Cor Heilijgers (Wahrsager), Karl V. (Kaiser von Deutschland), Henry W. Longfellow (Dichter, Mythenforscher), Max Reger (Komponist)

W E E F   V A FI

247

⊙ ♓ in 3
Sonne Fische in Haus 3

Die wasserbetonte Fischesonne manifestiert sich im 3. (Luft-) Haus. Fischehaftes kann kommuniziert, dargestellt, gedacht, verkauft werden.

+ Schriftstellerische Begabung. Differenziertes Wissen. Über außergewöhnliche Dinge reden und schreiben können. Sich in seine Mitmenschen hineinversetzen können. Mediale Fähigkeiten. Großes Mitgefühl. Aus der Seele sprechen und die Herzen anderer erreichen können. Freundliches Auftreten. Auch schwierige Dinge sagen können.

− Unsicheres, linkisches Auftreten. Sich nicht richtig angenommen fühlen.

Tätigkeiten und Berufe: Wo »Seelisches« verbreitet wird (Schriftsteller, Redner, Politiker, Künstler, Fachbuchautor, Fachjournalist). Wo Einsicht vermittelt wird (Gesprächstherapeut, Psychoanalytiker, Sprecher, Lehrer, Kindergärtner). Wissenschaft. Wo Medikamente, Drogen und Ähnliches hergestellt und verkauft werden (Apotheker, Drogist, Heilkräuterhandel). Wo intuitive und mediale Kräfte zum Einsatz kommen (Astrologe, Wahrsager, Tarot, Farbtherapie, Counceling). Wo es um Glauben geht (Religionswissenschaft, Missionar). Wo Pflege angeboten wird. Siehe auch Sonne in den Zwillingen.

Michelangelo Bounarroti (Künstler), Lawrence Durrell (Schriftsteller), Gert Fröbe (Schauspieler), Erich Kästner (Schriftsteller), Jürgen von Manger (Kabarettist), Heinz Rühmann (Schauspieler), Johann Strauss sr. (Komponist), Jimmy Swaggart (Fernsehprediger), Elizabeth Taylor (Filmschauspielerin)

W E L F   VA VA

⊙ ♓ in 4
Sonne Fische in Haus 4

Die wasserbetonte Fischesonne manifestiert sich im 4. (Wasser-) Haus, trifft auf Verwandtes, wird verstärkt, drängt in Räume des Gefühlshaften und Seelischen, verwirklicht sich im Bereich Familie und Häuslichkeit.

+ Gefühlstiefe. Große Sehnsucht nach Geborgenheit und Häuslichkeit. Starker Glaube. Schöpferkraft. Wissen über Psychisches führt zu guter Menschenkenntnis und Menschenführung, »Therapeutenkonstellation«.

− Unsicherheit. Sich in sich verlieren. Schicksalhaft eine Familienlast oder einen »Familienfluch« übernehmen und erlösen müssen.

Tätigkeiten und Berufe: Wo durch Einsicht heilerische Kräfte geweckt werden (Pädagogik, Therapie, besonders Familientherapie, Sozialarbeit, Heilgymnastik, Heil- und Kurbäder). Wo Geborgenheit und Häuslichkeit vermittelt werden (Gastronomie). Wo Heilung angeboten wird (Medizin, Kurbad, Apotheke). Berufe, die zu Hause ausgeführt werden können (eigene Praxis). Siehe auch Sonne Krebs.

Joseph Freiherr von Eichendorff (Dichter), Otto Hahn (Physiker, Entdecker), George Harrison (Beatle), John Irving (Romanautor), Karl May (Schriftsteller), Robert Pelletier (Astrologe), Pius XII. (Papst 1939–1958), Rudolf Steiner (Anthroposoph)

W E W W   VA KA

FISCHE ♓

☉ ♓ in 5
Sonne Fische in Haus 5

Die wasserbetonte Fischesonne manifestiert sich im 5. (Feuer-) Haus und dient der Intensivierung von Ausdruck und Selbstdarstellung.

+ Starkes Selbstbewußtsein kommt beruflicher Verwirklichung zugute. Natürliche Ausstrahlung erleichtert Führungsposition (Charisma). Große künstlerische Talente. Enorme Arbeitskraft. Vorhandene Strömungen aufgreifen und beruflich nützen können (Geldanlage). Sich von anderen getragen fühlen. Sich Anhänger schaffen können. Eine väterliche Autorität darstellen können.

– Überheblichkeit und falscher Stolz schaden der Karriere. Keine Kritik annehmen können. Eine berufliche Außenseiterrolle einnehmen. Negative berufliche Vorbelastung durch den Vater.

Tätigkeiten und Berufe: Repräsentant aller typischen Fischebereiche wie Religion, Esoterik, Heilung, Therapie, Pflege sein können. Eine eigene Praxis, einen eigenen Laden führen können. Wo es um Therapie mit künstlerischen Mitteln geht (Tanztherapie, Kunsttherapie, Rollenspiel). Schauspieler, Charakterdarsteller. Siehe auch Sonne Löwe.

August Bebel (Gründer der SPD), Richard Francis Burton (englischer Entdecker, Erzähler von 1001 Nacht), Yuri Gagarin (Astronaut), Sidney Poitier (Schauspieler), Maurice Ravel (Komponist), Alfred Witte (Astrologe)

W E F W   VA FI

☉ ♓ in 6
Sonne Fische in Haus 6

Die wasserbetonte Fischesonne manifestiert sich im 6. (Erd-) Haus. Unbegrenztes findet Form und Grenzen, kann sich konkretisieren.

+ Dienen als religiöse Handlung ansehen. Beruflichen Nutzen aus heilerischen Kräften ziehen. Analytisch und logisch arbeiten können. Aus Kritik lernen. Durch Weiterbildung berufliche Situation verbessern. Über kritischen Sachverstand verfügen. Aus außersinnlichen Quellen beruflichen Nutzen ziehen können (Medialität). Im Beruf über einen sechsten Sinn verfügen. Wissen, was kommt. Hohe Arbeitsmotivation.

– Zersplitterung und Nervosität durch übergroße Ausdehnung des beruflichen Verantwortungsbereiches. »Streßkonstellation«. In der Arbeit ertrinken. Heilerisch tätig sein müssen, um vergangene Schuld abzutragen.

Tätigkeiten und Berufe: Wo es um Gesundheit geht (Arzt, Therapeut, Pflegedienst, Diätassistent, Pharmazie, Labordienst). Wo Krankheit aus einer umfassenden und höheren Perspektive betrachtet wird (Astromedizin, Geistheilung). Wo Einsicht in Zusammenhang zwischen Einstellung zum Leben einerseits und Gesundheit andererseits vermittelt wird (Volkshochschule, Radio, TV, Zeitung, Buchhandel, Esoterik). Naturwissenschafts-, Religions- und Gesellschaftsphilosophie. Siehe auch Sonne Jungfrau.

Bernardo Bertolucci (Filmregisseur), Frederic Chopin (Komponist), Sepp Maier (Fußballspieler), Philipp Melanchthon (Reformator)

W E E W   VA VA

249

☉ ♓ in 7
Sonne Fische in Haus 7

Die wasserbetonte Fischesonne manifestiert sich im 7. (Luft-) Haus. Begegnungs-Entwicklung und -Durchsetzung mit Hilfe von Fischehaftem, das heißt offen, weit, tolerant, frei, ohne Bedingungen, schwärmerisch und sehnsuchtsvoll.

+ Anderen gegenüber sehr tolerant sein können. Dem Leben mit Offenheit begegnen. Musikalität. Anderen Anregungen und Halt geben können (»Therapeutenkonstellation«). Durch offene Haltung andere für sich gewinnen. Vorbild sein.

– Vaterprojektion auf Vorgesetzte und Mitarbeiter. Ohne andere hilflos sein. Sich nicht entscheiden können.

Tätigkeiten und Berufe: Wo es um Gerechtigkeit geht (Sozialarbeit, Politik, Gewerkschaft, Schiedsgericht, Schiedsrichter beim Sport). Wo künstlerisches Schaffen, Geschmack, Schönheit eine Rolle spielen. Religiöse Kunst, Altarkunst. Wo Menschen überzeugt und gewonnen werden (Repräsentant, Werbung, Star-Industrie, Rhetorik, Politik). Wo größere Zusammenhänge hergestellt werden (Wissenschaft, besonders Mathematik, Physik und Astronomie). Therapie, Menschenführung. Siehe auch Sonne Waage.

Galileo Galilei (Mathematiker), Nikolaus Kopernikus (Astronom), Eduardo Paolozzi (Bildhauer), Antonio Vivaldi (Komponist)

W E L L VA KA

☉ ♓ in 8
Sonne Fische in Haus 8

Die wasserbetonte Fischesonne manifestiert sich im 8. (Wasser-) Haus, findet Verwandtes, wird verstärkt, realisiert sich als Bindung an Menschen und Ideen.

+ Über tiefes und fundiertes Wissen verfügen. Große Bindung und Treue dem Beruf gegenüber besitzen. Über tiefen Einblick in das Wesen der Dinge verfügen. Gespür für Macht und Manipulation. Menschenkenntnis. Unterstützung durch Erbschaft. Kraft aus der Vergangenheit schöpfen. Sich in einem mächtigen Verbund wissen. Über visionäre und prophetische Eingebungen verfügen. Über großes Mitgefühl verfügen (»Helferkonstellation«).

– Karmische Schuld abtragen müssen. Ein frühkindliches Trauma nur schwer erlösen können. Sich im Gefühlsdunkel verlieren.

Tätigkeiten und Berufe: Wo Hilfe in Grenzsituationen gegeben wird (Krieg, Katastrophen). Wo es um Leben und Tod geht (Notarzt, Altenhilfe, Sterbehilfe, Sanitätsdienst, alle karitativen Hilfsdienste wie Rotes Kreuz, Straßenwacht, Bergrettungsdienst, Seenotdienst). Alle Heilberufe wie Heilpraktiker, Therapeut. Wo es um Geheimnisse geht (Seelsorge, Geheimdienst, Kriminologie). Wo Magie, Mystik, Esoterik im Spiel ist (Astrologie). Siehe auch Sonne Skorpion.

Edgar Cayce (Seher), Honore Daumier (Grafiker), Paul Horn (Musiker), Karl Jaspers (Philosoph), John Steinbeck (Schriftsteller)

W E W L VA FI

FISCHE ♓

☉ ♓ in 9
Sonne Fische in Haus 9

Die wasserbetonte Fischesonne manifestiert sich im 9. (Feuer-) Haus in Gestalt von Ideen, Überzeugungen, Ideologien und Religionen.

+ Charismatische Ausstrahlung erleichtert Verwirklichung eigener Berufswünsche. Sendungsbewußtsein. Anderen einen Weg zeigen können. Universalität und Flexibilität erleichtern berufliche Vielfalt. Über große Glaubenskraft verfügen (»Priesterkonstellation«). Integer sein. Für universalen Frieden eintreten. Über prophetische und visionäre Kräfte verfügen. Kosmische Zusammenhänge erahnen (Astrologie). Beruflichen Weitblick besitzen.

– Realitätsferne führt zu beruflichen Fehlspekulationen. Übertriebenes Freiheitsbedürfnis führt zu beruflichen Kurzschlußhandlungen. Dünkel, Hochstapelei, Scheinheiligkeit.

Tätigkeiten und Berufe: Alle religiösen Berufe wie Priester, Mönch, Nonne, Pfarrer, Missionar, Religionslehrer, Kantor, Kirchenmusiker. Wo es um Vermittlung von Ethik und Moral geht (Lehrer, Erwachsenenbildung). Wo besonderes Wissen einfließt (Astrologie). Alle Heilberufe. Wo Trost und Hilfe gegeben wird (Pflege). Wo Kunst als Ausdruck der Seele und des Glaubens verstanden wird (Kirchenchor, esoterische Musik). Wo Touristik und Selbsterfahrung verbunden werden (Meditationsferien). Siehe auch Sonne im Schützen.

Ursula Andress (Schauspielerin), Wolfgang Döbereiner (Astrologe), Bobby Fischer (Schachspieler), Hans-Dietrich Genscher (Politiker), Henrik Ibsen (Schriftsteller), Louwrens Voorthuyzen (Sektenführer)

W E F L   VA VA

☉ ♓ in 10
Sonne Fische in Haus 10

Die wasserbetonte Fischesonne manifestiert sich im 10. (Erd-) Haus, findet Form und Grenzen, erhebt den Anspruch auf Dauer und überpersönliche Gültigkeit.

+ Großer beruflicher Ehrgeiz. Beruflich erfolgreich sein können. In allen Fischebereichen selbständig (Freiberufler) arbeiten können. Seinen Namen »verewigen« können. Über sich selbst hinauswachsen können. Mit öffentlicher Unterstützung rechnen können. Eine Schule oder eine Institution ins Leben rufen, die Fischehaftes verbreitet. Allgemeinverbindliches Wissen haben. Anderen ein berufliches Vorbild sein können.

– Unter Anspruchshaltung leiden. Den Beruf über alles stellen. »Streßkonstellation«.

Tätigkeiten und Berufe: Wo Fischehaftes institutionalisiert und öffentlich wird (alle religiösen Berufe, alle heilerischen Tätigkeiten, Gesundheitsbehörden). Alle Tätigkeiten im Zusammenhang mit Gastronomie und Getränkeherstellung und Vertrieb (besonders Barkeeper und Brauer). Selbständige »Fischeberufe« wie Therapeut, Künstler, Gruppen- oder Seminarleiter. Wo Übergreifendes vertreten wird (Politik, Ausschuß). Astrologe, Wahrsager. Siehe auch Sonne Steinbock.

Harry Belafonte (Sänger), Luis Buñuel (Regisseur), Franz Burda (Unternehmer), Albert Einstein (Wissenschaftler), Peter Fonda (Schauspieler), Manfred Kyber (Schriftsteller, Esoteriker), Niki Lauda (Rennfahrer), Glenn Miller (Jazz-Musiker), Arthur Schopenhauer (Philosoph), Irving Wallace (Schriftsteller), Harold Wilson (Politiker)

W E E E   VA KA

251

☉ ♓ in 11
Sonne Fische in Haus 11

Die wasserbetonte Fischesonne manifestiert sich im 11. (Luft-) Haus, etabliert sich in Gruppen, Clubs, Zirkeln, Produktionsgemeinschaften und besonderen Verkaufsgemeinschaften.

+ Das Eine in allem erkennen. Gute Teamarbeit und übergreifende Zusammenarbeit. Selbständig arbeiten können. Aufgeteilte Verantwortung (Aufsichtsrat). Den Zeitgeist ahnen. Über visionäre Kräfte verfügen (»Prophetenkonstellation«). Neue Ideen schnell aufgreifen und verwerten können. Der Konkurrenz voraus sein.

– Sich durch elitäres Clubbewußtsein isolieren. Fehlplanung und Fehlspekulation. Selbstgefälliges Auftreten.

Tätigkeiten und Berufe: Wo wissenschaftliche Zusammenarbeit wichtig ist (Universität, Klinik, Politik). In Clubs, Gruppen, Seminarhäusern arbeiten. Esoterische Veranstaltungen durchführen. (Auch nebenberuflich) in Vereinen tätig sein. Sozial- oder religionsphilosophisch arbeiten. Wo Reformen durchgesetzt werden (Politik, Gewerkschaft). Berufe im Zusammenhang mit Zukunftsplanung und wissenschaftlicher Zukunftsforschung. Siehe auch Sonne Wassermann.

Christine Keeler (Call-Girl), Gioacchino Antonio Rossini (Opernkomponist), Bedrich Smetana (Komponist), Morin Villefranche (Astrologe), George Washington (1. Präsident der USA)

W E L E   VA FI

☉ ♓ in 12
Sonne Fische in Haus 12

Die wasserbetonte Fischesonne manifestiert sich im 12. (Wasser-) Haus, findet Verwandtes, Grenzenlosigkeit und Auflösung.

+ Große intuitive Gabe. Zur mystischen oder gesellschaftspolitischen Leitfigur werden können (»Mystikerkonstellation«). Etwas für die Menschheit bewirken können. Bei beruflichen Entscheidungen den richtigen Riecher haben. Von höheren Kräften geführt werden.

– Neigung zu missionarischem Übereifer. Aus Erfahrungen nichts lernen. Fehlspekulationen. Suchtgefahr.

Tätigkeiten und Berufe: Wo es um Glauben geht (Missionsarbeit, Klosterleben, alle karitativen Tätigkeiten). Wo übergreifende Gesellschaftsarbeit durchgeführt wird (Politik, Gewerkschaft, Kultur- und Sozialpolitik). Alle Heilberufe, besonders Heilpraktiker und Suchttherapeut. Wo Mitgefühl eine Rolle spielt (Sozialdienst, Altenpflege). Kunst, besonders Musik (Kirchenorganist) und esoterische Kunst (New-Age-Kunst, Chormusik). Siehe auch Sonne Fische.

Alexander Graham Bell (Erfinder des Telefons), Michail Gorbatschow (Politiker), Georg Friedrich Händel (Komponist), Arthur Honegger (Komponist), Percival Lowell (Entdecker des Plutos), Giulietta Masina (Schauspielerin), Liza Minnelli (Schauspielerin), Linus Pauling (Chemiker, Nobelpreisträger)

W E W E   VA VA

Aszendent Fische – was ich will

Während sich Sonnen- und Mondeigenschaften im Verhalten und Sein widerspiegeln, schlummert die Aszendentenkraft als Same, Anlage und Motiv im Individuum und muß geweckt und entwickelt werden. In der Weise, wie dies gelingt, entsteht persönliche Eigenart und Individualität, die dem Beruf als Kraft und Motivation zufließen und eine eigene Note bewirken. Je mehr AC-Kraft in einen Beruf einfließen kann, um so überzeugter und, als Folge davon, um so erfolgreicher ist man. Durch die belebende Wirkung des AC treten die im allgemeinen Abschnitt über die Fische beschriebenen Merkmale stärker, pointierter und unwillkürlicher zutage. Man erlebt eine innere Kraft, ja gelegentlich sogar einen regelrechten Zwang zur »Fischigkeit«. Im Positiven sind das Eigenschaften wie Spiritualität, Gläubigkeit, Intuition, Selbstlosigkeit, Feingefühl, Menschlichkeit, Mitgefühl, Phantasie. Im Negativen sind dies Fluchttendenzen, Falschheit und die Neigung zu

Süchten. Berufe, in denen diese Fischekräfte wirken können, sind religiöser, esoterischer, helfend-therapeutischer, abstraktwissenschaftlicher und künstlerischer Art.

Menschen mit AC Fische haben grundsätzlich Probleme damit, sich kraft ihrer Ellenbogen durchzusetzen. Zu kämpfen, zu rivalisieren entspricht nicht ihrem Naturell. Sie müssen sich treiben lassen, ihrem Glauben oder einem guten Schicksal vertrauen, auf ihre innere Stimme hören. Da solche Qualitäten in unserer Leistungsgesellschaft jedoch wenig zählen, fühlen sich viele Menschen mit diesem Aszendenten vom Schicksal benachteiligt, nicht verstanden, und sie drehen den Spieß um und versuchen, einen ganz anderen Eindruck zu erwecken. Das geschieht in 99 von 100 Fällen gänzlich unbewußt und absichtslos. Diejenigen merken also gar nicht, daß sie andere täuschen, Dinge versprechen, die sie nie einhalten können und sich selbst Eigenschaften andichten, die sie einfach nicht besitzen.

Aszendentenherrscher Neptun

Entscheidend für die berufliche Deutung der Aszendentenkraft ist die Stellung des Herrschers des Aszendentenzeichens. Für AC Fische ist dies Neptun. Seine Position in einem bestimmten Zeichen und Haus verleihen den fischehaften AC-Kräften eine bestimmte Richtung, Färbung und ein spezifisches Ziel.

Neptun ist der Gott der Meere und verleiht ozeanische Weite und Tiefe, aber auch Hilflosigkeit und Angst. So wie Wasser im Laufe der Zeit alles Feste fortspült, besitzt auch Neptun eine auflösende und erlösende Wirkung. Er enthemmt, macht glücklich, zufrieden, selig. Er ist der Planet göttlicher Fü-

gung, deutet auf Bereiche, wo sich der Mensch verlieren und wo er größter Glückseligkeit teilhaftig werden kann. Unter seinem Bann zählen Vertrauen und Hingabe statt Kampf und Widerstand.

Was die berufliche Relevanz des AC-Herrschers Neptun in den zwölf Zeichen angeht, siehe Zusammenstellung weiter unten in diesem Kapitel!

Was die Position im Haus betrifft, genügt es in aller Regel, den Quadranten zu berücksichtigen, in dem Neptun sich befindet. Die entsprechenden Stellungen werden weiter unten erörtert.

Medium Coeli Fische – was ich muß

Das Medium Coeli benennt das Feld, auf dem sich der Horoskopeigner in gesellschaftlicher wie kosmischer Hinsicht verwirklicht. Das Zeichen, das der MC anschneidet, verweist auf den gesellschaftlichen Beitrag, den jeder einzelne in spezifischer Weise zu leisten hat. Und es ist jener Teil, mit dem der einzelne am kosmischen Ganzen teilhat.

Mit MC Fische liegt dieses Ziel im Unbestimmten. Neun von zehn Horoskopeignern mit MC Fische wissen nicht, was sie beruflich wollen. Manche jobben, bis sie ihr Metier gefunden haben. Andere sagen sich, daß es den richtigen Beruf ohnehin nicht gibt und finden in einer Art Opferrolle ihre Erfüllung.

Am wichtigsten für Menschen mit MC Fische ist, sich Zeit zu geben. Es kommt gar nicht selten vor, daß diese Horoskopeigner erst mit 40, 50 oder mehr Jahren den Beruf finden, der ihnen zusagt. Ich denke an einige Frauen, die die erste Hälfte ihres erwachsenen Lebens für die Familie arbeiteten und später den Beruf einer Heilpraktikerin erlernten und heute erfolgreich ausüben. Ich denke auch an so manchen Mann, dem ich während meiner therapeutisch-beratenden Tätigkeit begegnet bin: ein Manager, der bis 35 sehr erfolgreich in seinem Beruf in der Autobranche arbeitete und dann eine völlig andere Tätigkeit, nämlich die Führung eines Seminarhotels, begann. Oder ein Lehrer, der sich mit 55 pensionieren ließ und dann Astrologe wurde.

+ Sich in einen Beruf einfügen können, dienen können. Medialität, aus der beruflich geschöpft werden kann. Berufliche Außenseiterwege gehen können (Astrologie, Ufoforschung). Menschenliebe, die in den Beruf einfließen kann, heilerische Fähigkeiten, Kreativität, Schöpferkraft.

– Undeutliche Berufsvorstellungen, Verwirrung, Täuschungen. Den falschen Beruf

wählen. Berufliche Enttäuschungen und Fehlschläge erleben.

Tätigkeiten und Berufe: Wo Einfühlungsvermögen und Intuition wichtig sind (Therapie, Beratung, Pädagogik, Kindergarten). Wo Glaube eine Rolle spielt (Religionswissenschaft, Missionsarbeit, Priester, Mönch, Nonne, Pfarrer, Kantor, Kirchenmusiker). Alle künstlerischen Tätigkeiten und Berufe. Wissenschaft (besonders Mathematik, Physik, Astronomie). Wo Hilfe und Nächstenliebe angeboten werden (Pflegeberufe, Pädagogik, Nachbarschaftshilfe, Caritas). Grenzwissenschaften wie Astrologie, Parapsychologie, Tarot. Wo praktische Heilmaßnahmen erfolgen (Masseur). Wo es um Verschönerung geht (Friseur, Kosmetiker, Mode). Wo Handel und Gewinne mit Fischehaftem erfolgen (Esoterikmesse, Esoterikladen, Verleger, Buchladen). Wo »Seelisches« verbreitet wird (Schriftsteller, Redner, Politiker, Künstler, Fachbuchautor, Fachjournalist). Wo Einsicht vermittelt wird (Gesprächstherapeut, Psychoanalytiker, Sprecher, Lehrer, Kindergärtner). Wo Medikamente, Drogen und Ähnliches hergestellt und verkauft werden (Apotheker, Drogist, Heilkräuterhandel). Wo Krankheit aus einer umfassenden und höheren Perspektive betrachtet wird (Astromedizin, Geistheilung, Naturheilpraxis). Wo Einsicht in Zusammenhang zwischen Einstellung zum Leben einerseits und Gesundheit andererseits vermittelt wird (Volkshochschule, Radio, TV, Zeitung, Buchhandel, Esoterik). Wo Hilfe in Grenzsituationen gegeben wird (Krieg, Katastrophen). Wo es um Leben und Tod geht (Notarzt, Altenhilfe, Sterbehilfe, Sanitätsdienst, alle karitativen Hilfsdienste wie Rotes Kreuz, Straßenwacht, Bergrettungsdienst, Seenotdienst). Wo es um Geheimnisse geht (Seelsorge, Geheimdienst, Kriminologie). Wo Magie, Mystik, Esoterik im Spiel ist. Wo Kunst als Ausdruck der

Seele und des Glaubens verstanden wird (Kirchenchor, esoterische Musik). Alle Tätigkeiten im Zusammenhang mit Getränkeherstellung und Vertrieb (besonders Barkeeper, Brauer, Weinhandel). Wo Übergreifendes vertreten wird (Politik).

Herrscher des Medium Coeli im Zeichen

Genau wie beim AC muß auch der Herrscher des MC, Neptun, berücksichtigt werden. Seine Stellung im jeweiligen Zeichen nennt Ziel und Richtung beruflicher Erfüllung.

Zusammenstellung über berufliche Relevanz des MC-Herrschers Neptun in den zwölf Zeichen siehe weiter unten in diesem Kapitel!

Herrscher des Medium Coeli im Haus

Was die Stellung des MC-Herrschers Neptun im Haus betrifft, genügt es, die Richtung zu kennen. Damit ist gemeint, in welchem Quadranten sich der Herrscherplanet verwirklicht (siehe auch Grundlagen astrologischer Berufsberatung). Die entsprechenden Neptunstellungen werden weiter unten erörtert.

Herrscherqualitäten des AC / MC in den Zeichen

Der Planet Neptun hat eine lange Umlaufzeit, nämlich 165 Jahre. Individuen mit einer Neptunstellung in den Zeichen Widder bis Krebs sind daher heute nicht mehr am Leben beziehungsweise gehen keiner Beschäftigung mehr nach. Entsprechend werden Menschen mit einer Neptunstellung im Zeichen Fische weit nach der Zweitausendjahrwende geboren. Diese Neptunstellungen wurden daher in der folgenden Übersicht nicht berücksichtigt.

♓ FISCHE

♆ ♌
Medium Coeli / Aszendent in den Fischen Herrscherplanet Neptun im Löwen

Fischehaft-Neptunisches manifestiert sich in typischen Löwebereichen wie Kreativität, Kunsthandwerk, Graphik, Ausdruck, Spiel, Genuß, Tanz, Vergnügen (siehe Allgemeine Einführung Löwe) und bewirkt Sensibilisierung, Verfeinerung, Hingabe und Beseelung.

+ Begabung für Kunst und Schauspiel. Gutes Gespür für Macht. Große Menschenliebe. Sympathischer Vorgesetzter sein. Integrative Kraft besitzen. Charisma besitzen. Über Kreativität und Schöpferkraft verfügen. Großzügigkeit.

– Unklare Vorstellungen. Mißbrauch persönlicher Macht. Verführung durch Macht.

W E F W   VA FI

♆ ♍
Medium Coeli / Aszendent in den Fischen Herrscherplanet Neptun in der Jungfrau

Fischehaft-Neptunisches manifestiert sich in typischen Jungfraubereichen wie Dienstleistung, Technik, Gesundheitswesen, Organisation, Wissenschaft, Natur (Biologie, Gartenbau), Ökologie, Handwerk, Verwertung, Analyse (siehe auch Allgemeine Einführung Jungfrau) und bewirkt Verfeinerung, Vertiefung, Entmechanisierung und Beseelung.

+ Sich in seine Arbeit hineinknien. Methodik. Über große heilerische Quellen verfügen (»Heilerkonstellation«). Therapeutisches Gespür. Mit verschiedenen Wirklichkeiten umgehen können (Psychiatrie).

– In der Arbeit ertrinken. Realitätsverkennungen. Innerliches Austrocknen.

W E E W   VA VA

FISCHE ♓

♆ ♎
Medium Coeli / Aszendent in den Fischen Herrscherplanet Neptun in der Waage

Fischehaft-Neptunisches manifestiert sich in typischen Waagebereichen wie Kunst, Kommunikation, Politik, Ästhetik, Entspannung, Therapie, Schönheit, Design. Geschmack, Rhythmus etc. (siehe auch Allgemeine Einführung Waage) und bewirkt Verfeinerung, Sensibilisierung, Beseelung, Verschmelzung.

+ Starke künstlerische Begabung. Große Einfühlungskraft. Hingabebereitschaft. Große Liebe zu allem Tun. Kollegialität. Kunstverständnis. Geschmack. Stil. Eignung für alle Sozial- und Pflegeberufe.

– Berufliche Unsicherheit und Unentschiedenheit. Probleme mit der beruflichen Realität.

W E L L   VA KA

♆ ♏
Medium Coeli / Aszendent in den Fischen Herrscherplanet Neptun im Skorpion

Fischehaft-Neptunisches manifestiert sich in typischen Skorpionbereichen (siehe auch Allgemeine Einführung Skorpion) und bewirkt Beseelung, Mystifizierung und Mitgefühl (»Helferkonstellation«).

+ Größte Sensibilität. Tiefes Eindringen in Kunst. Verbundenheit mit außersinnlichen Kräften. Psychologisches Gespür. Kraft aus dem Glauben schöpfen. Erlösungsphilosophie.

– Flucht in Phantasiewelt. Esoterischer Kinderglaube. Gefühlsüberflutung.

W E W L   VA FI

♓ FISCHE

♆ ♐
Medium Coeli / Aszendent
in den Fischen
Herrscherplanet Neptun
im Schützen

Fischehaft-Neptunisches manifestiert sich in
typischen Schützebereichen wie Lehre, Religion, Bewußtseinserweiterung, Heilwesen,
Tierpflege, Tourismus, Sport, Wissenschaft
und Forschung, Philosophie, Reisen (siehe
auch Allgemeine Einführung Schütze) und
bewirkt Erweiterung, Transzendenz, Beseelung und Glauben.

+ Reiches Phantasieleben. Große Intuition.
Neigung zu religionsphilosophischer Tätigkeit. Mit dem Ausland in guter Beziehung stehen. Intuition und Ahnungen
können beruflich genutzt werden.

– Religiöse Hörigkeit. Unrealistisches Berufsbild. Arbeitssucht.

W E F L   VA VA

♆ ♑
Medium Coeli / Aszendent
in den Fischen
Herrscherplanet Neptun
im Steinbock

Fischehaft-Neptunisches manifestiert sich in
typischen Steinbockbereichen wie Lehre,
Staatsdienst, öffentlicher Dienst, Schule, Institutionen, Wissenschaft, Kontrolle und Aufsicht (siehe auch Allgemeine Einführung
Steinbock) und bewirkt Verfeinerung, Friedfertigkeit, aber auch Auflösung fester Strukturen.

+ Interesse an allem Feinstofflichen und
Außersinnlichen wie Astrologie, Homöopathie, Akupunktur, Tarot. Bewußtsein für
Natur und Umwelt. Hohes gesellschaftliches Ideal vertreten. Liebe zu allen Sozial-
berufen.

– Unklares Berufsbild. Abstumpfung, Verro-
hung.

W E E E   VA KA

258

Ψ ≋
Medium Coeli / Aszendent in den Fischen Herrscherplanet Neptun im Wassermann

Fischehaft-Neptunisches manifestiert sich in typischen Wassermannbereichen wie Gruppen-, Licht-, Reform-, Club- und Teamarbeit, Wissenschaft, Zukunftsplanung, Medienarbeit, Erneuerung, sozialpolitische Veränderungen (siehe auch Allgemeine Einführung Wassermann) und bewirkt Verfeinerung, Befriedung, Beseelung und Hingabe.

+ Gesellschaftliches Reformbestreben. Intuition und Kreativität. Phantasie. Anspruch an geistige Weiterbildung. Mediale Neigungen. Prophetie. Entwicklung neuer Berufsbilder. Mitgestaltung an neuen Bewußtseinsformen.

− Ohnmacht. Berufliche Täuschungen und Enttäuschungen.

W E L E   VA FI

♓ FISCHE

Herrscherqualitäten des AC / MC in den Quadranten

AC ♓ / MC ♓
Aszendent Fische / Medium Coeli Fische
Herrscherplanet Neptun im Quadranten I

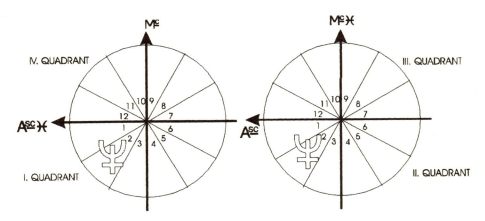

Befindet sich Neptun als AC-/MC-Herrscher im Quadranten I (Haus 1, 2 und 3), will er sich ichhaft und ichbetont verwirklichen. Das heißt, daß der Horoskopbesitzer die fischehaften Anlagen selbst repräsentiert, zum Beispiel als Arzt, Heiler oder Künstler. Diese Stellung fördert Selbstbewußtsein, Aktivität, persönliches Engagement und Ehrgeiz.

AC ♓ / MC ♓
Aszendent Fische / Medium Coeli Fische
Herrscherplanet Neptun im Quadranten II

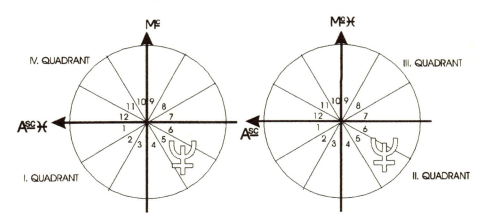

Bei dieser Stellung können sich Neptuns heilende, intuitive und verbindenden Kräfte besonders gut entwickeln. Neptun als AC- beziehungsweise MC-Herrscher im 4. Haus verbindet mit tiefen Quellen intuitiver Heilkraft, weckt tiefes Einfühlungsvermögen und die Kraft, Schwache zu führen. Mit Neptun im 6. Haus wählt man häufig zunächst uneinsichtige berufliche Wege, die erst später zu einer Bestätigung und Erfüllung führen. Diese Stellung wird auch besonders häufig bei medial veranlagten Menschen gefunden.

AC ♓ / MC ♓
Aszendent Fische / Medium Coeli Fische
Herrscherplanet Neptun im Quadranten III

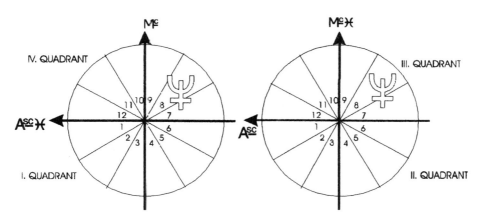

Diese Stellung weckt den Wunsch nach einer sozialen Tätigkeit. Der Horoskopeigner drängt zum Du, will kommunizieren, sich auf andere beziehen, sich austauschen, sich spiegeln, beachtet werden, seine Gefühle der Zuneigung und Ablehnung einbringen. Im 7. Haus weckt Neptun auch große Intuition und künstlerische Talente. Mit Neptun als AC- beziehungsweise MC-Herrscher im 8. Haus verfügt der Horoskopeigner über eine ausgeprägte Medialität. Darüber hinaus bewirkt Neptun im 8. Haus eine starke Bindung an den jeweiligen Beruf.

AC ♓ / MC ♓
Aszendent Fische / Medium Coeli Fische
Herrscherplanet Neptun im Quadranten IV

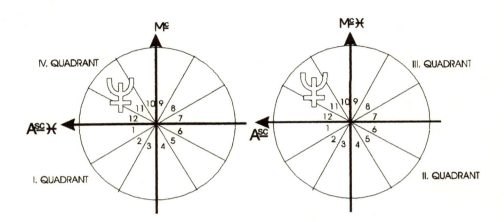

Steht Neptun als Zeichenherrscher im Quadranten IV (Haus 10, 11 und 12), braucht der Horoskopeigner gesellschaftliche und überpersönliche Räume, um sich zu verwirklichen. Man sucht etwas, das den eigenen Namen tragen soll (Institution, Praxis, Geschäft). Neptun im 10. Haus macht beruflich unsicher. Es vergehen oft Jahrzehnte, bis der Horoskopeigner seine Berufung gefunden hat. Neptun im 10. Haus kann auch zu einer Arbeitssucht führen.

Über den Mond

In einem Schöpfungsmythos heißt es, der Mond sei ein Kind der Erde. Ein anderer beschreibt ihn als Teil unseres Erdballs, den dieser aus sich herausgerissen und in den Himmel geschleudert habe, um damit Raum für das Wasser der großen Ozeane zu schaffen: Und dieses Wasser brachte der Erde Fruchtbarkeit. Zu dieser Geschichte paßt, daß das Volumen des Mondes gerade so groß ist wie der Raum, den alle Meere zusammen einnehmen würden.

In allen Mythen, Geschichten und Erzählungen über den Mond wird er als weiblich, die Sonne hingegen als männlich gesehen. In den romanischen Sprachen setzt sich diese Tradition fort: So heißen Sonne und Mond im Italienischen la luna und il sole und im Französischen la lune und le soleil.

Von einem Vollmond bis zum nächsten verstreichen 28 Tage. Genauso lange dauert der Zyklus einer Frau. Damit ist die Beziehung zwischen Weiblichkeit und Mond überdeutlich. Die Sonne wird mit dem Männlichen assoziiert, der Mond mit dem Weiblichen.

Sonne	Mond
Männlich	Weiblich
Vater	Mutter
Direkt	Indirekt
Ausstrahlend	Empfangend
Verstand	Gefühl
Aktiv	Passiv
Bestimmend	Sorgend
Logisch	Intuitiv

Diese Unterscheidung bezieht sich auf emotionale Bereiche, wie sie in der Familie oder in einer Partnerschaft zum Tragen kommen. Dort begegnen sich Mann und Frau in ihren spezifischen Stärken, die an sich völlig gleichwertig sind.

Allerdings hat sich in der patriarchalischen Gesellschaft der letzten Jahrtausende das Gleichgewicht verschoben: Da der Mann überwiegend für das Überleben der Familie verantwortlich war (und immer noch ist), wurde (wird) ihm eine Vormachtstellung eingeräumt. Patriarchalische Gesellschaftsformen entstanden überall dort, wo die Familie nicht vom Ackerbau und von domestizierten Tieren, sondern von der Jagd und dem Kriegshandwerk lebten. Aus der ursprünglichen Gleichwertigkeit zwischen Sonne und Mond, Mann und Frau, entstand ein Ungleichgewicht: Die Frau war vom Mann abhängig.

Übte die Frau einen Beruf aus, so funktionierte es nach dem gleichen Modell: Der Mann war der aktive und direkte (die strahlende Sonne eben), die Frau blieb im Hintergrund, wirkte indirekt. Klassische Modelle sind in der folgenden Gegenüberstellung angeführt.

Sonne	Mond
Mann	Frau
Chef	Sekretärin
Arzt	Sprechstundenhilfe
Arzt	Hebamme
Arzt	Krankenschwester
Direktor	Lehrerin
Pilot	Stewardeß
Wirt	Bedienung

Dann gab und gibt es auch noch Berufe, bei denen keine Sonne (Mann) vorzukommen scheint, wie beispielsweise Kindergärtnerin. Aber solche Berufe waren früher beinahe ausschließlich an die Kirchen gebunden, und die Sonne wurde entweder durch den Pfar-

263

rer, den Bischof, den Papst oder gar Gottvater selbst repräsentiert.

Soweit realisierte eine berufstätige Frau ihren Mond und schenkte (projizierte) ihre Sonne auf ihren Mann beziehungsweise ihren Chef.

Inzwischen jedoch üben immer mehr Frauen einen Beruf aus, der früher ausschließlich Männern vorbehalten war. Damit greifen sie nach ihrer Sonne, werden selbst strahlend, aktiv, direkt, zeugend, initiativ. Insofern ist es richtig, daß Frauen bei der Suche nach ihrem Beruf die Stellung der Sonne in Zeichen und Häusern berücksichtigen müssen – genau wie jeder Mann.

Es ist jedoch falsch, den Mond unberücksichtigt zu lassen. Zum einen befinden wir uns in einer Übergangzeit: Jahrtausende lang hat sich die Frau mit ihrer Mondrolle identifiziert. So etwas ändert man nicht von heute auf morgen. Zum anderen ist die Kraft des Mondes auch für berufliches Tun eminent wichtig. Durch den Rekurs auf ihre Mondkräfte ist eine Frau einem Mann überlegen, der in aller Regel noch weit davon entfernt ist, seinen Mond zu entdecken. Eine bewußte und emanzipierte Frau schöpft dagegen aus Sonne und Mond: Führungsaufgaben, die von Männern grundsätzlich hierarchisch gelöst werden, packen Frauen anders

an; sie lassen mehr Nähe (Mond) zu und motivieren ihre Mitarbeiter dadurch ganz anders. Auch bei Entscheidungen sind Frauen, die sowohl Logik (Sonne) als auch Intuition (Mond) zulassen können, Männern, die sich nur nach der Sonne richten, überlegen.

Ist bei einer Tätigkeit der Mond beteiligt, fühlt man sich wohl, zu Hause, geborgen, mit sich stimmig. Darüber hinaus gibt es viele Bereiche, in denen mit Gefühl, Intuition, Geschmack, Ahnung, Atmosphäre, Stimmigkeit besser und erfolgreicher gearbeitet werden kann. Man denke nur an Kunst, Politik und Heilen. Aber auch in der Wirtschaft müssen immer wieder Entscheidungen getroffen werden, bei denen man nichts in der Hand hat, als eben ein gutes beziehungsweise ein schlechtes Gefühl.

Es würde den Rahmen dieses Buches sprengen, wenn der Mond genau wie die Sonne in Zeichen und Häusern ausführlich dargestellt werden würde. Für den Mond muß eine Zusammenfassung genügen. Zum einen ist für jede Frau, die sich aus ihrer Vergangenheit lösen will, tatsächlich die Sonnenstellung wichtiger als die des Mondes. Zum anderen lassen sich aus den beiden folgenden Analysen vom Mond in den zwölf Zeichen und den zwölf Häusern durch Kombination auch differenzierte Aussagen treffen.

Mond in den Zeichen Widder bis Fische

☽ ♈
Mond Widder

Mondhaftes manifestiert sich im feuerbetonten Widderzeichen.

+ Gerne etwas unternehmen. Impulsivität, Direktheit, Selbständigkeit, Ichhaftigkeit. Betontes Gefühlsleben. Suche nach eigenständiger Wirksphäre. Intensives Phantasieleben. Musikalische oder bildnerische Begabung. Unkonventionelle berufliche Wege einschlagen. Ideenträger sein. Erspüren von Macht.

− Aggressivität, Spannung mit Kollegen und Vorgesetzten.

Tätigkeiten und Berufe: Wo personennahe Führungs- und Betreuungsqualitäten gebraucht werden (Sport, Militär, Medien). Wo man spontan sein kann. Wo Idealismus gebraucht wird. Wo Risiko herrscht. Wo Pioniergeist wichtig ist. Naturwissenschaft, Chirurgie, Zahnheilkunde, Tiermedizin, Beratung, Management, Musik, Tanz, Kunsttherapie. Siehe auch Allgemeine Einführung in den Widder.

☽ ♉
Mond im Stier

Mondhaftes manifestiert sich im erdbetonten Stierzeichen.

+ Gerne leben und genießen. Gefestigtes Gefühlsleben. Gefühle kontrollieren können. Naturliebe. Musikalität (besonders Gesang). Sammelleidenschaft. Gutmütigkeit. Häuslichkeit. Geschmack. Praktische Begabung. Fühlen, was Sache ist. »Geld riechen«.

− Antriebsarmut. Materialismus.

Tätigkeiten und Berufe: Arbeit mit Stofflichem, Konkretem. Arbeit in der Natur und mit Naturprodukten (Nahrungsmittel). Wo gesammelt, verwahrt und vermehrt wird. Wo Sinnlichkeit und Geschmack eine Rolle spielen. Wo schöpferisch und handwerklich gearbeitet wird. Wo Wohlergehen bewirkt werden soll. Haushalt, Ernährung, Stoffe, Gastronomie. Alternative Lebensführung. Didaktik. Heilkunde (besonders Körpertherapie, Massage). Architektur. Statik. Kunsthandwerk. Handwerk allgemein (besonders Schreinerei). Musik (besonders Gesang). Siehe auch Allgemeine Einführung in den Stier.

☽ DER MOND

☽ ♊ Mond Zwillinge

Mondhaftes manifestiert sich im luftbetonten Zwillingszeichen.

+ Gerne reden und kontaktieren. Vielseitigkeit, Ausdrucksfähigkeit, Intuition, Kontakt- und Kommunikationsfreude. Gedankliche Originalität. Wissensdurst. Schnelle Auffassungsgabe. Neugierde an psychologischen Gebieten. Schriftstellerische Begabung. Leichten Zugang zum Gefühlsleben und zum Seelischen. Andere Menschen intuitiv erfassen. Sich gut darstellen und verkaufen können. Andere überzeugen können.

− Oberflächlichkeit. Manipulation. Enttäuschungen.

Tätigkeiten und Berufe: Wo es auf Wendigkeit und Vielseitigkeit ankommt. Wo Sprachen wichtig sind. Wo Informationen entstehen und verbreitet werden. Wo organisiert und delegiert wird (Management). Wo es um Verstehen geht. Verkauf, Gastronomie. Entertainment, Journalismus, Lehrfach, Politik, Psychologie, Organisation, Tanz, Darstellung, Bühne. Siehe auch Allgemeine Einführung Zwillinge.

☽ ♋ Mond Krebs

Mondhaftes manifestiert sich im wasserbetonten Krebszeichen.

+ Gerne für andere da sein. Die Umwelt atmosphärisch erfassen. Gefühlsbetontheit. Erlebnistiefe. Seelische Beeindruckbarkeit. Naturverbundenheit. Starke unbewußte Kräfte. Mütterlichkeit. Häuslichkeit. Starkes Innenleben. Einfühlungsgabe. Weibliche Logik. Telepathische Fähigkeiten.

Tätigkeiten und Berufe: Wo Gefühlshaftes und Innerseelisches eine Rolle spielen. Wo gesammelt und bewahrt wird. Wo es um die Vergangenheit geht. Wo Geburt, Erziehung und Versorgung von Kindern eine Rolle spielen. Schaffen im Zusammenhang mit dem Reich der Märchen und Mythen. Tätigkeiten in Zusammenhang mit Wasser, Meer und Flüssigkeit. Wo es um Häuslichkeit, Immobilien, Design, Unterricht, Psychologie, Kunst, Ernährung geht. Siehe auch Allgemeine Einführung Krebs.

DER MOND ☽

☽ ♌
Mond Löwe

Mondhaftes manifestiert sich im feuerbetonten Löwezeichen.

+ Sich gerne darstellen. Selbstvertrauen besitzen. Berufliche Verantwortung übernehmen wollen. Künstlerische Kreativität. Ausdruckskraft beruflich nutzen können. Sich auch im Beruf für Schwächere einsetzen. Gerechtigkeitsempfinden. Unternehmungsgeist und Risikofreude im Beruf. Schauspielerische Talente. Andere positiv motivieren können. Berufliches Engagement. Repräsentieren können.

− Autoritätsprobleme mit weiblichen Vorgesetzten. Anlage zu Theatralik und Cholerik.

Tätigkeiten und Berufe: Wo kreativ und schöpferisch gearbeitet wird. Wo es auf Selbstausdruck und -darstellung ankommt. Wo Geschmack wichtig ist. Schaffen im Zusammenhang mit Schönheit, Kunst und Mode. Wo Wohlergehen und Luxus geboten werden. Wo man dem Leben vergnügt und spielerisch begegnet. Wo Lust, Liebe und Eros gelebt werden dürfen. Wo es um Verantwortung, Reifung, Führung und Schulung geht. Wo Licht und Erleuchtung − und zwar im buchstäblichen wie im übertragenen Sinne − gefunden werden können. Malerei, Kunsthandwerk, Goldschmiede, Mode, Kunstschneiderei, Elektrik. Beleuchtung, Musik, Bildhauerei, Tanz, Theater, Ballett, Kunsthandel, Museum, Archiv, Körperpflege, Schönheit, Eros, Spiel, Dressur, Vergnügen, Entspannung, Lebensphilosophie. Siehe auch Allgemeine Einführung Löwe.

☽ ♍
Mond Jungfrau

Mondhaftes manifestiert sich im erdbetonten Jungfrauzeichen.

+ Gerne organisieren, ordnen, ausführen. Fähigkeit zu gewissenhafter Prüfung kann beruflich genutzt werden. Hochentwickelter Sozialgedanke. Gespür für alle Bereiche, die mit Gesundheit zu tun haben. Zugang zu astrologischem Wissen. Hang zu Psychologie. Astro- oder psychoanalytisches Feingespür. Pflichtgefühl. Konzentrationsfähigkeit. Ordnungsliebe. Bewußtsein für Ernährung.

− Ungelebte Emotionen manifestieren sich als Arbeitsstörungen (psychosomatische Disposition).

Tätigkeiten und Berufe: Wo Zuverlässigkeit, Planung und Systematik wichtig sind. Wo es um Ordnungen − einfache wie höhere − geht. Wo verteilt oder verwaltet wird. Wo Selbstfindung und Heilung mit Hilfe von Astrologie betrieben wird. Wo Gesundheit im Mittelpunkt steht. Wo es um Technik, Mechanik, Statik und Sicherheit geht. Dienstleistung, Verwaltung, Aufsicht, Kontrolle, Buchhaltung, Revision. Zug-, Kalender-, Verkehrsplanung. Psychologie, Soziologie. Naturwissenschaften wie Mathematik, Astronomie. Arbeitsamt. Körper- und Psychotherapie. Prophylaxe. Natur. Dienst am Kranken. Pflegeberufe, Hygiene. Reform- und Bioladen. Dienstleistung. Gastronomie. Hygiene. Pflege. Siehe auch Allgemeine Einführung Jungfrau.

267

☽ ♎︎
Mond Waage

Mondhaftes manifestiert sich im luftbetonten Waagezeichen.

+ Andere spüren können. Gerne unter Leuten sein. Gerne mit anderen zusammenarbeiten. Sich gut einfühlen können (»Verkäuferkonstellation«). Kontaktfreude. Sinn für Ästhetik, Kunst, Schönheit. Verbindend und ausgleichend sein. Gerechtigkeitsliebe. Altruismus. Künstlerisches Talent, das beruflich genutzt werden kann. Interesse an Wissen(schaft). Intuition, Gefühl für Ästhetik.

– Sich schlecht entscheiden können. Nicht nein sagen können. Allein unsicher sein. Antriebsarmut, Überempfindlichkeit.

Tätigkeiten und Berufe: Wo es um Verkauf, Handel, Begegnung, Austausch geht. Wo Ästhetik, Geschmack, künstlerisches Können, Handel, Stil, Repräsentation, gutes Benehmen eine Rolle spielen. Alle juristischen Berufe (besonders Mediation, Familien- und Scheidungsrecht). Diplomatie, Kunstkritik, Kunstschneiderei, Modeschneiderei, Paartherapie, Partnervermittlung, Psychotherapie, Tantra, Tanz, Kunsthandwerk, Goldschmiedekunst, Juwelier, Uhrenwerkstatt, Friseur, Kosmetik, Handel, Bank, Wirtschaft, Gastronomie, Antiquitätenhandel, Feinmechanik, Glasarbeit, Musik, Gesang, Malerei, Bildhauerei, Dekoration, Restauration, Blumenbinderei, Steinmetz, Graphik, Werbedesign, Kunsthandel, Modezeichnen, Layout, Kunst- und Musikerziehung. Siehe auch Allgemeine Einführung in die Waage.

☽ ♏︎
Mond Skorpion

Mondhaftes manifestiert sich im wasserbetonten Skorpionzeichen.

+ Gerne hinterfragen und aufdecken. Sich für den Beruf voll einsetzen können. Über große Reserven verfügen. Im Krisenfall stark werden. Sich mit seinem Beruf identifizieren. Aufdeckend wirken. Kritischer Sachverstand. Sich für andere einsetzen. Tragende Verantwortung übernehmen können. Über große weibliche Kraft verfügen. Starke Intuition auch für berufliche Belange. Okkulte, hellseherische, magische Fähigkeiten. Mit suggestiver Ausstrahlung andere beeindrucken. Interesse an Mystik und Parapsychologie.

– Ungelöste Familienproblematiken auf Beruf übertragen. Von der Mutter nicht loskommen. Subtile Herrschsucht.

Tätigkeiten und Berufe: Sterbehilfe bei Alten und Schwerstkranken. Arbeiten in Lebensversicherungsagenturen, notärztlichen Diensten, in der Chirurgie, Pflege, Psychiatrie, Psychotherapie, Astrologie, im Gefängnis, mit sozial Schwachen. Drogenarbeit, Arbeit mit gefährdeten Jugendlichen, mit geistig Behinderten. Beschäftigung mit Okkultem, Magischem, Spiritistischem, Spirituellem. Hebamme, Frauenarzt, Schwangerschaftsberatung und -gymnastik. Beschäftigungen in der Pharmazie, Familienpolitik, Familien- und Eheberatung, Sexberatung und -therapie. Die gesamte Sex- und Pornoindustrie. Tantra. Spirituelle Einweihung und Führung. Richter, Notar, Beamter oder Angestellte in Einwohnermeldeämtern und Kanzleien. Soldat, Polizist, Kriminalbeamter, Detektiv, Forscher, Politiker, Agent, Kriegsberichterstatter. Siehe auch Allgemeine Einführung Skorpion.

DER MOND ☽

☽ ♐
Mond Schütze

Mondhaftes manifestiert sich im feuerbetonten Schützezeichen.

+ Gerne reden, andere motivieren, gerne helfen. Begeisterungsfähigkeit. Andere motivieren können. Optimismus. Sich auf seine innere Stimme verlassen können. Vielseitige Interessen. Schauspielerische Begabung (Showbusiness). Rhythmus- und Musikgefühl. Im Ausland arbeiten können. Gute Geschäftskontakte mit dem Ausland. Schriftstellerische Talente. Sportliche Fähigkeiten und Interessen (Berufssportler, Schiedsrichter, Sportfunktionär).

− Überzogene Führungsansprüche. Blauäugigkeit. Naivität.

Tätigkeiten und Berufe: Wo Recht gemacht und vertreten wird (Gericht, Politik, Ausschuß). Arbeit in Reisebüros, Reiseagenturen, Busunternehmen, Fluggesellschaften, esoterische Ferienreisen, Pilgerfahrten und Meditationsreisen, Missionsdienst. Wo es um Glauben geht (Missionsarbeit, Klosterleben). Wo Mitgefühl eine Rolle spielt (Sozialdienst, Altenpflege). Esoterische Kunst (New-Age-Kunst, Chormusik). Wo Handel und Gewinne mit Schützehaftem erfolgt (karitative Einrichtungen, Esoterikmesse, Esoterikladen, Verleger, Buchladen). Schriftsteller, Redner, Politiker, Künstler, Fachbuchautor, Fachjournalist, Reisebuchverfasser. Wo durch Einsicht heilerische Kräfte geweckt werden (Pädagogik, Therapie, Sozialarbeit). Wo die Psyche erforscht und dargestellt wird (Psychologie, Menschenkunde, Erwachsenenbildung). Wo Tiere gezüchtet, aufgezogen, gepflegt, versorgt und behandelt werden. Naturwissenschafts-, Religions- und Gesellschaftsphilosophie. Siehe auch Allgemeine Einführung Schütze.

☽ ♑
Mond Steinbock

Mondhaftes manifestiert sich im erdbetonten Steinbockzeichen.

+ Gerne Übersicht und Kontrolle behalten. Klares Gefühlsleben. Selbstbeherrschung und Pflichtbewußtsein. Streben nach Objektivität und Klarheit. Ernsthaftigkeit. Interesse an Forschung, Wissenschaft (auch Astrologie). Sich gefühlhaft stark mit dem Beruf identifizieren. Liebe zum Beruf. Zu Hause arbeiten können. Selbständig arbeiten können. Suche nach sozialer oder politischer Verantwortung. Interesse an angewandter Magie.

− Sich selbst zu negativ sehen. Abhängigkeit von beruflichem Erfolg.

Tätigkeiten und Berufe: Staatsbeamter, Rechts- und Staatswissenschaftler, Staatsanwalt, Politiker, Ökonom, Bürgermeister, Abgeordneter, Bauarbeiter, Landvermesser, Geograph, Hoch- und Tiefbauingeneur, Mathematiker, Astrologe, Masseur, Körpertherapeut (z. B. Feldenkrais-Methode), Chiropraktiker, Orthopäde, Förster, Waldarbeiter, Gärtner, Landwirt, Dreher, Automechaniker, Elektriker, Ingenieur, Techniker, Wachpersonal, Nachtwächter, Leuchtturmwächter, Meteorologe, Verwaltung, Sekretariat, Organisation, Höhlenforschung, Bergbau, Lehramt, Philosophie. Siehe auch Allgemeine Einführung Steinbock.

☽ ♒ Mond Wassermann

Mondhaftes manifestiert sich im luftbetonten Wassermannzeichen.

+ Gerne im Team und in Gruppen arbeiten. Ungebundenheit, Veränderungsliebe, Reisefreude, Erfindungsgabe. Den Zeitgeist aufgreifen und beruflich verwirklichen können. Große Intuitionskraft. Vorbehaltlosigkeit. Reformwillen. Hierarchien aufheben können.

− Zwanghaft antiautoritäres Denken und Handeln. Verwirrtheit.

Tätigkeiten und Berufe: Wo Wassermännisches repräsentiert und verkauft wird (Zukunftsforschung, Luftfahrt, Raumfahrt, moderne Technik). Wo es um moderne Kommunikationsforschung und -formen geht (alle Medien, Computer). Wo es um Erfindung und Ideenproduktionen geht (Forschung, Wissenschaft, Werbung, TV, Medien). Wo Ideale und Visionen entstehen und verbreitet werden (Politik, Gewerkschaft, Umweltorganisationen, Kultur und Sozialwissenschaft). Moderne und zukunftsweisende Berufe (Computertechnik, modernes Management, Luft- und Raumfahrt). Wo idealer Reichtum gesammelt und verwaltet wird (Kunstsammlung, Antiquitätenhandel, Museum). Wo Natur und neue Technologien zusammenfließen (Ökologie, alternative Landwirtschaft). Wo verschiedene Meinungen und Interessen an einen Tisch kommen (Politik, Gewerkschaft). Wo völkerübergreifend gearbeitet wird (UNO). Wo Altes modernisiert wird (Restauration, Antiquariat). Wo moderne Psychotechniken angewandt werden. Wo es um Teamarbeit geht. Wo moderne Technik und Fortbewegungsmittel eine Rolle spielen (Steward, Flugkapitän, Bodenpersonal bei Fluggesellschaften). Wo Erfindungen gemacht und verwaltet werden (Rechtsanwalt, Patentamt). Siehe auch Allgemeine Einführung Wassermann.

☽ ♓ Mond Fische

Mondhaftes manifestiert sich im wasserbetonten Fischezeichen.

+ Gerne fühlen und spüren. Mediale Fähigkeiten. Heilerische Qualitäten (besonders Homöopathie). Kraft durch Glauben. Sensibilität beruflich nutzen können (Heilpraktiker). Liebe für andere. Sich auf instinkthaftes Gespür im Beruf verlassen können. Beeindruckbarkeit. Entwicklung grenzenloser Phantasievorstellungen.

− Täuschungen. Sich im Unbegriffenen verstricken. Probleme durch abgebrochene Mutterbeziehung.

Tätigkeiten und Berufe: Getränkeherstellung und Vertrieb (besonders Barkeeper, Brauer, Weinhandel). Wo Einfühlungsvermögen und Intuition wichtig sind (Therapie, Pädagogik). Wo Glaube eine Rolle spielt. Alle künstlerischen Tätigkeiten und Berufe. Wissenschaft (besonders Mathematik, Physik, Astronomie). Wo Hilfe und Nächstenliebe angeboten werden (Pflegeberufe, Nachbarschaftshilfe, Karitas). Grenzwissenschaften wie Astrologie, Parapsychologie, Tarot. Wo Einsicht vermittelt wird (Gesprächstherapeut, Psychoanalytiker, Sprecher, Lehrer, Kindergärtner). Wo Medikamente, Drogen und ähnliches hergestellt und verkauft werden (Apotheker, Drogist, Heilkräuterhandel). Wo Krankheit aus einer umfassenden und höheren Perspektive betrachtet wird (Astromedizin, Geistheilung, Naturheilpraxis). Alle karitativen Hilfsdienste wie Rotes Kreuz, Straßenwacht, Bergrettungsdienst, Seenotdienst. Wo es um Geheimnisse geht (Seelsorge, Geheimdienst, Kriminologie). Wo Magie, Mystik, Esoterik im Spiel sind. Wo Kunst als Ausdruck der Seele und des Glaubens verstanden wird (Kirchenchor, esoterische Musik). Wo Übergreifendes vertreten wird (Politik, Ausschuß). Siehe auch Allgemeine Einführung Fische.

Mond in den Häusern 1 bis 12

☽ in 1
Mond 1. Haus

Gefühl unterstützt Ich-Durchsetzung.

+ Starkes Gefühlsleben. Sich mit Hilfe von Gefühlen durchsetzen. Gefühle in den Beruf einfließen lassen. Sich bei Entscheidungen auf Gefühle beziehen. Große intuitive Kraft. Einen Beruf wählen, bei dem Gefühle wichtig sind (Kunst, Psychologie).

– Gefühlsabhängigkeit. Leichte Irritierbarkeit.

Tätigkeiten und Berufe: Wo Herausforderung und Leistung gefragt sind. Wo es um weibliche Tätigkeiten geht. Wo Schwangerschaft, Geburt, Erziehung wichtig sind. Wo die Seele erforscht wird (Psychologie). Lust am Experimentieren. Siehe auch Mond im Widder.

☽ in 2
Mond 2. Haus

Gefühl unterstützt Ich-Festigung.

+ Sich mit Hilfe seiner Gefühle abgrenzen und absichern. Den Gefühlen und Stimmungen bei allem eine wichtige Rolle beimessen. Auf Atmosphärisches achten. Sinnliches Arbeiten. Kunstinteresse. Körperbewußtsein.

– Abhängigkeit von Geld, Wohlstand und Luxus.

Tätigkeiten und Berufe: Wo Natur, Form, Kunstsinn, Ernährung, Muse, Psychologie, Pädagogik, Kindererziehung eine Rolle spielen. Lust am Psychologisieren. Siehe auch Mond im Stier.

271

☽ in 3
Mond 3. Haus

Gefühl unterstützt Ich-Beweglichkeit, Denken, Austausch und Kommunikation.

+ Sich gefühlvoll darstellen und begegnen können. Denken und Fühlen verbinden können. Über Gefühle reden. Stimmungen aufnehmen und verarbeiten. Gut zuhören können. Nähe im Beruf zulassen können. Gut verkaufen können.

– Stimmungslabilität.

Tätigkeiten und Berufe: Wo es um Gefühl und Sprache geht. Wo andere Menschen wichtig sind. Wo es auf Ausdruck und Selbstdarstellung ankommt. Tourismus, Wissenschaft. Schriftsteller, Schauspieler, Wissenschaftler (besonders Psychologe). Kommunikationsforschung, Moderation, Repräsentation. Siehe auch Mond in den Zwillingen.

☽ in 4
Mond 4. Haus

Gefühl unterstützt Erleben und Erfahren.

+ Gefühl über alles stellen. Große seelische Tiefe. Seelische Resonanz bei der Arbeit suchen. Sich beim Arbeiten wohl fühlen wollen. Empfindungen einbringen können. Lust am »Seelentauchen«. Die Nähe zu Kindern suchen.

– Nicht aus sich herauskommen.

Tätigkeiten und Berufe: Wo es um weibliche Tätigkeiten geht. Wo Gefühle, Heim, Privatsphäre, psychische Prozesse (Therapie) eine Rolle spielen. Wo es um Themen wie Schwangerschaft, Geburt, Erziehung geht. Hebamme, Kindergärtner, Erzieher, Koch, Therapeut. Siehe auch Mond im Krebs.

☽ in 5
Mond 5. Haus

Gefühl unterstützt Selbstausdruck.

+ Gefühle leben und ausdrücken wollen. Sich im Beruf gefühlshaft einbringen wollen. Die weibliche Seite im Beruf betonen. Begabung für Kunst, besonders Schauspiel. Geschmack, Kunstsinn, Schaffenskraft besitzen. Natürliche (weibliche) Führerfigur sein. Lust am Führen.

– Sich selbst zu wichtig nehmen. Hochmut.

Tätigkeiten und Berufe: Wo es um Kunst, Geschmack, Mode, Schönheit, Sexualität, Lust, Spiel (auch Gewinnspiele), Gerechtigkeit, Menschenliebe geht. Maler, Musiker, Schriftsteller, Schauspieler, Lebenskünstler, Chef, Mitte. Auch Helfer, Arzt, Anwalt, Politiker. Siehe auch Mond im Löwen.

☽ in 6
Mond 6. Haus

Gefühl unterstützt Selbstreflexion und Anpassung.

+ An seiner Arbeit hängen. Lust an der Arbeit empfinden. Sich gut unterordnen können. Heilerisch tätig sein können. Seine weiblichen Anteile in den Beruf einfließen lassen. Gefühle können gut kontrolliert und sublimiert werden.

– Gefühlsunterdrückung führt zu beruflicher Leere.

Tätigkeiten und Berufe: Wo Planung, Detailarbeit, Voraussicht, Natur, soziale Fürsorge, Gesundheit, Ernährung, Erziehung, Moral, Ethik wichtig sind. Planer, Organisator, Verwalter, Wissenschaftler, Sekretär, Heiler, Pfleger. Siehe auch Mond in der Jungfrau.

☽ DER MOND

☽ in 7
Mond 7. Haus

Gefühl unterstützt Begegnung, sozialen Austausch und die Phantasie.

+ Leicht Kontakt herstellen können. Sich mit anderen gut fühlen. Andere gefühlsmäßig erfassen. Sinn für Kunst. Beruflich aus Phantasietätigkeit schöpfen können. Gut repräsentieren können. Diplomatisches Geschick.

− Abhängigkeit von der Mutter. Entscheidungsnot.

Tätigkeiten und Berufe: Wo gefühlshafte Begegnungen stattfinden (Therapie, Erziehung). Wo Gefühle und Ästhetik zusammentreffen (Kunst). Wo Vergnügen, Lust und Entspannung zur beruflichen Tätigkeit gehören (Massage, Kosmetik, Gastronomie). Siehe auch Mond in der Waage.

☽ in 8
Mond 8. Haus

Gefühl unterstützt Bindung und Intensität.

+ Aus einer Idee oder Berufszugehörigkeit Kraft schöpfen. Lust am Beruf haben. Sich verausgaben können. Kraft geben können. Aus seiner weiblichen Seite schöpfen. Unterstützung durch die Mutter. In die Tiefe dringen. Intensität. Ausdauer.

− Angst, familiäre Abhängigkeiten.

Tätigkeiten und Berufe: Wo es um hintergründige Motive geht. Wo es um Liebe, Zeugung, Geburt, Erziehung, Krankheit und Tod geht. Hebamme, Krankenpfleger, Arzt. Siehe auch Mond im Skorpion.

274

☽ in 9
Mond 9. Haus

Gefühl unterstützt geistige Aufgeschlossenheit, Großzügigkeit und Vielseitigkeit.

+ Flexibel sein. Sich überall (auch im Ausland) wohl fühlen. Nicht festgelegt sein. Über eine geistige Schau der Dinge verfügen. Trost geben können. Optimismus, Idealismus.

− Neigung zu Träumerei.

Tätigkeiten und Berufe: Wo Bildung, Unterricht, Philosophie, Reisen eine Rolle spielen. Verlag, Schriftstellerei, Journalismus, Psychologie, Sozialarbeit, Esoterik, Pädagogik, Glaube. Siehe auch Mond im Schützen.

☽ in 10
Mond 10. Haus

Gefühl unterstützt gesellschaftliche Integration und berufliche Selbstverwirklichung.

+ Durch Ehrgeiz und Durchhaltevermögen erfolgreich sein. Mit öffentlicher Unterstützung rechnen können. Liebe zum Beruf. Neutrales und objektives Gefühlsleben. Öffentliche Aufgaben übernehmen. Ausdauer, Selbstbeherrschung, Pflichtbewußtsein.

− Gefühlsverhärtung. In der Gesellschaft das Maß aller Dinge sehen.

Tätigkeiten und Berufe: Selbständiger, Ladenbesitzer, Pädagoge, Astrologe. Beamter. Siehe auch Mond im Steinbock.

☽ in 11
Mond 11. Haus

Gefühl unterstützt Arbeitsatmosphäre.

+ Sich im Team wohl fühlen. Gemeinsam arbeiten können. Zu neuen Ideen hingezogen sein. Optimismus. Toleranz. Schöpferkraft. Gefühlsneutralität.

− Bodenlosigkeit. Überheblichkeit.

Tätigkeiten und Berufe: Wo es um Gruppen-, Licht-, Therapie-, Sozial- und Reformarbeit geht. Wo alternative Formen und Strukturen gesucht werden. Siehe auch Mond im Wassermann.

☽ in 12
Mond 12. Haus

Gefühl unterstützt Spiritualität, Wahrheitssuche, Selbstlosigkeit, Liebe, Allverbundenheit.

+ Allein arbeiten können. Stärke durch Glauben finden. Sich selbst hinter einem größeren Ganzen zurückstellen können. Starkes intuitives Denken. Mediale Fähigkeiten.

− Sich unverstanden fühlen.

Tätigkeiten und Berufe: Wo transzendentale Erfahrungen gesucht werden. Wo Religion, Mystik, Kunst, Nächstenliebe eine Rolle spielen. Mystiker, Helfer, Heilpraktiker, Wissenschaftler, Künstler, Therapeut. Siehe auch Mond in den Fischen.

Ergänzungen

Sekundärqualitäten

In den meisten Fällen besteht ein Haus nicht nur aus einem, sondern aus zwei, manchmal sogar aus drei Zeichen.

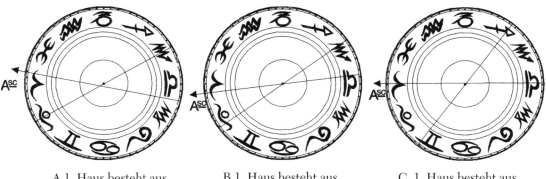

A 1. Haus besteht aus einem Zeichen

B 1. Haus besteht aus zwei Zeichen

C 1. Haus besteht aus drei Zeichen

Wenn der Beginn des jeweiligen Hauses am Ende eines Zeichens liegt (ab 27 Grad), muß man bei der Deutung der Hausqualität auch das folgende zweite Zeichen mit einbeziehen. Im Beispielhoroskop B ist also sowohl die Zeichenenergie Widder, als auch Stier wichtig. Ist ein Zeichen eingeschlossen, ist die Berücksichtigung der sekundären Zeichenqualität unerläßlich. Oft wirkt die eingeschlossene sekundäre Zeichenqualität sogar stärker als die primäre. Im Beispielhoroskop C ist dies die Zeichenqualität Stier. Entsprechend zu den sekundären Zeichenqualitäten muß man immer auch die Sekundärherrscher dieser Zeichen berücksichtigen. Im Horoskop B ist das Venus. Im Horoskop C ist dies ebenfalls Venus. Bei der astrologischen Berufsberatung sind die Sekundärqualitäten der Häuser 1 und 10, eventuell auch 6 wichtig.

Das 6. Haus

Dem 6. Haus kommt in der astrologischen Berufsberatung eine besondere Bedeutung zu. Dieses Haus stellt die Steuerzentrale zwischen Individuum und Umwelt, zwischen innen und außen dar. Hier wird entschieden, ob die Wünsche des Individuums (Aszendent), seine Fähigkeiten (Sonne und Mond) und seine Bestimmung (Medium Coeli) mit den verschiedenen äußeren Gegebenheiten vereinbar sind. Das 6. Haus zeigt die Bereitschaft, mit den gegebenen Möglichkeiten zu fließen: Ob sich die eigenen Anlagen und Wünsche leicht verwirklichen lassen oder ob sie blockiert werden. Und es verrät das Verhältnis zur Realität und wie man mit ihr umgeht.

Menschen mit einem flexiblen Zeichen im 6. Haus (Zwillinge, Schütze und Fische) verbinden Innen- und Außenwelt leicht miteinander. Steht dort ein Feuerzeichen (außer Schütze) ist mit Schwierigkeiten zu rechnen: Ein 6. Haus mit Widder zum Beispiel motiviert regelrecht zur Rebellion gegen die Außenwelt. Auch mit 6. Haus Löwe sind Probleme zu erwarten, weil dann die Aussteuerung mehr nach Lust und Laune, als nach einem vernünftigen Kalkül erfolgt.

Wassermann im 6. Haus wiederum macht einfallsreich, sorgt allerdings auch dafür, daß man dazu neigt, sich selbst zu optimistisch einzuschätzen. Stier und Steinbock im 6.

Haus machen Menschen in der Regel überangepaßt. Die Befriedigung des eigenen Ich bleibt dabei leicht auf der Strecke. Die Wasserzeichen im 6. Haus schaffen Raum für Täuschungen, aber auch für Eingebungen und große Opferbereitschaft. Wichtig ist auch, welche und wie viele Planeten sich im 6. Haus befinden (siehe folgenden Abschnitt).

In der folgenden Übersicht werden die verschiedenen Verbindungen von Haus 6 und den zwölf Tierkreiszeichen dargestellt.

Die zwölf Tierkreiszeichen und das 6. Haus

♈
6. Haus Widder

+ Der Arbeit energievoll, dynamisch, mit vollem Einsatz, aber auch exakt begegnen. Lernen, die Impulsivität zu zügeln. Das rechte Maß finden.

– Sich schnell übernehmen. Auch Zwanghaftigkeit.

♋
6. Haus Krebs

+ Der Arbeit mit Gefühl, verantwortlich, engagiert begegnen. Großes Aufnahmepotential.

– In Arbeit ertrinken.

♉
6. Haus Stier

+ Der Arbeit praktisch, sinnlich und konkret begegnen. Klare Ziele setzen. Sich auf Bewährtes verlassen.

– Zu materialistisch und festgefahren sein.

♌
6. Haus Löwe

+ Der Arbeit selbstbewußt, spielerisch und aus einem Lustempfinden heraus begegnen. Kreativ und schöpferisch sein.

– Sich selbst zu optimistisch einschätzen

♊
6. Haus Zwillinge

+ Der Arbeit leicht, flexibel, kommunikativ und mit schneller Auffassung begegnen. Viel aufnehmen und vereinigen können.

– Zu leichtfertig handeln.

♍
6. Haus Jungfrau

+ Der Arbeit mit Einsicht und Vernunft begegnen. Wissen, was möglich ist und wo die eigenen Grenzen liegen.

– Überanpassung.

ERGÄNZUNGEN

♎

6. Haus Waage

+ Der Arbeit mit Ästhetik und einem inneren Sinn für Harmonie begegnen. Kommunikativ sein können. Abwägend sein.

– Sich nicht entscheiden können.

♏

6. Haus Skorpion

+ Der Arbeit mit ganzem Einsatz und verantwortlich begegnen. Anstrengungen und Herausforderungen nehmen können.

– Sich selbst vergessen.

♐

6. Haus Schütze

+ Der Arbeit mit Einsicht und Weitblick begegnen. Idealistisch sein können. Überzeugen und gewinnen können.

– Die Wirklichkeit beschönigen.

♑

6. Haus Steinbock

+ Der Arbeit klar und realistisch begegnen. Verantwortung übernehmen können. Den richtigen Überblick haben.

– Sich selbst vernachlässigen.

♒

6. Haus Wassermann

+ Der Arbeit erfinderisch, unkonventionell und auf eigene, originelle Art begegnen. Kollegial arbeiten können.

– Sich übernehmen. Wirklichkeitsverkennungen.

♓

6. Haus Fische

+ Der Arbeit spürend und intuitiv begegnen. Mitgefühl einbringen können. Sich total aufopfern können.

– Sich täuschen lassen.

279

Aspekte

Aspekte geben einer bestimmten Planetenstellung eine Nuancierung und Differenzierung. Besitzt jemand (A) zum Beispiel die Sonne in der Jungfrau und steht diese Sonne in Konjunktion mit dem Planeten Neptun, so erhält die Jungfrausonne eine fischehafte Färbung. Der Horoskopeigner ist nicht nur im jungfräulichen Sinne korrekt und erdverbunden, sondern sucht auch eine transzendente Ordnung, wie sie sich zum Beispiel in der Astrologie findet.

Ein weiteres Beispiel: Im Horoskop B von Bodelschwingh, dem Begründer bedeutender Hilfswerke der Inneren Mission, zeigt der Aszendent auf Löwe: Man erwartet einen Bohémien, der zuerst an sich selber denkt. Aber genau am AC befindet sich der Planet Saturn und gibt dem Löwe-AC eine andere Färbung, macht verhalten, konzentriert, allgemeinverbindlich und wahrhaftig.

Und ein letztes Beispiel: Im Horoskop C steht die Sonne im Widder. Damit würde man einen Menschen erwarten, der im Management tätig ist, andere führt, Geschäfte betreibt oder irgendeiner aufregenden oder abenteuerlichen Tätigkeit nachgeht. In Opposition zur Sonne steht allerdings der Planet Neptun. Damit kann sich die Widdersonne nicht mehr einfach selbstherrlich verwirklichen, sie muß sich mit der neptunischen Dimension des Mitfühlens auseinandersetzen. Tatsächlich ist die Horoskopeignerin Kunsttherapeutin geworden (Neptun steht in der Waage). Des weiteren zeigt der MC in den Wassermann. Diese Stellung ist dafür verantwortlich, daß die Horoskopeignerin immer bemüht war, sich vom Elternhaus loszusagen, einen eigenen, ausgefallenen, schöpferischen Beruf zu verwirklichen. In Opposition zum MC steht allerdings der Planet Pluto. Er verkörpert die Sippe und das Erbe der Mutter. C's Vater starb, als sie gerade vier Jahre alt war. Die Mutter starb, als sie 25 wurde. Durch den Tod ihrer Mutter erbte C einen riesigen Besitz an Grundstücken und Häusern, die sie seitdem neben

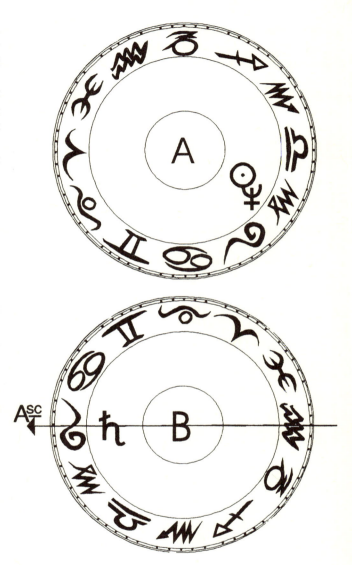

ihrer Tätigkeit als Kunsttherapeutin verwalten muß.

Grundsätzlich überträgt jeder Planet seine spezifische Färbung. Dabei ist es zunächst gleichgültig, um welchen Aspekt es sich handelt. Allerdings wirkt eine Konjunktion (0 bis 7 Grad) häufig am stärksten, gefolgt von der Opposition (174 bis 186 Grad), dem Quadrat (84 bis 96 Grad), dem Trigon (114 bis 126 Grad) und dem Sextil (54 bis 66 Grad). Über die Deutung der einzelnen Planeten siehe den Abschnitt über Zeichenherrscher in Grundlagen astrologischer Berufsberatung.

Saturn, Uranus, Neptun und Pluto

Bestimmte Planetenstellungen in den Häusern 1, 6 und 10 müssen bei einer Berufsberatung berücksichtigt werden, auch wenn sie nicht als Herrscher des Aszendenten oder des Medium Coeli auftreten. Es sind dies Saturn, Uranus, Pluto und Neptun.

Saturn Manche Astrologen analysieren bei einer Berufsberatung zuerst die Stellung Saturns in Zeichen und Häusern. Nach meiner Erfahrung spielt dieser Planet aber nur dann eine gewichtige Rolle, wenn er die Berufshäuser 1, 6 oder 10 besetzt.

Saturn ist das Urprinzip für Pflichterfüllung, Selbstdisziplin und der unermüdlichen Arbeit an sich selbst. Saturn/Chronos bedeutet Zeit, das Uralte, Hüter der Wirklichkeit.

Er sorgt dafür, daß der Mensch nicht aus dem Rahmen fällt, gibt dafür Halt und Zuverlässigkeit. Wenn Saturn eingreift, hat der Mensch die Grenzen überschritten, sich vergriffen, gesündigt. Er ist geronnene Form, sublimiertes Gefühl, er wird stark durch Verzicht, und er ist schwach durch Nachgiebigkeit. Zu starke Identifikationen bergen die Gefahr von Gefühlskälte, Überheblichkeit, Gefühlsabwehr. Wer wiederum Saturn zu schwach verinnerlicht, hat zu wenig Rückgrat, ist labil, besitzt zu wenig Ausdauer und Ehrgeiz. Siehe auch Abschnitt über den Steinbock.

In den berufsrelevanten Häusern 1, 6 und 10 verstärkt dieser Planet den Druck, in der Arbeit Bedeutung zu erlangen. Oft hilft diese Saturnstellung dazu, selbständig zu werden, in jedem Fall macht sie ehrgeizig, drängt dazu, Verantwortung zu übernehmen und verleiht die Fähigkeit, andere zu führen.

Besonders bedeutsam ist der Zyklus dieses Planeten. Saturn umkreist in etwa 29 Jahren die Sonne. Damit steht er nach eben diesem

Zeitraum wieder genau am gleichen Platz wie bei der Geburt. Dieser als Saturn-Return bekannte Transit verursacht einen eminenten Druck. Er veranlaßt viele Menschen zwischen 28 und 29 Jahre eine astrologische Beratung aufzusuchen, um die Weichen neu zu stellen. Berufliche Unzufriedenheit, die in dieser Zeitspanne auftritt, beruht immer auf diesem Transit. Saturn tritt sozusagen ins Leben und verlangt Rechenschaft über die bisher geleisteten Taten. Steht Saturn im Geburtshoroskop im 1., 6. oder 10. Haus, ist dieser Transit besonders schwierig, weil er vom Individuum konkrete berufliche Schritte und Erfolge im Sinne der angelegten Veranlagungen abverlangt. Die Bedeutung der spezifischen Stellungen von Saturn in den Häusern 1, 6 und 10 finden sich im Kapitel über den Steinbock.

Uranus ist der herrschende Planet des Wassermannzeichens und trägt somit wassermännische Eigenschaften durch den Tierkreis. In den Berufshäusern 1, 6 und 10 macht er sich als belebende Kraft, aber auch als Unruhe bemerkbar und führt leicht zu Überschätzung der eigenen Person (Haus 1), zu Realitätsverkennung (Haus 6) und zu idealistischen, unrealistischen Berufserwartungen (Haus 10). Die Bedeutung der spezifischen Stellungen von Uranus in den Häusern 1, 6 und 10 finden sich im Kapitel über den Wassermann.

Neptun ist der herrschende Planet des Fischezeichens. Seine Botschaft lautet daher Grenzenlosigkeit, Auflösung, All-Verbundenheit, All-Einheit, All-Liebe. Mit der Stellung dieses Planeten in den Berufshäusern 1, 6 und 10 geht eine starke Verunsicherung, Unentschiedenheit über den richtigen Beruf und Ziellosigkeit einher. Die Berufssuche wird entweder völlig ausgeblendet und man macht irgendwelche Gelegenheitsarbeiten, oder sie kann endlos lange nicht abgeschlossen werden. Manche Horoskopeigner mit dieser Neptunstellung finden oftmals erst mit 40 und mehr Jahren ihre eigentliche Berufung, die in aller Regel in Bereichen der Mystik, Religion, Kunst und der mitfühlenden Anteilnahme (Psychologie, Medizin) liegt. Neptun in Haus 1 (und abgeschwächt im ganzen I. Quadranten) macht hellsichtig, aber nicht unbedingt realitätstüchtig. Kommt zu einer Neptunstellung in Haus 1 eine Planetenbetonung in Haus 10 hinzu, so fühlt man sich einerseits unter einem immensen Druck (Planeten Haus 10), und zugleich fehlen die Ellenbogen, den schwierigen Weg zu gehen (Neptun Haus 1). Ein Klient stellte diesen Sachverhalt einmal sehr treffend dar: »Ich weiß, daß ich einen Rolls Royce habe, aber ich weiß nicht, wo ich ihn geparkt habe. Um diesen Fauxpas nicht zugeben zu müssen, erfinde ich immer neue Ausreden und Geschichten. Am Ende glaubt mir keiner mehr, daß ich so ein tolles Auto besitze, ich selbst auch nicht.«

Neptun im I. Quadranten lädt zu Demut ein. Der Mensch wird angehalten, das Leben als ein Geschenk zu betrachten. Weltlicher Ruhm, äußerer Glanz, schimmernder Reichtum, gelten aus der Perspektive dieser Planetenstellung wenig. Was zählt, sind Mitgefühl und Liebe statt Konsum und Status.

Erfahrungsgemäß neigen Menschen mit Neptun im 1. Haus dazu, ihre eigene Sensibilität als reine Schwäche zu betrachten und zu verdrängen. Dann setzt sich die Kraft Neptuns unterschwellig in Form von Fehlhandlungen, Störungen oder sogar Krankheiten durch. Ein Horoskop mit Neptun im 1. Quadranten ist immer auch eine Aufforderung für ein astropsychologisches Gespräch, um die Behinderungen durch familiäre Vergangenheit aufzuspüren und zu erlösen.

Neptun im 10. Haus sucht nach einer Erlösung in einem beruflichen Bereich, der mit Heilen, Helfen, Mystik oder Religion zu tun hat. Individuen, die trotz dieser Planetenstellung solche Bereiche meiden, leben dann ihren Neptun häufig als »Berufssucht« aus und arbeiten Tag und Nacht. Oder sie opfern sich für ihren Beruf oder ihren Chef völlig auf.

Über die Bedeutung der spezifischen Stellungen von Neptun in den Häusern 1, 6 und 10 siehe auch Allgemeinen Abschnitt über die Fische.

Pluto im 1. und 10. Haus bringt dem Leben Tiefe aber auch Schwere. Häufig verweist Pluto in Haus 1, 6 oder 10 auf ein Erbe, das bereits seit Generationen weitergegeben wird. Das kann ein Geschäft, ein Hof oder ein sogenannter Traditionsberuf wie der des Lehrers, Beamten oder Arztes sein. Sich über diese aus der Vergangenheit herrührenden Berufsmuster einfach hinwegzusetzen, den Hof nicht zu übernehmen oder kein Arzt wie der Großvater und Vater zu werden, ist häufig mit immensen Schuldgefühlen verbunden. Bei einer derartigen Plutostellung ist es unerläßlich, sich mit der eigenen Vergangenheit auseinanderzusetzen und zu versöhnen. Die Bedeutung der spezifischen Stellungen von Pluto in den Häusern 1, 6 und 10 finden sich im Abschnitt über den Skorpion.

ERGÄNZUNGEN

Quantitative Auswertung

Bei meinen astrologischen Berufsberatungen führe ich auch eine quantitative Auswertung durch. Sie besteht aus einer numerischen Zusammenfassung der Elemente, Quadranten und Qualitäten. Unter den einzelnen Kombinationen befindet sich ein Schlüssel. Hier einige Beispiele:

☉ ♌ in 8
Sonne Löwe in Haus 8

F W W L   FI FI

Der erste Buchstabe besagt, um welches Element es sich handelt. F steht für Feuerzeichen Löwe.

Der zweite Buchstabe bezeichnet den Quadranten, dem das Zeichen entstammt. Im Beispiel entstammt das Löwezeichen dem II. oder dem Wasserquadranten. Daher der Buchstabe W.

Der dritte Buchstabe benennt die Elementenqualität der Hausposition. Im Beispiel steht die Sonne im 8. Haus. Dieses Haus hat Wasserqualität. Dafür steht der Buchstabe W.

Der vierte Buchstabe verweist auf die Quadrantenqualität der Hausposition. Hier steht die Sonne im 8. Haus, und das wiederum gehört zum III. oder Luftquadranten. Dafür steht der Buchstabe L.

Die beiden Buchstaben an fünfter Position zeigen die Qualität der Zeichenposition. Im Beispiel hat Sonne Löwe fixe (FI) Qualität. Der letzte Schlüssel verweist auf die Qualität der Hausposition. Hier Sonne im 8. Haus, ist wieder fix (FI).

♆ ♎
Medium Coeli oder Aszendent in den Fischen Herrscherplanet Neptun in der Waage

W E L L   VA KA

W steht für Wasserelement AC (oder genauso MC) Fische.

E steht für den Erdquadranten, in dem sich das Zeichen Fische befindet.

L steht für Luftelement Waage, da der Herrscherplanet Neptun in der Waage steht.

L steht für den Luftquadranten, in dem sich das Zeichen Waage befindet.

284

ERGÄNZUNGEN

Horoskopbeispiel

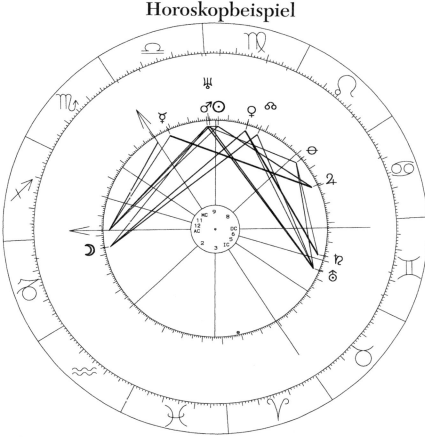

a) Sonne in der Jungfrau im 8. Haus

E W W L   VA FI

b) AC Schütze mit Jupiter im Krebs

F L W W   VA KA

c) Die Hausbesetzung des Herrscherplaneten Jupiter im 7. Haus wird mit einem L für 7. (Luft-) Haus und einem L für Luftquadranten dargestellt.

L L

d) MC Waage mit Merkur in der Waage

L L L L   KA KA

e) Die Hausbesetzung des Herrscherplaneten Merkur im 9. Haus wird wieder mit einem F für 9. (Feuer-) Haus und einem L für Luftquadranten dargestellt.

F L

f) Mond im Steinbock im 1. Haus

E E F F   KA KA

Die einzelnen Buchstaben(kombinationen) werden addiert und ergeben das Berufsprofil.

BERUFSPROFIL I F = 4, E = 3, L = 9, W = 4 (Summe stets 20)
BERUFSPROFIL II KA = 5, FI = 1, VA = 2 (Summe stets 8)

Berufsprofil I läßt auf stark luftbetonte Tätigkeiten und Berufe schließen. Tatsächlich ist der Horoskopeigner Journalist mit Schwerpunkt Psychologie (vier Wasserpunkte).
Berufsprofil II zeigt eher den Typus des Horoskopeigners. Die fünf kardinalen Punkte lassen auf einen starken, direkten, unternehmerischen Menschen schließen.

285

Zusammenspiel und Beispiele

A Hauptfaktoren

1. »Was ich kann«
Sonne im Zeichen und Haus
Können, Talente, Anlagen, Fähigkeiten, Schöpferkraft. Was Freude macht. Das väterliche Erbe (Zeichenstellung) und was man daraus macht (Hausstellung). Was mit dem Elternhaus verbindet.

2. »Was ich will«
Aszendent mit Herrscherplanet
Berufung, Ich-Kraft, Ego, Individualität, Eigenpotential, Selbstverwirklichung, Same, Triebkraft, Motivation.

3. »Was ich muß«
Medium Coeli mit Herrscherplanet
Ruf, Beruf, Struktur, Karma, Allgemeinverbindlichkeit. Was verpflichtet, was bestimmt, was in die Pflicht nimmt. Was Sicherheit verleiht. Kosmische Schuld und Verpflichtung.

B Der Mond

4. »Was ich kann«
Mond in Zeichen und Haus
Weibliche Kraft, Yin, unbewußte Talente, Anlagen, Fähigkeiten.
Was Freude macht. Das mütterliche Erbe (Zeichenstellung) und was man daraus macht (Hausstellung).

C Nebenfaktoren

5. Sekundärqualitäten
Die Bedeutung von sekundären (eingeschlossenen) Zeichen und deren Herrscher.

6. Das 6. Haus
Arbeitsweise. Anpassung an die Lebensbedingungen. Arbeits- und Ertragsmöglichkeiten. Abhängigkeit von Lebensmöglichkeiten. Bereitschaft sich unterzuordnen und zu dienen.

7. Aspekte zu Sonne, AC, MC und Herrscherplaneten
Verstärkung, Schwächung, Veränderung.

8. Planeten im 1., 6., 10. und 12. Haus
Verstärkung, Betonung, Differenzierung, eventuell aber auch Schwächung.

9. Transite
Behinderungen, Verzögerungen, Unterstützungen und Forcierungen.

Alle diese sieben Faktoren müssen nun miteinander verbunden, ineinander gefügt, gewichtet und strukturiert werden. Dies soll an Beispielen veranschaulicht werden.

Beispiel Christoph

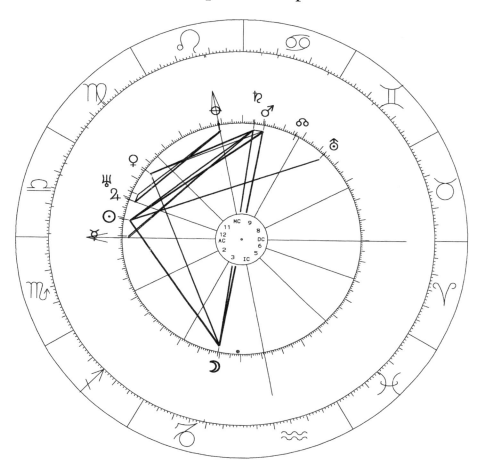

Christoph absolviert die Schule bis zur Mittleren Reife. Sein Vater arbeitet als Bildredakteur bei einer großen Zeitung. Da Christoph, soweit er zurückdenken kann, immer große Aversionen gegen seinen Vater hat (Sonne im 12. Haus ist häufig ein Ausdruck für Dissonanzen zwischen Sohn/Tochter und Vater), geht er zum Konkurrenzblatt nach München und absolviert ein Volontariat. »Völlig zufällig« wie er es nennt, drückt er bei einem Kameratermin auf den Auflöser, schießt ein Superfoto und wird ab sofort als Fotograf engagiert.

Christoph tritt somit in die Fußstapfen seines Vaters, obwohl er dies überhaupt nicht wollte. Mit dem Beruf eines Fotografen verwirklicht er sowohl seine Waage-Sonne als auch seinen Waage-Aszendenten.

Er macht Karriere und ist mit 25 ein Starfotograf. Er bereist ganz Europa, um Prominente abzulichten. Neben seinem künstlerischen Talent (Waage) helfen ihm sein Charme und seine lockere Art (ebenfalls Waage), mit vielen großen Stars auf Du und Du zu sein.

»Mit 29«, so Christoph später, »hängte ich meine Kamera an den Nagel und schwörte, sie nie mehr anzurühren.« Das oberflächliche Fotobusiness hängt ihm zum Hals heraus. Er kann Stars nicht mehr sehen. Als Folge des Saturn-Transits gerät Christoph in den Bannkreis des Planeten Pluto am MC. Dieser Pluto ist nicht nur wegen dieser Konjunktion wichtig, sondern auch, weil er der sekundäre Herrscher des Aszendenten ist.

287

BEISPIELE

Christoph ist es leid, nur die schöne Fassade seiner Kunden abzulichten. Er will im skorpionischen Sinne hinter die Fassade, in die Seele schauen.

Des weiteren wirkt bei diesem Schnitt seine Waage-Sonne im 12. Haus. Diese Stellung verweist auf seine schwierige Beziehung zu seinem Vater. Die Kündigung des Fotoberufes ist symbolisch die Aufkündigung seiner Beziehung zu seinem Vater.

In den Jahren darauf beginnt Christoph verschiedene Berufe und Tätigkeiten, die alle mit seinem Horoskop zu tun haben, aber eher Teilaspekte darstellen.

Er sammelt einige Jahre lang in England Antiquitäten, die er dann restauriert und in Deutschland verkauft. In dieser Tätigkeit verwirklicht sich sein MC Löwe mit Planetenherrscher Sonne in der Waage und AC Waage mit Venus in der Jungfrau.

Christophs Beruf als Antiquitätenhändler endet mit einem Bankrott und ungefähr 100 000 DM Schulden, weil er auf einer Menge englischer Möbel sitzenbleibt, die sich plötzlich nicht mehr verkaufen lassen.

Danach wird Christoph handwerklich tätig. Er beginnt, alte Häuser zu restaurieren, und ist Schreiner, Installateur, Maurer, Innenarchitekt in einem. Wieder ist er sehr erfolgreich und wird von vielen Leuten engagiert. Er beginnt seine Schulden abzuzahlen.

Diese Talente zur Raumgestaltung bezieht Christoph aus seiner Sonne in der Waage, aus seinem Mond im Steinbock, darüber hinaus aus Venus, der Herrscherin des AC in der Jungfrau, und schließlich aus der Konjunktion des (Jungfrau-) Merkurs mit dem AC.

Mit 45 erkennt Christoph, daß er auch als Kunstschreiner und Maurer keine Erfüllung findet. Seine Sonne im 12. Haus und Pluto (als sekundärer AC-Herrscher und am MC) suchen Auflösung, Transzendenz, Erfüllung im Grenzenlosen.

Christoph beginnt, sich für Selbsterfahrungsgruppen zu interessieren und startet eine Ausbildung zum Kunsttherapeuten.

Es folgt eine ausführliche Horoskopanalyse, die den Leser Schritt für Schritt mit der astrologischen Berufsberatung vertraut macht.

(Das Beispielhoroskop Christoph wird ausführlich besprochen. Die jeweiligen Passagen zu den einzelnen Konstellationen sind aus dem vorliegenden Buch übernommen. Unterstreichungen im Text verweisen auf die spezifischen Neigungen von Christoph. Entsprechend kann der Leser bei der Analyse seines eigenen Horoskops jeweils die Stellen im Text unterstreichen, die für seine Person in Frage kommen, beziehungsweise sich entsprechende Notizen auf dem Berufsführungsbogen machen.)

288

A Hauptfaktoren

1. »Was ich kann« Sonne in Zeichen und Häusern
Können, Talente, Anlagen, Schöpferkraft. Was Freude macht. Das väterliche Erbe (Zeichenstellung) und was man daraus macht (Hausstellung).

Sonne Waage Haus 12 / ☉ ♎ in 12

(→ Lesen Sie zunächst das Kapitel »Sonne, Aszendent, Medium Coeli Waage – Allgemeine Einführung« und daraus besonders »Sonne Waage Haus 12«.)

→ Die luftbetonte und kardinale Waagesonne manifestiert sich im 12. (Wasser-) Haus, das bewegliche Qualität aufweist. Auf der einen Seite führt diese Konstellation zu <u>Verlorenheit und Ungewißheit</u> über sich selbst. Findet sich jedoch im Ozean des 12. Hauses der richtige Anker (Überzeugung, Glaube, Idol), kann Großes, ja Weltbewegendes, erreicht werden (Beispiel Gandhi).

+ <u>Künstlerische Begabung. Ästhetik.</u> Große Liebeskraft in den Beruf einfließen lassen (All-Liebe). Im Glauben und in der Mystik Kräfte für den beruflichen Alltag schöpfen. Geführt werden. Sich auf höhere Kräfte verlassen können.

− <u>Einer beruflichen Ausübung durch Realitätsflucht ausweichen.</u> Unter Arbeitsstörungen und -hemmungen leiden.

Tätigkeiten und Berufe: <u>Wo es um Kunst geht</u>. Wo Kunst und Mystik zusammenfließen (Poesie, kirchliche Musik, Organist). Wo ein Glaube an das Gute und Friedliche im Menschen vorhanden ist (alle Hilfsorganisationen wie das Rote Kreuz, Sozialdienst, Pflege). Wo für den Frieden gerungen wird (Politik, UNO, Blauhelme). Siehe auch Sonne in den Fischen.

2. »Was ich will« Aszendent mit Herrscherplanet
Berufung, Ego, Individualität, Eigenpotential, Selbstverwirklichung, Triebkraft, Motivation.

AC Waage / Venus Jungfrau im IV. Quadranten / ♀ ♍

→ Waagehaft-Venusisches verwirklicht sich in typischen Jungfraubereichen wie <u>Technik</u>, Organisation, Verwaltung, Natur (Biologie, Gartenbau), Gesundheitswesen (siehe Allgemeine Einführung Jungfrau) und bewirkt Entspannung, Freude, <u>Lust bei der Arbeit</u> und einen Sinn für Handel, <u>Ästhetik</u>, Austausch und Begegnung.

+ <u>Über eine natürliche Ästhetik verfügen.</u> Einem Naturideal oder einer Naturphilosophie anhängen. Liebe zu Berufen, die mit Gesundheit, Fitneß, natürlicher Ernährung zu tun haben. <u>Bedürfnis seinen Arbeitsplatz ästhetisch zu gestalten. Liebe zur Arbeit. Sich auch in kleinen Dingen Mühe geben.</u>

→ Sich selbst nicht wichtig nehmen und immer an die anderen denken (»Dienstleistungskonstellation«).

3. »Was ich muß« Medium Coeli mit Herrscherplanet
Ruf, Beruf, Struktur, Karma, Allgemeinverbindlichkeit. Was verpflichtet, was bestimmt und was in die Pflicht nimmt. Was Sicherheit verleiht. Kosmische Schuld und Verpflichtung.

Medium Coeli Löwe / Sonne im Löwen Haus 12 / ☉ ♎

(→ Lesen Sie zunächst das Kapitel »Sonne, Aszendent, Medium Coeli Löwe – Allgemeine Einführung« und daraus besonders »Medium Coeli Löwe«.)

BEISPIELE

→ Wo kreativ und schöpferisch gearbeitet werden kann. Wo Schönheit, Kunst und Mode entworfen, gesammelt, aufbewahrt, gekauft und verkauft werden. Wo Stil und schöne Atmosphäre wichtig sind. Wo dazu beigetragen wird, daß man sich wohl fühlt, entspannen und Urlaub machen kann. Malerei, Kunsthandwerk, Goldschmiedekunst, Mode, Kunstschneiderei, Elektrik, Beleuchtung, Musik, Fotografie, Bildhauerei, Tanz, Theater, Ballett, Kunsthandel, Museum, Archiv, Körperpflege, Schönheit, Eros, Spiel, Dressur, Vergnügen, Entspannung.

(→ Zu Sonne Waage Haus 12 siehe zuvor.)

B Der Mond

4. »Was ich kann« Mond in Zeichen und Haus
Weibliche Kraft, Yin, unbewußte Talente, Anlagen, Fähigkeiten. Was Freude macht. Das mütterliche Erbe (Zeichenstellung) und was man daraus macht (Hausstellung).

Mond im Steinbock / Mond im 3. Haus /
♑☽

(→ Lesen Sie zunächst das Kapitel über den Mond und besonders »Mond im Steinbock« und »Mond im 3. Haus«.)

→ Mondhaftes manifestiert sich im erdbetonten Steinbockzeichen.

+ Klares Gefühlsleben. Selbstbeherrschung und Pflichtbewußtsein. Streben nach Objektivität und Klarheit. Ernsthaftigkeit. Interesse an Forschung, Wissenschaft (auch Astrologie). Sich gefühlshaft stark mit dem Beruf identifizieren. Liebe zum Beruf. Zu Hause arbeiten können. Selbständig arbeiten können. Suche nach sozialer oder politischer Verantwortung. Schauspielerische Begabung. Interesse an angewandter Magie.

− Sich selbst zu negativ sehen. Abhängigkeit von beruflichem Erfolg.

Tätigkeiten und Berufe: Staatsbeamter, Rechts- und Staatswissenschaftler, Staatsanwalt, Politiker, Ökonom, Bürgermeister, Abgeordneter, Bauarbeiter, Landvermesser, Geograph, Hoch- und Tiefbauingenieur, Mathematiker, Astrologe, Masseur, Körpertherapeut (Feldenkrais-Methode), Chiropraktiker, Orthopäde, Förster, Waldarbeiter, Gärtner, Landwirt, Dreher, Automechaniker, Elektriker, Ingenieur, Techniker, Wachpersonal, Nachtwächter, Leuchtturmwächter, Meteorologe, Verwaltung, Sekretariat, Organisation, Höhlenforschung, Bergbau, Lehramt, Philosophie. Siehe auch Allgemeine Einführung Steinbock.
Mond im 3. Haus: Gefühl unterstützt Ich-Beweglichkeit, Denken, Austausch und Kommunikation.

+ Sich gefühlvoll darstellen und begegnen können. Denken und Fühlen verbinden können. Über Gefühle reden. Stimmungen aufnehmen und verarbeiten. Gut zuhören können. Nähe im Beruf zulassen können. Gut verkaufen können.

− Stimmungslabilität.

Tätigkeiten und Berufe: Wo es um Gefühl und Sprache geht. Wo andere Menschen wichtig sind. Wo es auf Ausdruck und Selbstdarstellung ankommt. Tourismus, Wissenschaft. Schriftsteller, Schauspieler, Wissenschaftler (besonders Psychologe). Kommunikationsforschung, Moderation, Repräsentation. Siehe auch Mond Zwillinge.

C Nebenfaktoren

5. Sekundärqualitäten
Die Bedeutung von sekundären (eingeschlossenen) Zeichen und deren Herrscher.

(Sekundär-) Aszendent im Skorpion / (Sekundär-) Herrscherplanet im Löwen ⊖ ♌

(→ Lesen Sie zunächst das Kapitel »Sonne, Aszendent, Medium Coeli im Skorpion«, besonders MC Skorpion.)

→ Berufliche Verwirklichung erfolgt in typischen Löwebereichen wie Kreativität, Kunst, Graphik, Ausdruck, Fotografie, Spiel, Vergnügen (siehe allgemeine Einführung Löwe) und bewirkt Hinterfragung, Skepsis, Bewußtseinsvertiefung und Transzendenz von Macht.

+ Künstlerische Begabung (Schauspiel). Kraftzuwachs bei einem Tun, das in ein größeres Ganzes eingebunden ist (religiöse oder spirituelle Tätigkeit). Starke Identifikation mit dem Beruf. Transformation von Ichhaftigkeit durch Einsicht und Erfahrung. Wirkliche Größe als Selbstlosigkeit erkennen. Glücksgefühl im Transzendenten und Spirituellen suchen. Glück als Lichterlebnis. Durch Verzicht mehr gewinnen. Transformation von Sexualität.

– Unter Machtgelüsten leiden. Immer wieder Egoverstrickungen durchmachen. Leid als Macht einsetzen. Schicksalhaft mit dem Vater und dessen Sippe verbunden sein.

6. Das 6. Haus
Arbeitsweise, Anpassung an die Lebensbedingungen, Arbeits- und Ertragsmöglichkeiten, Abhängigkeit von Lebensmöglichkeiten, Bereitschaft, sich unterzuordnen und zu dienen.

♈ / 6. Haus Widder
(→ Siehe Abschnitt über 6. Haus.)

+ Der Arbeit energievoll, dynamisch, mit vollem Einsatz, aber auch exakt begegnen. Lernen, die Impulsivität zu zügeln. Das rechte Maß finden.

– Sich schnell übernehmen. Auch Zwanghaftigkeit.

7. Aspekte zu Sonne, AC, MC und Herrscherplaneten
Verstärkung, Schwächung, Veränderung.

⊙ □ ♄, ☿ ♂ AC, ⊖ ♂ MC

A Sonne-Quadrant-Mond: Spannungen zwischen Vater und Mutter führen zu Dissonanz zwischen väterlichem und mütterlichem Erbe. Arbeitsstörungen. Unentschiedenheit.
B (Jungfrau-) Merkur-Konjunktion-AC: Belebung, Beredsamkeit, Systematik, Arbeitseifer, Erdverbundenheit.
C Pluto-Konjunktion-MC: Verstärkung, Betonung von Skorpionischem im Beruf.
D Die restlichen Aspekte des beruflichen Werdegangs von Christoph sind weniger stark und bleiben daher unberücksichtigt.

8. Planeten im 1., 6., 10. und 12. Haus
Verstärkung, Betonung, Differenzierung, eventuell aber auch Schwächung.

Pluto 10. Haus ⊖ ♂ MC

(Die Konjunktion zwischen Pluto und MC zählt wie Pluto im 10. Haus).

→ PLUTO im 1. und 10. Haus bringt dem Leben Tiefe, aber auch Schwere. Häufig verweist Pluto auf ein Erbe, das bereits seit Generationen weitergegeben wird. Bei einer derartigen Plutostellung ist es unerläßlich, sich mit der eigenen Vergangenheit auseinanderzusetzen und zu versöhnen.

BEISPIELE

9. Transite
Behinderungen und Förderungen
A Saturntransit mit 29 Jahren: Christoph gibt
seine Arbeit als Star-Fotograf auf.
B Pluto geht 1982 zum ersten Mal über den
Aszendenten: Christophs Bankrott.

10. Quantitative Auswertung
Sonne Waage Haus 12

L L W E   KA VA

AC Waage / Venus Jungfrau im 11. Haus

L L E W   KA VA
L E

MC Löwe / Sonne Waage im 12. Haus

F W L L   FI KA
W E

Mond im Steinbock / Mond im 3. Haus

E E L F   KA VA

BERUFSPROFIL I: F = 2, E = 6, L = 8,
W = 4
BERUFSPROFIL II: KA = 4, FI = 1, VA = 3

Berufsprofil I zeigt Christoph als kommunikativen (L = 8) und erdverbundenen (E = 6)
Menschen, der sich gerne (kunst)handwerk-
lich betätigt. Das geringe Feuerelement
(F = 2) verrät seine Schwierigkeit, sich
durchzusetzen und zu behaupten. Die vier
Wasserpunkte verraten seine Hinwendung
zu Selbsterfahrung und zur Psychologie.

Berufsprofil II zeigt vor allem einen Menschen, der nirgends lange bleibt (FIX = 1).
Das entspricht der Tatsache, daß Christoph
seinen Beruf häufig wechselte.

Heute arbeitet Christoph sowohl in einer Re-
habilitationsklinik, als auch in einer Privat-
praxis als Kunsttherapeut. Auch kleinere Re-
staurierungsarbeiten nimmt er an.
In diesen Tätigkeiten erfüllt sich sein Horoskop:
– Waage-Sonne im 12. Haus: Kunst als
Dienst am Nächsten. Kunst als Liebe zu anderen.
– AC Waage mit Venus in der Jungfrau und
im IV. Quadranten: Künstlerisches Schaffen
für einen höheren Zweck. Verbindung von
Kunst und Arbeit. Therapeutisch-heilerische
Tätigkeit.
– MC Löwe mit Sonne in der Waage und im
12. Haus: Gestaltungskraft drängt ins Grenzenlose, dient der Ganzwerdung und Heilung.
– Mond im Steinbock: Handwerkliches,
praktisches Arbeiten (in der Reha-Einrich-
tung lehrt er die Jugendlichen auch, wie man
ganz praktisch mit Werkzeugen umgeht).
– Merkur am AC: Redegabe, handwerkliches Geschick.
– Pluto am MC: Vertiefung. Lebensintensi-
tät. Kunst als Bereicherung des Seelischen.
– 6. Haus Widder: Den Jugendlichen zeigen, mit der Realität konstruktiv umzugehen.

Beispiele in Kurzform

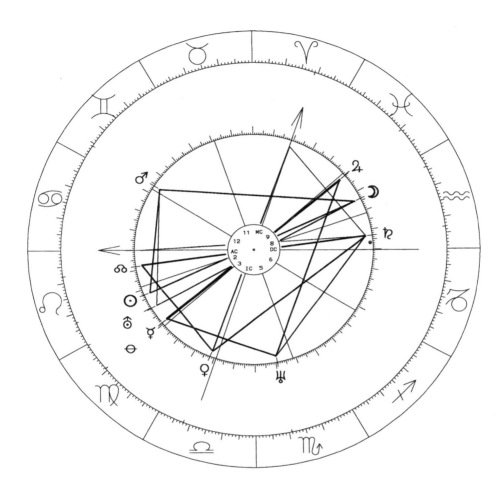

Ballett-Tänzerin
MC Widder, Mars Zwillinge, Sekundär-AC Löwe, Sonne Löwe, Mond im Wassermann

293

Beispiele

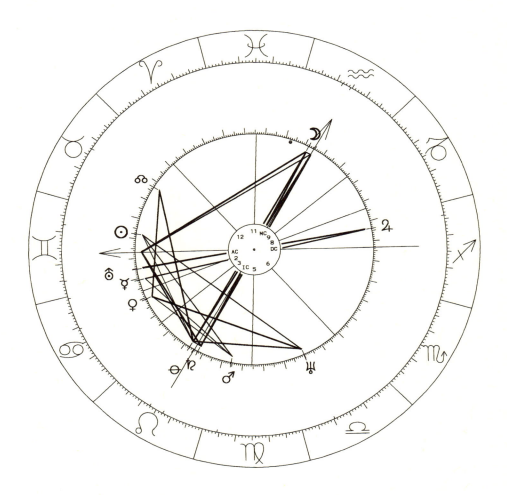

Verlagsleiterin
AC und Sonne Zwillinge, MC Wassermann, Uranus 1. Haus, Mond am MC

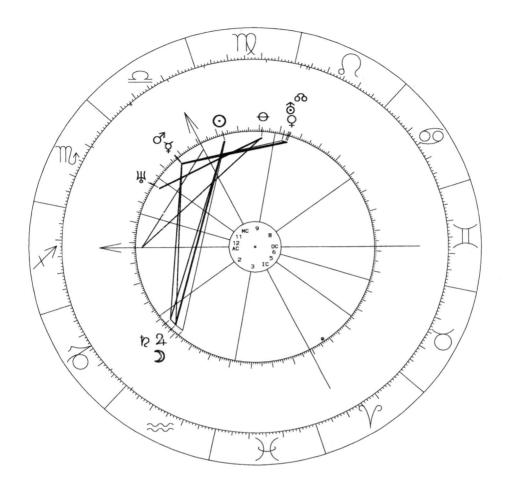

Dozentin für Ernährungkunde
Ursprünglich: Krankenpflegerin (Sonne Jungfrau), dann Diätassistentin (Sonne Jungfrau), heute Dozentin an einer Krankenpflegeschule (AC Schütze, Jupiter-Saturn-Mond-Konjunktion, Mars-Merkur 10. Haus)

Beispiele

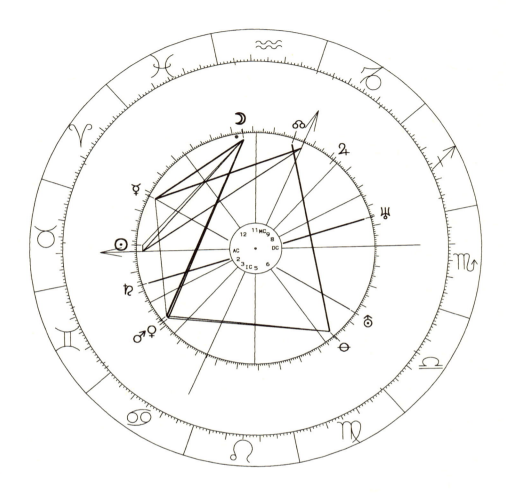

Kunstschreiner
AC und Sonne Stier, Sonne 12. Haus, MC Steinbock, Saturn 1. Haus

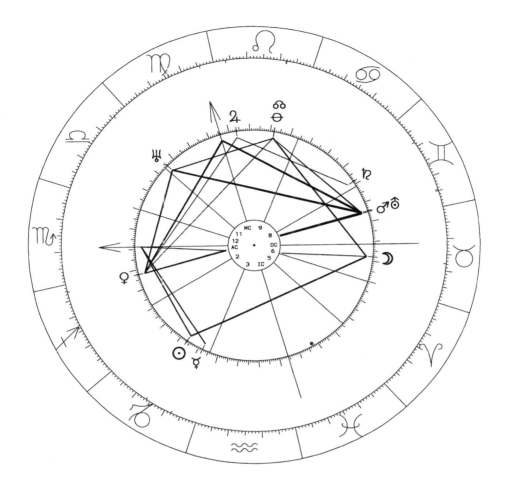

Managerin in Künstleragentur
AC Skorpion, Pluto Löwe, Sonne Steinbock, MC Jungfrau, Merkur-Sonne-Konjunktion, Venus 1. Haus, Mond 6. Haus

BEISPIELE

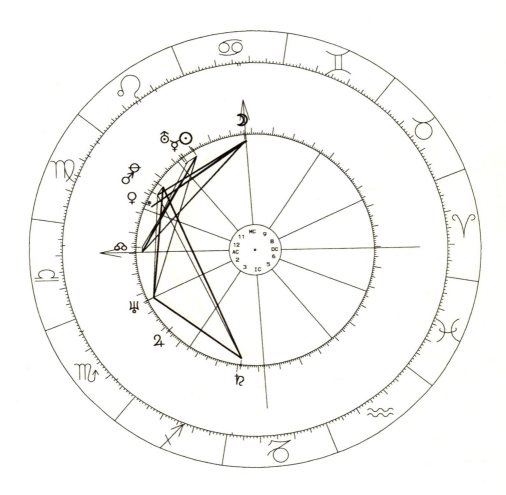

Barbesitzer
Mond am MC, MC Krebs, Sonne-Uranus-Merkur-Konjunktion Löwe und 10. Haus, Neptun Quadrant I

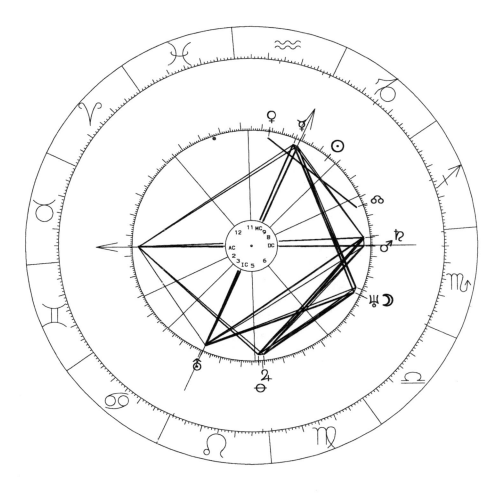

Designer
AC Stier, Venus Wassermann und 10. Haus, Mond-Neptun-Konjunktion 6. Haus, Merkur am MC

BEISPIELE

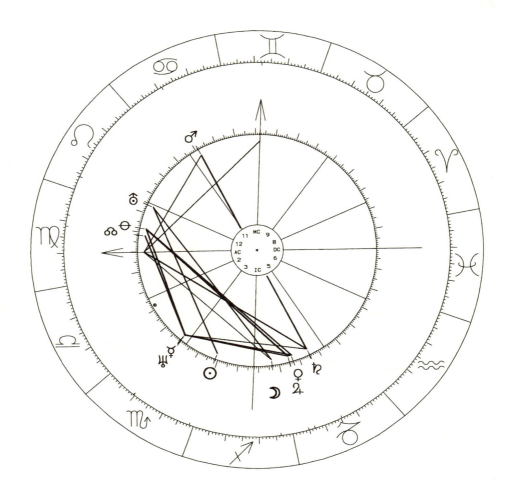

Krankenschwester
Sonne Skorpion, AC Jungfrau, Merkur-Neptun-Konjunktion Skorpion

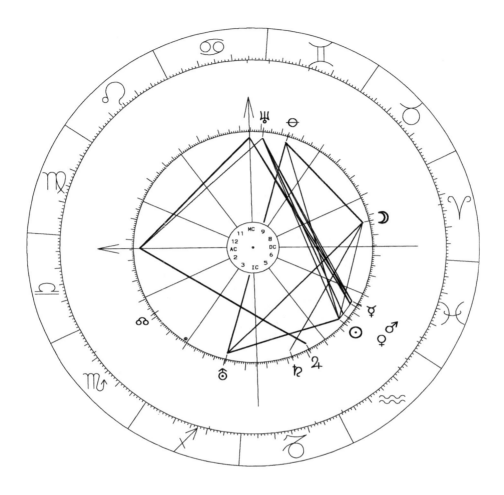

Künstler
Ursprünglich Lehrer (MC Krebs, Mond-Saturn-Konjunktion). Im Alter von 45 Jahren Künstler (Sonne Wassermann und 5. Haus, AC Waage, Venus Wassermann, Mond 7. Haus)

BEISPIELE

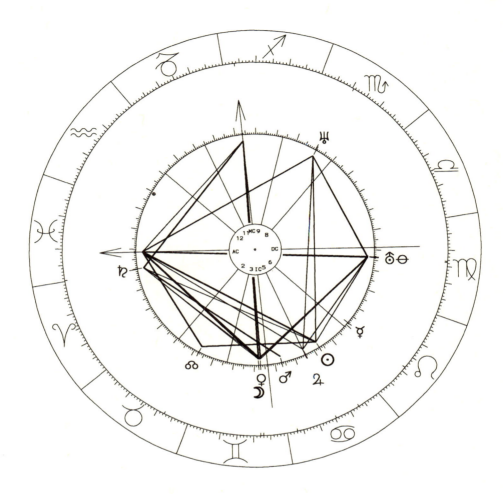

Lehrerin für Kunsterziehung
Sonne Krebs und 5. Haus, Saturn 1. Haus, MC Schütze, Jupiter Krebs,
Sek. AC Widder

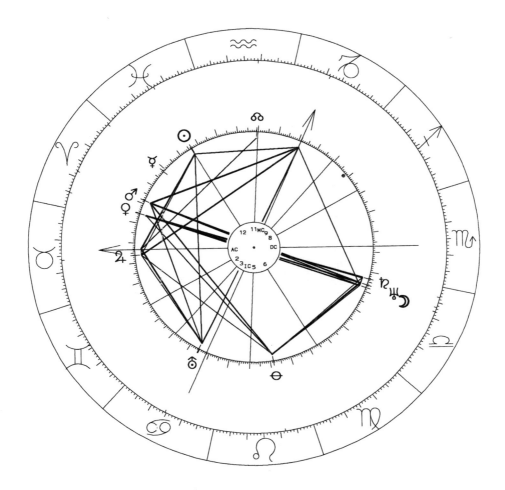

Heilpraktiker auf homöopathischer Basis
Sonne Fische und 12. Haus, MC Steinbock, Saturn-Neptun-Mond-Konjunktion

BEISPIELE

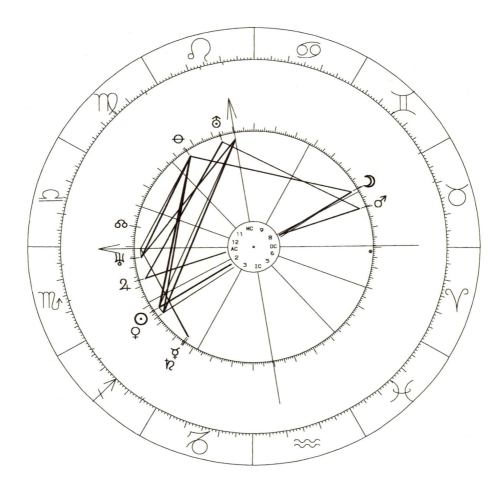

Ärztin für Psychiatrie
AC Skorpion, Neptun und Jupiter 1. Haus, Pluto und Uranus 10. Haus, Sonne Schütze

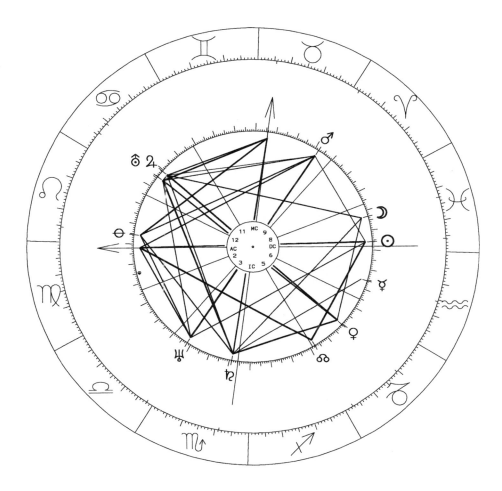

Altenpfleger
Zuerst Werkzeugmacher (AC Jungfrau, MC Stier mit Venus Steinbock), heute Altenpfleger (Sonne Fische, Merkur 6. Haus)

BEISPIELE

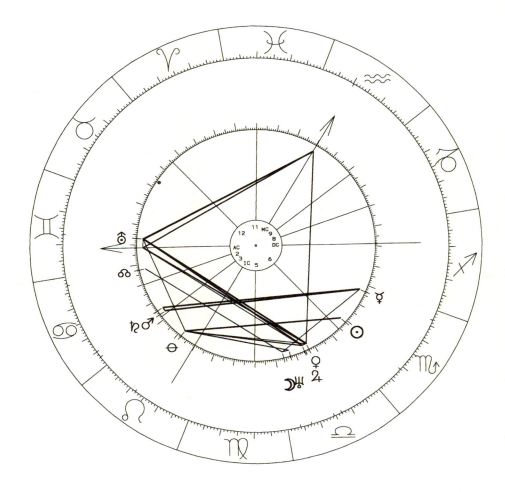

Fernsehmoderator (Hintergrundanalysen)
AC Zwillinge mit Merkur Skorpion, MC Wassermann mit Uranus 1. Haus, Mond-Neptun-Konjunktion, Sonne Skorpion

Astrologischer Berufsführungsbogen für den persönlichen Gebrauch

A Hauptfaktoren

1. »Was ich kann« Sonne im Zeichen und Haus *Stier im 3. u. 4. Haus*
Können, Talente, Anlagen, Schöpferkraft. Was Freude macht. Das väterliche Erbe (Zeichenstellung) und was man daraus macht (Hausstellung).

+ *Handel, Sprachbegabung, praktische Erfahrungen einbringen, rasches Verstehen, starkes u. intensives Empfinden, innerseelische Begabung, Fürsorge, Mitgefühl, anderen Mut machen, Intuition*
- *zu materialistisch, nur eigenen Vorteil sehen*

Tätigkeiten und Berufe: *Redner, Sänger, Unterrichter, Händler, Verkäufer, Organisator, Wissenschaft, alle Wirtschaftsbereiche, Berater, Psychologe, Erzieher, Historiker*

2. »Was ich will« Aszendent mit Herrscherplanet *Steinbock / Saturn*
Berufung, Ego, Individualität, Eigenpotential, Selbstverwirklichung, Triebkraft, Motivation.

+ *beruf. Ehrgeiz, Verantwortung übernehmen, genaues u. sorgfältiges Arbeiten, Objektivität, Selbstbeherrschung, Konzentration, Ernsthaftigkeit, Körperbewusstsein*
- *Überlastung, Leistungsdruck, Kontrolle u. Maßregelung, Eigenbrötlerische Züge*

Tätigkeiten und Berufe: *Ämter, Staatsdienst, Überwachung u. Organisation, Gesetze, Regeln, Wissen*

3. »Was ich muß« Medium Coeli mit Herrscherplanet *Skorpion / Pluto*
Ruf, Beruf, Struktur, Karma, Allgemeinverbindlichkeit. Was verpflichtet, was bestimmt, was in die Pflicht nimmt. Was Sicherheit verleiht. Die kosmische Schuld und Verpflichtung.

+ *Verantwortung für andere übernehmen, allgemein bedeutsame Ideen öffentl. vertreten, Charisma haben, öffentl. Anerkennung, Erfolg haben*
- *unter schicksalhaften Verstrickungen im Beruf leiden, zu große Anspruchshaltung*

Tätigkeiten und Berufe: *Politiker, Unternehmer, Tradition u. Recht, Notariat, Psychologie, Medizin, Umweltbewusstsein*

B Der Mond

Zwillinge / Merkur

4. »Was ich kann« Mond in Zeichen und Haus

Weibliche Kraft, Yin, unbewußte Talente, Anlagen, Fähigkeiten. Was Freude macht. Das mütterliche Erbe (Zeichenstellung) und was man daraus macht (Hausstellung).

Mond im Zeichen (Zwillinge)

+ Selbstbewusstsein, Kreativität, Sinn f. Schönes, Freude am Leben, vermitteln, darstellen, verkaufen, führen u. anleiten, Verantwortung ü. nehmen

- Selbstgefälligkeit, Überheblichkeit, schlecht Kritik annehmen können

Mond im Haus (Krebs im 6. u. 7. Haus)

+ familiäre Unabhängigkeit, Zuverlässigkeit, Vertrauensposten, Analyse, Logik, gerne arbeiten, Fleiß, Ehrgeiz, heiterische Fähigkeiten, für betrieb. Frieden sorgen, soziale Kompetenz

- die Arbeit über alles stellen, "Stresskonstellation", sich nicht entsch. en können, Probleme im Umgang mit Autoritätspersonen

Tätigkeiten und Berufe: wo eigene Persönlichkeit im Mittelpunkt steht: Chef, Besitzer, Star...

Versicherung, Versorgung, Schutz, Erziehung, Heiter, Lehrer, Arzt, Erziehungswissenschaft, Sozialarbeit, Verkauf, Vermittlung, Öffentlichkeit, Gerechtigkeit

| Mond in den Zwillingen: |

+ gerne reden, kontaktieren, Vielseitigkeit, Intuition, Kontakt u. Kommunikationsfreude, Wissensdurst, schriftstellerische und psychologische Begabung, andere Menschen intuitiv erfassen, andere überzeugen

- Oberflächlichkeit, Manipulation, Enttäuschung

C Nebenfaktoren

5. Sekundärqualitäten
Die Bedeutung von sekundären (eingeschlossenen) Zeichen und deren Herrscher.

6. Das 6. Haus
Arbeitsweise. Anpassung an die Lebensbedingungen. Arbeits- und Ertragsmöglichkeiten. Abhängigkeit von Lebensmöglichkeiten. Bereitschaft, sich unterzuordnen und zu dienen.

Krebs (Austausch u. feedback, Wachstum, Reifung, Vervollkommunung, Arbeit als Prozess des Selbstständigwerdens, Achtsamkeit gegenüber Körperlichem) - /Erde /variabel, Gefühl, engagiert, in Arbeit ertrinken

7. Aspekte zu Sonne, AC, MC und Herrscherplaneten
Verstärkung, Schwächung, Veränderung.

Verstärkung Steinbock 1. Haus = Selbstdisziplin, Energie, Führungsqualität Uranus 10. Haus = Unruhe, belebende Kraft, idealist./unrealist. Berufserwartung

8. Planeten im 1., 6, 10. und 12. Haus
Verstärkung, Betonung, Differenzierung, eventuell aber auch Schwächung.

1. Haus Saturn (Steinbock)
6. Haus (Krebs) Mond
10. Haus (Skorpion) Pluto
12. Haus (Steinbock) Saturn

9. Transite
Behinderungen und Förderungen.

10. Quantitative Analyse

Literatur

Adler, O.: Das Testament der Astrologie (4 Bde.), Hugendubel, München (1991–1993)

Akron: Das Astrologie-Handbuch. Charakteranalyse und Schicksalsdeutung, Hugendubel, München (1995)

Arroyo, S.: Astrologie, Karma und Transformation, Hugendubel, München (1993)

Arroyo, S.: Astrologie und Partnerschaft, Hugendubel, München (1989)

Arroyo, S.: Astrologie, Psychologie und die vier Elemente, Hugendubel, München (1988)

Banzhaf, H.: Stichwort Astrologie, Hugendubel, München (1990)

Banzhaf, H.: Der Mensch in seinen Elementen, Hugendubel, München (1993)

Banzhaf, H./Haebler, A.: Schlüsselworte zur Astrologie, Hugendubel, München (1994)

Barz, E.: Götter und Planeten, Kreuz, Zürich (1988)

Bauer E.: Der Tierkreisführer, Heyne, München (1991)

Bauer, E.: Astro-Gesundheit, Heyne, München (1995)

Boot, M.: Das Horoskop, Knaur, München (1989)

Braunger, G.: Lehrbuch der Astromedizin, Hugendubel, München (1984)

Büdeler, W: Faszinierendes Weltall, Deutsche Verlagsanstalt, Stuttgart (1981)

Celestial Guide, Quicksilver Productions, P.O. Box 540, Ashland, OR 97520 USA

Cunningham, D.: Moonsigns. Der Einfluß des Mondes auf unser Leben, Knaur, München (1992)

Crowley, A.: Astrologik, Sphinx, Basel (1976)

Döbereiner, W.: Astrologische Lehr- und Übungsbücher (6 Bde.), Selbstverlag, München

Ebertin, R.: Sterne helfen heilen, Bauer, Freiburg (1981)

Ebertin, R.: Anatomische Entsprechungen der Tierkreisgrade, Aalen (1976)

Ebertin, R.: Kombination der Gestirneinflüsse, Bauer, Freiburg (1981)

Fassbender, U.: Intuitive Astrologie, Urania, München (1985)

Fuchs, E./Gubela, U.: Astromineralogie, Heyne, München (1988)

Goodman, L.: Astrologie – Sonnenklar, Hugendubel, München (1969)

Green, G.: Kosmos und Seele, Krüger, Frankfurt/M. (1978)

Green, J.: Pluto. Die evolutionäre Reise der Seele, Hugendubel, München (1994)

Greene, L.: Saturn, Hugendubel, München (1993)

Greene, L.: Schicksal und Astrologie, Hugendubel, München (1990)

Greene, L./Sasportas, H.: Dimensionen des Unbewußten in der psychologischen Astrologie, München, Hugendubel (1993)

Greene, L./Sasportas, H.: Entfaltung der Persönlichkeit, Hugendubel, München (1991)

Hand, R.: Das Buch der Transite, Hugendubel, München (1994)

Hand, R.: Das Buch der Horoskopsymbole, Hugendubel, München (1990)

Hürlinann, G. I.: Astrologie, Novalis, Schaffhausen (1985)

Huibers, J.: Gesund sein mit Metallen, Aurum, Freiburg (1981)

Karrer, I.: Tierkreis und Jahreslauf, Sphinx, Basel (1985)

Kess, R.: Mit den Sternen zur richtigen Therapie, Knaur, München (1991)

Klein, N.: Das Arbeitsbuch zur Astrologie, Hugendubel, München (1993)

Knappich, W: Geschichte der Astrologie, Klostermann, Frankfurt/M (1988)

Kühr, E. K.: Psychologische Horoskopdeutung (2 Bde.), Cerny, Wien (1948)

Lewis, U.: Horoskope selbst gestaltet, Krüger, Frankfurt/M (1977)

Löhlein, H.: Handbuch der Astrologie, Goldmann, München (1980)

Mann, A. T.: Astrologie und Heilkunst, Aquamarin, Grafing/München (1991)

Matz, F.: Astrologische Konstellationen und Aspekte als Teil universeller Ganzheitstherapie, Sommer, Teningen (1990)

Mertz, B. A.: Das Horoskop, Ebertin, Freiburg (1984)

Mertz, B. A.: Astrologie, Falken, Niederhausen (1979)

Mertz B. A.: Das Handbuch der Astromedizin, Ariston, Genf (1991)

Meyer, H.: Psychosomatik und Astrologie. Ein Weg zu Gesundheit und Harmonie, Hugendubel, München (1994)

Nessler, Friedrich: Astrologische Naturheilkunde, Wiesbadener Buchhandelsgesellschaft, Wiesbaden (1985)

Orban, P.: Astrologie als Therapie, Hugendubel, München (1986)

Paul, H.: Neptun. Der visionäre Träumer, Hugendubel, München (1992)

Paul, H.: Pluto im Aufstieg, Droemer Knaur, München (1990)

Paungger, J./Poppe, T.: Vom richtigen Zeitpunkt, Hugendubel, München (1996)

Riemann, R: Lebenshilfe Astrologie, Verlag J. Pfeiffer, München (1976)

Ring, T.: Astrologische Menschenkunde, Bd. 3, Bauer, Freiburg (1969)

Ring, T.: Tierkreis und menschlicher Organismus, Ebertin, Freiburg (1979)

Sakoian, F./Acker, L. S.: Das große Lehrbuch der Astrologie, Droemer Knaur, München (1979)

Ripota, P.: Astromedizin. Gesundheit aus den Sternen, Mosaik, München (1986)

Roscher, M.: Das Astrologie-Buch, Knaur, München (1989)

Roscher, M.: Der Mond, Hugendubel, München (1988)

Roscher, M.: Venus und Mars, Droemer, München (1988)

Rudhyar, D.: Astrologie der Persönlichkeit, Hugendubel, München (1988)

Rudhyar, D.: Das astrologische Häusersystem, Hugendubel, München (1987)

Rudhyar, D.: Die astrologischen Zeichen, Hugendubel, München (1987)

Sasportas, H.: Astrologische Häuser und Aszendenten, Knaur, München (1987)

Schermer, B.: Astrologie live. Niehaus, Aachen (1989)

Schulmann, M.: Karmic Astrology, Samuel Weiser, New York (1978)

Weiss, J. C.: Horoskopanalyse I und II, Edition Astro-Terra (1986)

Weiss, J. C./Bachmann, V.: Pluto. Das Erotische und Dämonische, Astrodata, Zürich (1991)

Erich Bauer, geboren 1942 in Dinkelsbühl. Studium der Psychologie in München mit Diplom in klinischer Psychologie, Aufbau und Leitung von Fachkrankenhäusern. Seit 1980 Interesse an Astrologie. Studium in Indien und den USA, Vorsitzender des astrologischen Fachverbandes Planetwork München. Zahlreiche Veröffentlichungen, regelmäßige astrologische Beiträge in Zeitschriften, im Radio und im Fernsehen. Eigene Praxis in München.

Informationen über Astrologieveranstaltungen:
Erich Bauer
Postfach 221115
80501 München

Beim Verfasser kann man gegen Vorauszahlung von DM 20,– (bar, Scheck, Briefmarken) ein farbiges Geburtshoroskop bestellen. Bitte Name, Adresse, Geburtstag (beim Standesamt des Geburtsortes) und Geburtsort (bei kleinen Orten nächste große Stadt) angeben.

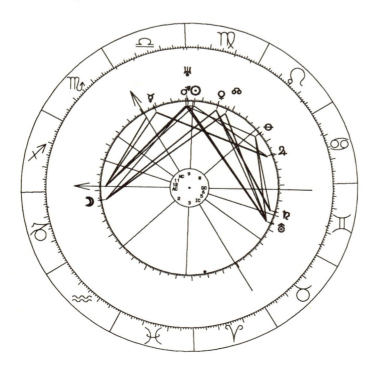